국어 번역문과 번역 글쓰기

국어 번역문과 번역 글쓰기

김혜영 지음

한국문화사

국어 번역문과 번역 글쓰기

초판 인쇄 2009년 4월 10일
초판 발행 2009년 4월 20일

지은이 / 김 혜 영
펴낸이 / 김 진 수
편집 / 하 경 민
펴낸곳 / **한국문화사**
등록 / 1991년 11월 9일 제2-1276호
주소 / 서울특별시 성동구 구의로3 두앤캔B/D 502
전화 / (02)464-7708 / 3409-4488
전송 / (02)499-0846
이메일 / hkm77@korea.com
홈페이지 / www.hankookmunhwasa.co.kr

값 22,000원

잘못된 책은 바꾸어 드립니다.
이 책의 내용은 저작권법에 따라 보호받고 있습니다.

ISBN 978-89-5726-653-3   93710

머리말

 국어학의 하위 분야인 국어사에서 중세 국어 및 근대 국어 시기의 언해류에 대한 연구가 활발하게 이루어진 것과 달리 현대 번역문에 대해서는 국어학계의 관심과 연구가 상대적으로 부족한 편이었다. 번역의 학제적 성격이 충분히 강조되어 온 만큼, 본고는 그간 번역학에서 논의되어 온 연구 성과를 반영하여 번역문을 국어학의 시각에서 새롭게 고찰하였으며, 번역의 요소 가운데 도착어의 표현력에 초점을 맞추고 작문학의 이론을 도입하여 번역을 글쓰기의 관점에서 다루었다.

 이 글은 형태 분석 비교 코퍼스에 기반하여 국어 번역문을 비번역문과 비교하여 그 언어학적 특성을 분석하고 이를 토대로 표현 전략을 중심으로 번역 글쓰기의 단계별 전략을 제시함으로써 번역 글쓰기의 교육 방안을 모색하고자 하였다. 번역은 원문에 충실해야 할 뿐 아니라 번역문의 예상 독자까지 고려해야 한다는 점에서 담화 공동체의 담화 관습을 강조한 사회 인지주의 쓰기 이론을 이론적 배경으로 삼았다.

 본 연구의 의의는 두 가지로 요약할 수 있다. 첫째, 그동안 번역문의 특성과 문제점을 논의한 연구는 그 자료가 일부 텍스트에 한정되었던 데에 반해 본 연구는 대규모 코퍼스를 대상으로 하여 비번역문과 번역문을 비교 분석함으로써 번역문의 특성과 문제점을 체계적으로 분석할 수 있는 객관적인 자료와 근거를 제공하였으며, 이를 토대로 번역 보편소와 국어 번역문의 언어적 특성을 밝혀냈다는 점이다. 둘째, 번역학은 통합 학문의 성격을 띠므로 인접 학문의 연구 성과를 적극적으로 반영하면서 발전할 수 있는데, 본 연구는 국어학뿐 아니라 작문학의 연구 성과를 반영하여, 그동안 번역학에서 상대적으로 소홀하였던 번역 과정을 고찰함으로써 번역 교육에 도움이 될 수 있는 방안을 제시하였다는 점이다.

이 책은 필자의 박사 학위 논문을 깁고 다듬어 엮은 것이다. 4장에서 번역 글쓰기의 단계별 전략을 일부 보충하였다. 본고에서 연구 대상으로 삼은 비교 코퍼스는 각 텍스트 유형별 비율을 일정하게 조정한 균형 코퍼스인데, 이는 텍스트 유형에 따른 변인을 통제하고 번역문 전체의 특성을 분석하기 위함이었다. 후속 연구로는 텍스트 유형별로 각각의 대규모 비교 코퍼스를 구축하여 텍스트 유형별 번역문의 특성과 문제점을 세밀하게 고찰할 것을 계획하고 있다. 이러한 작업은 텍스트 유형별, 장르별 번역 글쓰기 전략을 세우는 데 도움이 될 것으로 기대한다. 더불어 본고의 번역 글쓰기 전략과 교육 방안을 실제 교육에 적용해 보고 그 결과를 토대로 번역 글쓰기의 전략과 교육 방안을 지속적으로 보완해 나갈 것이다. 대규모의 형태 분석 코퍼스를 이용한 본고의 연구 방법이 번역학의 연구 영역을 확장하는 계기가 되기를 바라며 본고에서 설계한 번역 글쓰기의 단계별 전략과 교육 방안 또한 학습자의 번역 능력 향상에 조금이나마 기여할 수 있기를 바란다.

이 책이 나오기까지 많은 분들의 은혜를 입어 이 자리를 빌려 감사의 인사를 전하려고 한다. 먼저 못난 제자를 이끌어 주시고 어버이 같은 사랑으로 북돋아 주신 홍종선 선생님, 박사 학위 논문 심사 과정에서 작은 부분까지 세심하게 정성껏 조언해 주시고 수정 방안을 제시해 주신 경남대 김정우 선생님, 고려대 김랑혜윤 선생님, 서울교대 원진숙 선생님, 고려대 최호철 선생님께 진심으로 감사드린다. 논문의 방향을 잡는 데 도움을 주신 단국대 유혜원 선생님, 형태 분석과 통계 프로그램에 도움을 주신 고려대 민족문화연구원의 김일환 선생님께도 감사의 인사를 전한다. 더불어, 학자의 자세를 가르쳐 주신 고려대 정광 선생님, 서울대 고영근 선생님, 함께 토론하며 공부하는 즐거움을 일깨워 주신 고려대 강명윤 선생님, 한국외대 김의수 선생님께도 고마움을 전한다. 그리고 초등학교 시절 글쓰기 지도를 해 주신 아동문학가 신춘행 선생님과 어린 소녀에게 신뢰를 보여 주시고 꿈을 갖게 해 주신, 유년 시절의 은사님 조성숙 선생님께 이십 년 동안 연락 한 번 못 드린 제자의 송구하고 감사한 마음을 전한다.

마지막으로 논문을 쓰는 동안 가사와 육아뿐 아니라 논문 관련 프로그램 제작까지 해 준 남편과 평생토록 자식을 위해 묵묵히 희생하고 누구보다 성실히 살아오면서 인생의 모범을 보여 주신 부모님께 이 논문을 바친다. 스스로 간식을 챙겨 먹고 혼자 잠들면서 엄마가 논문 끝마치기만을 손꼽아 기다려 온 사랑스런 우리 아들 경빈이, 마음껏 놀아주지도 못하고 책도 많이 읽어 주지 못했지만 엄마를 세상에서 가장 사랑해 주고 옆에서 힘이 되어 준 우리 꼬마 경빈이에게 엄마의 사랑을 전한다.

2009년 2월
김혜영

차 례

머리말 __ 5

1. 번역 연구의 새로운 접근 __ 11
1.1. 글쓰기로서의 번역 ································· 11
1.2. 형태 분석 비교 코퍼스의 구축과 활용 ············ 14
1.3. 국내의 현대 번역학 연구 개관 ······················ 20

2. 번역 글쓰기의 특성 __ 29
2.1 사회 인지주의 쓰기 이론과 번역 ··················· 30
2.2. 번역 글쓰기의 개념과 원리 ························· 36
   2.2.1 번역 글쓰기의 개념 ···························· 36
   2.2.2. 번역 글쓰기의 원리 ··························· 40

3. 국어 번역문의 특성 __ 47
3.1. 어휘적 특성 ·· 52
   3.1.1. 체언 ·· 56
   3.2.1. 용언 ·· 72
   3.1.3. 수식언 ··· 84
   3.1.4. 관계언 ·· 101

3.2. 구문적 특성 ··· 119
   3.2.1. 접속 ··· 121
   3.2.2. 내포 ··· 138
   3.2.3. 시제 ··· 144
   3.2.4. 피동 ··· 153
   3.2.5. 사동 ··· 155
   3.2.6. 부정 ··· 156
3.3. 담화·화용적 특성 ·· 160
   3.3.1. 주제와 초점 ··· 160
   3.3.2. 지시 표현 ··· 166
   3.3.3. 대우 표현 ··· 175
3.4. 정리 ·· 182

4. 번역 글쓰기의 과정과 전략 __ 190

4.1. 번역 글쓰기의 과정 ··· 192
4.2. 번역 글쓰기의 단계별 전략 ······························ 198
   4.2.1. 계획하기 ·· 202
   4.2.2. 이해하기와 표현하기 ································ 212
   4.2.3. 수정하기 ·· 317

5. 번역 글쓰기의 교수-학습 설계 __ 323

5.1. 번역 글쓰기 교육의 현황과 필요성 ················· 323
   5.1.1. 국내 번역 교육의 현황 ····························· 323
   5.1.2. 번역 글쓰기 교육의 필요성 ······················ 330

5.2. 교과 운영 방안 ··· 338
　　5.2.1. 번역 글쓰기 교육 프로그램의 체계 ·············· 339
　　5.2.2. 번역 글쓰기 교과의 운영 원리 ····················· 346
5.3. 교수-학습 과정안 ·· 350
　　5.3.1. 번역 글쓰기 교과의 교수-학습 과정안 ········ 351
　　5.3.2. 번역 글쓰기 교수-학습 과정안의 활용 ········· 362

6. 향후 연구 과제 __ 369

6.1. 요약 및 정리 ·· 369
6.2. 남은 문제 ··· 379

참고문헌 __ 383
분석대상텍스트 (부록: 형태 분석 코퍼스의 예) __ 406
찾아보기 __ 415

1 번역 연구의 새로운 접근

1.1. 글쓰기로서의 번역

본고는 국어 번역문을 비번역문(non-translated text)[1])과 비교하여 그 언어학적 특성을 분석하고 이를 토대로 효과적인 번역 글쓰기의 전략을 제시함으로써 번역 글쓰기의 교육 방안을 모색하는 것을 목적으로 한다. 번역에서 필요한 요소로 출발어(Source Language)에 대한 이해, 해당 분야의 전문 지식, 문화의 차이에 대한 이해, 도착어(Target Language)의 표현력 등이 강조되고 있지만, 실상 우리나라의 통번역대학원이나 학부 번역학과에서는 도착어, 특히 우리말의 표현력에 대한 교육이 거의 이루어지지 않고 있다. 외국의 번역 교육 기관에서 글쓰기 교육을 중요한 교과 과정으로 다루는 것과 대조적이다. 이에 본 연구는 번역의 요소 가운데 도착어의 표현력에 초점을 맞추고 번역을 글쓰기의 관점에서 다루고자 한다.

번역 글쓰기란 번역문을 쓰는 과정과 행위를 말한다[2]). 번역 글쓰기는 번

---

[1]) '원문(source text)'이라는 용어와 혼동할 소지가 있으나, '원문'은 번역의 대상으로 삼은, 외국어로 쓰인 원천 텍스트를 뜻하고, '비번역문(non-translated text)'은 번역문이 아닌, 작가가 우리말로 창작한 원전을 뜻한다. 번역학에서 일반적으로 사용하는 술어를 따랐다.
[2]) 졸고(2008a)는 번역이 하나의 글쓰기 과정이라는 사실에 주목하여 '번역문 글쓰기'라는

역문이라는 글을 쓰는 '글쓰기'의 한 유형이며, 국어 번역 글쓰기란 국어로 쓰는 번역 글쓰기를 말한다. 본 연구는 번역 역시 번역문이라는 글을 쓰는 글쓰기의 한 유형이라는 전제에서 출발하여, 사회 인지주의 쓰기 이론을 토대로 하여 번역 글쓰기에 필요한 효과적인 전략과 번역 글쓰기 교육의 방법을 제시하고자 한다. 사회 인지주의 쓰기 이론에서 강조하는 담화 공동체라는 개념은 번역에서 원저자와 원문(원천 텍스트, Source Text, ST)이 속한 담화 공동체와 번역문(목표 텍스트, Target Text, TT)의 수신자인 예상 독자가 속한 담화 공동체를 모두 상정할 수 있는 근거가 되어 번역 글쓰기의 훌륭한 이론적 모델이 될 수 있다.

지금까지 국어 번역 및 번역문과 관련한 연구는 크게 번역 이론 및 방법 연구, 번역문의 텍스트 분석으로 나뉜다. 번역 이론과 방법에 관한 연구는 주로 번역학과 외국어문학에서 이루어졌고, 번역문의 텍스트 분석 연구는 외국어문학을 비롯한 언어학 및 비교문학, 국어국문학 등에서 이루어졌다. 그리고 번역문의 텍스트 분석은 대체로 오역을 비롯하여 통사적인 측면에서 우리말 문법에 맞지 않는 것을 지적하거나 번역문을 텍스트 언어 이론의 방법론으로 분석하는 것이었다. 그러나 번역문의 텍스트 분석이나 소위 번역투[3]라는 표현상의 문제를 지적하는 논의는 그 자료가 일부 번역문에 한정되었다는 한계를 지닌다. 일부 번역문만을 대상으로 그 언어적 특성과 문제점을 분석할 경우, 그 결과를 모든 번역 텍스트의 문제로 일반화하기에 어려움이 있다. 이에 반해 대규모의 비교 코퍼스(Comparable Corpus)[4]

용어를 사용하였다. 손지봉(2008)에서는 '번역 글쓰기'란 용어를 사용하였으나 번역 글쓰기에 대한 구체적인 정의는 언급하지 않았다.
[3] 김정우(2003c)는 번역투를 '직역의 번역 방법으로 산출된 번역문에 존재하는 원문 외국어 구조의 전이 흔적'으로 정의했다.
[4] 비교 코퍼스(Comparable Corpus)는 1개 언어로 된 2개의 단일 코퍼스로 구성되는데, 하나는 번역 코퍼스이며, 다른 하나는 비번역 코퍼스이다. 텍스트 장르, 주제, 시간 범위 등에서 유사한 설계 기준이 전제 조건이다(Sara Laviosa, 안동환 역: 2008: 55). 유사 코퍼스로

를 이용하여 비번역문과 번역문의 언어 사용 양상을 비교하면 형태별 빈도의 통계에 근거하여 비번역문에 비해 번역문이 갖는 언어적 특성과 문제점을 밝힐 수 있다. 따라서 대규모의 비교 코퍼스를 대상으로 하는 본 연구는 번역문의 언어적 특성과 문제점을 일반화할 수 있는 객관적인 자료가 되며, 이는 궁극적으로 번역에서 효과적인 표현을 위해 필요한 전략을 구상할 수 있는 근거가 되어 번역 교육에도 활용될 수 있을 것이다.

이에 본고는 출판된 서적을 대상으로 비번역문 형태 분석 코퍼스[5]와 번역문 형태 분석 코퍼스를 구축하여 두 텍스트 간의 언어학적 비교 분석을 통해 국어 번역문에 나타나는 언어적 특성을 살펴보고, 이를 토대로 사회인지주의 쓰기 이론에 근거하여 국어 번역 글쓰기에 필요한 단계별 전략을 제시한다. 더 나아가 국어 번역 글쓰기 교육이 글쓰기 교육 현장과 번역 교육 현장에서 활용될 수 있는 방안을 모색하고 국어 번역 글쓰기의 교수-학습 방안을 설계하도록 한다.

본 연구는 도착어 표현에 주목한 번역 글쓰기 교육이 번역 교육의 교과 과정에 포함될 수 있는 가능성을 열어 준다는 점에서 의의가 있다. 번역 글쓰기 교육은 비단 번역 교육에만 국한되는 것이 아니다. 실제 번역 작업을 하는 사람은 번역 교육 기관에서 전문적인 교육을 받은 사람에 한정되지 않는다. 일정한 수준의 출발어와 도착어 지식을 갖춘 사람이라면 누구나 번역자가 될 수 있고, 전문 번역가로 활동하지 않더라도 직장에서 업무와 관련하여 번역자의 역할을 수행하게 된다[6]. 대학생은 잠재적인 번역자

도 일컫는다.
[5] 형태 분석 코퍼스란 각 형태에 적절한 주석을 붙인 코퍼스를 말한다. 본 연구의 형태 분석은 21세기 세종계획 기초자료분과의 형태 분석 코퍼스에 사용된 기준을 따라 각 형태에 해당 품사의 표지(tag)를 부착하는 방법을 사용하였다.
[6] 번역가는 번역을 전문으로 하는 사람이고, 번역자는 작품이나 출판물 따위에서, 어떤 언어로 된 글을 다른 언어의 글로 옮겨 놓은 사람, 즉 번역 행위를 하는 사람을 일반적으로 일컫는 말이다. 이 외에 '번역사'라는 용어도 있다. '-사'는 '그것을 직업으로 하는

1. 번역 연구의 새로운 접근　13

라는 점에서 번역 글쓰기 교육이 대학에서의 글쓰기 교육의 하나로 자리 잡을 수도 있다. 특히 국어국문학과나 문예창작학과를 졸업한 학생들은 상당수가 출판사에서 기획, 교정, 편집 등의 업무를 담당한다. 번역서는 원문이 존재한다는 점에서 일반 서적의 출판과는 차이가 있다. 번역문 또한 출발어로부터 자유로울 수 없기 때문에 번역 글쓰기 교육은 번역문만이 갖는 언어학적, 사회·문화적 특성을 고려해야 한다는 점에서 일반적인 글쓰기 교육과 차별성을 갖는다. 따라서 국어국문학과나 문예창작학과에서도 번역 글쓰기 교육이 별도로 이루어질 수 있다. 본 연구가 잠재적으로 번역 글쓰기 교육의 수요를 창출할 수 있는 계기가 될 수 있기를 기대한다.

1.2. 형태 분석 비교 코퍼스의 구축과 활용

본고의 연구 대상인 '국어 번역 글쓰기'란 외국어를 국어로 번역하는 글쓰기를 말한다. 본 연구는 국어로 번역·출판된 번역 텍스트를 비번역 텍스트와 비교 분석하여 비번역문을 기준으로 할 때 국어 번역문에 나타나는 언어학적 특성을 살피고, 보다 우리말다운 번역문을 쓰기 위한 번역 글쓰기의 단계별 전략을 제시한다. 이를 토대로 국어 번역 글쓰기 교육의 활용

사람'의 뜻을 더하는 접미사인데, '의사, 간호사, 교사, 회계사, 변리사, 변호사, 공인 중개사, 감정 평가사' 등에서 알 수 있듯이 대체로 일정한 자격시험에 합격하여 그것을 직업으로 하는 사람을 가리킨다. 따라서 '번역사'는 일정한 자격을 갖추고 번역을 직업으로 하는 사람을 일컫는 말로 쓸 수 있다. 우리나라에는 아직 국가 공인의 번역 자격시험이 없기 때문에 전문적으로 번역을 하는 사람에게 '번역사'와 '번역가'라는 명칭을 구분 없이 사용하는 경우가 많다. 통번역대학원과 같은 정규 번역 교육 기관에서 번역 교육 과정을 이수한 사람이나 번역 자격시험에 합격한 사람에 대해서는 '번역사'라는 호칭이 합당할 것이고, '번역가'는 일정한 경지에 이른 '번역사'에게 일종의 명예 칭호로 사용할 수 있을 것이다.

방안을 논의하고, 국어 번역 글쓰기의 교수-학습 방안을 설계한다.

번역문 역시 비번역문과 마찬가지로 우리말로 쓴 텍스트이므로, 번역문을 읽는 독자의 입장에서는 비번역문과 다름없이 우리말답게 쓴 텍스트가 읽기에 좋을 것이다. 한국어를 사용하는 우리의 담화 공동체 안에서 번역문이 우리말 텍스트로서 기능을 한다는 점에서 이상적인 번역문이라면 비번역문과 언어학적으로 차이가 없어야 할 것으로 기대된다. 그래서 만약 번역문이 비번역문과 언어학적으로 차이가 있다면 그것은 출발어의 간섭에 기인하는 것이리라 추정해 볼 수 있다.

그러나 앞선 연구에서 번역문은 출발어의 간섭에 기인하는 특성뿐 아니라 번역 보편소[7] 또한 존재함을 밝혔다[8]. 이에 본 연구에서는 형태 분석 비교 코퍼스를 구축하여 그동안 출판된 번역문의 어휘적 특성과 구문적 사용 양상을 비번역문과 비교 분석하여 국어 번역문에 나타나는 언어학적 특성을 살피고자 한다.

번역문과 비번역문의 언어 사용 양상을 정확히 기술하기 위해서는 풍부한 텍스트 자료가 필수적이며, 언어학적 분석을 위해서는 적절한 주석이 포함된 코퍼스가 전제된다. 이에 본고에서는 1990년대 이후에 출판된 서적을 대상으로 번역문과 비번역문 각각 100만 어절 분량의 형태 분석 균형 코퍼스[9]를 구축하였다[10].

---

[7] 전형적으로 번역된 텍스트들에 나타나며, 한 언어의 다른 언어에 대한 간섭의 결과라기보다는 두 언어 간 중재 과정의 필연적인 부산물로 간주되는 언어적 특성(Sara Laviosa, 안동환 역 2008: 63).
[8] Sara Laviosa(2002; 안동환 역 2008)에 따르면, Baker(1993, 1995, 1996, 1998)에서 번역 보편소에 대한 논의가 본격적으로 이루어졌다. 특히, Baker(1995: 234)는 비교 코퍼스(Comparable Corpus)로 번역의 보편소를 연구할 것을 제안하였고, Sara Laviosa(2002)가 영어 비교 코퍼스를 이용하여 번역의 보편소 가운데 단순화(simplication)를 증명하였다. 번역 보편소와 단순화에 대해서는 3장에서 다시 논의하겠다.
[9] 균형 코퍼스는 전반적인 언어 사용 양상을 고루 반영하기 위해 장르, 혹은 텍스트 유형에 따라 각 분야별로 일정한 비율을 맞추어 구성한 코퍼스를 말한다.

비교 대상이 되는 비번역문 코퍼스는 21세기 세종계획의 형태 분석 코퍼스[11] 가운데 1990년대 이후의 출판 서적 텍스트 파일을 대상으로 하여 번역문 코퍼스와 분야별 균형을 맞추어 100만 어절의 규모로 재구성한 것이다. 번역문 코퍼스는 국립국어원에서 소장한 원시 코퍼스(raw corpus)[12] 자료를 입수하여 띄어쓰기나 맞춤법 등의 오류가 비교적 적고 상태가 양호한 텍스트 파일을 대상으로 1990년대 이후에 출판된 106편의 번역문 텍스트[13]를 골라서 100만 어절의 균형 코퍼스로 정제한 것이다. 번역문 코퍼스와 비번역문 코퍼스의 분야별 비율은 번역 출판 현황과 일반 언어 생활의 분야별 비중을 고려해서 각각 문학 텍스트 30%, 일반교양 텍스트 30%, 전문 텍스트 30%(인문사회 텍스트 15%, 자연과학 텍스트 15%), 아동 텍스트 10%로 구성하였다[14].

---

[10] 본 연구의 분석 대상 자료인 100만 어절 번역 텍스트 코퍼스의 목록과 100만 어절 비번역 텍스트 코퍼스의 목록은 본문 뒤 <분석 대상 텍스트>에 제시하였다.

[11] 21세기 세종계획(1998~2007)에서는 1,500만 어절 이상의 형태 분석 코퍼스를 구축하고 배포하였다. 21세기 세종계획에서는 '코퍼스' 대신 '말뭉치'라는 용어를 사용하였으나, 본고에서는 '코퍼스'라는 용어로 통일하였다. '코퍼스(corpus)'는 아직 번역 술어가 통일되지 않고 학자에 따라 '말뭉치'나 '말모둠'으로 번역된다. 『표준국어대사전』에는 '말모둠'이 등재되어 있지 않고, '코퍼스'와 '말뭉치'만 등재되어 있다.

[12] 원시 코퍼스(raw corpus)는 원전을 가공하지 않고 그대로 입력한 텍스트 파일 자료이다. 서지 정보를 입력한 헤더(header)와 본문(text)으로 구성되어 있다.

[13] 출발어는 영어를 기본으로 하였다. 번역 대상 원문의 정보가 제공되지 않아 출발어에 대한 정확한 정보 확인의 어려움이 있어 저자명으로 판단하되, 중국어와 일본어는 기본적인 언어 구조가 영어와 다르기 때문에 출발어가 중국어와 일본어로 추정되는 텍스트는 제외하였다.

[14] 대한출판문화협회(www.kpa21.or.kr)에서 최근 10년간(1998~2007) 출판된 번역서의 종수를 분야별로 기록한 자료를 보면, 1998년에 출판 서적 가운데 번역서가 차지하는 비율이 17.9%였던 것이 2007년에는 30%로 증가하였고, 장르별 비율은 1998년 만화가 35%, 문학이 17%, 아동이 10%를 차지하였다가 2007년에는 만화가 21%, 문학이 19%, 아동이 22%,를 차지하였다. 그 외 사실적 텍스트의 비율은 1998년과 2007년 모두 38%로 동일하다. 만화는 시각적 이미지가 주요한 요소로 작용하기 때문에 본고의 텍스트 유형에는 포함하지 않았다. 본 연구에서는 사실적 텍스트를 장르별로 세분하지 않고 일반교양 텍스트와 전문 텍스트로 나누었다. 21세기 세종계획의 형태 분석 코퍼스도

비번역문 코퍼스는 21세기 세종계획에서 품사 표지를 부착한 형태 분석 코퍼스이므로 번역문 원시 코퍼스를 비번역문 형태 분석 코퍼스의 형태 분석 기준에 맞추어 형태 분석하였다. 21세기 세종계획의 형태 분석 코퍼스가 'Koma 태거[15]'라는 자동 형태 분석 프로그램을 이용하여 형태 분석한 다음에 수동적 방법으로 일부 오류를 수정하는 후처리를 한 것이므로, 본 연구에서도 21세기 세종계획의 형태 분석 코퍼스에 사용한 'Koma 태거' 프로그램을 이용하여 100만 어절의 번역문 원시 균형 코퍼스[16]를 형태 분석한 다음, 21세기 세종계획 형태 분석 코퍼스의 형태 분석 기준에 맞추어 수동적 방법으로 오류를 수정하는 후처리 작업을 하였다[17].

21세기 세종계획의 형태 분석 코퍼스는 어절 단위로 줄바꿈이 되어 있는 수직 배열의 코퍼스이다. 'Koma 태거'를 이용한 형태 분석 결과가 어절

분야별 비율을 고려한 균형 코퍼스이긴 하지만, 텍스트 장르가 지나치게 세분되어 있고 그 중에서 신문·잡지의 비율이 절반에 가까우며, 구어 자료도 포함되었다. 본고는 출판 서적만을 연구 대상으로 삼으므로 21세기 세종계획 형태 분석 코퍼스의 분야별 비율을 그대로 적용하기에는 어려움이 있어 텍스트 유형을 단순화하였다. 텍스트 유형별 비율은 달리 적용할 수 있지만, 비번역문 코퍼스와 번역문 코퍼스의 각 텍스트 유형별 비율은 동일해야 텍스트 유형의 차이에 따른 변인을 통제할 수 있다. 실례로 비번역문을 분석 대상으로 한 2003년도 21세기 세종계획 기초자료분과의 200만 어절 형태 분석 코퍼스에서는 대명사 '당신'의 출현 횟수가 688회이고, 전체 어절 수 대비 상대 빈도는 0.034%이다. 그러나 본고에서 구축한 100만 어절 비번역 텍스트 형태 분석 코퍼스에서는 '당신'의 출현 횟수가 720회이고, 전체 어절 수 대비 상대 빈도는 0.071%로, 전자보다 2배가 높다. 이는 전자가 '당신'의 분포 확률이 낮은 신문 텍스트의 비중이 크기 때문에 나타난 결과이다.

[15] 자동으로 형태소를 분석하여 품사 표지를 부착하는 자동 형태 분석 프로그램이다.
[16] 번역문 원시 균형 코퍼스는 가공하지 않은 번역문 원시 코퍼스를 텍스트 유형별로 비율을 맞춘 균형 코퍼스이다.
[17] 그러나 형태 분석 오류의 문제는 여전히 문제로 남는다. 다만, 분석 결과에 미칠 영향을 최소화하기 위해 노력하였음을 밝힌다. 비교 대상으로 삼은 21세기 세종 계획의 형태 분석 코퍼스에서도 형태 분석 오류가 발견되어, 본고의 논의에 영향을 끼칠 만한 요소들에 대해서는 본 연구에서 다시 수정을 하였다. 참고로, 필자는 2001년부터 2002년까지 2년 동안 21세기 세종계획 기초자료분과의 형태 분석 코퍼스 구축 작업에 참여하였다.

단위의 수직 배열로 나타나기 때문에 본고에서 연구 대상으로 삼은 형태 분석 코퍼스가 모두 수직 배열로 되어 있어 띄어쓰기를 포함한 구 단위의 빈도 검색이 불가능하였다. 그래서 어절 단위의 수직 배열을 문장 단위로 줄바꿈을 하여 수평 배열로 변환하는 프로그램을 만들어 띄어쓰기를 포함한 단위의 빈도 검색에 이용하였다.

이렇게 번역 텍스트와 비번역 텍스트를 각각 텍스트 유형별 비율이 동일하게 100만 어절 규모의 형태 분석 균형 코퍼스로 구축한 다음, 이 두 코퍼스를 대상으로 통계 프로그램[18]을 이용하여 각 형태별 빈도 통계 결과를 추출하고, 수동적인 방법으로 이형태를 대표형으로 통합해서 출현 횟수와 상대 빈도[19]를 계산함으로써 그 결과를 바탕으로 두 텍스트를 비교하여 그 통계 결과와 분석에 따른 국어 번역문의 언어학적 특성을 3장에 제시한다[20].

비번역문과 비교하여 번역문이 갖는 언어학적 특성을 고찰하는 일은 번역 글쓰기의 전략을 제시하기 위한 전제 조건이 된다. 비번역문과 비교할 때 번역문에 주로 나타나는 언어적 특성과 문제점이 무엇인지를 파악해야 도착어 표현의 측면에서 비번역문에 버금가는 번역문을 쓰기 위해 필요한 전략을 구상할 수 있기 때문이다. 그래서 본고는 3장에서 비번역문에 비해 번역문이 갖는 언어적 특성을 분석한 결과를 토대로 국어 번역 글쓰기의

---

[18] 21세기 세종계획에서 형태 분석 코퍼스의 통계 추출에 사용한 프로그램을 이용하였다.
[19] 상대 빈도는 각 형태가 전체에서 차지하는 비율을 말한다. 전체 어절 수가 다를 경우 각 형태의 출현 횟수만 단순 비교해서는 빈도를 정확하게 비교할 수 없으므로 상대 빈도를 계산하여 빈도를 비교하도록 한다. 각 품사의 상대 빈도는 전체 어절 수에서 각 품사가 차지하는 비율을 퍼센트로 나타내고, 각 형태의 상대 빈도는 해당 품사의 전체 어절 수에서 각 형태가 차지하는 비율을 퍼센트로 나타내겠다.
[20] 통계 결과를 확인하면서 21세기 세종계획의 결과물에서 가져 온 비번역문 형태 분석 코퍼스에 형태 분석 오류가 더러 있음을 발견했다. 특히 일반 부사와 접속 부사의 구분에서 오류가 많이 발견되었다. 비번역문과 번역문의 형태별 빈도의 정확한 비교를 위해, 본고에 제시한 형태별 빈도의 통계에는 그 오류를 최대한 수정하여 반영하였다.

단계별 전략을 4장에 제시한다.

이를 위해 코퍼스 자료 외에도 전문·교양 서적으로 에리히 프롬 원작 *The Art of Loving*의 번역서 세 권, 성인 문학으로 로렌 와이스버거 장편소설 *The Devil Wears Prada*의 번역서, 아동물로 조세프 제이콥스의 아동 단편집 *English fairy tales*의 번역서를 보조적 분석 대상으로 삼았다[21]. 이들을 추가 자료로 선정한 이유는 100만 어절의 번역 텍스트 코퍼스 자료에 포함된 텍스트의 원문을 모두 구하는 데 어려움이 있어 본고의 논의 가운데 원문과의 비교가 필요한 부분에서 활용하기 위함이다. 이들 자료는 번역 글쓰기의 전략을 논의한 4장에서 주로 언급된다. 본고에서 제시하는 예문에는 이들 번역문에 다음의 약호를 사용하겠다.

  (사랑a) - 황문수 역 1993. 『사랑의 기술(개판)』. 서울: 문예출판사.
  (사랑b) - 정성호 역 1999. 『사랑의 기술(4판)』. 서울: 범우사.
  (사랑c) - 황문수 역 2006. 『사랑의 기술(4판)』. 서울: 문예출판사.
  (악마) - 서남희 역 2006. 『악마는 프라다를 입는다』 1,2. 파주: 문학동네.
  (영국) - 서미석 역 2005. 『영국 옛이야기』. 고양: 현대지성사.

---

[21] 『사랑의 기술』은 유명한 정신분석학자인 에리히 프롬이 지은 정신분석·심리·철학 서적으로, 그 텍스트 유형은 일반교양으로 분류될 수도 있고, 전문 텍스트로 분류될 수도 있다. 경희대 철학과 교수를 지낸 황문수가 1976년에 최초로 번역한 이래, 여러 출판사에서 다수의 번역서가 출판되었다. 그 중 황문수 역(1993)과 정성호 역(1999), 황문수 역(2006)을 분석 대상으로 삼았다. 황문수의 번역서를 분석 대상으로 택한 것은 황문수가 『사랑의 기술』을 최초로 번역하였을 뿐 아니라, 그가 철학과 교수를 지낸, 해당 분야의 전문 학술인이기 때문이다. 정성호는 1980년대부터 지금까지 약 백 편에 달하는 번역서를 낸 전문 번역가다. 두 번역자의 이러한 이력은 두 번역문을 비교 분석하기에 충분히 매력적인 조건이 된다. 황문수의 번역서 초판을 대상으로 삼지 않은 것은 초판 발행년도가 1976년으로 상당히 오래되었기 때문이다. 문체에서도 오늘날과 다소 차이가 있을 수 있고, 1989년에 시행된 한글맞춤법 개정안을 따르지 않고 있으므로 1993년 개판본을 분석 대상으로 택하였다. 서남희와 서미석은 2000년대에 들어 활발한 활동을 하고 있는 전문 번역가로서, 각각 수십 편의 번역서를 냈다. 이들이 번역한 문학과 아동물 텍스트는 의미·화용론적 측면에서 좋은 분석 대상이 된다.

1.3. 국내의 현대 번역학 연구 개관

지금까지 현대 번역문에 대한 연구는 대체로 번역학의 테두리에서 이루어졌을 뿐, 국어학에서는 좀처럼 다루지 않았다. 전통적으로 중세 및 근대 국어 시기의 언해류에 대한 연구가 국어학의 연구 대상인 것과 대조적이다. 번역사(飜譯史)가 번역학의 하위 분야이므로 지금까지 국어학의 하위 분야인 국어사에서 다루어 온 언해류의 연구가 번역학에서도 이루어져야 할 뿐 아니라[22], 현대 번역문은 현대 국어학의 연구 대상이 되어야 한다. 본고의 연구 대상은 크게 결과물로서의 국어 번역문, 과정으로서의 번역 글쓰기, 번역 교육의 세 영역으로 나뉘므로, 여기서는 현대 국어 번역문을 대상으로 국어학적, 언어학적 관점에서 번역에 대해 논의한 연구들과 번역학에서 국어 번역문 및 국어로의 번역 방법, 우리말의 표현에 주목하여 논의한 연구, 번역 과정에 대한 연구, 번역 교육에 대한 연구들을 중심으로 검토하겠다.

먼저 번역에 대해 국어학적으로 접근한 연구로는 김영덕(1969, 1971), 김정우(1990, 1994a, 1994b, 2003b, 2003c, 2005, 2006a, 2007), 나채운(1971, 1985), 유창균(1967), 이석규 외(2002), 이정근(1976), 이정식(2002), 전혜영(1993, 2000), 장진한(1990), 한성일(2002) 등이 있다. 국어 번역문의 어휘와 구문을 중심으로 한 문체 연구가 대부분이며, 출발 언어는 영어가 주를 이룬다.

1960년대와 70년대 연구는 주로 성서 번역이 연구 대상이었다. 최초의 현대 번역이 성서 번역에서 이루어졌고 이후에도 성서 번역이 몇 차례 진

---

[22] 여찬영(2003, 2004)에서 언해류에 대한 번역학적 연구를 시도하였고, 유명우(2004)는 한국 번역사의 관점에서 언해류를 다루기도 했다.

행되어 번역사의 관점에서뿐 아니라 비교 연구의 차원에서도 성서 번역이 훌륭한 연구 대상으로 주목받은 것이다. 성서의 번역을 대상으로 한 연구에는 김영덕(1969, 1971), 나채운(1971, 1985), 유창균(1967), 이정근(1976), 전혜영(1993, 2000) 등이 있다. 유창균(1967)은 성서의 번역이 국어 발달에 끼친 영향을 고찰한 논문이다. 김영덕(1969, 1971)은 성서의 번역체를 연구한 논문이며, 이 중에서 김영덕(1969)는 성서 번역체를 언해의 문체와 비교하였다. 이정근(1976)과 전혜영(1993, 2000)은 성서 번역의 문체뿐 아니라 어휘, 구문 등을 포괄적으로 고찰하였다. 특히 전혜영(2000)은 로스역의 「예수성교젼셔」에서부터 표준새번역에 이르기까지 5종류의 번역본에 사용된 어휘, 구문, 문체 등의 변화를 비교하면서 문화 수용의 양상을 다양하게 살폈다. 나채운(1971)에서 이미 성서 국역의 변천 과정을 중심으로 국역 성서에 대해 국어학적 고찰을 시도한 바 있다.

번역문을 대상으로 한 연구는 아니지만, 국어 속 번역어투를 논의한 연구로 송민(1988), 김광해(1995), 정광(1995a, 1995b), 김정우(2003c) 등이 있다. 송민(1988)과 김광해(1995), 정광(1995a, 1995b)는 국어에 나타난 일본어의 간섭을 고찰한 논문이다. 정광(1995a)는 일본어투의 진원을 밝히고, 통사 구조상의 일본어 영향과 관용적 표현에서 일본어의 영향을 살폈다. 전성기(2002)는 번역문에서 한자어의 차용, 국어에 대한 외국어의 통사적·문체적 간섭을 논의하였고, 김정우(2003c)는 한국의 중·고등학교 국어 교과서에 나타난 영어 번역투의 실태를 구문 형식과 굴절 요소, 전치사구, 관용어구, 기타 등의 영역에 걸쳐 살피고 그 폐단을 지적하였으며, 김정우(2007)은 번역투를 다각적인 측면에서 진단하고 그 처방을 제시하였다. 이 외에도 박여성(2003), 이근희(2005a, 2005c), 장현주(2006), 오경순(2007) 등 번역 연구자들을 중심으로 각각 독일어, 영어, 중국어, 일본어를 대상으로 번역투의 현상과 대처 방안에 대한 연구가 이루어졌다(손지봉

2008: 77).

　최근에 국어학을 학문적 배경으로 한 번역 연구로는 김정우(1990, 1994a, 1994b, 2001, 2002a, 2003b, 2003c, 2004a, 2005, 2006a, 2007, 2008)이 있다. 김정우는 국어학자이면서 현대 국어 번역문에 관심을 갖고 활발한 번역 연구를 하고 있는 대표적인 학자이다. 번역문에 대한 국어학적 분석에서부터 국어 번역사, 번역 방법, 번역 교육에 이르기까지 다양한 연구를 하였다. 특히 김정우(1994b)는 영한 번역문을 대명사, 품사, 부정사와 연결어미, 단수와 복수, 관사와 조사, 시제, 화법, 수동태, 어휘, 문장부호에 이르기까지 영한 번역문에 나타난 어휘·구문상의 문제에 대해 영어와 한국어의 대조언어학적인 관점에서 폭넓게 분석한 연구로, 번역에 대한 국어학적 접근의 기념비적 연구라 할 만하다.

　이정식(2002)는 언어 간 불일치 현상을 유형별로 정리하고 양태적 언어와 논항적 언어라는 이름으로 한국어와 영어의 인지적 패턴을 규정지음으로써 개별 번역 문제의 유형화와 번역 오류에 대한 체계적 정리가 가능함을 보였다. 이석규 외(2002)는 거시 응용국어학을 순수국어학의 보조 분야로 파생된 국어 문체론, 국어화용론, 국어 텍스트학 등을 포함하는 보조국어학과 인접 학문과의 학제 간 연구로 존재하는 인접국어학으로 나눌 수 있으며, 인접국어학 속에 통역번역학의 범주를 설정할 수 있다고 하여 번역이 국어학의 연구 대상이 될 수 있음을 주장하고, 번역문의 우리말 표현과 관련하여 국어학적 입장에서 어휘, 통사, 의미, 문체, 텍스트 전반에 걸쳐 총체적으로 기술하였다. 특히, 텍스트 언어학에서 말하는 7가지 텍스트성에 근거하여 국어 번역문의 텍스트성을 살피고, 어떤 번역이 원문의 의도를 살리면서 동시에 도착어를 사용하는 언중들의 언어 표현에 적합한 것인지를 고찰하였다.

　번역학에서도 1990년대 이후로는 문장 단위의 어휘·구문 중심의 논의에서 벗어나 텍스트 언어학 및 담화·화용론적으로 접근한 연구가 활발하다. 이난희(1995:435)에 따르면 전통적인 번역 작업의 주된 논의는 번역 가능성의 문제와 더불어 출발어에 초점을 맞추어 번역할 것인가, 도착어에 초점을 맞추어 번역할 것인가, 즉 '충실하게' 직역할 것인가, '자유롭게' 의역할 것인가 등이었다. 이러한 논의들은 대체로 문장 이하의 단위를 기본으로 하여 어휘와 구문상의 번역 문제를 다루는 것이었다. 그러나 최근에는 언어 사용의 맥락 및 상황 요인에 대한 인식이 높아지면서 문장은 텍스트를 이루는 일부로서 문맥과 연관성을 갖고 있을 때 그 의미가 있으며, 결코 독립되어서는 의사소통의 단위를 이룰 수 없다는 견해가 지배적이다(한성일 2002: 306). 이러한 언어 기술의 시각 변화는 번역학에도 새로운 인식 전환의 계기가 되어, 허금회(1994)에서 번역의 문제를 텍스트 언어학적으로 접근하는 시도를 하였다. 허금회(1994)은 텍스트 언어학의 테마-레마 구분을 번역에 적용함으로써 원문의 테마-레마 분절이 번역문에서도 지켜질 수 있도록 어휘, 문법의 차원뿐 아니라 문맥까지 고려해야 함을 논의하였다. 이난희(1995)는 번역에 있어서 텍스트 유형 구분의 문제를 다룸으로써 텍스트 유형에 따른 번역의 전략 및 방법을 본격적으로 논의하는 계기가 되어, 이후 김정우(2003c)에서 자연 과학 텍스트의 번역 방법론을, 이일범(2003), 장민호(2004), 강지혜(2006), 정인희(2006), 박윤철(2007, 2008), 이지연(2007, 2008), 원종화(2008), 문원립(2008)에서 영상물 및 영화, TV 방송 번역의 이론과 방법을, 백수진(2005), 신지선(2005a, 2005b)에서 아동문학의 번역 이론과 방법을, 류헌주(2006, 2007)에서 디지털 서사 담론 및 사이버 텍스트의 번역 문제를 연구하는 등 기존의 문학 중심의 논의에서 벗어나 다양한 텍스트 유형의 번역 문제를 어휘·구문상의 문제에서부터 담화·화용론상의 문제에 이르기까지 폭넓게 연구하게 되었다.

특히, 2002년 한국 텍스트 언어학회 봄철 학술대회에서는 '번역과 텍스트 언어학'이라는 주제로 텍스트 언어학 이론을 통한 번역 이론의 정립 방향에 대한 논의가 본격적으로 이루어졌다. 여기서 박여성(2002)은 기존의 어휘 의미론적-통사론적 번역학의 한계를 넘어서 화용론과 텍스트 언어학 및 기호학의 연구 성과가 번역의 문제를 해결하는 데에 이용될 수 있는 가능성을 모색하였으며, 곽성희(2002a)는 영어 원문, 국어 번역문, 국어 원문을 대상으로 텍스트 언어학에서 말하는 일곱 가지 텍스트성(응결성, 응집성, 의도성, 용인성, 정보성, 상황성, 텍스트 상호성) 기준 가운데 응결성, 즉 결속 구조의 차이점을 비교 분석하였다.

이 외에도 곽성희(2000)에서 번역에서의 텍스트성 문제 전반을 다루었고, 곽성희(2001), 김세정(2003)에서 정보성을, 곽성희(2002b, 2002c), 전현주(2006)에서 각각 영한 번역문의 응결성, 상호텍스트성, 용인성을 연구하였으며, 김영신(2006)은 영어연구논문의 인칭 대명사 번역을 텍스트 언어학적 관점에서 고찰하였다. 원영희(2004), 강지혜(2008)에서도 각각 잉여성의 문제와 기사 제목의 번역을 담화·화용론적으로 접근함으로써 최근 번역학의 연구 동향이 텍스트 및 담화 단위 중심임을 보여 준다.

물론, 구문 중심의 연구 역시 여전히 지속적으로 이루어지고 있다. 이영옥(2000), 조인정(2005), 이은숙(2008)은 영어와 한국어의 수동 구문의 구성 및 분포의 차이와 관련하여 영한 번역의 문제점을 논의하였고, 이영옥(2001), 성백환(2006)은 영한 번역에서 무생물 주어 타동사 구문의 번역 문제를 논의하였으며, 김정우(2002)는 강조 표현, 이영옥(2002)는 인용문, 이영옥(2003)은 장소이동구문, 이영옥(2004), 진실로(2007)은 관계절 구문, 이영옥(2006)은 비유 구문, 김세정(2008)은 부정 표현을 중심으로 영한 번역의 문제점을 논의하였다. 특히 이근희(2005c)는 영한 병렬 코퍼스를 대상으로 하여 문장 요소에서부터 문법 범주에 이르기까지 번역투의 유형을 분석하고 정리한 연구로, 국어 번역문에 대한 구문론적 연구의 결정체로 평가할 만하다.

한편, 1998년부터 21세기 세종계획의 일환으로 코퍼스 구축 작업이 진행되면서, 번역학에서도 연구 방법으로 코퍼스 언어학에 기반한 논의가 이루어지고 있다. 정호정(2003a, 2003b), 최병진(2008) 등은 번역에서 코퍼스의 활용 방안에 대해 연구하였고, 최정아(2003), 이근희(2005a, 2005c)는 병렬 코퍼스를 이용하여 원문과 번역문을 비교·대조하고, 번역의 방법을 분석하였으며, 졸고(2008c)는 비교 코퍼스를 이용하여 번역문의 높임 표현을 계량적으로 연구하였다. 그러나 아직은 코퍼스를 이용한 연구가 활발하지 않다. 대규모의 코퍼스를 분석 대상으로 삼아 그 결과를 계량화하여 연구 자료로 삼는다면 자료의 객관성에 근거하여 논의의 정당성을 확보할 수 있을 것이다.

번역 과정에 대한 연구로는 정호정(2001, 2004), 강지혜(2002, 2003), 조상은(2004), 졸고(2008a), 손지봉(2008) 등이 있다. 조상은(2004)는 통번역대학원 재학생들을 대상으로 인지주의의 사고 구술법(Think-Aloud Protocol)을 활용하여 번역 과정에서 번역자가 취하는 문제 해결 방안을 연구한 논문으로, 국내 번역학 연구에 사고 구술법을 처음으로 도입한 연구이다. 정호정(2004)는 전문 번역사를 면접 조사하는 방식으로 번역사가 번역 과정에서 텍스트를 읽는 방법을 연구하였다.

졸고(2008a)와 손지봉(2008)은 작문학의 연구 성과를 번역학에 반영함으로써 번역에서의 글쓰기에 주목한 연구이다. 졸고(2008a)는 사회 인지주의 쓰기 이론을 번역에 적용하여 번역에 쓰기 이론을 접목시키려는 시도를 하였으며, 손지봉(2008)은 고대 중국의 불경 번역 시기에 번역에 포함된 다양한 글쓰기의 특징을 존중하고 독자적인 위상을 인정해 주었음을 밝히고, 중국 불경 번역기의 번역 글쓰기 단계와 과정 중심의 쓰기 이론을 대표하는 플라워의 글쓰기 단계를 차용하여 번역 글쓰기 단계를 설정하였다.

번역 교육에 대한 연구로는 안임수(2002), 이상원(2002), 김귀순(2003), 정호정(2003b), 손지봉(2003, 2005), 김정우(2004a), 이향(2007), 한미선(2007) 등이 있다. 이 가운데 이상원(2002)는 외국어로부터 한국어로의 번역 교육에 출발 외국어 이해 분석 능력, 한국어 텍스트 재구성 능력, 자료 검색 능력, 자유로운 도구 활용 능력, 협력 작업 능력, 전문 직업인 능력의 제고라는 목표가 설정되어야 함을 제안하였으며, 김정우(2004a)는 대학의 교양 교육 과정에 번역 과목이 개설되어야 할 필요성을 논의하고 영-한 번역 과목을 중심으로 교과 내용의 설계 방안과 학습 내용을 소개하였다. 두 연구 모두 도착어로서 한국어의 능력에 주목하였다. 한미선(2007)은 번역 교육에 사회 구성주의 교수법을 적용하는 시도를 한 Kiraly(2000)의 연구에 기반하여 이화여대 통번역대학원의 교과 과정 가운데 '번역실습' 교과의 개선 방안을 제안하였다. 국내에서 처음으로 담화 공동체를 중시하는 과정 중심의 사회 구성주의 교수법을 번역 교육에 도입하였다는 데에 의의가 있다.

이상에서 우리는 현대 국어 번역문에 대한 연구가 1990년대까지는 국어학에서 어느 정도 진행되다가 그 이후로는 번역학에서 활발히 논의가 이루어졌음을 알 수 있다. 번역학이 하나의 독자적인 학문으로 자리 매김을 한 것이 1990년대의 일임(남성우 2006: 90)을 고려하면, 그 연구 주체의 변화는 자연스러운 현상이다. 그러나 언어학 중심 접근법이 근간을 이루어 온 전통적 번역학이 커뮤니케이션 이론, 정보처리 이론, 인지심리학 및 텍스트 언어학 이론 등 인접 학문의 성과에서 성장 탄력을 받아 획기적 발전을 이룩하고 있고(정호정 2003a: 71), 이러한 발전을 반영하여 번역학이 더 이상 단일 학문 분야의 접근법으로는 포괄적 연구가 불가능하며, 학제 간 접근이 불가피한 종합학문분야라는 인식이 널리 받아들여지고 있음(남성우 2006: 101)을 고려하여, 국어학에서도 번역의 문제와 결과물로서의 국어 번역문을 연구 대상으로 삼아 번역학과 국어의 발전에 기여할 수 있는 방안을 모색할 필요가 있다. 국어 번역문은 국어 사용 및 국어 생활의 일부이므로 국어 번역문의 품질 향상은 궁극적으로 국어의 발전과 관계되기 때문이다.

현대 국어 번역문과 관련한 기존 연구는 대체로 통사 및 담화·화용적인 측면에서 우리말의 문법과 담화 관습에 맞지 않는 것을 지적하거나 번역문을 텍스트 언어학의 방법론으로 분석하는 것이었다. 그러나 번역문의 텍스트 분석이나 소위 번역투라는 표현상의 문제를 지적하는 논의는 그 자료가 일부 번역문에 한정되었다는 한계를 지닌다. 일부 번역문만을 대상으로 그 언어적 특성과 문제를 분석할 경우 번역자 개인의 문제로 간주될 여지가 있어서 그 결과를 모든 번역 텍스트에 해당하는 것으로 일반화하기에 어려움이 있다. 따라서 본고는 대규모의 코퍼스를 이용하여 비번역문과 번역문의 언어 사용 양상을 비교함으로써 형태별 빈도의 통계에 근거하여 비번역문에 비해 번역문이 갖는 언어적 특성을 밝히고자 한다. 대규모의 코퍼스를 대상으로 하는 본 연구는 번역문의 언어적 특성과 문제를 일반화할 수 있는 객관적인 자료가 되며, 이는 궁극적으로 번역에서 효과적인 표현을 위해 필요한 전략을 구상할 수 있는 근거가 되어 번역 교육에도 활용될 수 있다.

이러한 논의를 담기 위해 본고를 다음과 같이 구성한다.

먼저 2장에서는 사회 인지주의 쓰기 이론의 입장에서 번역 글쓰기의 특성을 살핀다. 번역은 원문을 도착어로 옮기는 행위이지만 그 결과물인 번역문은 예상 독자가 속한 담화 공동체에서 도착어 텍스트로 기능하기 때문에, 번역 과정에서 원문에 대한 충실성 못지않게 예상 독자를 포함한 담화 공동체가 주요한 고려 대상이 된다. 이에 본고는 사회 인지주의 쓰기 이론을 이론적 배경으로 삼는다. 사회 인지주의 쓰기 이론을 본 연구의 이론적 배경으로 삼은 이유를 밝힌 다음, 이러한 사회 인지주의 쓰기 이론의 측면에서 번역의 개념을 재해석하고, 번역 글쓰기의 원리를 제시한다.

3장에서는 형태 분석한 비번역문 코퍼스와 번역문 코퍼스의 언어학적 비교 분석을 통해 국어 번역문에 나타나는 언어학적 특성과 문제를 살펴본다. 우선 각 형태별 빈도에 근거하여 번역문의 어휘적 특성을 분석한 다음, 비번역문과 비교할 때 번역문에서 빈도 차가 두드러지는 형태를 중심으로 구문과 담화상에서 실현되는 양상을 좀 더 세밀하게 고찰함으로써 번역문의 구문적 특징과 담화·화용적 특징을 아울러 살펴본다. 이를 통해 번역의 보편소와 출발어의 간섭에 기인한 특징을 구분하게 될 것이다.

4장에서는 번역 글쓰기의 과정을 단계별로 구분하고, 2장에서 제시한 번역 글쓰기의 원리에 입각하여 각 단계에 필요한 전략을 제시한다. 사회 인지주의 쓰기 이론에서 제시하는 단계별 글쓰기 전략을 참고하되, 3장에서 분석한 번역문의 문제를 해결할 수 있는 방안에 초점을 맞추어 번역 글쓰기 전략을 제시한다.

마지막으로 5장에서는 2장에서 제시한 번역 글쓰기의 원리에 입각하여 국어 번역 글쓰기 교육의 방안을 설계한다. 국어 번역 글쓰기 교육이 대학 및 통번역대학원의 번역 교육 과정과 대학의 글쓰기 교육에서 활용될 수 있는 방안을 모색하고, 국어 번역 글쓰기의 교수-학습 방안을 설계하도록 한다.

2 번역 글쓰기의 특성

　현대 번역학의 짧은 역사 속에서도 많은 번역학자들이 독립된 학문 영역으로서 번역학을 강조하고 그 정체성을 확립하는 데에 심혈을 기울이고 있다. 그러나 번역이 번역학의 고유한 연구 대상이라는 점을 강조하는 데에 치우쳐 번역도 하나의 글쓰기 과정이라는 사실을 간과하고 있는 것은 아닌가 하는 의문이 든다. 물론, 최근 텍스트 언어학에 기반한 일련의 번역학 논의들은 번역문이 하나의 글, 텍스트로서 가지는 보편성에 착안하고 텍스트 이론에 근거하여 번역 이론을 발전시킨 예이나, 과정으로서의 번역보다는 결과물로서의 글에 중점을 둔, 결과 중심의 논의라 할 수 있다. 번역의 1차적 목표는 결과물로서의 번역문을 생산해 내는 데에 있다. 번역은 결과물로서의 번역문을 생산하는 일련의 과정이므로 하나의 글쓰기 과정이라 할 수 있다. 이에 본 장에서는 과정 중심의 쓰기 이론인 사회 인지주의 쓰기 이론의 관점에서 글쓰기 과정으로서의 번역에 초점을 맞추어 번역의 개념을 재정립하고 번역의 원리를 제시한다. 이는 4장에서 번역 글쓰기의 과정에 따른 단계별 전략을 세우고, 5장에서 번역 글쓰기의 교육 방안을 설계하는 데 이론적 토대가 될 것이다.

　본고는 번역이 글쓰기의 하위 유형이라는 전제에서 출발하여 번역 글쓰기의 전략과 교육 방안을 제시하는 것을 목적으로 하기 때문에, 사회 인지주의 쓰기 이론을 이론적 배경으로 삼는다. 사회 인지주의 쓰기 이론은 사회 문화적 맥락으로서의 담화 공동체를 강조하면서 글을 쓰는 과정 동안에 직면하게 되는 문제를 해결할 수 있는 전략을 단계별로 제시한다는 점에서 쓰기 교육에 많은 도움을 주고 있다. 이 이론은 번역에도 유용하게 적용된다. 번역 역시 번역문이라는 글을 쓰는 과정이기 때문이다. 번역은 원문을 도착어로 옮기는 행위이지만 그 결과물인 번역문은 예상 독자가 속한 담화 공동체에서 도착어 텍스트로 기능하기 때문에, 번역 과정에서 원문에 대한 충실성 못지않게 예상 독자를 포함한 담화 공동체가 주요한 고려 대상이 된다. 그래서 글을 쓰는 과정에서 담화 공동체를 강조하는 사회 인지주의 쓰기 이론이 번역 글쓰기에 훌륭한 이론적 모델이 될 수 있을 것이라 기대한다.

2.1. 사회 인지주의 쓰기 이론과 번역

쓰기(writing)의 주요 3변인은 텍스트, 필자, 예상 독자(audience)[1]이다. 쓰기 이론은 이 3요소 가운데 무엇을 강조하느냐에 따라 형식주의 쓰기 이론에서부터 인지주의 쓰기 이론, 사회 구성주의 쓰기 이론으로 발전해 왔다(박영민 2008: 3).[2]

---

[1] '독자'를 'reader'로 번역하기 쉬우나, 쓰기 이론에서 'reader'는 '평가자'의 개념이다.
[2] 인지주의 쓰기 이론은 학자에 따라 구성주의 쓰기 이론, 인지 구성주의 쓰기 이론 등으로도 불린다. Nystrand(1993)은 쓰기 이론의 변천사를 다루면서 인지주의 대신 구성주의라 명명하였고, 형식주의, 구성주의, 사회 구성주의 외에 대화주의를 덧붙였다. 구성주의는 인식론의 하나로 지식 구성의 과정에서 개인을 중시할 것이냐 사회를 중시할 것이냐에 따라 인지 구성주의와 사회 구성주의로 구분되므로(박태호 2000: 15-20), 인지주의 쓰기 이론, 인지 구성주의 쓰기 이론과 동일한 개념으로 구성주의 쓰기 이론이라는 용어를

구조주의 언어학과 형식주의 문예학 이론의 영향을 받아 1950년대와 1960년대에 활발하게 논의되었던 형식주의 쓰기 이론은 쓰기의 3변인 가운데 쓰기의 결과로 생산된 결과물로서의 텍스트 요인을 강조하는 이론이다. 이 이론에서 텍스트의 특징은 텍스트의 구성과 관련된 형식적 요소(문법적 요소)와 내용적 요소인 수사학적 규칙이나 표현으로 설명되었다. 그래서 학습자들에게 고전과 같은 모범문에 쓰인 단어, 문장의 구성 및 수사학적 표현법 등을 익히도록 하였다.

에미그(Emig 1971), 플라워·헤이즈(Flower & Hayes 1980) 등의 연구로 대표되는 인지주의 쓰기 이론은 인지 심리학에 기반하여 1960년대 후반에 등장하였다. 인지주의 쓰기 이론에서는 쓰기를 개인적인 필자가 일련의 목표 지향적인 문제 해결 과정을 통해서 한 편의 글을 완성해 가는 사고 과정으로 본다. 인지주의 쓰기 이론은 쓰기의 3변인 가운데 필자 요인을 강조하여 유능한 필자를 대상으로 사고 구술(think aloud)을 통해 확보한 프로토콜(protocol)을 분석함으로써 쓰기 과정 동안 필자의 머릿속에서 일어나는 인지적 과정을 분석하고, 이러한 실험을 통해서 필자가 글을 쓰는 동안 겪게 되는 문제 해결 과정의 각 단계에 필요한 전략을 제시하였다(박영민 2008: 4-5). 형식주의 쓰기 이론이 글쓰기의 결과물인 글을 분석하여 얻은 모범문의 형식적·내용적 특징을 학습자들에게 익히게 함으로써 이를 쓰기 교육의 방법으로 삼은 데 반해, 인지주의 쓰기 이론에서는 유능한 필자가 글을 쓰는 과정을 분석함으로써 이들이 각 단계에서 사용하는 문제 해결 전략을 학습자들에게 가르침으로써 이를 배우고 익히도록 하였다.

번역학에서도 인지주의 쓰기 이론과 유사한 연구가 있었다. 과정 중심의 기술론적 번역학에서는 인지 심리학의 영향을 받아 번역자가 번역을 하면

사용하기는 조심스럽다. 본고에서는 인지주의 쓰기 이론으로 용어를 통일한다.

서 번역 과정에 대하여 소리 내어 말한 내용을 기록해 연구하는 사고 구술법(Think-Aloud Protocol) 등의 연구를 하였다(Jeremy Munday, 정연일·남원준 역 2006: 12). 사고 구술법을 통해 번역자의 번역 과정과 각 단계에서 사용하는 문제 해결 방법을 분석해내는 이러한 연구 방법은 인지주의 쓰기 이론의 방법과 일치한다. 과정 중심의 기술론적 번역학의 이러한 접근법은 국내에도 도입이 되었다. 조상은(2004)가 그 대표적인 연구로, 통번역대학원 재학생들을 대상으로 하여 사고 구술법을 활용하여 번역 과정에서 번역자가 취하는 문제 해결 방안을 고찰하였다. 그러나 이 외에는 별다른 연구 성과가 없어, 글쓰기 교육에서 과정 중심의 인지주의 쓰기 이론의 연구 성과를 적극 받아들여 7차 교육과정 이후로 결과물 중심의 쓰기 교육에서 과정 중심의 쓰기 교육으로 방향을 전환한 것과 대조적이다.

1980년대에 이르면 포스트모던의 철학 사조를 토대로 사회 심리학이 발달하게 되는데, 사회 구성주의 쓰기 이론은 바로 사회적 환경과의 상호작용을 중시하는 사회 심리학의 영향을 받으면서 성장한 이론이다. 대표적인 연구로 비젤(Bizzel 1986), 페이글리(Faigley 1985, 1986), 브루피(Bruffee 1984) 등을 들 수 있다. 사회 구성주의 쓰기 이론에서는 쓰기의 3변인 가운데 독자 요인에 주목하고 예상 독자와의 대화를 강조하였다.[3] 예상 독자에 사회적 성격을 더하면 담화 공동체가 된다(박영민 2008: 6). 필자와 예상 독자는 모두 담화 공동체에 소속된 구성원으로서 글쓰기 과정에 함께 참여한다. 필자와 예상 독자가 담화 공동체 속에서 대화를 하는 것이므로 글을 쓸 때 담화 공동체의 담화 관습을 반영해야 한다는 것이 사회 구성주의 쓰기 이론의 주장이다.

사회 인지주의 쓰기 이론은 의미 구성의 주체로서 개인의 인지 과정에

---

[3] 독자를 중시하는 이론의 극에 위치한 것이 해석주의이다. 해석주의에서는 필자, 즉 작가의 의도와 상관없이 독자, 즉 관객의 해석을 중요하게 여긴다.

주목했던 인지주의 쓰기 이론가들이 사회 구성주의 쓰기 이론에서 강조한 담화 공동체의 역할의 중요성을 인식하고 사회 구성주의 쓰기 이론을 수용하여 인지주의 쓰기 이론을 수정·발전시킨 이론이다(박태호 2000: 42-50). 플라워(Flower 1993, 1994)로 대표되는 사회 인지주의 쓰기 이론은 인지주의 쓰기 이론가들이 글쓰기를 개인에 한정된 문제로 인식할 뿐 글쓰기가 이루어지는 구체적인 사회 문화적 상황이나 맥락을 간과하고 있다는 문제를 인식하고 사회 구성주의 쓰기 이론을 받아들임으로써 쓰기를 담화 공동체 구성원들과의 상호 작용을 통한 의미 구성 과정으로 보았다. 그리하여 필자를 둘러싸고 필자와 상호 작용을 통하여 의미 구성 과정에 영향을 미치는 사회적 환경을 강조하면서 쓰기 과정에 필요한 문제 해결 전략을 보완하였다(박태호 2000: 44-45).

인지주의와 사회 인지주의 쓰기 이론은 글을 쓰는 동안에 직면하게 되는 문제를 해결할 수 있는 전략을 제시한다는 점에서 쓰기 교육에 많은 도움을 주고 있다. 단계별 글쓰기 전략을 제시하는 인지주의 및 사회 인지주의 쓰기 이론은 번역에도 유용하게 적용될 수 있다. 기본적으로 번역 역시 번역문이라는 글을 쓰는 과정이기 때문에 번역에서도 번역 과정의 단계를 설정하고 각 단계에 필요한 전략을 제시할 수 있다. 이러한 과정 중심의 쓰기 이론은 과정 중심의 기술론적 번역학과 궤를 같이 한다.

한편, 사회 구성주의와 사회 인지주의 쓰기 이론은 독자와의 대화, 사회 문화적 맥락으로서의 담화 공동체를 강조한다는 점에서, 번역이 번역자와 발주 기관 간의 상호작용 또는 기타 사회·문화적 맥락 속에서 작동한다고 본 번역 행위 이론(theory of translational action)[4]이나 번역 목적에 따라

---

[4] Holz-Mänttäri(1984)가 제안한 번역 행위 이론은 커뮤니케이션 이론과 행위 이론의 영향을 받은 것으로, 번역이 목표 지향적, 결과 지향적인 인간 간의 상호작용이라고 보았다. 발주자(initiator), 의뢰인(commissioner), 원문 생산자(ST producer), 번역문 생산자(TT

번역이 달리 이루어져야 한다는 스코포스 이론(skopos theory)[5] 및 번역에서 문화적 요소를 중시한 문화학적 번역학[6]과 그 맥을 같이 한다고 볼 수 있다. 번역을 원문과 번역문의 관계에서 파악했던 기존의 언어학 기반 번역 이론들이 원문 지향적이었던 데 반해, 번역문의 기능 지향적인 번역 행위 이론과 스코포스 이론 및 문화 요소를 강조하는 문화학적 번역학은 번역문의 수신자, 즉 예상 독자를 번역의 주요한 요소로 보았기 때문이다.

원문 지향적인 언어학 기반의 번역 이론은 기능주의자들로부터 번역문이 그 수신자에 대해 갖는 번역문의 기능에 소홀하였다는 비판을 받았고, 번역 행위 이론과 스코포스 이론으로 대표되는 기능 지향적인 기능주의 번역 이론들은 원문과 원저자에 상대적으로 소홀하였다는 비판을 받았다. 번역은 원문을 도착어로 옮기는 행위이기 때문에 원문의 의미와 형식, 그 기

---

producer, 번역자), 번역문 사용자(TT user), 번역문 수신자(TT receiver) 등으로 구성된 참여자 간의 의사소통 과정을 중시하였으며, 수신자에게 기능적으로 소통적인(functionally communicative) 번역문을 생산하는 데에 가장 큰 역점을 두고, 번역문의 형식과 장르는 원문을 그대로 본뜨는 것이 아니라 번역문의 문화에서 무엇이 기능적으로 적합한지에 따라 결정되어야 한다고 보았다. 그래서 번역 행위 이론에서는 수신자의 필요(needs)가 번역문을 판단하는 기준이 된다.(Jeremy Munday, 정연일·남원준 역 2006: 103-106)

[5] '스코포스(skopos)'는 '목표(aim)', '목적(purpose)'을 뜻하는 희랍어이다(Jeremy Munday, 정연일·남원준 역 2006: 106). Reiss & Vermeer(1984), Vermeer(1989, 1996)으로 대표되는 스코포스 이론은 행위 이론을 기반으로 하며, 그 중심 사상은 모든 행동에는 목적이 있고, 행동하는 사람은 실제 환경에 따라 소기의 목표에 도달하기 위해 스스로 가장 적절하다고 생각하는 방식을 선택한다는 것이다. 그래서 번역 역시 일종의 행동이라고 할 때, 번역자 또한 번역 목적에 따라 모든 가능한 관련 요소를 고려하여 가장 적절한 행동 방식을 결정하게 되며, 번역의 목적이 목표에 도달하기 위한 번역의 전략을 결정하게 된다. 즉, 원문의 수신자와 번역문의 수신자가 다르기 때문에 번역문의 목적은 원문의 목적과 달라지며, 원문의 수신자를 고려한 번역의 목적에 따라 번역의 전략이 결정되어야 한다는 것이다.(張南峰, 김진아·도희진 역 2006: 60-86)

[6] 언어 차원을 뛰어넘어 번역과 문화 간의 상호 작용, 즉 문화가 번역에 영향을 주고 제약하는 양태와 맥락, 역사, 관습 등의 보다 광범한 이슈들에 초점을 맞춘 일련의 논의들로, Bassnett & Lefevere(1990)이 대표적이다(Jeremy Munday, 정연일·남원준 역 2006: 178-202).

능에서 완전히 자유로울 수도 없고, 번역의 결과물인 번역문은 예상 독자가 속한 담화 공동체에서 원문으로부터 독립된 또 하나의 도착어 텍스트로 기능하기 때문에 번역 과정에서 원문에 대한 충실성 못지않게 예상 독자를 포함한 담화 공동체가 주요한 고려 대상이 된다. 사회 인지주의 쓰기 이론에서 말하는 담화 공동체라는 개념은 원문 지향적인 번역 이론과 기능 지향적인 번역 이론에 내포된 단점을 모두 극복하기에 좋은 근거가 될 수 있다. 예상 독자가 속한 담화 공동체뿐 아니라 원저자 및 원문이 속한 담화 공동체까지 포함하여 복수의 담화 공동체를 상정할 수 있기 때문이다.

일반 글쓰기는 예상 독자가 속한 담화 공동체만이 고려 대상이 되지만, 번역 글쓰기는 그 특성상 예상 독자가 속한 담화 공동체뿐 아니라 원저자와 원문의 독자가 속한 담화 공동체까지 고려하게 된다. 번역 행위 이론에서 주장하듯, 번역 역시 담화 공동체 구성원들과의 상호 작용을 통한 의사소통 과정이고, 의미 구성 과정이기 때문에 쓰기를 담화 공동체 구성원들과의 상호 작용을 통한 의미 구성 과정으로 보는 사회 인지주의 쓰기 이론은 번역에도 그대로 적용된다. 하지만 담화 공동체와의 상호 작용을 중시하는 사회 인지주의 쓰기 이론은 기능주의 번역 이론과 달리 원저자 및 원문이 속한 담화 공동체까지 상정할 수 있는 근거를 마련함으로써 번역에서 원문과 수신자를 모두 고려할 수 있는 이론적 토대가 된다. 즉, 번역문의 수신자를 고려한다는 측면에서 기능주의 번역 이론과 사회 인지주의 쓰기 이론은 일맥상통하지만, 번역문의 기능과 목적을 중시하는 기능주의 번역 이론이 번역문의 수신자에게만 열려 있는 반면, 담화 공동체를 중시하는 사회 인지주의 쓰기 이론은 예상 독자뿐 아니라 원저자와 원문의 독자가 속한 담화 공동체에게까지 열려 있다는 점에서 비교 우위를 차지한다.

그러므로 글을 쓰는 과정에서 담화 공동체를 강조하는 사회 인지주의 쓰기 이론은 번역 글쓰기에 훌륭한 이론적 모델이 될 수 있다. 사회 인지주의 쓰기 이론은 번역 글쓰기에서 번역자를 둘러싸고 번역자와 상호 작용을 통하여 의미 구성 과정에 영향을 미치는 원저자 및 예상 독자들로 구성된 복수의 담화 공동체를 고려하면서 번역 과정에 필요한 단계별 번역 전략을 제시할 수 있는 이론적 근거가 된다. 이러한 번역 전략의 제시는 번역 교육에도 도움이 될 것이다.

이어서 사회 인지주의 쓰기 이론의 관점에서 번역 글쓰기의 개념을 정리하고, 번역 글쓰기의 원리를 설정해 보도록 하겠다.

2.2. 번역 글쓰기의 개념과 원리

2.2.1 번역 글쓰기의 개념

번역의 1차적 목표는 결과물로서의 번역문을 생산해 내는 데에 있다. 번역은 결과물로서의 번역문을 생산하는 일련의 과정이므로 하나의 글쓰기 과정이라 할 수 있다. 번역은 번역자가 출발어로 된 텍스트를 읽고 이를 도착어 텍스트로 옮겨 쓰는, 읽기와 쓰기가 통합된 과정이다. 사실, 일기와 같은 일부 텍스트 유형을 제외하면 상당수의 글쓰기가 읽기 과정을 포함한다. 독후감을 쓰기 위해 책을 읽기도 하고 한 편의 논문을 쓰기 위해서 선행 연구와 논거가 될 만한 자료들을 찾아 읽기도 한다. 심지어 시나 소설과 같은 문학 창작에서도 다양한 자료의 글 읽기가 수반된다.

이러한 점에서 본고는 번역이 하나의 글쓰기 과정이라는 점에 주목하고, 사회 인지주의 쓰기 이론의 관점으로 번역을 바라보고자 한다. 그동안의 번역학 연구는 번역의 특수성을 근거로 한 논의에 치우친 감이 있다. 최근 텍스트 언어학에 기반한 일련의 번역학 논의들은 번역문이 하나의 글, 텍스트로서 가지는 보편성에 착안하고 텍스트 이론에 근거하여 번역 이론을 발전시킨 예이나, 과정으로서의 번역보다는 결과물로서의 글에 중점을 둔, 번역문이라는 결과 중심의 논의라 할 수 있다. 본고에서는 그동안 번역학 연구에서 소외되었던 글쓰기 과정으로서의 번역에 초점을 맞추고 번역의 개념을 재정립하도록 한다.

번역은 학자에 따라 다양하게 정의된다. 이러한 학자들의 개별적인 정의에는 그들이 번역 텍스트의 생산과 과정에서 어디에 중점을 두는지, 번역의 범주를 어디까지로 보는지에 대한 관점이 드러난다(이근희 2008: 9). 일반적인 번역의 정의로는 브리태니커 사전에 기술된, "번역은 하나의 언어, 또는 기호의 세트(set)로 표현되어 있는 것을 다른 언어, 또는 다른 심벌(symbol)의 세트로 옮기는 것이다."라는 정의를 들 수 있다(안임수 2002: 5). 『표준국어대사전』에는 "어떤 언어로 된 글을 다른 언어의 글로 옮김"으로 정의되어 있다. 이 정의는 언어 간의 번역을 의미한다. 야콥슨(Roman Jakobson 1959)은 언어 간의 번역뿐 아니라 같은 언어 안에서 보다 쉽게 또는 멋있게 표현하기 위해 언어 기호를 동일한 언어의 다른 기호로 해석하는 언어 내 번역과 언어 외에도 서로 다른 기호 체계 간에 일어나는 기호 간의 번역도 번역의 범주에 넣었다. 브리태니커 사전의 정의 역시 기호 간의 번역을 포함한 정의이다.

캣포드(J.C. Catford 1965)는 번역을 언어 간에서 이루어지는 현상으로 한정하고, 번역을 "어떤 언어로 쓰인 텍스트 요소를 등가의 다른 언어로 교체하는 것"이라고 하였다(J.C. Catford 1965: 20; 이근희 2008: 10). 나이다&테이버(Eugene A. Nida & Chales R. Taber 1969) 역시 번역을 언어 간 현상으로 보고, 번역은 "첫째는 의미상으로, 다음은 문체상으로 원천언어의 메시지를 가장 가깝고 자연스러운 등가의 수용자 언어로 재생산하는 것"이라고 하였다(Eugene A. Nida & Chales R. Taber 1969: 12; 이근희 2008: 10). 이는 번역문의 어휘 선택이 도착어 문화권의 언어와 문화에 따라 역동적일 수 있음을 의미하는 것이다. 에드몽 카리(Edmond Cary)는 번역을 "서로 다른 언어로 표현된 두 텍스트 사이에서 등가 관계의 설정을 도모하는 작용으로, 이 등가 관계는 항상 그리고 필연적으로 두 텍스트의 성격과 목표, 두 언어 사용 집단의 문화적 관계와 이들의 정신적·지적·정감적 풍토와 함수 관계에 있으며, 출발어와 도착어의 시기와 장소에 고유한 갖가지 우발적 요소들과도 함수 관계에 있다"고 정의하였다(전성기 2001: 2).

위 정의에서 우리는 '등가'의 개념이 번역의 정의에서 중요한 역할을 한다는 사실을 알 수 있다. 등가라는 용어는 본래 수학과 형식논리학에서 유래하였으며, 서로 뒤바꿀 수 있는 방정식 요소들의 배열을 의미한다. 번역에서의 등가 개념은 기계번역에서 처음 사용되었고 번역학에서는 야콥슨(Jacobson 1966: 233f)이 도입하였다(김효중 2000: 27-43; 남성우 2006: 46).

빌스(W. Wilss 1981)에 따르면 번역학에서 등가 개념은 기능적 등가, 내용적 불변성, 동일한 효과, 기능적 불변성, 의도의 충족성 등의 다섯 가지 측면으로 나누어 설명이 가능하다(남성우 2000: 49). 즉, 번역이 불변의 요소를 간직한다는 것은 내용뿐 아니라 형식, 효과, 기능, 의도 등의 다른 요인들도 포함해야 한다는 것이다. 나이다(Nida 1982)는 등가를 형식적 대응(formal correspondence)과 역동적 등가(dynamic equivalence)의 두 유형으로 설명하였다. 원문의 형식적인 측면만을 고려한 형식적 대응의 번역은 결과적으로 번역문의 독자들로 하여금 원문을 제대로 이해할 수 없게 만드는 오류를 낳는다고 하여 형식적 대응 번역의 문제를 지적하고, 역동적 등가를 중시하였다. 역동적 등가는 번역문과 번역문 독자의 관계가 원문과 원문 독자의 관계와 같아지도록 해야 한다는 원칙에 근거한 것으로, 역동적 등가의 번역은 출발어 문화권과 도착어 문화권의 차이를 인식하여 원문의 의미와 의도를 반영하면서 이와 가장 가깝고 도착어의 언어 체계에 비추어 자연스러운 등가어의 구현을 추구한다(남성우 2006: 50).

그러나 도착어 문화권 내에서 번역문의 기능이나 목적, 지위를 강조하는 스코포스 이론 및 다체계 이론(polysystem theory)이 등장하면서 등가 개념을 강조하는 추세는 점차 약해지고 있다(이근희 2008: 16). 로저 벨(Roger T. Bell 1991)은 "총체적인 등가성의 이상은 한낱 망상"에 불과한 것이라고 하였다(김지원 2000: 14). 번역이 "기호의 재현이 아니라 개념이나 의미의 재현"이라는 들릴(J. Delisle 1999)의 정의(전성기 2001: 3)에서 알 수 있듯이 해석학적 번역 이론에서는 원문에 대한 번역자의 이해와 해석 및 도착어의 언어적인 창의성을 중시함으로써 등가라는 개념은 더 이상 중요하게 다루지 않는다.

결국, 번역 이론에 따라 약간의 차이는 있지만, 번역은 원문의 저자가 의도하는 의미를 이해하고 이 의미를 원문의 저자가 도착어를 모국어로 하는 사람이었을 경우 표현했을 방식으로 재현하는 것을 가리키는 것(남성우 2006: 91)으로 요약된다. 쓰기를 담화 공동체 구성원들과의 상호 작용을 통한 의미 구성 과정으로 보는 사회 인지주의 쓰기 이론의 관점에서 이러한 번역의 개념을 재해석하면, 번역은 "출발어로 쓰인 텍스트를 원저자 및 예상 독자와의 대화를 통해 담화 공동체의 사회 문화적 맥락을 고려하여 도착어로 해석함으로써 하나의 완성된 텍스트를 재생산, 새창조하는 의미 구성 과정이자 의사소통 과정"으로 정의할 수 있다[7].

'번역'이라는 용어가 출발어를 도착어로 옮기는 행위와 과정에 초점을

---

[7] 본고의 이러한 정의는 축역(縮譯)과 번안까지 번역에 포함하는 것이다.

둔 것이라면, 본고에서 언급하는 '번역 글쓰기'라는 용어는 번역을 글쓰기의 한 유형으로 파악하고 도착어로의 재표현에 초점을 둔 것이다. 번역 글쓰기란 번역문을 쓰는 글쓰기를 말한다. 학술 글쓰기, 실용 글쓰기가 각각 학술문을 쓰는 글쓰기, 실용문을 쓰는 글쓰기를 가리키는 것과 같은 맥락이다. 번역 글쓰기는 번역문이라는 글을 쓰는 글쓰기의 한 유형이며, 국어 번역 글쓰기란 국어로 쓰는 번역 글쓰기를 말한다.

본 연구는 번역 역시 번역문이라는 글을 쓰는 글쓰기의 한 유형이라는 전제에서 출발하여 결과물로서의 번역문이 비번역문과 비교할 때 어떤 특성과 문제를 드러내고 있는지 살펴보고, 국어 번역 글쓰기에 필요한 효과적인 전략과 국어 번역 글쓰기 교육의 방법을 제시함으로써 번역자가 보다 우리말답고 보다 자연스러운 번역문을 쓸 수 있도록 도와 번역의 효율성을 높이고자 한다.

2.2.2. 번역 글쓰기의 원리

이 절에서는 앞에서 정의한 번역의 개념을 토대로 하여 번역 글쓰기의 원리를 설정하여 제안한다. 본고에서 설정한 번역 글쓰기의 원리는 '담화 공동체 중복 참여의 원리', '순환성 원리', '읽기-쓰기 통합의 원리', '학문 협업의 원리'의 4가지이다. 본고에서는 이들을 4장과 5장에서 번역 글쓰기의 전략을 구상하고 번역 글쓰기의 교육 방안을 설계하기 위한 기본 원리로 삼을 것이다.

1) 담화 공동체 중복 참여의 원리

글쓰기는 담화 공동체 구성원들과의 상호 작용을 통한 의미 구성 과정이며 필자와 독자 간의 의사소통 과정이다. 번역문을 쓰는 번역 글쓰기 또한 마찬가지다. 번역자는 담화 공동체 구성원들과의 상호 작용을 통한 의미 구성 과정으로서의 번역을 매개로 하여 담화 공동체에 참여하게 된다.

사회 구성주의에서는 실제적 타자를 내면화한 내면적 타자와 내면적 자아와의 심리적 대화가 사고이며, 이것이 언어로 표상되어 실현된 것이 글이라 보았다(박영민 2008: 5-6). 그래서 사회 구성주의 쓰기 이론에서는 예상 독자와의 대화와 협상[8])을 강조하였다. 사회 인지주의 쓰기 이론에서도 마찬가지다.

번역에서도 실질적인 번역 행위에 들어가기에 앞서 자료 조사를 통해 예상 독자를 분석하고 예상 독자 담화 공동체의 담화 관습을 익혀야 한다. 본격적인 표현하기 단계에 들어가서는 담화 공동체 속에서 예상 독자와의 끊임없는 내적 대화와 협상을 통해 번역해야 한다.[9]) 이러한 점에서 대화를 통한 담화 공동체 참여의 원리는 텍스트 이론에서 제시한 텍스트성 가운데 독자의 입장을 중요시하는 용인성에 대응될 수 있다.

사회 구성주의 및 사회 인지주의 쓰기 이론에서는 사회적 환경을 구성하는 요인 가운데 예상 독자를 중요하게 여긴다. 예상 독자는 필자와의 상호 작용을 통해 텍스트의 의미 구성에 영향을 미치는 능동적인 존재다. 개개인으로 이루어진 예상 독자의 집단적 개념이 바로 담화 공동체이고, 예상 독자와 번역자 모두 담화 공동체의 구성원으로서 번역에 참여하게 된다. 따라서 번역자는 필자로서 담화 공동체에 성공적으로 참여하기 위해 담화 공동체 안에서의 표현 양식이나 규약, 즉 담화 관습을 이해하고 따라야 한다.

담화 공동체는 하나의 나라, 하나의 언어 문화권이 될 수도 있고, 해당

---

[8]) 협상이란 목적을 이루기 위해 전략적으로 대화하는 것을 말한다.
[9]) 라보(E. Lavault 1998)도 번역자는 가상 독자와 자신의 번역에 대하여 협상을 해야 한다고 언급한 바 있다(이석규 외 2002: 111).

텍스트와 예상 독자가 속하는 전문 영역이 될 수도 있다. 예를 들어 영어로 된 의학 관련 서적을 한국어로 번역한다면 한국, 한국어 문화권이 하나의 담화 공동체가 될 수 있고, 의학계도 하나의 담화 공동체가 된다. 번역자는 한국어 문화권이라는 담화 공동체의 사회 문화적 전통과 규약, 언어적 관습과 규약을 정확히 알고 그에 맞게 번역해야 한다. 그리고 의학 전문 용어를 비롯하여 의학계에서 통용되는 관습과 규약도 익혀야 하며 이를 통해 해당 담화 공동체 안에 성공적으로 참여할 수 있어야 한다. 텍스트의 내용에 따라, 혹은 예상 독자층을 어떻게 설정하느냐에 따라 특정 성별, 특정한 연령대, 특정 직업군 집단이 담화 공동체가 될 수도 있다.

번역자는 번역문을 쓰는 필자임과 동시에 원문을 읽는 독자다. 그래서 원저자와 원문의 독자가 속한 담화 공동체의 구성원이기도 하다. 번역자는 필자로서 속한 담화 공동체에도 성공적으로 참여해야 할 뿐 아니라 독자로서 속한 담화 공동체에도 성공적으로 참여해야 한다. 이는 번역자가 독자로서 속한 담화 공동체, 즉 출발어 문화권의 담화 관습을 완벽하게 이해하고 따라야 하며, 원문의 의미와 원문이 그 담화 공동체 속에서 독자에 대해 가지는 기능과 효과를 온전하게 이해해야 함을 의미한다.

번역 글쓰기의 담화 공동체 참여의 원리는 번역자가 필자로서 예상 독자와의 대화를 통해 예상 독자가 속한 담화 공동체에 참여한다는 점에서 일반 글쓰기와 공통되지만, 번역자가 독자로서 원저자와의 대화를 통해 출발어를 사용하는 원저자와 그 독자로 구성된 원문의 담화 공동체에도 참여한다는 점에서 일반 글쓰기와는 차별된다. 번역자가 원문의 독자로서 원저자와 대화를 통해 그 담화 공동체에 성공적으로 참여할 때 원저자의 의도와 목적 및 원문의 의미와 효과를 온전하게 이해할 수 있게 되고, 번역문의 필자로서 예상 독자가 속한 담화 공동체에 성공적으로 참여할 때 독자 중심의 번역문을 쓸 수 있게 된다. 번역자는 이 모든 담화 공동체에 성공적으로 참여하여 두 담화 공동체의 교집합을 번역문에 투영함으로써 그 임무를 완수하게 된다.

이러한 담화 공동체 참여의 원리는 번역 글쓰기 전 과정에 작용하는 원리지만, 특히 이해와 표현 단계에서 핵심 전략으로 기능할 수 있다.

2) 순환성 원리

글쓰기의 과정은 순환적이다. 주제를 정하고, 자료를 수집하고, 개요를 짜고, 집필을 하고, 퇴고를 통해 글을 완성하기까지 일련의 순서를 거치지만, 다음 단계로 넘어가면 다시는 앞 단계로 돌아갈 수 없는 것이 아니라 필요에 따라 얼마든지 이전 단계로 돌아갈 수 있다는 점에서 순환성을 지닌다.

번역 글쓰기의 과정 또한 마찬가지다. 본고에서는 번역 글쓰기의 과정을 '계획 단계→이해와 표현 단계(이해하기→표현하기)→퇴고 단계'로 설정한다. 이러한 일련의 문제 해결 과정으로서의 번역 과정은 필자(번역자)가 지닌 상위 인지 기능에 의한 반성(reflection) 작용에 의해 그 이전 단계로 회귀 또는 순환하게 된다.[10] 즉, 성찰의 반복 순환으로 번역 글쓰기의 과정이 순환성을 띠게 된다. '초벌 읽기'를 마치고 나서, 혹은 '초벌 읽기' 중에 배경 지식에 대한 자료가 더 필요하다고 판단되면 '자료 조사' 단계로 다시 돌아갈 수 있고, '표현하기' 단계에서도 언제든지, 얼마든지 앞의 다른 단계로 돌아갈 수 있다.

이러한 순환성 원리는 번역 글쓰기 전 과정에 작용하는 원리임과 동시에 번역 글쓰기 과정에서 부딪히는 문제를 해결하기 위해 앞선 단계로 회귀하

---

[10] 원진숙(2005: 74-75)은 과정 중심 워크숍 활동을 통한 학술적 글쓰기 지도 방법의 운영 원리로 '순환성 원리'를 제시한 바 있다.

라는, 번역 글쓰기 과정 전체에 걸치는 전략이 될 수 있다. 순환성은 일반 글쓰기와 번역 글쓰기에 공통된 원리이자 전략이다.

3) 읽기-쓰기 통합의 원리

앞서 지적한 바와 같이, 번역은 번역자가 출발어로 된 텍스트를 읽고 도착어 텍스트로 옮겨 쓰는, 읽기와 쓰기가 통합된 과정이다. 다른 유형의 글쓰기도 글을 쓰기 위해 필요한 자료들을 읽는 과정이 수반된다는 점에서 '읽기-쓰기'가 통합된 과정이라 할 수 있다. 그러나 번역 글쓰기에서 읽기-쓰기 통합의 원리는 세 가지 측면에서 일반 글쓰기와 차이가 있다.

첫째, 다른 유형의 글쓰기와 달리 번역 글쓰기에서 '읽기-쓰기'의 통합은 필수성을 띤다. 독후감이나 논문과 같은 몇몇의 글쓰기 유형을 제외하면 일반적인 글쓰기에서 '읽기'는 필수적인 요소가 아니다. 그러나 번역에서는 출발어로 쓰인 원문 '읽기'가 반드시 수반되어야 한다.

둘째, 번역 글쓰기의 '읽기-쓰기'는 긴밀성을 띤다. 번역에서는 출발어로 읽은 것을 가능한 한 그 의미가 변하지 않도록 원문의 의미와 효과를 도착어로 재현하여 써내야 한다는 점에서 읽기와 쓰기의 관계가 긴밀하다.

셋째, 다른 유형의 글쓰기와 달리 번역 글쓰기에서의 읽기와 쓰기의 행위는 동시적이다. 번역에서 읽기와 쓰기는 거의 시간의 차이를 두지 않고 동시에 일어난다는 점에서 동시적이라 할 수 있다. 물론, 번역에서 읽기와 쓰기가 동시적인 행위로만 일어나는 것은 아니다. 실제 번역 작업에 들어가기에 앞서 텍스트 전체를 통독하거나 발췌해서 읽는 1단계 읽기, 즉 초벌 읽기는 쓰기와 동시적인 행위가 아니다. 그러나 이 초벌 읽기는 본격적인 번역 작업 읽기에 앞선 사전 읽기의 성격을 띠며, 경우에 따라 생략하기도 한다.

4) 학문 협업의 원리

언어학 중심의 접근법이 근간을 이루었던 전통적 번역학은 지금까지 커뮤니케이션 이론, 정보처리 이론, 심리 철학 이론, 문화학 등 인접 학문의 성과를 반영하며 발전을 이루어 왔다. 번역학은 외국어문학, 국어국문학을 비롯하여 각 전문적인 학문 분야와 밀접한 관계를 맺고 있다. 번역자는 이들 가운데 어느 한 분야에만 정통해서는 안 된다. 스넬-호른비(Snell-Hornby 1988/1995)는 텍스트 타입에 따라 문화사, 문학 연구, 사회문화 연구, 지역학 등을, 전문 분야(예를 들어 법률, 경제, 의학, 과학 번역 등)에 따라 번역에 필요한 주제 지식과 관련된 전문 분야의 학문을 함께 고려할 것을 제안하며, 이를 번역의 '통합적 접근법(integrated approach)'이라는 큰 테두리 안으로 아우르려는 시도를 하기도 했다(Jeremy Munday, 정연일·남원준 역 2006: 262).

성경 번역 이후 외국 문학의 번역이 주를 이루었던 국내 현대 번역사의 초기에는 번역에서 외국어문학이 차지하는 비중이 컸다. 번역은 외국어문학을 전공한 사람들의 전유물이었던 것이다. 그러나 세계화·전문화 시대로 접어들고 외국어의 지식이 보편화되면서 각 전문 분야별로 각기 독자적으로 번역을 수행하게 된 오늘날에는 누가 번역을 하든 번역자는 번역의 3요소인 출발어와 도착어, 콘텐츠, 즉 번역할 대상의 전문 내용에 관해 정확한 지식을 갖추고 있어야 하며, 번역 과정에서 콘텐츠(내용) 지식의 미비로 문제가 발생했을 경우 이를 즉각 보완함으로써 문제를 해결하도록 힘써야 한다. 학문 협업의 원리는 번역자가 번역할 대상의 내용에 대한 사전 지식을 갖춘 다음 출발어에 대한 언어적 지식을 동원하여 원문을 읽고 이해함으로써 도착어에 대한 언어적 지식으로 표현하는 번역 글쓰기의 전체 과정에 작용한다. 일반 글쓰기는 쓸 내용에 대한 주제 지식을 도착어로 표현할 뿐이지만, 번역 글쓰기는 번역의 3요소인 출발어와 도착어 및 주제 지식이 균형 있게 어우러져야 한다는 점에서, 학문 협업의 원리는 일반 글쓰기와 다른 번역 글쓰기의 원리라 할 수 있다.

　학문 협업의 원리는 번역 교육에서 교과 과정을 설계하고 운용하는 데에도 유용하다. 이상원(2002)는 외국어로부터 한국어로의 번역 교육에 출발 외국어 이해 분석 능력, 한국어 텍스트 재구성 능력, 자료 검색 능력, 자유로운 도구 활용 능력, 협력 작업 능력, 전문 직업인 능력의 제고라는 목표가 설정되어야 함을 제안하였는데, 이는 번역에 내포된 학문 협업의 원리를 번역 교육의 목표에 반영하여 실현하려 한 것으로 이해된다. 김정우(2004a)에서 번역 과목이 협동 교과의 성격을 띤다고 한 것도 이와 같은 맥락이다.

3 국어 번역문의 특성

본 장에서는 형태 분석 비교 코퍼스를 대상으로 국어 번역문에 나타나는 언어적 특성을 어휘, 구문, 담화·화용적 측면의 세 가지 층위로 나누어 번역 보편소와 국어 번역문의 개별적 특징을 분석하고자 한다.

번역문의 특성에 관한 국내 연구에서는 출발어의 간섭에 따른 번역체 연구가 주를 이루었지만, 외국에서는 출발어의 간섭에 따른 번역문의 특성뿐 아니라 번역 보편소에 대한 연구 또한 진행되었다. 번역 보편소란 전형적으로 번역된 텍스트들에 나타나며, 한 언어의 다른 언어에 대한 간섭의 결과라기보다는 두 언어 간 중재 과정의 필연적인 부산물로 간주되는 언어적 특성이다(Sara Laviosa, 안동환 역 2008: 63).

그동안 번역학에서 연구된 주요 보편소는 단순화(simplication), 명시화(explication), 규범화(normalization), 수렴화(convergence)[1]이다(Sara Laviosa, 안동환 역 2008: 63-100). 코퍼스 제작 이전에는 이들 보편소와 관련한 논의가 일부 텍스트에 대한 경험적 기술에 그쳤지만, 코퍼스가 제작되면서부터 대규모의 코퍼스를 대상으로 한 계량적인 방법을 이용하여 보편소 논의

---

[1] 안동환 역(2008)에서는 '합치'로 번역하였으나 본고에서는 박사 논문 심사 과정에서 심사 위원 선생님들의 의견을 반영하여 '수렴화'로 번역한다.

가 본격적으로 이루어졌다.

'단순화(simplication)'란 "번역자들이 언어나 전달 내용, 또는 양자 모두를 무의식적으로 단순화한다"는 것이다(Baker 1995: 234; Sara Laviosa, 안동환 역 2008: 82 재인용). 코퍼스 이전의 전통적인 연구에서도 번역문이 어휘적, 통사적, 문체적으로 단순한 경향을 보인다는 연구가 있었다. 어휘에서 출발어와 도착어의 언어 및 문화 간 불일치로 상위어를 많이 쓴다거나 고어나 격식적인 단어를 쉬운 현대어로 고쳐 쓰는 현상에 대한 연구가 있었고, 통사와 문체에서 긴 어구나 문장을 나누고 반복적이거나 잉여적인 정보를 축소 혹은 생략하며 수식어구를 생략하는 등 원문에 쓰인 복잡한 구조를 단순한 구조로 고치는 현상에 대한 연구가 있었지만, 개별적인 자료 연구에 그쳐 이러한 특성을 번역 보편소, 즉 번역 과정 자체의 본질에 의한 번역 특정적(translation-specific) 작용[2]으로 밝히지는 못했다(Sara Laviosa, 안동환 역 2008: 64-74).

'단순화'를 언어 특정적 또는 문화 특정적이라기보다 번역 특정적인 특성으로 명시화한 것은 Baker(1993)에 이르러서이고(Sara Laviosa, 안동환 역 2008: 81), Laviosa(2002; 안동환 역 2008)에서 비교 코퍼스를 이용하여 단순화를 검증하였다. Laviosa는 영어 비교 코퍼스를 대상으로 번역문이 비번역문보다 사용된 어휘 범위가 좁고, 정보량이 낮으며, 문장길이가 짧다는 단순화의 보편소를 밝혔다. 번역문이 비번역문보다 어휘 범위가 좁다는 것은 사용된 어휘 항목의 수가 적어서 어휘가 다양하게 쓰이지 않는다는 뜻이다. 번역문이 비번역문보다 토큰(token) 대 타입(type) 비율[3]이

---

[2] Klaudy(1996:144)는 번역 작용(translational operations)을 언어들의 서로 다른 문법적 어휘적 구조에 기인한 '언어 특정적(language-specific) 작용'과 언어들 간의 문화적 차이에 기인한 '문화 특정적(culture-specific) 작용', 번역 과정 자체의 본질, 즉 원문에서 원래 착상되었던 생각들을 도착어로 표현해야 하는 필요성으로 설명되는 '번역 특정적(translation-specific) 작용' 세 가지로 분류하였다.

낮고, 고빈도 단어의 비율이 높으며, 빈도수가 가장 높은 상위의 단어가 코퍼스에서 더 많은 비중을 차지함을 보임으로써 이를 증명하였다. 번역문이 비번역문보다 정보량이 더 낮다는 것은 문법어에 비해 내용어의 비율이 더 낮음을 보임으로써 증명하였다. 번역문이 비번역문보다 평균 문장 길이가 더 짧다는 것은 문체적 단순화의 한 양상으로, 신문 기사에 대해서만 입증하였다. 원문 자체가 이러한 단순화의 특성을 가지지는 않으므로, 번역문에 나타나는 단순화는 출발어의 특징에 기인한 것이 아니라 출발어와 도착어의 언어적·문화적 차이에 따라 이를 중재하는 과정에서 생긴 번역 자체에 내재된 특성이라 말할 수 있다.

'명시화(explication)'는 도착어의 제약 때문에, 또는 원문에는 없지만 문맥적 지식이나 상황으로 미루어 알 수 있는 내용을 좀 더 명확하게 표현하기 위하여 번역자가 번역문에 의미의 세부사항을 더해서 표현하는 번역 기법(존 험블리 외, 이연향 역 2005: 43; Sara Laviosa, 안동환 역 2008: 74)[4]이다. Blum-Kulka(1986)에서 응집성 표지 유형들의 전이에 주목하여 번역자가 원문에 없는 단어들을 삽입함으로써 번역문을 확장하는 예를 보고하고, 번역문과 제2언어 학습자들의 글에서 관찰된 명시성 수준의 상승이 번역을 포함한 언어 매개 과정에 고유한 보편적 전략일 수 있다는 명시화 가설을 제안하였다(Sara Laviosa, 안동환 역 2008: 74-75). Vanderauwera(1985)에서는 명시화의 증거로 수식어구, 양화사, 접속사의 첨가, 추가 정보의 첨가, 설명의 삽입, 압축된 구절의 확장, 대명사의 중의성 해소 등을 보고하였고, 1990년대 이후에는 Øverås(1998), Olohan and Baker(2000)에서 병렬

---

[3] 타입은 단어의 사전 표제어 형태, 즉 어휘 항목을 가리키고, 토큰은 그것이 개별적으로 실현된 횟수를 말한다. 예를 들어, 본 연구의 100만 어절 비번역문 형태 분석 말뭉치에는 '말'이라는 명사가 5,703회 등장한다. 그래서 '말'이라는 하나의 타입에 대해 토큰은 5,703회로 나타낸다.
[4] 정호정(2003a)는 '외연화'로 번역하였다.

코퍼스를 이용하여 번역문에 문법적 장치의 수가 증가하는 통사적 명시화를 입증하였다(Sara Laviosa, 안동환 역 2008: 76-94). 명시화 역시 출발어와 도착어의 언어적·문화적 차이에 따라 이를 중재하는 과정에서 생긴 번역 자체에 내재된 특성이라 말할 수 있다.

'규범화(normalization)'는 원문에 나타난 "특유한 텍스트 특성들을 목표 언어 및 문화의 형태와 규범에 따르도록 번역자가 때로는 의식적으로 때로는 무의식적으로 만드는 것이다(Scott 1998: 112; Sara Laviosa, 안동환 역 2008: 94 재인용)[5]. 이는 번역자가 원문을 어휘, 통사 구조, 문체, 문장 부호, 텍스트 구성 등에서 도착어의 기준에 비추어 볼 때 규범적이지 않은 요소들을 도착어의 규범에 맞추어 더 읽기 쉽고 더 자연스러운 텍스트로 재창조함을 말한다. 규범화 또한 규범적이지 않은 원문을 규범적인 번역문으로 변형하는 것이므로 이는 출발어의 특성에 기인한 것이 아니라 출발어와 도착어의 언어적·문화적 차이에 기인하여 야기되는 번역 고유의 특성이다.

'수렴화(convergence)'는 Laviosa(2002)에서 제안한 번역 보편소로, 언어적 특성과 관련하여 번역 텍스트들이 서로 간에 유사성을 보인다는 것이다. Laviosa는 신문 기사 텍스트에서 번역문이 비번역문에 비해 단순화의 세 가지 변인으로 제시한 토큰 대 타입 비율, 어휘 밀도, 평균 문장 길이가 더 획일적이라는 연구 결과(Laviosa-Braithwaite 1996; Laviosa 1998a)를 예로 들었다. 개별 번역 텍스트들의 이 세 수치가 각각 번역문 전체의 평균값 가까이 수렴함으로써 번역문이 비번역문보다 분산값[6]이 낮다는 것이다. 원문 텍스트들은 서로 간에 언어적 동질성이 약한데 그 번역 텍스트들은

---

[5] 정호정(2003a)이 언급한 '텍스트 평면화(text flattening)'와 동일하다.
[6] 평균값 주위에서의 점수 변화 또는 편차에 대한 통계적 척도이다. 그 값이 더 낮을수록 그 집단은 동질성이 더 크다.

언어적 동질성이 강하므로, 이 역시 출발어의 간섭에 따른 특성이라기보다 출발어와 도착어의 언어적·문화적 차이에 기인하여 야기되는 번역의 고유한 특성이다.

그런데 이 네 가지 번역 보편소들은 별개의 것이 아니며 서로 간에 긴밀한 관계를 맺고 있다. 단순화에서 어휘적 다양성이 낮은 것은 규범화의 결과일 것이다. 도착어의 규범에 맞게 더 읽기 쉽고 더 자연스러운 텍스트로 만드는 과정에서 사용 빈도가 낮은 어휘보다는 사용 빈도가 높은 어휘를 선택하기 때문이다. 단순화에서 내용어보다 문법어의 비율이 높아 어휘 밀도가 낮은 것은 명시화의 결과로 생각된다. 의미를 좀 더 명확하게 전달하려는 과정에서 접속사, 수식어와 같은 기능 요소들을 첨가하기 때문이다. 또한 수렴화는 규범화, 단순화의 결과로 보인다. 원문을 더 도착어다운 텍스트로 규범화하여 번역하는 과정에서 번역문이 단순화되어 번역 텍스트들 간에 언어적 동질성과 획일성을 띠게 되는 것이다.

'명시화'와 '규범화'는 원문과 번역문의 비교가 전제되기 때문에 병렬 코퍼스의 이용이 필수적이지만 '단순화'와 '수렴화'는 원문이 아닌 도착어로 된 비번역문과 번역문을 비교함으로써 확인할 수 있다. 3.1에서는 형태 분석한 비번역문 코퍼스와 번역문 코퍼스에서 각 형태별 빈도를 추출하여 그 결과를 비교함으로써 국어 번역문의 어휘적 특성을 분석한다. 형태별 빈도의 비교는 번역 보편소와 국어 번역문의 개별적 특징을 계량적으로 분석하기 위한 자료가 된다. 이를 통해 번역 보편소로서 정보성, 어휘적 다양성에 관한 '단순화'와 '수렴화'를 확인하고 국어 번역문의 개별적 특성 또한 살펴보겠다. 3.2에서는 번역 보편소로서 문장 길이에 관한 '단순화'를 확인하고, 비번역문과 비교할 때 번역문에서 빈도 차가 두드러지는 형태를 중심으로 구문과 담화상에서 실현되는 양상을 좀 더 세밀하게 고찰함으로써 번역문의 구문적 특징을 살펴보겠다. 3.3에서는 담화·화용적 측면에서 국어 번역문의 특징을 분석하고, 3.4에서는 국어 번역문에서 분석해 낸 번역 보편소 및 출발어의 간섭에 따른 개별적 특징을 정리하도록 한다.

3.1. 어휘적 특성

본 장에서는 번역문 코퍼스와 비번역문 코퍼스에서 품사별 빈도와 각 품사에 따른 형태별 빈도를 비교하여 국어 번역문에 나타나는 어휘상의 특징을 살핀다. 번역 보편소로서 정보성과 어휘적 다양성에 관한 '단순화', '수렴화'를 확인하고, 국어 번역문의 개별적 특징을 살피겠다.

아래 표는 본고에서 구축한 100만 어절의 번역문 형태 분석 균형 코퍼스와 100만 어절의 비번역문 형태 분석 균형 코퍼스의 형태별 빈도를 비교한 것이다.

<표 1> 비번역문과 번역문의 형태별 빈도[7]

대분류	소분류	세분류	비번역문		번역문	
			출현 횟수	상대 빈도	출현 횟수	상대 빈도
체언	명사NN	일반명사NNG	512,641	50.599	482,043	47.681
		고유명사NNP	35,960	3.549	32,592	3.224
		의존명사NNB	63,550	6.272	67,778	6.704
	대명사NP	대명사NP	38,479	3.798	49,675	4.914
	수사NR	수사NR	5,429	0.536	4,729	0.468
	합계		656,059	64.754	636,817	62.990
용언	동사VV	동사VV	176,048	17.376	167,733	16.591
	형용사VA	형용사VA	42,096	4.155	41,020	4.057

---

[7] 표의 분류 체계는 21세기 세종계획 기초자료분과의 형태 분석 코퍼스에 대한 결과 보고서의 체계를 따른 것이다. 표에서 상대 빈도는 전체 어절 수에서 각 유형이 차지하는 비율을 퍼센트로 나타내었다.

대분류	중분류	소분류				
	보조용언VX	보조용언VX	47,644	4.703	55,083	5.448
	지정사VC	긍정지정사VCP	43,707	4.314	42,427	4.197
		부정지정사VCN	4,473	0.441	4,269	0.422
	합계		313,968	30.989	310,532	30.716
수식언	관형사MM	관형사MM	31,043	3.064	41,001	4.056
	부사MA	일반부사MAG	60,737	5.995	59,687	5.904
		접속부사MAJ	13,081	1.291	14,414	1.423
	합계		104,861	10.35	115,102	11.383
독립언	감탄사IC	감탄사IC	2,117	0.209	1,577	0.156
관계언	격조사JK	주격조사JKS	59,604	5.883	55,484	5.488
		보격조사JKC	5,752	0.568	5,610	0.555
		관형격조사JKG	54,481	5.377	56,458	5.584
		목적격조사JKO	82,974	8.190	79,959	7.909
		부사격조사JKB	97,563	9.630	105,944	10.479
		호격조사JKV	337	0.033	231	0.023
		인용격조사JKQ	898	0.089	1,458	0.144
		합계	301,609	29.769	305,144	30.183
	보조사JX	보조사JX	91,584	9.040	101,383	10.028
	접속조사JC	접속조사JC	14,248	1.406	14,119	1.397
	합계		407,441	40.215	420,646	41.608
의존형태	어미E	선어말어미EP	56,432	5.570	59,329	5.868
		종결어미EF	83,445	8.236	84,318	8.340
		연결어미EC	166,962	16.479	160,985	15.924
		명사형전성어미ETN	12,050	1.189	13,671	1.352
		관형형전성어미ETM	134,007	13.227	140,549	13.902
		합계	452,896	44.702	458,852	45.387
	접사X	체언접두사XPN	4,287	0.423	3,940	0.390
		명사파생접미사XSN	42,951	4.239	50,285	4.974
		동사파생접미사XSV	58,408	5.765	62,104	6.143
		형용사파생접미사XSA	23,910	2.360	26,355	2.607
		합계	129,556	12.787	142,684	14.113
	어근XR	어근XR	16,114	1.590	20,252	2.003
전체 어절 수			1,013,153		1,010,979	

위 표의 상대 빈도를 보면 체언은 번역문이 비번역문보다 1.6% 낮은 반면, 수식언과 관계언(조사), 의존 형태(어미, 접사)는 번역문이 비번역문보다 각각 1% 내외로 높다. 용언의 상대 빈도는 비번역문과 번역문의 차이가 0.2%에 그쳐 두 텍스트가 거의 비슷하게 나타나지만[8], 본용언과 보조 용언 간에 차이가 있다. 즉, 본용언의 상대 빈도는 번역문이 비번역문보다 낮은 반면, 보조 용언의 상대 빈도는 번역문이 비번역문보다 더 높다.

우리는 이러한 결과를 통해 번역문이 비번역문에 비해 구체적 의미를 갖는 의미어(semantic words)보다 문장 속에서 문법적 기능을 하는 기능어(functional words)의 비율이 더 높음을 알 수 있다. 이는 번역문이 비번역문에 비해 어휘 밀도(lexical density)가 낮고, 따라서 번역문이 비번역문보다 전체 텍스트 내에서 의미어의 사용 비중에 비해 기능어의 사용 비중이 상대적으로 높다는 외국의 연구 보고(Laviosa, 1998a; 정호정 2003a: 76-77 재인용)와 일치하며, 번역 보편소의 단순화 가설에서 번역문이 비번역문보다 정보량이 적다는 가설을 입증한다. 관형사, 접속 부사, 보조 용언, 보조사, 의존 형태 등의 기능어 비율이 높은 것은 앞서 언급하였듯이 의미를 좀 더 명확하게 전달하려는 명시화의 차원에서 이들 기능 요소를 첨가하기 때문이다. 이는 또한 상투적 번역 표현에 따른 구문의 단순화를 반영한 결과이기도 하다. 3.2에서 살펴보겠지만, 국어 번역문에 많이 나타나는 상투적 번역 표현으로는 접속사, 관형형 어미와 의존 명사, 명사형 어미, 보조 용언 결합형 등이 대부분이기 때문이다.

단순화 가설에서 번역문이 비번역문보다 어휘적 다양성이 낮다는 가설

---

[8] 용언의 상대 빈도가 번역문과 비번역문이 비슷하다는 것은 다른 성분에 비해 상대적으로 비슷하다는 뜻이다. 번역문과 비번역문의 상대 빈도에서 어느 정도의 수치 차이를 번역문의 특성을 규정할 수 있는 유의미한 차이로 볼 것인가 하는 점이 문제가 되는데, 비교 대상에 따라 상대적이어서 그 기준을 일률적으로 제시하기는 어렵다. <표1>에서는 상대 빈도를 100%로 환산하였을 때, 2% 이상의 차이만 유의미한 것으로 보았다.

을 확인할 수 있는 가장 쉬운 방법은 토큰 대 타입 비율을 조사하는 것이다. 토큰에 대한 타입의 비율이 높을수록 다양한 어휘가 사용된 것이므로 어휘적 다양성이 높다고 말할 수 있다. 아래에 주요 품사의 토큰 대비 타입의 비율을 표로 제시하였다.

<표 2> 비번역문과 번역문의 토큰 대 타입 비율

	비번역문			번역문		
	토큰	타입	토큰 대 타입 비율(%)	토큰	타입	토큰 대 타입 비율(%)
일반명사	512,641	25,978	5.067	482,043	24,017	4.982
동사	176,048	2,656	1.508	167,733	2,497	1.489
일반부사	60,737	1,964	3.234	59,687	1,623	2.719
형용사	42,096	618	1.468	41,020	530	1.292
보조용언	47,644	31	0.065	55,083	31	0.056
대명사	38,479	86	0.197	49,675	75	0.151
관형사	31,043	91	0.293	41,001	79	0.193
전체	908,688	31,424	3.458	896,242	28,852	3.219

위 표를 보면, 전체 토큰 대 타입 비율뿐 아니라 각 품사별 토큰 대 타입 비율 역시 번역문이 비번역문보다 낮다. 번역문이 비번역문보다 타입의 개수가 적다는 것은 그만큼 다양한 어휘가 사용되지 않았다는 것이다. 상식적으로 생각할 때, 문학 텍스트는 비번역문이 번역문에 비해 방언이 사용될 가능성이 높아서 번역문이 비번역문보다 어휘적 다양성이 낮을 것으로 추정된다. 따라서 단순히 타입의 비율만을 비교하는 것은 큰 의미가 없을 것이다[9]. 그래서 본 연구에서는 토큰 대 타입 비율 외에도, Sara Laviosa(2002)의 연구 방법을 차용하여 각 품사마다 고빈도 단어의 비율을 비교하는 방법으로 어휘적 다양성을 추가로 확인하고자 한다. 만약 번역문이 비번역문

---

[9] 토큰 대 타입 비율로 어휘적 다양성을 확인하려면 방언에 따른 변인을 통제한 텍스트를 분석 대상으로 삼아야 할 것이다.

보다 고빈도 단어의 비율이 더 높다면, 이는 가장 빈번하게 쓰이는 단어들이 더 자주 반복됨을 의미하므로, 번역문이 비번역문보다 어휘적 다양성이 더 낮음을 확인할 수 있을 것이다.

'수렴화' 가설을 확인하는 방법으로는 비번역문과 번역문 각각 텍스트 유형별 간의 상대 빈도를 비교하는 방법을 사용한다. 번역문이 비번역문보다 텍스트 유형별로 각 품사나 각 형태의 상대 빈도 차이가 작다면 번역문이 비번역문보다 텍스트들 간에 더 유사성을 보인다고 말할 수 있을 것이다.

3.1.1. 체언

아래에 100만 어절의 번역 텍스트 형태 분석 균형 코퍼스와 100만 어절의 비번역 텍스트 형태 분석 균형 코퍼스에 나타난 체언의 유형별 빈도를 제시하였다.

<표 3> 비번역문과 번역문의 체언 빈도

대분류	소분류	세분류	비번역문		번역문	
			출현 횟수	상대 빈도	출현 횟수	상대 빈도
체언	명사NN	일반명사NNG	512,641	50.599	482,043	47.681
		고유명사NNP	35,960	3.549	32,592	3.224
		의존명사NNB	63,550	6.272	67,778	6.704
	대명사NP	대명사NP	38,479	3.798	49,675	4.914
	수사NR	수사NR	5,429	0.536	4,729	0.468
	합계	합계	656,059	64.754	636,817	62.990

위 표를 보면, 체언 가운데 일반명사와 의존명사, 대명사에서 비번역문과 번역문의 빈도 차이가 두드러지므로, 이들 세 부류의 형태에 대해 좀 더 자세히 살펴보겠다[10].

---

[10] 본 연구에서 구축한 번역 텍스트 형태 분석 코퍼스는 자동 태거의 결과에 후처리를 한 것인데, 후처리 과정이 21세기 세종계획의 형태 분석만큼 정밀하지는 못하였다. 자동

1) 일반명사

다음은 텍스트 유형별 일반명사의 출현 빈도이다.

<표 4> 텍스트 유형별 일반명사의 빈도[11]

텍스트 유형	비번역문		번역문	
	출현 횟수	상대 빈도	출현 횟수	상대 빈도
문학	123,741	40.988	121,186	40.171
일반교양	160,163	53.330	152,164	50.342
전문	187,695	60.739	166,398	54.277
아동	41,042	40.270	42,295	42.098
전체	512,641	50.599	482,043	47.681

위 표를 보면, 비번역문은 일반명사의 상대 빈도 분포가 텍스트 유형별로 40%에서 60%까지 나타나서 그 차이가 20%에 이르지만, 번역문은 40%에서 54%까지여서 그 차이가 14%로 비번역문보다 낮다. 따라서 번역문이 비번역문보다 텍스트 유형 간에 더 유사성을 보인다. 이는 '수렴화'의 번역 보편소를 나타내는 것이다.

위 표에서 국어 번역문의 개별적인 특징으로는 사실적 텍스트 유형의 번역문에 일반 명사의 쓰임이 적게 나타나는 점을 들 수 있다. 위 표를 보면, 비번역 텍스트와 번역 텍스트 모두 사실적 텍스트 유형이 비사실적 텍스트 유형보다 일반명사의 상대 빈도가 높다. 각 텍스트 유형별로 번역문과 비번역문을 비교해 보면, 아동물은 번역문의 상대 빈도가 더 높고, 문학은 거

태거의 특성상 고유명사가 일반명사로 형태 분석되었을 가능성이 다분하므로, 이를 감안하면 번역문의 일반 명사 상대 빈도는 더 낮고, 고유 명사의 상대 빈도는 더 높아질 가능성이 있다.

[11] 표에서 상대 빈도는 텍스트 유형별 전체 어절 수에서 일반명사가 차지하는 비율을 퍼센트로 나타낸 것이다. 이후에도 각 품사의 상대 빈도는 전체 어절 수에서 각 품사가 차지하는 비율을 퍼센트로 나타낼 것이며, 별도로 언급하지 않겠다.

의 차이가 없는 반면, 사실적 텍스트 유형인 일반교양과 전문 텍스트는 번역문의 상대 빈도가 비번역문의 상대 빈도보다 더 낮다. 특히, 전문 텍스트 유형은 비번역문과 번역문의 상대 빈도 차이가 6%에 달해서 다른 텍스트 유형보다 그 차이가 훨씬 크다. 즉, 사실적 텍스트 유형의 번역문에 일반명사의 쓰임이 적게 나타난다.

이제 일반명사의 각 형태별 빈도를 살펴보자. 아래에 빈도 순위 상위에 속하는 형태에 대한 빈도를 순위대로 제시하였다.

<표 5> 일반명사의 형태별 빈도 순위

순위	비번역문			번역문		
	형태	출현 횟수	상대 빈도	형태	출현 횟수	상대 빈도
1	말	5,703	1.112	말	7,068	1.466
2	사람	5,692	1.110	사람	6,256	1.298
3	때	3,790	0.739	때	4,056	0.841
4	일	3,515	0.686	일	3,784	0.785
5	생각	3,169	0.618	생각	3,781	0.784
6	사회	2,538	0.495	자신	2,546	0.528
7	경우	2,170	0.423	속	2,352	0.488
8	자신	1,737	0.339	사실	2,011	0.417
9	속	1,544	0.301	시간	1,559	0.323
10	집	1,532	0.299	집	1,548	0.321

위 표에서 빈도 순위는 비번역문과 번역문이 5위까지 동일하다. 그러나 모든 순위의 상대 빈도가 번역문이 비번역문보다 높게 나타난다. 즉, 번역문이 비번역문보다 고빈도 형태들이 전체에서 차지하는 비율이 더 높다. 이는 번역문이 비번역문보다 가장 빈번하게 쓰이는 어휘들의 반복이 더 잦음을 의미한다. 토큰 대 타입 비율을 제시한 <표2>에서 일반명사는 타입 수와 토큰 대 타입 비율 모두 번역문이 비번역문보다 낮았다. 번역문은 비번역문보다 타입 개수도 적을뿐더러, 고빈도 형태들이 전체에서 차지하는 비

율 또한 높아서, 비번역문보다 어휘적 다양성이 낮은 단순화의 보편소가 드러난다.

2) 대명사

다음은 텍스트 유형별 대명사의 출현 빈도이다.

<표 6> 텍스트 유형별 대명사의 빈도

텍스트 유형	비번역문		번역문	
	출현 횟수	상대 빈도	출현 횟수	상대 빈도
문학	22,183	7.348	23,303	7.725
일반교양	7,481	2.491	12,261	4.056
전문	4,774	1.545	9,653	3.149
아동	4,041	3.965	4,458	4.437
전체	38,479	3.798	49,675	4.914

위 텍스트 유형별 대명사의 빈도 표에서도 수렴화의 보편소가 나타난다. 비번역문은 텍스트 유형별 상대 빈도 분포가 1.5%에서 7.3%까지로 그 차이가 5.8%인 반면, 번역문은 3.1%에서 7.7%까지로 그 차이가 4.6%이다. 따라서 번역문이 비번역문보다 텍스트들 간에 더 유사성을 가진다.

위 표에서 나타나는 국어 번역문의 개별적인 특징은 대명사가 비번역문보다 더 많이 쓰인다는 것이다. 이러한 특징은 사실적 텍스트에서 두드러진다. 대명사의 상대 빈도는 모든 텍스트 유형에서 번역문이 비번역문보다 높다. 각 텍스트 유형별로 번역문과 비번역문을 비교해 보면, 문학과 아동물은 대명사의 상대 빈도가 번역문과 비번역문 간에 크게 차이나지 않는 데에 반해, 사실적 텍스트 유형인 일반교양과 전문 텍스트는 번역문의 상대 빈도가 비번역문의 상대 빈도보다 두 배가량 높다.

이제 대명사의 각 형태별 빈도를 살펴보자. 아래에 빈도 순위 상위에 속하는 형태에 대한 빈도를 순위대로 제시하였다.

<표 7> 대명사의 형태별 빈도 순위[12]

순위	비번역문			번역문		
	형태	출현 횟수	상대 빈도	형태	출현 횟수	상대 빈도
1	나/내	11,316	29.408	그	11,737	23.628
2	그	4,581	11.905	나/내	9,697	19.521
3	우리	3,864	10.042	우리	5,198	10.464
4	그녀	3,444	8.950	그것/그거	4,221	8.497
5	그것/그거	2,386	6.201	그녀	3,245	6.532
6	이	2,196	5.707	이	2,097	4.221
7	자기	1,273	3.308	이것/이거	1,642	3.305
8	너/네/니	1,178	3.061	자기	1,637	3.295
9	누구	1,032	2.681	당신	1,529	3.078
10	무엇	1,023	2.659	무엇	1,331	2.679
11	이것/이거	864	2.245	여기	915	1.842
12	당신	720	1.871	누구	829	1.669
13	어디	704	1.830	너/네/니	706	1.421
14	저/제	572	1.487	여러분	619	1.246

위 표에서 빈도 순위 1, 2, 3위를 차지한 세 형태가 전체에서 차지하는 비율을 비교하면, 비번역문이 51.3%, 번역문이 53.6%로, 번역문의 비율이 더 높다. 번역문이 고빈도 형태의 비율이 더 높다는 것은 가장 빈번하게 쓰이는 단어들이 더 자주 반복됨을 의미하며, 이는 결국 번역문이 비번역문보다 어휘적 다양성이 더 낮은 단순화의 보편소를 나타내는 것이다.

다음으로 형태별 빈도에 따른 개별적 특징을 살펴보자. 우리는 위 표에서 번역문에 3인칭 대명사의 빈도가 높음을 확인할 수 있다. 번역문에서 빈도 순위 1위를 차지한 것이 바로 3인칭 대명사 '그'이다. '그'와 '이것/이

---

[12] 표에서 '그'의 출현 횟수는 인물 대명사와 사물 대명사를 합한 수치이고, '당신'의 출현 횟수는 2인칭 대명사와 재귀 대명사를 합한 수치이며, 저/제는 1인칭 대명사와 3인칭 대명사 및 재귀 대명사를 합한 수치이다. 형태 분석의 상태에서는 이들이 구분되지 않는다.

'거'의 출현 횟수는 번역문이 비번역문의 2배에 달하고, '그것/그거'의 출현 횟수는 3배를 웃돈다.

인칭 대명사의 빈도를 텍스트 유형별로 좀 더 자세히 비교해 보자.

<표 8> 각 텍스트 유형의 대명사 형태별 빈도[13](출현 횟수)

인칭	형태	비번역문					번역문				
		문학	일반교양	전문	아동	전체	문학	일반교양	전문	아동	전체
1인칭	나/내	8,841	1,731	159	585	11,316	6,004	1,700	864	1,129	9,697
	저/제	257	89	7	219	572	251	91	23	194	559
	우리	1,431	954	809	670	3,864	1,299	1,564	1,884	451	5,198
	저희	17	19	1	12	49	26	2	0	7	35
	합계	10,546	2,793	976	1,486	15,801	7,580	3,357	2,771	1,781	15,489
2인칭	너/네/니	820	57	5	296	1,178	428	38	75	165	706
	자네	23	23	0	3	49	148	24	0	31	203
	당신	347	344	4	25	720	791	519	72	147	1,529
	그대	4	1	0	9	14	162	6	2	13	183
	너희	100	9	0	56	165	27	6	30	47	110
	여러분	16	21	1	32	70	31	506	64	18	619
	합계	1,310	455	10	421	2,196	1,587	1,099	243	421	3,350
3인칭	이	58	543	1,399	196	2,196	227	754	1,033	83	2,097
	그	2,230	1,391	682	278	4,581	6,127	3,029	1,970	611	11,737
	저	7	5	4	0	16	18	0	1	1	20
	그녀	3,388	38	3	15	3,444	2,917	144	74	110	3,245

[13] 표에 제시한 대명사 가운데 '저/제'와 '당신'은 동음이의어다. '저/제'는 1인칭 대명사로도 쓰이고, 3인칭 대명사 및 재귀 대명사로도 쓰인다. 형태 분석의 상태에서는 이들의 용법이 구분되지 않는데, 본 연구에서는 이들의 용례를 모두 확인, 구분해서 표에 제시하였다. 다만, 표에 재귀 대명사의 빈도를 제시하지 않았는데, 참고로 재귀 대명사의 용법은 비번역문이 문학 텍스트에서 38회, 일반교양 텍스트에서 34회, 전문 텍스트에서 8회, 아동 텍스트에서 17회로 총 97회였고, 번역문은 문학 텍스트에서 24회, 일반교양 텍스트에서 10회, 전문 텍스트에서 6회, 아동 텍스트에서 10회로 총 50회였다. '당신'은 2인칭 대명사로도 쓰이고 재귀 대명사로도 쓰이는데, 역시 형태 분석의 상태에서는 이 둘의 용법이 구분되지 않는다. '당신'의 용례를 모두 살핀 결과, 비번역문에서는 재귀 대명사의 용법이 문학 텍스트에만 4회 발견되었고, 번역문에서도 문학 텍스트에만 3회 발견되었다.

그것/그거	1,106	528	419	333	2,386	1,341	1,185	1,329	366	4,221
이것/이거	211	204	234	215	864	197	576	695	174	1,642
저것/저거	40	6	0	10	56	12	12	8	12	44
합계	7,040	2,715	2,741	1,047	13,543	10,839	5,700	5,110	1,357	23,006

<표 9> 각 텍스트 유형의 대명사 형태별 빈도(상대 빈도[14]))

인칭	형태	비번역문					번역문				
		문학	일반교양	전문	아동	전체	문학	일반교양	전문	아동	전체
1인칭	나/내	39.855	23.139	3.331	14.477	29.408	25.765	13.865	8.951	25.325	19.521
	저/제	1.159	1.190	0.150	5.419	1.487	1.077	0.742	0.238	4.352	1.125
	우리	6.451	12.752	16.946	16.580	10.042	5.574	12.756	19.517	10.117	10.464
	저희	0.0766	0.254	0.021	0.297	0.127	0.112	0.016	0	0.157	0.070
	합계	47.541	37.335	20.444	36.773	41.064	32.528	27.379	28.706	39.951	31.181
2인칭	너/네/니	3.697	0.762	0.105	7.325	3.061	1.837	0.310	0.777	3.701	1.421
	자네	0.104	0.307	0	0.0742	0.127	0.635	0.200	0	0.695	0.409
	당신	1.564	4.598	0.084	0.619	1.871	3.394	4.233	0.746	3.297	3.078
	그대	0.018	0.013	0	0.223	0.036	0.695	0.049	0.021	0.292	0.368
	너희	0.451	0.120	0	1.386	0.429	0.116	0.049	0.311	1.054	0.221
	여러분	0.072	0.281	0.021	0.792	0.182	0.133	4.127	0.663	0.404	1.246
	합계	5.905	6.082	0.209	10.418	5.707	6.810	8.963	2.517	9.444	6.744
3인칭	이	0.261	7.258	29.305	4.850	5.707	0.974	6.150	10.701	1.862	4.221
	그	10.053	18.594	14.286	6.879	11.905	26.293	24.704	20.408	13.706	23.628
	저	0.0316	0.067	0.0838	0	0.042	0.077	0	0.010	0.022	0.040
	그녀	15.273	0.508	0.063	0.371	8.950	12.518	1.174	0.767	2.467	6.532
	그것/그거	4.986	7.058	8.777	8.241	6.201	5.755	9.665	13.768	8.210	8.497
	이것/이거	0.952	2.727	4.902	5.320	2.245	0.845	4.698	7.200	3.903	3.305
	저것/저거	0.180	0.080	0	0.247	0.146	0.051	0.098	0.083	0.269	0.089
	합계	31.736	36.292	57.415	25.909	35.196	46.513	46.489	52.937	30.440	46.313

위 표에 제시한 형태 외에도 여러 대명사가 있지만 여기서는 빈도가 높은 대표 형태들을 중심으로 살펴보았다[15]).

---

[14]) 표에서 상대 빈도는 텍스트 유형별 전체 대명사 수에서 각 형태가 차지하는 비율을 퍼센트로 나타낸 것이다. 이후에도 각 형태의 상대 빈도는 해당 품사의 전체 어절 수에서 각 형태가 차지하는 비율을 퍼센트로 나타낼 것이며, 별도로 언급하지 않겠다.

[15]) 재귀 대명사와 의문 대명사는 정칭 대명사에 비해 상대적으로 빈도가 낮아 정칭 대명사

위 표에서 알 수 있는 가장 큰 특징은 역시 번역문에는 3인칭 대명사가 많이 쓰인다는 점이다. 비번역문의 인칭대명사 순위는 '1인칭>3인칭>2인칭'인데 반해, 번역문의 인칭대명사 순위는 '3인칭>1인칭>2인칭'이다.

텍스트 유형별로는, 비번역문이 전문 텍스트 유형을 제외하면 모든 유형의 텍스트에서 1인칭대명사의 빈도가 가장 높은 반면, 번역문은 아동물만 1인칭 대명사의 빈도가 가장 높고, 나머지 텍스트 유형은 3인칭 대명사의 빈도가 가장 높다. 한 가지 특기할 만한 점은, 문학과 일반교양 텍스트는 번역문이 비번역문에 비해 상대적으로 1인칭 대명사의 빈도가 낮고, 3인칭 대명사의 빈도가 높은 반면, 전문 텍스트는 번역문이 비번역문에 비해 상대적으로 1인칭 대명사의 빈도가 높고, 3인칭 대명사의 빈도가 낮다는 사실이다.

인칭대명사별로 살펴보면, 1인칭 대명사는 번역문의 빈도가 비번역문보다 낮은 데 반해, 2인칭, 3인칭 대명사는 번역문의 빈도가 비번역문보다 높다. 1인칭 대명사는 문학과 일반교양 텍스트에서 번역문의 빈도가 비번역문보다 낮지만, 전문 텍스트는 번역문의 빈도가 비번역문보다 높다.

2인칭 대명사의 쓰임에서 나타나는 번역문의 특징은 비번역문에 비해 평칭보다 존칭 대명사의 빈도가 높다는 점이다. '너/네/니'의 상대 빈도는 번역문이 비번역문의 절반에 못 미치는 반면, '당신'의 상대 빈도는 번역문이 비번역문의 1.5배, '그대'의 상대 빈도는 번역문이 비번역문의 10배이다. 복수 대명사도 마찬가지다. '너희'의 상대 빈도는 번역문이 비번역문의 절반가량인 반면, '여러분'의 상대 빈도는 번역문이 비번역문의 7배에 육박한다. '당신'과 '여러분'의 상대 빈도 차는 특히 전문 텍스트에서 두드러진다. 전문 텍스트 유형의 번역문은 '당신'과 '여러분'의 상대 빈도가 전문

가운데 고빈도를 보이는 주요 형태에 대해서만 빈도를 제시하였다.

텍스트 유형의 비번역문보다 각각 9배, 31배 높다. '당신'과 '여러분'의 빈도가 높은 것은 독자를 청자로 하는 서술체에서 독자를 지칭하는 원문의 2인칭 대명사를 구체적인 상대가 정해지지 않은 대상에 두루 사용할 수 있는 두루 높임의 대명사로 옮기기 때문에 나타난 현상이다. 다만, 2인칭 대명사는 '당신'을 제외하면 각 형태별 상대 빈도가 1% 내외로 낮기 때문에 그 수치만으로 텍스트의 특성을 논하기에는 조심스러운 면이 있다.

3인칭 대명사의 쓰임에서 나타나는 번역문의 특징은 비번역문에 비해 '이'의 빈도가 낮고 '그'의 빈도가 높다는 점이다. '그'의 상대 빈도는 번역문이 비번역문의 2배를 넘는데, 특히 문학과 아동물에서 그 차가 크다. 그리고 전문 텍스트에서 '이'의 상대 빈도가 번역문이 비번역문의 1/3에 지나지 않는 점도 특기할 만하다. 또 한 가지, '그녀'의 빈도가 번역문이 비번역문보다 낮은 점도 의외의 결과다. 이는 번역투의 대명사였던 '그녀'가 국어 인칭대명사로 확고하게 자리잡았음을 의미한다[16]. 다만, 문학 텍스트를 제외한 다른 유형의 텍스트에서는 '그녀'의 빈도가 번역문이 비번역문보다 훨씬 높다.

요약하면, 대명사의 쓰임에서 번역문은 비번역문에 비해 텍스트 유형 간의 빈도에서 더 유사성을 보임으로써 수렴화의 번역 보편적 특성이 나타나며, 번역문이 비번역문보다 고빈도 형태의 비율이 더 높게 나타나, 번역문

---

[16] 3인칭 인물 대명사 '그'와 '그녀'는 현대 국어 시기에 등장한 것이다. 김정우(1994a: 22)에는 1922년에 간행된 개벽 29호에 실린 포우 작, 김명순 역「相逢」에 3인칭 인물 대명사로 '그'가 쓰인 예가 언급되어 있다. 비번역 텍스트로는 1929년『중외일보』에 실린 김동인의 "근대소설고"에서 '그'를 3인칭 대명사로 쓰려고 힘썼으며(서정수 1996: 503), 이광수의 신소설「화세계」에서 '그'가 먼저 쓰였다는 주장이 있지만(김우종 1968), 그 간행 연대가 불확실하다. 여성을 가리키는 3인칭 지시 표현으로는 1930년대 초반까지도 '厥女(그 여자)'가 쓰였다(김정우 1994a: 24). 오늘날 '그'와 '그녀'가 문어에서 인물 대명사로 활발하게 쓰이지만, 아직까지 구어에서는 쓰이지 못하여, 관형사 '그'에 일반 명사가 결합한 형태가 대신한다.

이 어휘적 다양성이 더 낮다는 단순화의 번역 보편적 특성도 드러난다. 국어 번역문의 개별적 특징은 비번역문보다 대명사가 더 많이 쓰이며, 특히 3인칭 대명사가 많이 쓰인다는 점이다. 대명사의 상대 빈도는 모든 텍스트 유형에서 번역문이 비번역문보다 높고, 특히 사실적 텍스트 유형은 번역문의 상대 빈도가 비번역문의 상대 빈도보다 두 배가량 높게 나타나 그 차이가 두드러진다. 번역문은 비번역문에 비해 1인칭 대명사의 빈도가 낮고, 2인칭과 3인칭 대명사의 빈도가 높다. 다만, 전문 텍스트 유형만큼은 번역문이 비번역문보다 1인칭 대명사의 쓰임이 더 많다. 대명사의 빈도에서 나타나는 번역문의 특징은 3인칭 대명사, 그 중에서도 '그, 이것/이거, 그것/그거'가 특히 많이 쓰인다는 점이다. 이는 출발어에 쓰인 3인칭 대명사를 직역하는 데에 따른 결과일 것이다. 2인칭 대명사에서는 번역문이 비번역문에 비해 평칭 대명사 '너/내/니, 너희'의 쓰임이 적고, 존칭 대명사인 '당신, 그대, 여러분'의 쓰임이 많다. '당신'과 '여러분'의 빈도가 높은 것은 독자를 청자로 하는 서술체에서 독자를 지칭하는 원문의 2인칭 대명사를 구체적인 상대가 정해지지 않은 대상에 두루 사용할 수 있는 두루 높임의 대명사로 옮기기 때문에 나타난 현상이다.

3) 의존 명사

다음은 텍스트 유형별 의존 명사의 출현 빈도이다.

<표 10> 텍스트 유형별 의존 명사의 빈도

텍스트 유형	비번역문		번역문	
	출현 횟수	상대 빈도	출현 횟수	상대 빈도
문학	17,809	5.899	18,634	6.177
일반교양	20,597	6.858	21,596	7.144
전문	18,823	6.091	21,267	6.937
아동	6,321	6.202	6,281	6.252
전체	63,550	6.272	67,778	6.704

위 표에서 비번역문과 번역문 간 의존 명사의 상대 빈도를 비교해 보면 번역문이 비번역문보다 약간 높은데, 그 차이가 1% 미만이라서 유의미한 차이라 말하기에는 어려움이 있다. 텍스트 유형별로는, 아동물이 0.05%의 차이에 지나지 않고, 문학과 일반교양 텍스트도 0.3%의 차이에 그쳐 이들 세 유형의 텍스트에서는 번역문이 비번역문보다 의존 명사의 빈도가 높다고 단정짓기 어렵다. 그러나 전문 텍스트는 번역문의 상대 빈도가 비번역문보다 1%가량 높아서, 다른 텍스트 유형에 비해 번역문이 비번역문보다 의존 명사의 빈도가 높은 편이다.

텍스트 유형별 의존 명사의 빈도에서는 번역문에 수렴화의 보편소도 나타나지 않는다. 비번역문에서 텍스트 유형별 상대 빈도 차이는 1.04%이고, 번역문은 1.03%로 거의 유사하다.

이제 의존 명사의 각 형태별 빈도를 살펴보자. 아래에 빈도 순위 상위에 속하는 형태에 대한 빈도를 순위대로 제시하였다.

<표 11> 의존 명사의 형태별 빈도 순위

순위	비번역문			번역문		
	형태	출현 횟수	상대 빈도	형태	출현 횟수	상대 빈도
1	것/거	20,964	32.988	것/거	26,234	38.706
2	수	9,921	15.611	수	10,655	15.720
3	년	3,255	5.122	때문	3,478	5.131
4	때문	2,711	4.266	년	2,640	3.895
5	등	2,269	3.570	데	1,479	2.182
6	데	1,395	2.195	번	1,386	2.045
7	번	1,338	2.105	중	1,376	2.030
8	중	1,177	1.852	가지	1,366	2.015
9	가지	1,061	1.670	개	1,209	1.784
10	개	1,007	1.585	등	1,174	1.732

위 표를 보면, 의존명사에서도 번역문이 비번역문보다 고빈도 형태의 비율이 높게 나타난다. 빈도 순위 1위인 '것/거'의 상대 빈도는 번역문이 비번역문보다 6%나 높다. 빈도 순위 1, 2위를 차지한 두 형태가 전체에서 차지하는 비율은 비번역문이 48.5%인 데 반해, 번역문은 절반을 넘어서 54.4%이다. 역시 번역문이 비번역문보다 어휘적 다양성이 더 낮아 단순화의 보편적 특성을 보인다.

다음으로 형태별 빈도에 따른 개별적 특징을 살펴보자. 위 표를 보면, 비번역문과 번역문 간 의존 명사의 형태별 빈도 순위에 차이가 나는데, 그 차이의 원인이 되는 형태는 '년', '때문', '등'이다. '때문'은 번역문에서 상대적으로 더 높은 빈도 순위를 보이고, '년'과 '등'은 번역문에서 상대적으로 더 낮은 빈도 순위를 보인다. 무엇보다 의존 명사의 빈도에서 나타나는 번역문의 특징은 '것/거'의 빈도가 높다는 점이다. 번역문이 비번역문보다 '것/거'의 빈도가 높은 이유는 번역문에 '-ㄴ/ㄹ 것이다'의 구성이 많이 쓰이기 때문이다. 다음 표에 비번역문과 번역문에 나타난 '-ㄴ/ㄹ 것이다'의 빈도를 제시하였다.

<표 12> '-ㄴ/ㄹ 것이다'의 빈도[17]

형태	비번역문		번역문	
	출현 횟수	상대 빈도	출현 횟수	상대 빈도
-(으)ㄴ 것이다	3,992	1.271	6,082	1.959
-(으)ㄹ 것이다	1,879	0.598	3,339	1.075
합계	5,871	1.869	9,421	3.034
용언	313,968		310,532	

<표11>에서는 의존 명사 '것'과 '거'의 빈도를 함께 제시하였는데, '것'의 빈도만 비교하면, 비번역문의 출현 횟수가 19,478회, 번역문의 출현 횟수가 25,145회로 번역문이 비번역문보다 5,667회 더 높다. 위 표를 보면 '-ㄴ/ㄹ 것이다'의 빈도는 비번역문이 5,871회, 번역문이 9,421회로 번역문이 비번역문보다 3,550회 더 높다. 번역문과 비번역문 간 '-ㄴ/ㄹ 것이다'의 빈도 차이는 의존 명사 '것'의 빈도 차이의 63%를 차지한다. 따라서 번역문이 비번역문보다 '것'의 빈도가 높은 이유는 번역문에 '-ㄴ/ㄹ 것이다'의 구성이 많이 쓰이는 데에 기인한다고 말할 수 있다.

의존 명사의 빈도를 텍스트 유형별로 좀 더 자세히 비교해 보자.

<표 13> 각 텍스트 유형의 의존 명사 형태별 빈도(출현 횟수)

형태	비번역문					번역문				
	문학	일반교양	전문	아동	전체	문학	일반교양	전문	아동	전체
것/거	7,089	6,493	4,975	2,407	20,964	7,275	7,941	8,362	2,656	26,234
수	1,990	2,970	4,241	720	9,921	2,301	3,449	4,167	738	10,655
년	512	1,591	786	366	3,255	357	1,227	926	130	2,640
때문	674	872	909	256	2,711	929	1,065	1,166	318	3,478
등	62	573	1,460	174	2,269	123	475	470	106	1,174
데	274	328	670	123	1,395	270	601	552	56	1,479
번	610	402	168	158	1,338	538	350	338	160	1,386

---

[17] 표에서 상대 빈도는 '-ㄴ/ㄹ 것이다'의 분포 환경인 전체 용언 수에서 각 유형이 차지하는 비율을 퍼센트로 나타낸 것이다.

중	265	486	330	96	1,177	321	443	490	122	1,376
가지	116	221	633	91	1,061	170	526	595	75	1,366
개	200	347	371	89	1,007	273	386	409	141	1,209

<표 14> 각 텍스트 유형의 의존 명사 형태별 빈도(상대 빈도)

형태	비번역문					번역문				
	문학	일반교양	전문	아동	합계	문학	일반교양	전문	아동	합계
것/거	39.806	31.524	26.430	38.079	32.988	39.042	36.771	39.319	42.286	38.706
수	11.174	14.420	22.531	11.391	15.611	12.348	15.971	19.594	11.750	15.720
년	2.875	7.724	4.176	5.790	5.122	1.916	5.682	4.354	2.070	3.895
때문	3.785	4.234	4.829	4.050	4.266	4.986	4.931	5.483	5.063	5.131
등	0.348	2.782	7.756	2.753	3.570	0.660	2.199	2.210	1.688	1.732
데	1.539	1.592	3.559	1.946	2.195	1.449	2.783	2.596	0.892	2.182
번	3.425	1.952	0.893	2.500	2.105	2.887	1.621	1.589	2.547	2.045
중	1.488	2.360	1.753	1.519	1.852	1.723	2.051	2.304	1.942	2.030
가지	0.651	1.073	3.363	1.440	1.670	0.912	2.436	2.798	1.194	2.015
개	1.123	1.685	1.971	1.408	1.585	1.465	1.787	1.923	2.245	1.784

위 표에 제시한 형태 외에도 여러 의존 명사가 있지만 여기서는 빈도가 높은 대표 형태들을 중심으로 살펴보았다.

의존 명사 전체의 상대 빈도에서는 번역문이 '수렴화'의 보편소를 보이지 않았으나, 의존 명사에서 가장 많이 쓰이는 '것/거'의 상대 빈도에서는 텍스트 유형 간의 차이가 번역문이 더 작게 나타나 텍스트 간에 유사성을 보인다. 비번역문에서는 텍스트 유형 간 '것/거'의 상대 빈도 차이가 12%에 이르지만, 번역문에서는 6%로 그 절반에 지나지 않는다.

이제 텍스트 유형별로 빈도 순위를 살펴보자. 문학 텍스트는 비번역문이 '것/거>수>때문>번>년>데>중>개>가지>등'의 순이고, 번역문이 '것/거>수>때문>번>년>중>개>데>가지>등'의 순이다. 일반교양 텍스트는 비번역문이 '것/거>수>년>때문>등>중>번>개>데>가지'의 순이고, 번역문이 '것/거>수>년>때문>데>가지>등>중>개>번'의 순이다. 전문 텍스트는 비번역문이 '것/거>수>등>때문>년>데>가지>개>중>번'의 순이고, 번역문이 '것/거>수>때문>년>가지>데>중>등>개>번'의 순이다. 그리고 아동물은 비번역문이 '것/거>수>년>때문>등>번>데>중>가지>개'의 순이고, 번역문이 '것/거>수>때문>번>개>년>중>등>가지>데'의 순이다.

여기서 우리는 다른 텍스트 유형에 비해 문학 텍스트가 비번역문과 번역문의 빈도 순위가 가장 비슷함을 알 수 있다. 문학 텍스트는 5순위까지 동일하고, 나머지 형태도 그 상대 빈도 차이가 0.3% 이내로 미미하다. 일반 교양 텍스트는 4순위까지 동일한데, 나머지 형태에서는 '데'와 '가지'의 상대 빈도 차이가 1% 이상으로 나타나, 다른 형태보다는 그 차이가 두드러진다. 전문 텍스트와 아동 텍스트는 2순위까지만 동일하다. 전문 텍스트는 '등'의 상대 빈도 차이가 5%로 두드러지는데, 비번역문이 번역문의 3배에 달한다. 아동 텍스트는 '년'의 상대 빈도 차이가 3.7%로 두드러지는데, 비번역문이 번역문의 2.8배이다.

형태별로 살펴보면, '것/거'의 빈도에서 번역문의 특징이 나타난다. 다른 형태는 비번역문과 번역문의 상대 빈도 차이가 1% 내외지만, '것/거'의 상대 빈도 차이는 6%로, 번역문이 비번역문보다 높다. 특히, 사실적 텍스트 유형 가운데 전문 텍스트에서 번역문의 상대 빈도가 비번역문보다 13%나 높아서 그 차이가 크다. '등'은 번역문의 상대 빈도가 비번역문의 절반에 지나지 않는데, 역시 전문 텍스트에서 번역문의 상대 빈도가 비번역문의 1/3로 그 차이가 크다. 번역문의 또 다른 특징으로는 '때문'의 상대 빈도가 모든 텍스트 유형에서 비번역문보다 높다는 점을 들 수 있다. '때문'이 번역문에 더 높은 빈도로 나타나는 것은 번역문에 이유를 나타내는 '-기 때문'의 구성이 많이 쓰이는 데에 기인한다.

<표 15> '-기 때문'의 빈도[18]

형태	비번역문		번역문	
	출현 횟수	상대 빈도	출현 횟수	상대 빈도
-기 때문이다	967	0.308	1,426	0.459
-기 때문에	873	0.278	1,197	0.385
-기 때문	1,860	0.592	2,665	0.858
용언	313,968		310,532	

위 표를 보면, '-기 때문'은 대부분 '-기 때문이다'와 '-기 때문에'의 꼴로 쓰이는데, '-기 때문'의 전체 출현 횟수는 비번역문이 1,860회, 번역문이 2,665회로 번역문이 805회 더 높다. 의존 명사 '때문'의 빈도는 번역문이 767회 더 높으므로, 번역문이 비번역문보다 '때문'의 빈도가 높은 것은 번역문에서 이유를 나타낼 때 '-기 때문'의 구성이 많이 쓰이기 때문이라고 할 수 있다.

번역문이 비번역문보다 '때문'의 빈도가 높은 것은 어휘적 단순화와도 관련된다. '때문'은 잘못된 까닭이나 이유, 원인의 의미를 갖는 '탓'의 분포 환경에서 의미 중립적으로 사용되기도 한다. '탓'의 출현 횟수는 비번역문이 153회, 번역문이 79회로 번역문이 비번역문의 절반에 지나지 않는다. 이는 번역에서 부정적인 원인이나 이유에 '탓' 대신, 의미 중립적이며 더 쉽고 단순한 어휘인 '때문'을 선택하는 데에 기인한 결과이다. 비록 '때문'의 전체 빈도에서 차지하는 비율은 크지 않지만, 규범화 및 단순화와 관련하여 의미 중립적 어휘를 선호하는 경향을 반영하고 있다.

의존 명사의 빈도에서 나타나는 번역문의 특징은 번역문이 비번역문보다 고빈도 형태의 비율이 더 높게 나타나, 번역문이 어휘적 다양성이 더 낮다는 단순화의 번역 보편적 특성을 보이며, 비번역문에 비해 '것/거'와

---

[18] 표에서 상대 빈도는 '-ㄴ/ㄹ 것이다'의 분포 환경인 전체 용언 수에서 각 유형이 차지하는 비율을 퍼센트로 나타낸 것이다.

'때문'이 많이 쓰인다는 것으로 요약된다. 의존 명사의 전체 빈도에서는 '수렴화'의 보편소가 나타나지 않지만, 의존 명사 가운데 가장 많이 쓰이는 '것/거'의 상대 빈도에서는 번역문이 비번역문에 비해 텍스트 유형 간에 유사성을 보여 '수렴화'의 특성이 나타난다.

3.2.1. 용언

아래에 100만 어절의 번역 텍스트 형태 분석 균형 코퍼스와 100만 어절의 비번역 텍스트 형태 분석 균형 코퍼스에 나타난 용언의 유형별 빈도를 제시하였다.

<표 16> 비번역문과 번역문의 용언 빈도

대분류	소분류	세분류	비번역문		번역문	
			출현 횟수	상대 빈도	출현 횟수	상대 빈도
용언	동사VV	동사VV	176,048	17.376	167,733	16.591
	형용사VA	형용사VA	42,096	4.155	41,020	4.057
	보조용언VX	보조용언VX	47,644	4.703	55,083	5.448
	지정사VC	긍정지정사VCP	43,707	4.314	42,427	4.197
		부정지정사VCN	4,473	0.441	4,269	0.422
	합계	합계	313,968	30.989	310,532	30.716

위 표를 보면, 전체 용언의 빈도는 비번역문과 번역문의 차이가 0.2%에 지나지 않으므로 용언의 빈도는 비번역문과 번역문 간에 차이가 없다고 말할 수 있다. 그러나 세부적으로 보면 동사와 보조 용언에서 약간의 차이가 있는데, 동사는 번역문의 상대 빈도가 비번역문보다 0.8% 낮은 반면, 보조 용언은 번역문의 상대 빈도가 비번역문보다 0.7% 높다. 그 차이가 1% 이내여서 유의미한 값이라 말하기에는 조심스럽지만, 형용사와 지정사의 상대 빈도 차이가 0.1% 내외라는 점을 고려할 때, 이들에 비해 상대적으로

동사와 보조 용언의 빈도 차가 큰 것은 분명하다. 그러므로 이 두 부류의 형태에 대해 좀 더 자세히 살펴보겠다.

1) 동사

다음은 텍스트 유형별 동사의 빈도이다.

<표 17> 텍스트 유형별 동사의 빈도

텍스트 유형	비번역문		번역문	
	출현 횟수	상대 빈도	출현 횟수	상대 빈도
문학	66,763	22.115	60,569	20.078
일반교양	48,587	16.178	45,724	15.127
전문	40,493	13.104	40,609	13.246
아동	20,205	19.825	20,829	20.732
전체	176,048	17.376	167,733	16.591

위에 제시한 텍스트 유형별 동사의 빈도에서도 번역문은 '수렴화'의 보편소가 나타난다. 비번역문은 텍스트 유형 간 상대 빈도 차이가 9%인 데 반해, 번역문은 7%로 더 낮다. 따라서 번역문이 비번역문보다 텍스트들 간에 더 유사성을 보인다.

위 표에서 비번역문과 번역문 간 동사의 상대 빈도를 비교해 보면, 번역문이 비번역문보다 약간 낮은데, 그 차이가 1% 미만이라서 유의미한 차이라 말하기에는 어려움이 있다. 텍스트 유형별로는, 문학과 일반교양 텍스트에서 번역문의 상대 빈도가 비번역문보다 각각 2%와 1% 낮고, 전문 텍스트와 아동물은 번역문의 상대 빈도가, 1% 이내이긴 하지만 더 높다. 따라서 번역문의 동사 빈도가 비번역문의 동사 빈도보다 낮은 것은 문학 텍스트의 특징이라 말할 수 있다.

이제 동사의 각 형태별 빈도를 살펴보자. 아래에 빈도 순위 상위에 속하는 형태에 대한 빈도를 순위대로 제시하였다.

<표 18> 동사의 형태별 빈도 순위

순위	비번역문			번역문		
	형태	출현 횟수	상대 빈도	형태	출현 횟수	상대 빈도
1	하	15,391	8.743	있	15,402	9.183
2	있	14,939	8.486	하	10,258	6.116
3	되	7,763	4.410	되	9,145	5.452
4	보	4,095	2.326	대하	4,818	2.872
5	대하	3,382	1.921	보	3,528	2.103
6	위하	2,563	1.456	알	2,951	1.759
7	가	2,455	1.395	위하	2,652	1.581
8	알	2,427	1.379	들	2,180	1.300
9	보이	2,135	1.213	만들	2,129	1.269
10	받	2,123	1.206	보이	2,073	1.236
11	들	2,011	1.142	가지	1,906	1.136
12	모르	1,580	0.897	의하	1,901	1.133
13	살	1,557	0.884	받	1,663	0.991
14	만들	1,510	0.858	가	1,618	0.965
15	따르	1,453	0.825	따르	1,565	0.933
16	오	1,433	0.814	모르	1,328	0.792
17	가지	1,386	0.787	살	1,252	0.746
18	나오	1,357	0.771	쓰	1,179	0.703
19	일어나	1,291	0.733	갖	1,133	0.675
20	쓰	1,235	0.702	오	1,122	0.669
21	의하	1,081	0.614	나오	1,011	0.603
22	통하	1,028	0.584	관하	1,002	0.597

동사의 형태별 빈도에서는 번역문이 비번역문보다 어휘적 다양성이 더 낮게 나타나지 않는다. 고빈도 어휘의 비율을 비교하면, 빈도 순위 3위까지의 비율은 1% 차이로 번역문이 더 낮고, 빈도 순위 5위까지의 비율은 0.1%의 차이로 두 텍스트가 거의 유사하다. 앞서 언급하였듯이 동사는 토큰 대 타입 비율에서도 차이가 거의 나타나지 않았다. 따라서 동사에서는 번역문이 단순화의 특성을 보이지 않는다.

다음으로 형태별 빈도에 따른 개별적 특징을 살펴보자. 비번역문과 번역문 간 동사의 형태별 빈도 순위는 1위부터 차이가 난다. 비번역문은 1위가 '하다', 2위가 '있다'인데, 번역문은 1위가 '있다', 2위가 '하다'로 순위가 역전되었다. 이 외에도 '가다, 만들다, 가지다, 의하다' 등의 빈도 순위 차이가 크다. '의하다'와 '만들다'는 번역문에서 빈도 순위가 더 높고, '가다'는 번역문에서 빈도 순위가 더 낮다. '의하다'와 '만들다'가 비번역문에 비해 번역문에서 고빈도로 나타나는 점에 대해서는 번역문의 피사동법과 관계될 것이라는 추측을 해 볼 수 있다. 이 점에 대해서는 3.2.4와 3.2.5에서 자세히 다루도록 하겠다.

동사의 빈도를 텍스트 유형별로 좀 더 자세히 비교해 보자.

<표 19> 각 텍스트 유형의 동사 형태별 빈도_문학, 일반교양

순위	문학						일반교양					
	비번역문			번역문			비번역문			번역문		
	형태	출현 횟수	상대 빈도	형태	출현 횟수	상대 빈도	형태	출현 횟수	상대 빈도	형태	출현 횟수	상대 빈도
1	하	5,476	8.202	하	3,770	6.224	있	4,333	8.918	있	5,102	11.158
2	있	2,937	4.399	있	3,684	6.082	하	3,986	8.204	되	3,015	6.594
3	되	1,985	2.973	되	2,114	3.490	되	2,523	5.193	하	2,911	6.367
4	보	1,585	2.374	보	1,314	2.169	보	1,066	2.194	대하	1,521	3.326
5	가	1,461	2.188	알	1,107	1.828	대하	830	1.708	보	1,095	2.395
6	알	1,204	1.803	대하	938	1.549	위하	829	1.706	위하	944	2.065
7	보이	949	1.421	가	893	1.474	받	806	1.659	만들	753	1.647
8	모르	901	1.450	들	891	1.471	만들	655	1.348	알	746	1.632
9	들	833	1.248	보이	724	1.195	살	486	1.000	가지	698	1.527
10	오	809	1.212	위하	679	1.121	알	481	0.990	의하	600	1.312
11	나오	686	1.028	오	606	1.001	들	474	0.976	받	592	1.295
12	살	604	0.905	모르	570	0.941	보이	472	0.971	보이	578	1.264
13	받	597	0.894	받	500	0.826	가	465	0.957	들	573	1.253
14	묻	534	0.800	쓰	472	0.779	가지	435	0.895	따르	467	1.021
15	그러	525	0.786	살	436	0.720	따르	423	0.871	갖	409	0.894
16	들어가	522	0.782	앉	433	0.715	나오	347	0.714	모르	375	0.820

17	들	517	0.774	만들	432	0.713	통하	347	0.714	관하	355	0.776
18	대하	503	0.753	가지	425	0.702	찾	346	0.712	살	346	0.757
19	서	503	0.753	문	409	0.675	모르	325	0.669	나타나	297	0.650
20	먹	462	0.692	먹	397	0.655	쓰	312	0.642	가	295	0.645
21	느끼	456	0.683	느끼	387	0.639	먹	285	0.587	느끼	283	0.619
22	앉	445	0.667	들	385	0.636	오	284	0.585	통하	279	0.610

<표 20> 각 텍스트 유형의 동사 형태별 빈도_전문, 아동

순위	전문						아동					
	비번역			번역			비번역			번역		
	형태	출현 횟수	상대 빈도	형태	출현 횟수	상대 빈도	형태	출현 횟수	상대 빈도	형태	출현 횟수	상대 빈도
1	있	6,397	15.798	있	5,275	12.990	하	1,907	9.438	하	1,355	6.505
2	하	4,022	9.933	되	3,026	7.452	있	1,272	6.295	있	1,341	6.438
3	되	2,219	5.480	하	2,222	5.472	되	1,036	5.127	되	990	4.753
4	대하	1,903	4.700	대하	2,163	5.326	보	562	2.781	보	400	1.920
5	위하	1,132	2.796	의하	1,151	2.834	살	392	1.940	알	377	1.810
6	보	882	2.178	위하	865	2.130	가	370	1.831	만들	288	1.383
7	일어나	858	2.119	따르	750	1.847	알	350	1.732	가	279	1.339
8	의하	729	1.800	알	721	1.775	모르	241	1.193	들	279	1.339
9	따르	713	1.761	보	719	1.771	들	239	1.183	나오	260	1.248
10	관하	577	1.425	만들	656	1.615	오	238	1.178	먹	252	1.210
11	보이	567	1.400	가지	649	1.598	쓰	234	1.158	살	219	1.051
12	가지	527	1.301	보이	573	1.411	받	209	1.034	모르	207	0.994
13	받	511	1.262	갖	476	1.172	들	194	0.960	보이	198	0.951
14	통하	495	1.222	관하	451	1.111	그러	188	0.930	대하	196	0.941
15	들	465	1.148	들	437	1.076	만들	177	0.876	오	192	0.922
16	나타나	459	1.133	받	423	1.042	위하	177	0.876	쓰	172	0.826
17	알	392	0.968	통하	366	0.901	나오	172	0.851	위하	164	0.787
18	나타내	374	0.924	일어나	355	0.874	가지	158	0.782	문	161	0.773
19	얻	363	0.896	나타나	319	0.786	먹	149	0.737	받	148	0.711
20	만들	346	0.854	얻	304	0.749	보이	147	0.728	주	147	0.706
21	지니	313	0.773	나타내	281	0.692	대하	146	0.723	죽	137	0.658
22	일으키	288	0.711	쓰	268	0.660	죽	134	0.663	가지	134	0.643

위의 두 표를 보면, 사실적 텍스트 유형인 일반교양과 전문 텍스트에서 비번역문과 번역문 간에 빈도 순위 차이가 두드러진다. 문학과 아동 텍스트

는 비번역문과 번역문의 빈도 순위가 모두 '하다>있다>되다>보다'의 순으로 4순위까지 동일한 반면, 일반교양과 전문 텍스트는 비번역문이 '있다>하다>되다'의 순이지만, 번역문은 '있다>되다>하다'의 순으로 2위와 3위가 역전되었다.

텍스트 유형별로 좀 더 자세히 살펴 보자. 문학과 아동 텍스트는 비번역문과 번역문의 빈도 순위가 모두 '하다>있다>되다>보다'의 순으로 상위 순위가 동일하지만, 번역문이 비번역문에 비해 상대적으로 '하다'의 상대 빈도가 낮고, '있다'의 상대 빈도가 높다. 문학의 경우 비번역문은 '하다'의 상대 빈도가 '있다'의 약 2배인데, 번역문은 '하다'와 '있다'의 상대 빈도 차가 0.2%에 지나지 않는다. 문학 텍스트에서 비번역문의 상위 빈도 순위권에 없는 '위하다'가 번역문에서는 빈도 순위 10위이고, '대하다'는 번역문의 상대 빈도가 비번역문의 2배에 달하는 점도 특징적이다. 일반교양 텍스트는 비번역문의 빈도 순위가 '있다>하다>되다>보다>대하다'의 순임에 반해, 번역문의 빈도 순위는 '있다>되다>하다>대하다>보다'의 순으로, 1위의 형태만 동일하다. 그리고 비번역문의 상위 빈도 순위권에 없는 '의하다'가 번역문에서는 빈도 순위 10위인 점도 특기할 만하다. 전문 텍스트는 비번역문의 빈도 순위가 '있다>하다>되다>대하다'의 순임에 반해, 번역문의 빈도 순위는 '있다>되다>하다>대하다'의 순으로, 2위와 3위가 서로 교체되었고, '알다'와 '만들다'의 상대 빈도가 번역문이 비번역문의 약 2배에 이르는 점도 특징적이다.

형태별로 살펴보면, '하다, 있다, 되다, 대하다, 만들다, 가지다, 의하다' 등에서 비번역문과 번역문의 차이가 두드러진다. 번역문은 비번역문에 비해 상대적으로 '하다'의 빈도는 낮은 반면, '있다, 되다, 대하다, 만들다, 가지다, 의하다'의 빈도는 높다. 다만, 전문 텍스트에서는 '있다'의 상대 빈도가 번역문이 비번역문보다 3% 낮다. 번역문이 '있다'의 빈도가 높은 것은 가능의 양태 의미를 가지는 복합 형식 '-수 있다'와 관계된다. <표14>의 각 텍스트 유형의 의존 명사 형태별 상대 빈도를 보면 '수'의 상대 빈도가 전문 텍스트에서만 번역문이 비번역문보다 3%가량 낮고, 나머지 텍스트 유형에서는 모두 번역문의 상대 빈도가 높게 나타나기 때문이다. '-수 있다'의 빈도는 비번역문이 5,650회, 번역문이 6,143회로 번역문이 훨씬 높게 나타난다. '대하다'는 전치사 'for'와 'to'의 번역투로 '-에 대한, -에 대해(서)'의 꼴로 쓰이는데, '-에 대한'과 '-에 대해(서)'의 출현 횟수를 비교하면, '-에 대한'은 비번역문이 2,090회인 데 반해, 번역문은 2,369회로 더 높고, '-에 대해(서)'는 비번역문이 1,175회, 번역문이 2,234회로 번역문이 두 배나 높다. '가지다'는 소유 구문의 'have'의 번역투로 쓰이고, '되다, 의하다'는 피동문에 쓰이는 형태이다. '되다'는 '-게 되다'의 꼴로 통사적 피동에, '의하다'는 전치사 'by'의 번역투인 '-에 의해'의 꼴로 피동문에서 행위주를 나타내는 복합 형식에 쓰인다19). '만들다'는 '-게 만들다, -도록 만들다'의 꼴로 통사적 사동에 주로 쓰이는 형태이다. 피사동에 대해서는 3.2.4와 3.2.5에서 다시 논의하겠다.

　동사의 형태별 빈도에서 나타나는 국어 번역문의 특징을 요약하면, 동사 전체의 상대 빈도에서는 텍스트 유형 간의 유사성을 보여 '수렴화'의 보편소가 나타나지만, 고빈도 어휘의 분포에서는 번역 보편소의 단순화 특성이 나타나지 않으며, 문학 텍스트 유형의 번역문에서 동사의 쓰임이 적고, '만들다, 가지다, 의하다, 있다, 되다, 대하다' 등의 형태가 비번역문보다 번역문에 많이 쓰인다. '만들다', '의하다, 되다'는 각각 사동 및 피동과 관계되며, '있다'는 'can'의 번역투로 가능의 양태 의미를 가지는 '-수 있다'의 쓰

---

19) 'by'의 번역투에 쓰이는 '의하다'는 '-에 의해' 외에도 '-에 의하면'의 꼴로 쓰인다. '-에 의하면'의 출현 횟수는 비번역문이 54회, 번역문이 161회로 번역문이 비번역문의 3배에 달한다.

임과 관계되고, '가지다'는 'have'의 번역투에, '대하다'는 전치사 'to'의 번역투에 쓰인다.

2) 보조 용언

다음은 텍스트 유형별 보조 용언의 빈도이다.

<표 21> 텍스트 유형별 보조 용언의 빈도

텍스트 유형	비번역문		번역문	
	출현 횟수	상대 빈도	출현 횟수	상대 빈도
문학	17,735	5.875	18,476	6.124
일반교양	14,132	4.706	15,974	5.285
전문	11,125	3.600	14,399	4.697
아동	4,652	4.564	6,234	6.205
전체	47,644	4.703	55,083	5.448

텍스트 유형별 보조 용언의 빈도에서도 번역문은 '수렴화'의 보편소를 보인다. 비번역문은 텍스트 유형 간 보조 용언의 상대 빈도 차이가 2.2%인데 반해, 번역문은 1.5%로 더 낮다. 따라서 번역문이 비번역문보다 텍스트 유형들 간에 더 유사하다.

위 표에서 나타나는 국어 번역문의 개별적 특징은 보조 용언의 빈도가 모든 텍스트 유형에서 비번역문보다 높게 나타난다는 것이다. 문학과 일반교양 텍스트는 그 차이가 1% 미만이지만, 전문 텍스트와 아동물은 1% 이상이다.

이제 보조 용언의 각 형태별 빈도를 살펴보자. 아래에 상대 빈도 1% 이상으로, 상위 빈도에 속하는 형태에 대한 빈도를 고빈도순으로 제시하였다.

<표 22> 보조 용언의 형태별 빈도 순위

순위	비번역문			번역문		
	형태	출현 횟수	상대 빈도	형태	출현 횟수	상대 빈도
1	있	11,583	24.312	있	15,742	28.579
2	하	8,573	17.994	하	9,416	17.094
3	않	8,167	17.142	않	8,675	15.749
4	지	4,030	8.459	지	4,990	9.060
5	주	2,846	5.973	주	3,097	5.622
6	보	2,277	4.780	보	2,268	4.117
7	못하	2,027	4.254	못하	1,886	3.424
8	싶	1,196	2.510	버리	1,300	2.360
9	오	1,179	2.475	오	1,249	2.267
10	가	895	1.879	가	1,179	2.140
11	말	878	1.843	싶	924	1.677
12	버리	828	1.738	내	899	1.632
13	내	729	1.530	말	710	1.289
14	놓	687	1.442	놓	696	1.264

위 표에서 고빈도 어휘의 비율을 비교하면, 빈도 순위 1위인 '있다'의 비율은 번역문이 비번역문보다 4% 높고, 1, 2, 3위의 형태가 전체 보조 용언에서 차지하는 비율은 비번역문과 번역문이 각각 59%와 61%로 역시 번역문이 비번역문보다 더 높다. 따라서 보조 용언에서도 번역문이 비번역문보다 어휘적 다양성이 더 낮은 단순화의 특성이 나타난다.

다음으로 형태별 빈도에 따른 개별적 특징을 살펴보자. 위 표를 보면, 비번역문과 번역문 간 보조 용언의 형태별 빈도 순위는 대체로 비슷하다. 1위부터 6위까지는 '있다>하다>않다>지다>주다>보다'로 동일하고, 7위 이하로는 약간의 차이가 있지만, 7위 이하의 형태는 형태별 빈도도 낮을 뿐더러, 비번역문과 번역문 간의 빈도 차도 작아서 유의미한 차이라 말하기 어렵다.

보조 용언의 빈도를 텍스트 유형별로 좀 더 자세히 비교해 보자.

<표 23> 각 텍스트 유형의 보조 용언 형태별 빈도(출현 횟수)

형태	비번역문					번역문				
	문학	일반교양	전문	아동	전체	문학	일반교양	전문	아동	전체
있	4,385	3,454	2,799	945	11,583	5,234	4,398	4,343	,1767	15,742
하	2,224	2,709	2,936	704	8,573	2,777	3,088	2,744	807	9,416
않	3,326	2,358	1,832	651	8,167	3,110	2,409	2,162	994	8,675
지	1,444	1,139	1,088	359	4,030	1,261	1,561	1,740	428	4,990
주	1,039	807	562	438	2,846	1,122	860	688	427	3,097
보	910	686	277	404	2,277	719	606	566	377	2,268
못하	698	625	541	163	2,027	689	534	466	197	1,886
싶	796	245	35	120	1,196	441	282	82	119	924
오	362	383	304	130	1,179	431	353	317	148	1,249
가	402	304	105	84	895	486	327	222	144	1,179
말	317	279	119	163	878	281	200	133	96	710
버리	402	244	38	144	828	469	371	222	238	1,300
내	240	214	230	45	729	230	341	262	66	899
놓	357	188	63	79	687	271	178	127	120	696

<표 24> 각 텍스트 유형의 보조 용언 형태별 빈도(상대 빈도)

형태	비번역문					번역문				
	문학	일반교양	전문	아동	전체	문학	일반교양	전문	아동	전체
있	24.725	24.441	25.160	20.314	24.312	28.329	27.532	30.162	28.345	28.579
하	12.540	19.169	26.391	15.133	17.994	15.030	19.331	19.057	12.945	17.094
않	18.754	16.686	16.467	13.994	17.142	16.833	15.081	15.015	15.945	15.749
지	8.142	8.060	9.780	7.717	8.459	6.825	9.772	12.084	6.866	9.059
주	5.858	5.710	5.052	9.415	5.973	6.073	5.384	4.778	6.850	5.622
보	5.131	4.854	2.490	8.684	4.779	3.892	3.794	3.931	6.047	4.117
못하	3.936	4.423	4.863	3.534	4.254	3.729	3.343	3.236	3.160	3.424
싶	4.488	1.734	0.315	2.580	2.510	2.387	1.765	0.569	1.909	1.677
오	2.041	2.710	2.733	2.794	2.475	2.333	2.210	2.202	2.374	2.267
가	2.267	2.151	0.944	1.806	1.879	2.630	2.047	1.542	2.310	2.140
말	1.787	1.974	1.070	3.504	1.843	1.521	1.252	0.924	1.540	1.289
버리	2.267	1.727	0.342	3.095	1.738	2.538	2.323	1.542	3.818	2.360
내	1.353	1.514	2.067	0.967	1.530	1.245	2.135	1.820	1.059	1.632
놓	2.013	1.330	0.566	1.698	1.442	1.467	1.114	0.882	1.925	1.264

먼저 텍스트 유형별로 비번역문과 번역문의 보조 용언 빈도를 비교해 보자. 전체 빈도 순위는 비번역문과 번역문이 모두 '있다>하다>않다>지다>주다>보다'의 순이지만, 텍스트 유형별로는 차이가 있다. 문학 텍스트는 비번역문과 번역문 모두 '있다>않다>하다'의 순이고, 일반교양 텍스트는 둘 다 '있다>하다>않다'의 순이다. 그러나 전문 텍스트는 비번역문이 '하다>있다>않다'의 순인 반면, 번역문은 '있다>하다>않다'의 순이고, 아동 텍스트는 비번역문이 '있다>하다>않다'의 순인 반면, 번역문은 '있다>않다>하다'의 순이다.

문학 텍스트는 '있다'와 '하다'의 상대 빈도가 번역문이 비번역문보다 높은 데 반해, '않다'는 번역문의 상대 빈도가 비번역문보다 2% 낮다. 일반교양 텍스트는 '있다'의 상대 빈도가 번역문이 비번역문보다 높은 데 반해, '않다'는 번역문의 상대 빈도가 비번역문보다 낮다. 전문 텍스트는 '있다'의 상대 빈도가 번역문이 비번역문보다 높은 데 반해, '하다'와 '않다'는 번역문이 비번역문보다 낮다. 특히 '있다'와 '하다'의 상대 빈도 차이는 5%로 이상으로 크다. 그리고 '버리다'의 상대 빈도는 번역문이 비번역문보다 3배나 높다. 아동 텍스트는 '있다'와 '않다'의 상대 빈도가 번역문이 비번역문보다 높은 데 반해, '하다'는 번역문이 비번역문보다 낮다. 그리고 '버리다'의 상대 빈도는 번역문이 비번역문보다 2배 높다. 이 외에는 텍스트 유형별로 비번역문과 번역문 간에 보조 용언의 빈도 차가 뚜렷하게 드러나지 않는다.

형태별로 살펴보면, '있다'는 모든 텍스트 유형에서 번역문의 상대 빈도가 비번역문보다 더 높다. 전문 텍스트와 아동 텍스트에서 그 차이가 각각 5%와 8%로 크다. '있다'는 '-고 있다'와 '-아/어 있다'의 꼴로 각각 진행과 상태의 양태를 나타내므로, 번역문에서 비번역문보다 진행과 상태의 양태를 나타내는 복합 형식이 더 많이 쓰인다고 말할 수 있다. 시간 표현에 대서는 3.2.3에서 다시 논의하겠다. '하다'는 전문 텍스트와 아동 텍스트에서 번역문의 상대 빈도가 비번역문보다 더 낮은데, 특히 전문 텍스트는 그 차이가 7%로 크다. '못하다'는 모든 텍스트 유형에서 번역문의 상대 빈도가 비번역문보다 낮고, '않다'는 아동 텍스트를 제외한 모든 텍스트 유형에서 번역문의 상대 빈도가 비번역문보다 낮은데, 그 차이는 2%로 이내로 크지 않다. '않다'와 '못하다'는 각각 '-지 않다'와 '지 못하다'의 꼴로 장형 부정에 쓰인다. 3.2.6. 부정에서 단형 부정과 함께 다시 논의하겠다. '지다'는 사실적 텍스트 유형인 일반교양과 전문 텍스트에서 번역문의 상대 빈도가 비번역문보다 높다. '지다'는 '-아/어 지다'의 꼴로 통사적 피동에 쓰이므로, 사실적 텍스트 유형은 번역문이 비번역문보다 통사적 피동의 구성이 더 많다고 말할 수 있다. 이 외의 보조 용언에 대해서는 비번역문과 번역문 간에 뚜렷한 차이를 찾을 수 없다.

요약하면, 보조 용언에서 번역문이 비번역문에 비해 텍스트 유형 간의 상대 빈도에서 더 유사성을 보임으로써 수렴화의 보편적 특성이 나타나며, 비번역문보다 고빈도 형태의 비율이 더 높게 나타나, 번역문이 어휘적 다양성이 더 낮다는 단순화의 번역 보편적 특성도 드러난다. 국어 번역문의 개별적 특징은 '있다'와 '지다'에서 찾을 수 있다. '있다'는 모든 텍스트 유형에서 번역문이 비번역문보다 높게 나타나는데, '-고 있다'아 '-아/어 있다'의 꼴로 각각 진행과 상태의 양태를 나타내므로 번역문이 비번역문보다 진행과 상태의 양태를 나타내는 복합 형식이 더 많이 쓰인다고 할 수 있다. 이는 원문의 상(aspect)을 명시적으로 번역해 내려는 경향을 반영한 것이다. '지다'는 사실적 텍스트 유형의 번역문에 높은 빈도로 나타난다. '지다'는 '-아/어 지다'의 꼴로 통사적 피동에 쓰이는 형태이므로, 사실적 텍스트 유형에서 번역문이 비번역문보다 통사적 피동이 많이 쓰임을 알 수 있다. 이는 원문의 수동태 구문을 피동형으로 직역하는 경향을 반영한다.

3.1.3. 수식언

국어의 수식언은 관형사와 부사로 나뉜다. 100만 어절의 비번역 텍스트 형태 분석 균형 코퍼스와 100만 어절의 번역 텍스트 형태 분석 균형 코퍼스에 나타난 수식언의 유형별 빈도를 비교하면 다음과 같다.

<표 25> 비번역문과 번역문의 수식언 빈도

대분류	소분류	세분류	비번역문		번역문	
			출현 횟수	상대 빈도	출현 횟수	상대 빈도
수식언	관형사MM	관형사MM	31,043	3.064	41,001	4.056
	부사MA	일반부사MAG	60,737	5.995	59,687	5.904
		접속부사MAJ	13,081	1.291	14,414	1.423
	합계	합계	104,861	10.350	115,102	11.385

위 표를 보면, 관형사와 부사 모두 번역문의 상대 빈도가 비번역문보다 높지만, 그 차이가 1% 이내로 유의미한 차이라 보기 어렵다. 다만, 일반 부사와 접속 부사는 그 차이가 0.1% 내외임에 반해, 관형사는 그 차이가 1%로 더 크다. 관형사와 부사의 절대적인 빈도는 비번역문과 번역문 모두 부사가 더 높지만, 비번역문과 번역문을 비교할 때, 상대적으로 관형사가 부사보다 번역문에 더 많이 쓰인다고 할 수 있다.

1) 관형사

다음은 텍스트 유형별 관형사의 빈도이다.

<표 26> 텍스트 유형별 관형사의 빈도

텍스트 유형	비번역문		번역문	
	출현 횟수	상대 빈도	출현 횟수	상대 빈도
문학	10,109	3.349	12,114	4.016
일반교양	9,509	3.166	11,927	3.946
전문	7,519	2.433	13,238	4.318
아동	3,906	3.833	3,722	3.705
전체	31,043	3.064	41,001	4.056

위 표를 보면 관형사에서도 번역문이 비번역문보다 텍스트 유형 간 상대 빈도 차이가 적어서 '수렴화'의 보편소가 나타난다. 비번역문은 관형사의 텍스트 유형 간 상대 빈도 차이가 1.4%인 데 반해, 번역문은 0.6%로 비번역문의 절반에도 못 미친다. 따라서 관형사의 쓰임에서 번역문이 비번역문보다 텍스트 유형 간에 더 유사성을 보인다고 할 수 있다.

위 표에서 나타나는 국어 번역문의 개별적 특징은 전문 텍스트 유형에서 번역문이 비번역문에 비해 상대적으로 관형사가 더 많이 쓰인다는 것이다. 위 표를 보면, 아동 텍스트를 제외한 모든 텍스트 유형에서 번역문의 상대 빈도가 비번역문보다 1% 내외로 높게 나타난다. 특히 전문 텍스트는 번역문의 상대 빈도가 비번역문보다 1.8배 높다. 이는 전문 텍스트가 다른 텍스트 유형에 비해 상대적으로 번역문에 관형사가 더 많이 쓰임을 의미한다.

이제 관형사의 각 형태별 빈도를 살펴보자. 아래에 상위 빈도에 속하는 형태를 고빈도순으로 제시하였다.

<표 27> 관형사의 형태별 빈도 순위

순위	비번역문			번역문		
	형태	출현 횟수	상대 빈도	형태	출현 횟수	상대 빈도
1	그	8,418	27.117	그	9,798	23.897
2	이	3,866	12.454	이	7,086	17.283
3	한	3,096	9.973	한	3,323	8.105

4	다른	1,767	5.692	다른	3,076	7.502
5	그런	1,578	5.083	모든	2,377	5.797
6	두	1,498	4.826	어떤	2,296	5.600
7	어떤	1,106	3.563	두	2,185	5.329
8	모든	1,088	3.505	이런	1,231	3.002
9	어느	1,023	3.295	그런	1,187	2.895
10	이런	981	3.160	어느	1,126	2.746
11	여러	897	2.890	몇	1,099	2.680
12	몇	826	2.661	여러	1,061	2.588
13	무슨	596	1.920	세	576	1.405
14	세	502	1.617	무슨	442	1.078
15	저	331	1.066	각	352	0.859
16	약	286	0.921	아무런	321	0.783
17	아무	278	0.896	첫	315	0.768
18	각	247	0.796	저	313	0.763
19	전	245	0.789	네	305	0.744
20	첫	242	0.780	아무	303	0.739

위 표에서 고빈도의 비율을 비교하면, 빈도 순위 1위인 '그'의 비율은 번역문이 비번역문보다 더 낮지만, 1위와 2위의 합계와 5위까지의 합계는 모두 번역문이 2%더 높다. 그리고 10위까지의 합계는 번역문이 4% 더 높다. 따라서 관형사에서도 번역문이 비번역문보다 어휘적 다양성이 더 낮은 단순화의 번역 보편적 특성이 나타난다.

다음으로 형태별 빈도에 따른 개별적 특징을 살펴보자. 위 표를 보면, 비번역문과 번역문 간 관형사의 형태별 빈도 순위는 1위부터 4위까지는 '그>이>한>다른'으로 동일하고, 5위 이하로는 약간의 차이가 있다. 형태별로 살펴보면, '그'는 번역문의 출현 횟수가 비번역문보다 높지만, 상대 빈도는 오히려 4% 낮다. 비번역문과 번역문 간에 빈도 차가 가장 큰 것은 '이'이다. 대명사 '이'는 비번역문에서 출현 횟수가 2,196회, 상대 빈도가 5.707%, 번역문에서 출현 횟수가 2,097회, 상대 빈도가 4.221%로 번역문의 빈도가 비번역문보다 낮았던 데 반해, 관형사 '이'는 번역문의 출현 횟수가 비번역문보다 1.8배 높고, 상대 빈도는 5% 높다. 이 외에 '그런'의 빈도에서 비번역문과 번역문에 차이가 눈에 띄는데, 비번역문에서 '그런'의 빈도는 5위로 10위인 '이런'보다 높은 데 반해, 번역문에서 '그런'의 빈도는 9위로 8위인 '이런'보다 낮다.

관형사의 빈도를 텍스트 유형별로 좀 더 자세히 비교해 보자.

<표 28> 각 텍스트 유형의 관형사 형태별 빈도(출현 횟수)

형태	비번역문					번역문				
	문학	일반교양	전문	아동	전체	문학	일반교양	전문	아동	전체
그	3147	2701	1571	999	8418	3572	2621	2628	977	9798
이	742	1287	1038	799	3866	1420	2240	2782	644	7086
한	1355	900	479	362	3096	1175	896	896	356	3323
다른	348	515	744	160	1767	631	1051	1192	202	3076
그런	683	467	295	133	1578	550	343	169	125	1187
두	578	318	438	164	498	700	445	841	199	2185
어떤	367	303	332	104	1106	478	723	976	119	2296
모든	278	340	329	141	1088	477	780	1001	119	2377
어느	252	386	271	114	1023	302	356	341	127	1126
이런	238	340	256	147	981	305	424	354	148	1231
여러	108	204	495	90	897	198	356	485	70	1061
몇	329	235	175	87	826	378	351	251	119	1099
무슨	381	99	30	86	596	243	104	22	73	442
세	146	141	157	58	502	225	120	156	75	576
저	182	68	14	67	331	180	52	37	44	313

<표 29> 각 텍스트 유형의 관형사 형태별 빈도(상대 빈도)

형태	비번역문					번역문				
	문학	일반교양	전문	아동	전체	문학	일반교양	전문	아동	전체
그	31.131	28.405	20.894	25.576	27.117	29.487	21.975	19.852	26.249	23.897
이	7.340	13.535	13.805	20.456	12.454	11.722	18.781	21.015	17.303	17.283
한	13.404	9.465	6.371	9.268	9.973	9.700	7.512	6.768	9.565	8.105
다른	3.442	5.416	9.895	4.096	5.692	5.209	8.812	9.004	5.427	7.502
그런	6.756	4.911	3.923	3.405	5.083	4.540	2.876	1.277	3.358	2.895

두	5.718	3.344	5.825	4.199	4.826	5.778	3.731	6.353	5.347	5.329
어떤	3.630	3.186	4.415	2.663	3.563	3.946	6.062	7.373	3.197	5.600
모든	2.750	3.576	4.376	3.610	3.535	3.938	6.540	7.562	3.197	5.797
어느	2.493	4.059	3.604	2.929	3.295	2.493	2.985	2.576	3.412	2.746
이런	2.354	3.576	3.405	3.763	3.160	2.518	3.555	2.674	3.976	3.002
여러	1.068	2.145	6.583	2.304	2.890	1.634	2.582	3.664	1.881	2.588
몇	3.255	2.471	2.327	2.227	2.661	3.120	2.943	1.896	3.197	2.680
무슨	3.769	1.041	0.010	2.202	1.920	2.006	0.872	0.007	1.961	1.078
세	1.444	1.483	2.088	1.485	1.617	1.857	1.006	1.178	2.015	1.405
저	1.800	0.715	0.005	1.715	1.066	1.486	0.017	0.012	1.182	0.763

먼저 텍스트 유형별로 비번역문과 번역문의 관형사 빈도를 비교해 보자. 전체 빈도 순위는 비번역문과 번역문이 모두 '그>이>한>다른'의 순이지만, 텍스트 유형별로는 차이가 있다. 문학 텍스트는 비번역문이 '그>한>이>그런>두'의 순이고, 번역문은 '그>이>한>두>다른'의 순으로, 2순위 이하 모두 다르다. 일반교양 텍스트는 비번역문이 '그>이>한>다른>그런'의 순으로 전체 순위와 동일한 반면, 번역문은 '그>이>다른>한>모든'의 순으로 1, 2순위만 같다. 전문 텍스트는 비번역문이 '그>이>다른>여러>한'의 순이고, 번역문은 '이>그>다른>모든>어떤'으로 1순위부터 같지 않다. 모든 텍스트 유형에서 번역문과 비번역문의 1순위는 '그'이지만, 전문 번역 텍스트는 1순위가 '이'이고, 2순위가 '그'이다. 아동 텍스트는 비번역문이 '그>이>한>두>다른'의 순이고, 번역문은 '그>이>한>다른>두'의 순으로 상위 빈도에서 가장 유사함을 보인다.

문학 텍스트는 '이'의 상대 빈도가 번역문이 비번역문보다 4% 높고, '한'의 상대 빈도가 번역문이 비번역문보다 4% 낮은 것을 제외하면, 형태별로 비번역문과 번역문 간 상대 빈도에 큰 차이가 없다. 일반교양 텍스트는 형태별로 비번역문과 번역문 간에 상대 빈도 차이가 제법 보인다. '그'의 상대 빈도는 번역문이 비번역문보다 7% 낮고, '한'의 상대 빈도는 번역문이 비번역문보다 5% 높다. '어떤'과 '모든'의 상대 빈도는 번역문이 비번역문의 2배가량 높다. '저'의 상대 빈도는 번역문이 비번역문의 1/4 수준이지만, 이 외의 형태들도 문학 텍스트보다는 일반교양 텍스트에서 비번역문과 번역문 간의 상대 빈도 차이가 더 크다. 전문 텍스트에서 비번역문과 번역문 간의 가장 큰 차이는 '이'에서 나타난다. '이'의 상대 빈도는 번역문이 비번역문보다 7%나 높고, 출현 횟수는 3배 정도 높다. '이'는 빈도 순위에서도 전문 번역 텍스트에서 1위에 올랐다. 대명사 '이'의 상대 빈도에서 번역문이 비번역문의 1/3 수준이었던 것과 매우 대조적이다. 이 외에도 '그런, 어떤, 모든'도 비번역문과 번역문 간 빈도 차이가 눈에 띈다. '그런'은 번역문의 상대 빈도가 비번역문의 1/3 수준이고, '어떤'과 '모든'은 번역문의 상대 빈도가 비번역문보다 1.6배 높다. 아동 텍스트는 다른 텍스트 유형과 비교할 때, 비번역문과 번역문의 형태별 빈도가 가장 유사해서 눈에 띄는 차이를 발견할 수 없다.

형태별로 살펴보면, '그'는 아동 텍스트를 제외한 모든 텍스트 유형에서 번역문의 상대 빈도가 비번역문보다 낮고, '이'는 아동 텍스트를 제외한 모든 텍스트 유형에서 번역문의 상대 빈도가 비번역문보다 높다. '그'의 빈도 차이는 일반교양 텍스트에서 두드러지고, '이'의 빈도 차이는 일반교양 텍스트와 전문 텍스트에서 두드러진다. '어떤'과 '모든' 역시 사실적 텍스트 유형인 일반교양과 전문 텍스트에서 번역문의 상대 빈도가 비번역문보다 다소 높다. 이 외의 관형사 형태에서는 비번역문과 번역문 간에 큰 차이를 발견하기 어렵다. '이'와 '그'는 지시 표현과 관계되므로 3.3.2에서 대명사와 함께 다시 논의하겠다.

관형사에서 번역문의 특징은 비번역문에 비해 텍스트 유형 간의 상대 빈도에서 더 유사성을 보임으로써 수렴화의 보편적 특성이 나타나며, 비번역문보다 고빈도 형태의 비율이 더 높게 나타나, 번역문이 어휘적 다양성이 더 낮다는 단순화의 번역 보편적 특성을 보인다는 점, 비번역문에 비해 전문 텍스트 유형에서 상대적으로 관형사가 더 많이 쓰이고, 대명사와 달리 번역문이 비번역문보다 '그'의 빈도가 낮고 '이'의 빈도가 높다는 점이다. 특히 사실적 텍스트 유형에서 번역문과 비번역문 간에 관형사 '그'와 '이'의 빈도 차가 두드러진다.

2) 일반 부사

다음은 텍스트 유형별 일반 부사의 빈도이다.

<표 30> 텍스트 유형별 일반 부사의 빈도

텍스트 유형	비번역문		번역문	
	출현 횟수	상대 빈도	출현 횟수	상대 빈도
문학	21,613	7.159	20,396	6.756
일반교양	18,123	6.035	16,874	5.619
전문	13,403	4.337	15,695	5.079
아동	7,598	7.455	6,722	6.596
전체	60,737	5.995	59,687	5.904

일반 부사에서도 비번역문은 텍스트 유형 간에 상대 빈도 차이가 3.1%인 데 반해, 번역문은 1.7%로 비번역문보다 그 차이가 더 작아서 비번역문보다 텍스트 유형간에 더 유사성을 보이는 '수렴화'의 보편소가 나타난다.

위 표에서 알 수 있는 국어 번역문의 개별적 특징은 비번역문과 번역문 모두 사실적 텍스트 유형인 일반교양과 전문 텍스트가 문학과 아동 텍스트에 비해 상대적으로 일반 부사의 빈도가 낮다는 점이다. 비번역문과 번역문을 비교해 보면, 전체적으로는 비번역문과 번역문의 상대 빈도 차가 0.1%에도 미치지 못하여 두 텍스트 간에 차이가 거의 없지만, 텍스트 유형별로는 약간의 차이가 발견된다. 전문 텍스트는 번역문의 빈도가 비번역문보다 높은 반면, 그 외 다른 텍스트 유형은 번역문의 빈도가 비번역문보다 낮다.

이제 일반 부사의 각 형태별 빈도를 살펴보자. 아래에 상위 빈도에 속하는 형태를 고빈도순으로 제시하였다.

<표 31> 일반 부사의 형태별 빈도 순위

순위	비번역문			번역문		
	형태	출현 횟수	상대 빈도	형태	출현 횟수	상대 빈도
1	더	1,778	2.963	더	2,549	4.273
2	잘	1,469	2.435	가장	1,393	2.335
3	안	1,418	2.350	또	1,353	2.268
4	또	1,342	2.224	다시	1,264	2.119
5	다시	1,268	2.102	잘	1,229	2.060
6	가장	1,169	1.937	안	1,089	1.826
7	없이	1,012	1.677	바로	889	1.490
8	다	960	1.591	매우	887	1.487
9	함께	937	1.553	모두	885	1.484
10	특히	846	1.402	아주	882	1.479
11	모두	805	1.334	거의	810	1.358
12	바로	773	1.281	함께	799	1.339
13	왜	724	1.200	같이	789	1.323
14	많이	687	1.139	없이	776	1.301
15	물론	687	1.139	서로	718	1.204
16	좀	681	1.129	이미	681	1.142
17	이미	655	1.086	아직	657	1.101
18	같이	631	1.046	다	638	1.070
19	더욱	631	1.046	너무	629	1.054
20	못	629	1.042	이제	619	1.038

위 표를 보면, 빈도 순위 1위인 '더'가 비번역문에서 4%의 비율을 차지한 것을 제외하면, 나머지 어휘들은 그 비율이 비슷비슷하다. 그렇더라도 빈도 순위 1위뿐 아니라 5위까지의 합계와 20위까지의 합계의 비율 모두 번역문이 비번역문보다 높게 나타난다. 따라서 일반 부사에서도 번역문이 비번

역문보다 어휘적 다양성이 더 낮은 단순화의 번역 보편적 특성이 나타난다.

다음으로 형태별 빈도에 따른 개별적 특징을 살펴보자. 위 표에서 비번역문과 번역문 간 일반 부사의 형태별 빈도 순위는 1위만 같고, 그 이하로는 모두 다르다. 전체적으로 비번역문과 번역문 모두 일반 부사의 형태별 분포는 대체로 균등하여 형태별 빈도 차가 크지 않다. 다만, 번역문에서 빈도 순위 1위인 '더'의 상대 빈도가 2위인 '가장'의 상대 빈도보다 두 배 가까이 높고, 비번역문의 '더'의 상대 빈도보다도 1.4배 높다. 일반 부사는 각 형태가 고른 분포를 보이고 있어 그 특징을 논하기에 어려움이 있지만, 부사의 유형별로는 약간의 차이를 발견할 수 있다. 우선, 부정 부사인 '안'과 '못'은 번역문의 빈도가 비번역문보다 낮다. 표에 제시하지는 않았지만, '못'의 경우 번역문의 출현 횟수가 337회, 상대 빈도가 0.565%로 비번역문의 절반에 해당하는 수치이다. 반면, 정도 부사인 '가장, 매우, 아주, 너무' 등은 번역문의 빈도가 비번역문의 빈도보다 높다. 특히 '매우, 아주, 너무'의 경우 비번역문에서 빈도 순위 20위권에조차 들지 못하였다. 부정 부사의 빈도는 장형 부정의 빈도와 함께 비교해야 그 의미를 파악할 수 있으므로 3.2.6에서 다시 논의하겠다.

일반 부사의 빈도를 텍스트 유형별로 좀 더 자세히 비교해 보자.

<표 32> 각 텍스트 유형의 부사 형태별 빈도_문학, 일반교양

순위	문학						일반교양					
	비번역문			번역문			비번역문			번역문		
	형태	출현 횟수	상대 빈도	형태	출현 횟수	상대 빈도	형태	출현 횟수	상대 빈도	형태	출현 횟수	상대 빈도
1	안	791	3.684	더	760	3.728	더	529	2.943	더	846	5.017
2	다시	537	2.501	다시	558	2.737	가장	481	2.676	가장	475	2.817
3	더	533	2.482	잘	422	2.070	잘	479	2.665	안	443	2.627
4	다	525	2.445	다	365	1.790	또	434	2.415	또	441	2.616
5	잘	481	2.240	아주	360	1.766	물론	332	1.847	잘	333	1.975

6	왜	453	2.110	또	343	1.682	없이	330	1.836	거의	313	1.856
7	또	445	2.072	함께	333	1.633	모두	321	1.786	다시	267	1.584
8	없이	410	1.909	모두	314	1.540	함께	317	1.764	매우	258	1.530
9	좀	395	1.840	안	314	1.540	다시	307	1.708	아주	257	1.524
10	못	299	1.393	마치	293	1.437	안	285	1.586	서로	244	1.447
11	너무	285	1.327	바로	292	1.432	이미	235	1.252	바로	243	1.441
12	이제	259	1.206	너무	289	1.417	이제	225	1.191	같이	236	1.400
13	함께	256	1.192	가장	276	1.354	그대로	214	1.180	없이	234	1.388
14	마치	249	1.160	없이	274	1.344	많이	212	1.163	이미	233	1.382
15	아주	227	1.057	아직	261	1.280	거의	209	1.124	모두	230	1.364

<표 33> 각 텍스트 유형의 부사 형태별 빈도_전문, 아동

순위	전문						아동					
	비번역문			번역문			비번역문			번역문		
	형태	출현 횟수	상대 빈도	형태	출현 횟수	상대 빈도	형태	출현 횟수	상대 빈도	형태	출현 횟수	상대 빈도
1	특히	594	4.452	더	739	4.711	잘	224	2.967	더	204	3.038
2	흔히	530	3.973	가장	538	3.430	또	206	2.729	잘	204	3.038
3	더	527	3.950	또	434	2.767	더	199	2.636	다시	178	2.651
4	가장	424	3.178	매우	386	2.461	안	199	2.636	안	167	2.487
5	더욱	313	2.346	같이	357	2.276	바로	165	2.186	또	135	2.010
6	서로	295	2.211	보다	322	2.053	못	152	2.014	모두	116	1.727
7	같이	288	2.159	서로	291	1.855	다시	143	1.894	많이	112	1.668
8	함께	286	2.144	잘	270	1.721	다	130	1.722	함께	112	1.668
9	잘	285	2.136	다시	261	1.664	정말	124	1.643	가장	104	1.549
10	다시	281	2.106	바로	258	1.645	왜	123	1.629	바로	96	1.430
11	즉	258	1.934	또한	249	1.587	많이	115	1.523	아직	93	1.385
12	또	257	1.926	거의	245	1.562	모두	115	1.523	아주	90	1.340
13	이미	182	1.874	모두	225	1.434	가장	109	1.444	왜	85	1.266
14	또한	181	1.364	이미	220	1.403	좀	108	1.431	마치	84	1.251
15	바로	180	1.357	없이	207	1.320	없이	106	1.404	조금	81	1.206

위 두 표를 보면, 문학 텍스트는 빈도 순위 1위부터 비번역문과 번역문 간에 차이가 난다. 비번역문의 빈도 순위 1위는 부정 부사 '안'이다. '안'의 출현 횟수와 상대 빈도는 모두 번역문이 비번역문의 절반에 못 미친다. 이 외에 '왜, 좀, 못' 등도 비번역문의 빈도 순위에서는 상위를 차지하였으나,

3. 국어 번역문의 특성 93

번역문에서는 '좀'이 238회로 16위를 차지했을 뿐, '왜'와 '못'은 각각 154회, 171회로 비번역문의 빈도에 훨씬 못 미친다. 특히 '왜'의 빈도는 번역문이 비번역문의 1/3 수준이다.

일반교양 텍스트는 유일하게 비번역문과 번역문의 빈도 순위 1, 2위가 같다. 그러나 1위인 '더'의 상대 빈도는 차이가 커서 번역문이 비번역문의 1.7배이다. 이 외에도 '물론, 없이, 모두, 함께' 등이 비번역문에서 번역문보다 고빈도를 보인다. 반면, 부정 부사인 '안'과 '거의', 정도 부사 '매우, 아주'는 번역문이 비번역문보다 고빈도를 보인다. '안'의 경우 문학 텍스트에서 비번역문의 빈도가 번역문보다 더 높았던 것과 대조적이다.

전문 텍스트는 비번역문과 번역문 간의 차이가 가장 두드러진다. 비번역문에서 '특히'와 '흔히'가 각각 빈도 순위 1, 2위를 차지한 점이 특기할 만하다. 그 외에는 '또'의 상대 빈도가 번역문이 비번역문보다 1.4배 높은 것을 제외하면 비번역문과 번역문 간에 큰 차이가 없다.

아동 텍스트는 비번역문과 번역문 모두 형태별로 가장 고른 분포를 보인다. 빈도 순위에 있어서는 1위부터 비번역문과 번역문에 차이가 있지만, '못'과 '정말'이 비번역문에서 고빈도를 보이는 것을 제외하면, 각 형태별로 비번역문과 번역문 간의 빈도 차는 그다지 크지 않다.

결국, 번역문은 일반 부사의 전체 빈도에서도 비번역문보다 텍스트 유형 간에 상대 빈도가 유사하고, 일반 부사의 각 형태별 빈도에서도 비번역문에 비해 상대적으로 텍스트 유형에 관계없이 일반 부사의 형태별 빈도가 유사하여 '수렴화'의 보편적 특성을 보인다. 또한 번역문은 일반 부사의 형태별 빈도에서 비번역문보다 고빈도 형태의 비율이 더 높게 나타나, 번역문이 어휘적 다양성이 더 낮다는 단순화의 보편소가 드러나며, 부정 부사인 '안'과 '못'이 비번역문보다 적게 쓰이고, 정도 부사인 '가장, 매우, 아주, 너무' 등은 비번역문보다 많이 쓰인다.

3) 접속 부사

다음은 텍스트 유형별 접속 부사의 출현 빈도이다.

<표 34> 텍스트 유형별 접속 부사의 빈도

텍스트 유형	비번역문		번역문	
	출현 횟수	상대 빈도	출현 횟수	상대 빈도
문학	3,022	1.001	3,922	1.299
일반교양	3,019	1.005	4,404	1.466
전문	5,415	1.752	4,666	1.510
아동	1,625	1.594	1,422	1.395
전체	13,081	1.291	14,414	1.423

위 표를 보면, 접속 부사의 빈도는 비번역문과 번역문 간의 차이가 0.13%에 지나지 않아 그 특성을 논하기에 어려움이 있다. 각 텍스트 유형별로 번역문과 비번역문을 비교해 보면, 문학과 일반교양 텍스트는 번역문의 빈도가 비번역문보다 높은 반면, 전문과 아동 텍스트는 번역문의 빈도가 비번역문보다 낮지만, 그 차이는 크지 않다. 그러나 역시 '수렴화'의 보편소는 나타난다. 비번역문에서 텍스트 유형 간 접속 부사의 상대 빈도 차이는 0.7%인 데 반해, 번역문은 0.3%로 그 차이가 절반에도 못 미친다. 따라서 번역문은 비번역문보다 텍스트 유형들 간에 더 유사성을 보인다.

이제 접속 부사의 각 형태별 빈도를 살펴보자. 아래에 빈도 순위 상위에 속하는 형태에 대한 빈도를 순위대로 제시하였다.

<표 35> 접속 부사의 형태별 빈도 순위

순위	비번역문			번역문		
	형태	출현 횟수	상대 빈도	형태	출현 횟수	상대 빈도
1	그러나	2,419	18.492	그러나	3,513	24.372
2	그리고	2,094	16.008	그리고	2,996	20.785
3	및	1,212	9.265	하지만	877	6.084
4	혹은	1,019	7.790	그래서	827	5.737
5	그런데/근데	979	7.481	또는	717	4.974
6	즉	866	6.620	즉	646	4.482
7	그래서	820	6.269	따라서	634	4.399
8	또는	744	5.688	그런데/근데	621	4.308
9	하지만	573	4.380	혹은	547	3.795
10	따라서	502	3.838	및	482	3.344
11	그러면/그럼	375	2.867	그러면/그럼	438	3.039
12	한편	187	1.430	왜냐하면	361	2.505
13	그러므로	165	1.261	그러므로	353	2.449
14	그러니까	144	1.101	그렇지만	255	1.769
15	그래도	123	0.940	그러자	152	1.055
16	그렇지만	117	0.894	그리하여	144	0.999
17	그러자	99	0.757	그러니까	106	0.735
18	왜냐하면/왜냐면	99	0.757	그래도	83	0.576

위 표에서 상위 빈도 1, 2위의 합계가 차지하는 비율을 비교하면 비번역문이 34%, 번역문이 45%로 11%라는 큰 차이를 보임으로써 번역문이 비번역문보다 고빈도 형태가 차지하는 비율이 훨씬 높게 나타나, 앞서 살핀 다른 품사들에 비해 접속 부사에서 번역문의 단순화 특성이 특히 두드러진다.

다음으로 형태별 빈도에 따른 개별적 특징을 살펴보자. 위 표를 보면, 번역문과 비번역문의 접속 부사 형태별 빈도 순위는 1, 2위가 동일할 뿐, 그 이하로는 번역문과 비번역문 간에 빈도 순위 차가 제법 눈에 띈다. 비번역문에서는 '및, 혹은, 그런데, 한편'이 고빈도로 나타나지만, 번역문에서는 상대적으로 '하지만'과 '왜냐하면'이 비번역문에 비해 고빈도를 보인다. 특히 '왜냐하면'은 출현 횟수와 상대 빈도 모두 번역문이 비번역문보다 3배 이상 높다.

한편, 번역문과 비번역문의 접속 부사 형태별 빈도 순위 1, 2위가 같긴 하지만, 그 빈도의 수치는 번역문이 높다. '그러나'와 '그리고'의 상대 빈도를 합한 수치는 비번역문이 34%, 번역문이 44%로, 접속 부사의 형태별 빈도 분포에서 비번역문이 번역문에 비해 상대적으로 고른 분포를 보임을 알 수 있다. 빈도 분포에서 특정 형태의 편중 현상은 병렬 접속사에서 두드러진다. 비번역문은 '그리고'와 '및'의 상대 빈도가 '16:9'인 반면 번역문은 '20:3'으로, 그 빈도 차가 크다. 이를 통해 우리는 번역을 할 때 병렬 접속사로 '그리고'를 특별히 선호함을 알 수 있다20).

접속 부사의 빈도를 텍스트 유형별로 좀 더 자세히 비교해 보자.

<표 36> 각 텍스트 유형의 접속 부사 형태별 빈도_문학, 일반교양

순위	문학						일반교양					
	비번역문			번역문			비번역문			번역문		
	형태	출현 횟수	상대 빈도	형태	출현 횟수	상대 빈도	형태	출현 횟수	상대 빈도	형태	출현 횟수	상대 빈도
1	그리고	665	22.01	그러나	1,086	27.69	그러나	949	31.43	그러나	1,120	25.43
2	그러나	570	18.86	그리고	1,064	27.13	그리고	486	16.10	그리고	869	19.73
3	하지만	306	10.13	하지만	457	11.65	따라서	214	7.09	또는	341	7.74
4	그런데	342	11.32	그래서	296	7.55	또는	189	6.26	그래서	249	5.65
5	그래서	271	8.97	그런데	170	4.33	그래서	168	5.56	및	226	5.13
6	그러면/그럼	162	5.36	그러면/그럼	139	3.54	및	138	4.57	즉	210	4.77
7	그러니까	83	2.75	그러자	78	1.99	그런데	118	3.91	혹은	192	4.36
8	혹은	76	2.51	그러니까	67	1.71	혹은	110	3.64	따라서	176	4.00
9	그래도	72	2.38	혹은	61	1.56	하지만	90	2.98	그런데	173	3.93
10	그렇지만	49	1.62	그렇지만	56	1.43	즉	70	2.32	하지만	154	3.50

---

20) 물론, '그리고'와 '및'의 분포 환경이 일치하는 것은 아니나 중복되는 부분이 있기 때문에, 번역문이 비번역문에 비해 '및'의 쓰임이 적고 '그리고'의 쓰임이 많은 것은 '그리고'와 '및' 둘 다 쓰일 수 있는 단어 접속이나 구 접속에서 '및' 대신 '그리고'가 선택되는 어휘적 단순화의 경향을 반영한다.

<표 37> 각 텍스트 유형의 접속 부사 형태별 빈도_전문, 아동

순위	전문						아동					
	비번역문			번역문			비번역문			번역문		
	형태	출현 횟수	상대 빈도	형태	출현 횟수	상대 빈도	형태	출현 횟수	상대 빈도	형태	출현 횟수	상대 빈도
1	및	1,060	19.58	그러나	1,068	22.89	그런데	297	18.28	그리고	323	22.71
2	혹은	831	15.35	그리고	740	15.86	그리고	253	15.57	그러나	239	16.81
3	그리고	690	12.74	따라서	388	8.32	그러나	212	13.05	그래서	148	10.41
4	그러나	688	12.71	즉	365	7.82	그래서	174	10.71	하지만	142	9.99
5	또는	495	9.14	또는	330	7.07	그러면/그럼	136	8.37	그러면/그럼	124	8.72
6	따라서	242	4.47	혹은	245	5.25	즉	66	4.06	그런데	107	7.52
7	즉	241	4.45	및	243	5.21	그러자	59	3.63	혹은	49	3.45
8	그런데	222	4.10	그러므로	202	4.33	그러니까	53	3.26	그렇지만	45	3.16
9	그래서	207	3.82	왜냐하면	190	4.07	또는	44	2.71	즉	31	2.18
10	한편	175	3.23	그런데	171	3.66	왜냐하면	30	1.85	그러자	30	2.11

번역문과 비번역문의 접속 부사 형태별 빈도를 먼저 텍스트 유형별로 비교해 보자. 빈도 순위 1위는 일반교양 텍스트만 번역문과 비번역문이 일치하고, 나머지 텍스트 유형은 모두 다르다.

문학 텍스트는 번역문과 비번역문 간에 빈도 순위 1, 2위가 뒤바뀐 것을 제외하면 형태별 빈도 순위가 대체로 유사하다. 그러나 형태별 빈도에는 차이가 있다. '그러나, 그리고, 하지만' 모두 번역문의 빈도가 비번역문보다 높은데, '그러나'는 번역문의 상대 빈도가 비번역문보다 1.5배 정도 높아서 그 차이가 비교적 크다고 할 수 있다. 반면, '그런데'는 비번역문의 상대 빈도가 번역문보다 3배가량 높게 나타난다.

일반교양 텍스트는 '따라서'와 '즉'을 제외하면 빈도 순위가 유사하다. '따라서'는 비번역문의 상대 빈도가 번역문보다 2배 가까이 높은 데 반해, '즉'은 번역문의 상대 빈도가 비번역문보다 2배 높다. 또 한 가지 특징은, 다른 텍스트 유형에서는 '그러나'의 상대 빈도가 번역문이 비번역문보다 높은데, 일반교양 텍스트는 번역문이 비번역문보다 낮다는 점이다. 특히 일반교양 비번역 텍스트는 '그러나'의 빈도가 '그리고'의 2배에 육박하여 다른 텍스트에 비해 1위와 2위의 빈도 차가 두드러진다.

문학과 일반교양 텍스트에 비해 전문 텍스트와 아동물은 번역문과 비번역문 간 형태별 빈도 순위의 차가 제법 눈에 띈다. 전문 비번역 텍스트는 '및', '혹은'이 각각 빈도 순위 1, 2위를 차지하여 다른 텍스트 유형과 대조된다. 특히 '및'과 '혹은'은 비번역문의 상대 빈도가 각각 번역문의 4배와 3배에 달해 그 차이가 매우 크다. '따라서'는 번역문의 상대 빈도가 비번역문보다 2배가량 높다. 비번역문은 인과 관계의 접속사인 '따라서'와 '그래서'가 비슷한 빈도 분포를 보이는 반면, 번역문은 '따라서'의 빈도가 압도적으로 높아서, 빈도 분포가 특정 형태에 편중되는 경향이 있다. 이러한 경향은 대등 접속사에서도 나타나는데, 비번역문은 '그리고'와 '및'의 빈도 비율이 '12:19'인 반면, 번역문은 '15:5'로 역시 빈도 분포가 특정 형태에 편중되어 있다. 또 한 가지 덧붙이자면, 대부분 인과 관계의 접속사로는 '따라서'와 '그래서'가 많이 쓰이는 편인데, 전문 번역 텍스트에서는 이 외에도 '그러므로'와 '왜냐하면'이 다른 텍스트에 비해 상대적으로 높은 빈도를 보여, 인과 관계를 나타내는 접속사의 상대 빈도가 전문 비번역 텍스트의 두 배에 이른다.

아동 텍스트는 비번역문에서 '그런데'가 빈도 순위 1위를 차지하여 다른 텍스트 유형과 대조된다. 특히 '그런데'의 상대 빈도는 번역문이 비번역문의 절반에도 못 미치는 수치다. 아동 번역 텍스트에서는 대조 접속사의 빈도가 높은 것도 특기할 만하다. 비번역문에서는 '그러나'만이 빈도 순위 10위권 안에 든 반면, 번역문에서는 '그러나, 하지만, 그렇지만'이 모두 10위권 안에 든 데다, 이들의 상대 빈도 합은 30%에 달한다.

결국, 비번역문은 텍스트 유형별로 고빈도를 보이는 접속 부사가 다양하게 나타나는 반면, 번역문은 '그러나'와 '그리고'가 모든 텍스트 유형에서 일관되게 최고의 빈도를 보여, 비번역문에 비해 텍스트 유형에 따른 접속 부사 빈도의 차이가 상대적으로 그다지 크지 않은 점이 특징이다. 이는 번역문이 비번역문보다 텍스트 유형들 간에 더 유사성을 보인다는 '수렴화'의 보편소를 드러내는 것이다.

형태별로는, 대조 접속사 '그러나'와 병렬 접속사 '그리고', 전환 접속사 '그런데'에서 번역문과 비번역문 간에 차이가 드러난다. '그러나'와 '그리고'는 비번역문보다 번역문에서 상대적으로 높은 빈도를 보이는 반면, '그런데'는 번역문에서 상대적으로 낮은 빈도를 보인다. 또 하나, 사실적 텍스트 유형에서 병렬 접속사가 비번역문은 '그리고' 외에 '및'도 비교적 많이 쓰이는 데 반해, 번역문은 '그리고'가 '및'에 비해 압도적으로 많이 쓰여 동일한 기능을 하는 접속사 간에 형태별 편중 현상이 나타난다. 접속의 기능에 따른 유형별 특징에 대해서는 3.2.1에서 접속 조사, 연결 어미와 함께 다시 다루기로 한다.

접속 부사의 빈도에서 나타나는 번역문의 특징은 번역문이 비번역문보다 어휘적 다양성이 더 낮은 단순화의 번역 보편적 특성이 가장 두드러진다는 점과 전체 접속 부사의 상대 빈도뿐 아니라 각 형태별 상대 빈도에서도 비번역문보다 텍스트 유형 간에 유사성을 보여 '수렴화'의 보편소가 나타난다는 점, 특정 형태의 편중 현상이 나타난다는 점이다. 형태별로는 대등 접속사 가운데 '및'과 '혹은', '그런데', '한편'이 비번역문보다 적게 쓰이고 '그리고', '그러나', '하지만', '왜냐하면'이 많이 쓰인다. 텍스트 유형별로는 전문 텍스트 유형에서 비번역문과 번역문 간에 빈도 차가 크다.

3.1.4. 관계언

국어의 조사는 크게 격조사, 보조사, 접속조사의 세 가지 유형으로 나뉜다. 100만 어절의 비번역 텍스트 형태 분석 균형 코퍼스와 100만 어절의 번역 텍스트 형태 분석 균형 코퍼스에 나타난 조사별 빈도를 비교하면 다음과 같다.

<표 38> 비번역문과 번역문의 조사 빈도[21]

		표지	비번역문		번역문	
			출현 횟수	상대 빈도	출현 횟수	상대 빈도
격조사	주격 조사	JKS	59,604	14.629	55,484	13.190
	목적격 조사	JKO	82,974	20.365	79,959	19.008
	관형격 조사	JKG	54,481	13.372	56,458	13.422
	보격 조사	JKC	5,752	1.412	5,610	1.334
	부사격 조사	JKB	97,563	23.945	105,944	25.186
	인용격 조사	JKQ	898	0.220	1,458	0.347
	호격 조사	JKV	337	0.083	231	0.055
	합계		301,609	74.026	305,144	72.542
보조사		JX	91,584	22.478	101,383	24.102
접속조사		JC	14,248	3.497	14,119	3.357
합계			407,441	40.215	420,646	41.608

위 표를 보면, 조사 전체의 출현 빈도는 번역 텍스트가 비번역 텍스트보다 높게 나타나지만 그 차이가 1%에 지나지 않아 유의미한 차이라고 보기는 조심스럽다. 조사 유형별로는 접속 조사의 빈도가 번역문과 비번역문이 비슷한 반면, 격조사의 상대 빈도는 번역문이 낮고, 보조사의 상대 빈도는 번역문이 높다. 그러나 그 차이는 크지 않다.

---

[21] 표에서 상대 빈도는 비번역문과 번역문 각각의 전체 조사 수에서 해당 유형이 차지하는 비율을 퍼센트로 나타낸 것이다. 다만, 전체 합계에 제시한 상대 빈도는 전체 어절 수에서 조사가 차지하는 비율을 퍼센트로 나타낸 것이다.

한편, 조사는 어휘 목록의 수가 극히 제한적이어서 고빈도의 비율에 따른 어휘적 다양성을 논하기에 무리가 있다. 그래서 여기서는 '수렴화'의 번역 보편소와 형태별 빈도에 따른 국어 번역문의 개별적 특징만 논하기로 한다.

1) 격조사

아래에 텍스트 유형별로 각 격조사의 출현 빈도를 제시하였다.

<표 39> 텍스트 유형별 격조사의 빈도(출현 횟수)

텍스트 유형		주격	목적격	관형격	보격	부사격	인용격	호격	합계
비 번역문	문학	19,400	25,296	12,262	1,655	25,817	163	110	84,703
	일반교양	17,214	25,949	17,803	2,009	30,900	308	17	94,200
	전문	16,440	24,027	20,040	1,430	32,406	321	3	94,667
	아동	6,550	7,702	4,376	658	8,440	106	207	28,039
	전체	59,604	82,974	54,481	5,752	97,563	898	337	301,609
번역문	문학	18,480	25,289	12,540	1,320	29,164	464	150	87,407
	일반교양	15,519	24,269	18,480	2,057	32,551	431	24	93,331
	전문	15,451	22,224	21,866	1,681	34,923	362	9	96,516
	아동	6,034	8,177	3,572	552	9,306	201	28	27,890
	전체	55,484	79,959	56,458	5,610	105,944	1,468	231	305,144

<표 40> 텍스트 유형별 격조사의 빈도(상대 빈도[22])

텍스트 유형		주격	목적격	관형격	보격	부사격	인용격	호격
비 번역문	문학	22.904	29.864	14.476	1.954	30.479	0.192	0.130
	일반교양	18.274	27.547	18.899	2.133	32.803	0.327	0.018
	전문	17.366	25.381	21.169	1.511	34.232	0.339	0.003
	아동	23.360	27.469	15.607	2.347	30.101	0.378	0.738
	전체	19.762	27.510	18.063	1.907	32.348	0.298	0.112
번역문	문학	21.142	28.932	14.347	1.510	33.366	0.531	0.171

---

[22] 표에서 상대 빈도는 텍스트 유형별 전체 격조사 수에서 해당 유형의 격조사가 차지하는 비율을 퍼센트로 나타낸 것이다.

	일반교양	16.628	26.003	19.801	2.204	34.877	0.462	0.026
	전문	16.009	23.026	22.656	1.742	36.184	0.375	0.009
	아동	21.635	29.319	12.807	1.979	33.367	0.721	0.172
	전체	18.183	26.204	18.502	1.838	34.719	0.478	0.076

위 표를 보면, 격조사의 상대 빈도에서는 번역문에 수렴화의 보편소가 나타난다고 말하기 어렵다. 목적격과 관형격 조사에서는 오히려 번역문이 비번역문보다 텍스트 유형 간 상대 빈도 차이가 더 크기 때문이다.

텍스트 유형별 격조사의 상대 빈도를 나타낸 위 표에서 우리는 국어 번역문의 개별적 특징으로 다음과 같은 결과를 얻을 수 있다.

주격, 목적격, 보격, 호격 조사는 비번역문보다 번역문의 상대 빈도가 더 낮고, 관형격과 부사격은 비번역문보다 번역문의 상대 빈도가 더 높다[23]. 주격 조사는 모든 텍스트 유형에서 비번역문보다 번역문의 상대 빈도가 더 낮은 반면, 부사격 조사는 모든 텍스트 유형에서 비번역문보다 번역문의 상대 빈도가 더 높다. 목적격 조사는 아동물을 제외한 모든 텍스트 유형에서 비번역문보다 번역문의 상대 빈도가 더 낮다. 관형격 조사는 문학과 아동물은 비번역문보다 번역문의 상대 빈도가 더 낮고, 일반교양과 전문 텍스트는 번역문의 상대 빈도가 더 높다. 보격, 인용격, 호격 조사는 상대 빈도가 1% 내외로 텍스트 유형별 특성을 논하기가 어렵다.

격조사의 빈도 순위는 비번역문이 '부사격>목적격>주격>관형격>보격>인용격>호격'임에 반해 번역문은 '부사격>목적격>관형격>주격>보격>인용격>호격'으로 주격 조사와 관형격 조사의 순위가 뒤바뀌었다. 번역문이 비번역문에 비해 상대적으로 주격 조사의 비율이 낮고, 관형격 조사의 비율이 높음을 알 수 있다. 텍스트 유형 가운데 사실적 텍스트라 할 수 있는

---

[23] 자동 태거를 이용한 번역문의 형태 분석에서 주격 조사와 보격 조사의 구분에 오류가 나타났다. 보격 조사를 주격 조사로 잘못 분석한 예가 총 2,049회 발견되어 모두 수정하였다.

일반교양과 전문 텍스트는 비번역문과 번역문 모두 주격 조사보다 관형격 조사의 상대 빈도가 더 높게 나타난다. 그러나 번역문이 비번역문보다 주격 조사의 상대 빈도는 더 낮고 관형격 조사의 상대 빈도는 더 높아서 주격 조사와 관형격 조사 간 상대 빈도의 차이는 번역문이 더 크다. 즉, 일반교양 텍스트에서 비번역문은 주격 조사와 관형격 조사의 차이가 0.6%로 미미하지만 번역문은 3.2%의 차이가 난다. 또 전문 텍스트에서 비번역문은 주격 조사와 관형격 조사의 차이가 4%인 반면, 번역문은 그 차이가 6.6%에 달한다.

격조사에서 번역문의 특징은 주격 조사, 관형격 조사, 부사격 조사에서 드러나는데, 주격 조사는 보조사 '-은/는'의 쓰임과 관계되므로 3.3.1에서 다시 검토하기로 하고, 여기서는 관형격 조사, 부사격 조사를 중심으로 번역문의 특징을 살펴보겠다.

(1) 관형격 조사

김정우(1994b: 15-16)는 번역문의 특징으로 관형격 조사 '-의'를 포함한 명사구의 남용을 지적하였다. 본고에서 100만 어절의 비번역 텍스트 형태 분석 균형 코퍼스와 100만 어절의 번역 텍스트 형태 분석 균형 코퍼스에 나타난 관형격 조사의 상대 빈도[24]를 비교한 결과, 비번역문은 18.063, 번역문은 18.502로 그 차이가 0.4%에 그쳐 번역문이 비번역문보다 관형격 조사의 쓰임이 더 많다고 말할 정도의 유의미한 값을 얻지는 못하였다. 다만, 텍스트 유형별로 관형격 조사 '-의'의 상대 빈도를 조사한 결과, 사실적 텍스트 유형으로 분류되는 일반교양과 전문 텍스트에서 번역문이 더 높게

---

[24] 비번역문과 번역문 각각의 전체 격조사 수에서 관형격 조사가 차지하는 비율을 퍼센트로 나타낸 것이다.

나타났다. 텍스트 유형별 관형격 조사의 빈도를 비교하면 다음과 같다.

<표 41> 텍스트 유형별 관형격 조사 '-의'의 빈도

텍스트 유형	비번역문		번역문	
	출현 횟수	상대 빈도	출현 횟수	상대 빈도
문학	12,262	14.476	12,540	14.347
일반교양	17,803	18.899	18,480	19.800
전문	20,040	21.169	21,866	22.655
아동	4,376	15.607	3,572	12.807
전체	54,481	18.063	56,458	18.502

여기서는 '-의'의 상대 빈도가 높은 사실적 텍스트 유형의 번역문을 중심으로 관형격 조사 '-의'의 쓰임을 살펴보겠다.

번역문에서 관형격 조사 '-의'는 주로 원문의 'of'를 직역할 때 사용된다.

(1)

[ST] The question can be answered by animal worship, by human sacrifice or military conquest, by indulgence in luxury, by ascetic renunciation, by obsessional work, by artistic creation, by the love of God, and by the love of Man.

[TT1] 이 문제는 동물숭배에 의해, 인간의 희생 또는 군사적 정복에 의해, 사치에의 탐닉에 의해, 금욕적인 단념에 의해, 강제노동에 의해, 예술적 창조에 의해, 신의 사랑에 의해, 인간의 사랑에 의해 대답될 수 있다. (사랑a, 16)

[TT2] 그 문제는 동물숭배에 의해, 인간의 희생이나 군사적 정복에 의해, 사치에의 탐닉에 의해, 금욕적인 포기에 의해, 강제노동에 의해, 예술적 창조에 의해, 신에 대한 사랑에 의해 그리고 인간에 대한 사랑에 의해 대답될 수 있다. (사랑b, 26)

(2)

[ST] His end-suicide among general destruction-is as characteristic as was his dream of success-total domination.

[TT1] 그의 최후-전반적인 파멸에 직면해서 자살한 것-는 그의 성공의 몽상-전세계의 지배-과 마찬가지로 특징적이다. (사랑a, 28)

[TT2] 전반적인 파멸에 직면하여 자살한 그의 최후는 전체적인 지배라는 그의 목표만큼 특징적이다. (사랑b, 39)

(3)

[ST] … in fact, they take the intensity of the infatuation, this being "crazy" about each other, for proof of the intensity of their love, …

[TT1] 사실상 그들은 강렬한 열중, 곧 서로 「미쳐 버리는」 것을 사랑의 열도의 증거로 생각하지만, … (사랑a, 11)

[TT2] 그들은 심취, 즉 서로에게 '미쳐 있다'는 것을 그들의 사랑의 강도를 나타내는 증거로 여기지만, … (사랑b, 17)

위 (1)의 [TT1]은 'of'의 의미 기능을 고려하지 않고 상투적으로 'of'를 관형격 조사 '-의'에 대응시켜 번역한 예이다. 'the love of God', 'the love of Man'에서 'God'과 'Man'은 'love'의 주체가 아니라 대상이므로 [TT2]에서처럼 '신에 대한 사랑', '인간에 대한 사랑'으로 번역해야 원문의 의미가 더 분명하게 전달된다.

국어에는 소유대명사가 없기 때문에 원문의 소유대명사를 번역할 때 국어의 소유격 조사 '-의'를 붙이게 되는데, 위 (2)의 [TT1]이 그러한 예이다.

'his'를 번역하면서 '-의'를 사용하고, 'of'의 번역에도 '-의'를 사용하여 '-의'가 두 번 겹쳤고, (3)의 [TT1]도 두 'of'를 모두 '-의'로 번역하여 '-의'가 두 번 겹쳤다. 서술어를 삽입하여 '-의'의 반복을 없앤 [TT2]와 대조적이다.

번역문에서 관형격 조사를 포함한 명사구 구조의 어색한 표현은 원문의 명사구나 동명사구를 그에 대응하는 국어의 품사로 번역해 내려는 데에 따른 것으로 생각된다. 다음 예를 보자.

(4)

[ST] When the scientist succeeds in gathering enough data, or in <u>working out a mathematical formulation to make his original vision highly plausible</u>, he may be said to have arrived at a tentative hypothesis.

[TT1] 과학자가 충분한 자료를 수집하거나 <u>그의 원래의 비전의 매우 확실한 수학적 정식화의 완성</u>에 성공할 때, 그는 잠정적 가설에 도달했다고 말할 수 있다. (사랑a, 141)

[TT2] 과학자가 충분한 자료를 모으거나 <u>자기가 애초에 지녔던 생각을 더욱 신뢰할 수 있게 해 주는 수학 공식을 찾아내는 데</u> 성공했을 때, 그는 임시적인 가설에 도달했다고 말할 수 있다. (사랑b, 160)

위 [TT1]에 나타난 '그의 원래의 비전의 매우 확실한 수학적 정식화의 완성'이라는 긴 명사구는 원문의 동명사구 'working out a mathematical formulation to make his original vision highly plausible'을 국어의 명사구에 대응시켜 번역한 것인데, '-의'가 무려 네 번이나 등장함으로써 일반적인 국어의 명사구 쓰임과 달리 상당히 길어졌다.

(5)
[TT1] 장관으로부터의 편지 (파브르_곤충기6(남가뢰의 비밀).txt)
[TT2] 장관으로부터/에게서 온 편지
[TT3] 장관이 보낸 편지

위 예의 '장관으로부터의 편지'도 전치사구 'from a minister'를 원문의 구조를 살려 우리말로 직역한 표현이다.

관형격 조사는 사실적 텍스트 유형의 번역문에 많이 나타나는데, 이는 'of'의 직역 및 원문의 명사구나 동명사구를 그에 대응하는 품사로 번역해 내려는 데서 비롯한다.

(2) 부사격 조사

위에서 우리는 번역문이 비번역문보다 부사격 조사의 빈도가 높음을 보았다. 아래에 부사격 조사의 형태별 빈도 순위를 비교하여 제시하였다.

<표 42> 부사격 조사의 형태별 빈도 순위

순위	비번역문			번역문		
	형태	출현 횟수	상대 빈도	형태	출현 횟수	상대 빈도
1	-에	39,312	40.294	-에	44,409	41.917
2	-(으)로	24,456	25.067	-(으)로	24,741	23.353
3	-에서/서	15,499	15.886	-에서/서	15,390	14.527
4	-와/과	6,218	6.373	-와/과	6,224	5.875
5	-에게	4,156	4.260	-에게	5,823	5.496
6	-처럼	2,206	2.261	-처럼	2,357	2.225
7	-보다	1,860	1.906	-보다	1,886	1.780
8	-(으)로서	1,049	1.075	-(으)로서	1,225	1.156
9	-(으)로부터	768	0.787	-(으)로부터	1,200	1.133
10	-(으)로써	495	0.507	-(으)로써	919	0.867
11	-에다	264	0.271	-에게서	291	0.275
12	-한테	261	0.268	-만큼	237	0.224

13	-같이	174	0.178	-한테	235	0.222
14	-만큼	167	0.171	-에다	159	0.150
15	-에서부터	160	0.164	-같이	153	0.144
16	-에게서	148	0.152	-에서부터	96	0.091
17	-하고	110	0.113	-께	93	0.088

위 표를 보면, 비번역문과 번역문 간에 부사격 조사의 형태별 빈도 순위가 1위부터 10위까지 같아서 비번역문과 번역문이 매우 유사함을 알 수 있다. 다만, 시원(始原)격을 나타내는 형태에서는 번역문과 비번역문 간에 빈도 차이가 눈에 띈다. '-(으)로부터'와 '-에게서'의 상대 빈도는 번역문이 비번역문보다 2배가량 높다. 이와 반대로 '-에서부터'의 상대 빈도는 비번역문이 번역문보다 2배가량 높다. '-(으)로부터':'-에게서':'-에서(부터)'의 비율은 비번역문이 0.787:0.152:0.164, 번역문이 1.133:0.275:0.091로, 비번역문은 '-(으)로부터'가 '-에게서'보다 5배, '-에서(부터)'보다 5배 많이 쓰였음에 반해, 번역문은 '-(으)로부터'가 '-에게서'보다 4배, '-에서(부터)'보다 12배 많이 쓰였다. 이들 시원격 부사는 영어의 'from'에 대응하는데, 사람에 결합한 'from'은 '-에게서'로 번역하는 편이지만, 사물이나 장소에 결합한 'from'에 대해서는 '-에서(부터)'보다 '-(으)로부터'를 선호함을 알 수 있다. '-(으)로부터'가 '-에서(부터)'의 의미를 포함하는 중립적이고 더 단순한 어휘라는 점에서 'from'의 대응어로 '-(으)로부터'를 선택함으로써 어휘적 단순화의 특성을 반영한다.

아래의 예에 쓰인 '-으로부터'는 모두 '-에서(부터)'로 바꾸어 쓸 수 있다.

(6)
　a. [TT1] "바보같은 놈들"하고 그는 자동차 좌석으로부터 그를 바라보는 자들에게 내뱉었다. (단프랑크_이별.txt)
　b. [TT1] 일군의 침략자들은 산발적으로 북으로부터 침입해 내려왔다. (슈발트_일등과꼴찌는공부방법차이Ⅱ.txt)

    c. [TT1] 도쿠가와 시대의 일본에는 유교를 가르치는 대학<u>으로부터</u> 모든 계급의 어린이들이 교육받는 작은 데라코애(사원 부속학교)에 이르기까지 약1만 7000개나 되는 여러 종류의 학교들이 있었다. (프랭크기브니_일어서는나라주저앉는나라.txt)

(6)'
    a. [TT2] "바보같은 놈들"하고 그는 자동차 좌석<u>에서(부터)</u> 그를 바라보는 자들에게 내뱉었다.
    b. [TT2] 일군의 침략자들은 산발적으로 북<u>에서(부터)</u> 침입해 내려왔다.
    c. [TT2] 도쿠가와 시대의 일본에는 유교를 가르치는 대학<u>에서(부터)</u> 모든 계급의 어린이들이 교육받는 작은 데라코애(사원 부속학교)에 이르기까지 약1만 7000개나 되는 여러 종류의 학교들이 있었다.

특히 (6c)는 'from A to B'의 번역인데, 우리말 관용구는 '-에서부터 -에 이르기까지'이다.

한편, 번역문에는 부사격 조사 '-(으)로' 가운데 보격 조사의 쓰임으로 보이는 예들이 다수 발견된다. 학교 문법에서 보격 조사는 서술어 '되다'와 '아니다' 앞에 놓인 '-이/가'로 한정하는데, 번역문에는 비번역문에 비해 이 보격 조사 자리에 부사격 조사 '-(으)로'가 쓰인 예가 많다[25]. 다음 예를 보자.

(7)
    a. [TT1] 더욱 그가 수모감을 느끼는 것은 바로 그 자신은 뼈에서부터 피까지 모두 군인의 몸<u>으로</u> 되어 있었던 반면에 적들은 겨우 수도승들에 지나지 않다는 것이다. (헨리크생키예비치_크미치스I.txt)

---

[25] '-(으)로 되다'의 빈도를 조사한 결과, 비번역문은 그 출현 횟수가 98회임에 반해, 번역문은 268회로 번역문이 비번역문보다 3배 가까이 높게 나타났다.

b. [TT1] 이제 다 커 마흔 셋의 가정주부로 돼버린 낸시는 욕조에 누워 할머니를 생각하며 울었다. (로자문드필_조개줍는아이들I.txt)
c. [TT1] 그러다 결국은 그 자리가 공석으로 되면서 내가 아예 그 일까지 직접 맡았다. (존스킬리_성공신화(상).txt)
d. [TT1] 그 예로서 우정 관계나 오늘날 역사적 치장물로 되어 버린 '국가', '조국', '없어서는 안될 대상에 대한 관계' 등을 생각해 보면 알 수 있다. (프리츠반델_학교가환자를만드는가.txt)

위 예에서 '-(으)로'가 결합한 명사구는 모두 서술어 '되다' 앞에서 그 보충어(complement) 역할을 하며, 여기에 쓰인 부사격 조사 '-(으)로'는 다음과 같이 보격 조사 '-이/가'로 치환이 가능하다.

(7)'
a. [TT2] 더욱 그가 수모감을 느끼는 것은 바로 그 자신은 뼈에서부터 피까지 모두 군인의 몸이 되어 있었던 반면에 적들은 겨우 수도승들에 지나지 않다는 것이다.
b. [TT2] 이제 다 커 마흔 셋의 가정주부가 돼버린 낸시는 욕조에 누워 할머니를 생각하며 울었다.
c. [TT2] 그러다 결국은 그 자리가 공석이 되면서 내가 아예 그 일까지 직접 맡았다.
d. [TT2] 그 예로서 우정 관계나 오늘날 역사적 치장물이 되어 버린 '국가', '조국', '없어서는 안될 대상에 대한 관계' 등을 생각해 보면 알 수 있다.

번역문에서 보격 조사 자리에 부사격 조사 '-(으)로'가 많이 나타나는 이유는 '어떤 상태나 위치, 지위 등에 이르다'는 뜻의 'become, get, be, go'나 '변화하여 -이 되다'는 뜻의 'turn into, change into' 등을 번역하는 과정에서 결과의 방향을 명시적으로 드러내기 위해 부사격 조사 '-(으)로'를 사용하기 때문으로 생각된다. 이는 번역문이 비번역문보다 보격 조사의 빈도가 낮은 하나의 이유가 될 것이다.

요약하면, 부사격 조사의 전체 빈도는 번역문이 비번역문보다 높긴 하지만 형태별 빈도는 번역문과 비번역문이 유사하다. 다만, 시원격 조사에서 번역문의 특징이 보이는데, 번역문은 비번역문에 비해 '-에게서'와 '-(으)로부터'가 많이 쓰이고, '-에서(부터)'가 적게 쓰인다. 이는 'from'의 번역에서 사람에 결합한 'from'은 대개 '-에게서'로 번역하지만, 장소에 결합한 'from'은 '-에서(부터)'보다 '-(으)로부터'로 번역한다는 사실을 말해 준다. 그리고 비번역문에 비해 서술어 '되다'의 보충어에 보격 조사 '-이/가' 대신 부사격 조사 '-(으)로'가 많이 쓰인다.

2) 보조사

다음은 텍스트 유형별 보조사의 출현 빈도이다.

<표 43> 텍스트 유형별 보조사의 빈도[26]

텍스트 유형		출현 횟수	상대 빈도
비번역문	문학	31,075	26.245
	일반교양	28,380	22.340
	전문	22,400	18.190
	아동	9,729	25.040
	전체	91,584	22.478
번역문	문학	32,420	26.427
	일반교양	29,558	23.087
	전문	28,867	22.116
	아동	10,538	26.736
	전체	101,383	24.102

---

[26] 표에서 상대 빈도는 텍스트 유형별 전체 조사 수에서 보조사가 차지하는 비율을 퍼센트로 나타낸 것이다.

위 표를 보면, 보조사에서도 번역문이 비번역문보다 텍스트 유형 간에 상대 빈도 차이가 작아서 '수렴화'의 보편소가 나타난다. 비번역문은 텍스트 유형 간 보조사의 상대 빈도 차이가 6%인 데 반해, 번역문은 4%로 더 작아서 번역문이 비번역문보다 텍스트 유형들 간에 더 유사성을 보인다.

위 표에서 알 수 있는 국어 번역문의 개별적 특징은 보조사가 모든 텍스트 유형에서 비번역문보다 번역문에 더 많이 쓰인다는 점이다. 특히 전문 텍스트에서 번역문이 비번역문보다 보조사의 상대 빈도가 3%나 더 높아서 그 차이가 크다. 아래에는 각 보조사의 형태별 출현 빈도를 제시하였다.

<표 44> 비번역문의 보조사 형태별 빈도(출현 횟수)

형태	문학	일반교양	전문	아동	전체
-은/는	21,075	18,887	16,391	6,096	62,449
-도	5,676	5,014	3,300	1,927	15,917
-만	1,410	1,303	875	548	4,136
-까지	944	1,004	628	300	2,876
-부터	417	453	274	152	1,296
-(이)나	362	390	213	177	1,142
-밖에	158	234	105	77	574
-(이)란	79	206	195	56	536
-마다	233	149	77	72	531
-뿐	146	139	141	51	477
-(이)야	145	101	36	94	376
-대로	121	91	74	54	340
-조차	93	145	33	24	295
-(이)야말로	33	119	17	24	193
-요	75	13	3	38	129
-마저	22	59	29	8	118
-다	21	19	3	11	54
-(이)나마	15	19	5	5	44
-은/는커녕	19	14	1	6	40
-다가	7	5	0	6	18
-치고	4	11	0	2	17
-깨나	10	0	0	0	10

-따라	7	2	0	1	10
-일랑	1	3	0	0	4
-그래	1	0	0	0	1
-그려	1	0	0	0	1
합계	3,1075	28,380	22,400	9,729	91,584

<표 45> 번역문의 보조사 형태별 빈도(출현 횟수)

형태	문학	일반교양	전문	아동	전체
-은/는	23,118	21,668	21,734	7,500	74,020
-도	5,479	4,259	3,819	1,716	15,273
-만	971	980	1,065	328	3,344
-까지	829	753	671	311	2,564
-(이)나	517	379	298	166	1,360
-부터	302	422	376	142	1,242
-(이)란	153	355	284	33	825
-밖에	182	97	126	54	459
-마다	192	134	71	53	450
-(이)야	148	88	39	72	347
-뿐	77	112	124	31	344
-조차	118	101	96	25	340
-대로	70	70	50	27	217
-요	105	22	4	34	165
-(이)야말로	31	47	49	16	143
-다	48	25	14	10	97
-마저	37	18	19	5	79
-은/는커녕	8	11	11	9	39
-(이)나마	8	9	11	2	30
-다가	17	4	5	3	29
-두	2	2	3	2	9
-따라	4	2	0	0	6
-치고	2	2	1	1	6
-깨나	2	0	0	0	2
-그려	1	0	0	0	1
-일랑	1	0	0	0	1
합계	32,420	29,558	28,867	10,538	101,383

위 두 표에 나타난 비번역문과 번역문의 보조사 출현 빈도의 비교를 통해

우리는 다음과 같은 결과를 얻을 수 있다.

비번역문의 보조사 빈도 순위는 '은/는>도>만>까지>부터>(이)나>밖에>마다>(이)란>뿐>(이)야>대로>조차>…'이고, 번역문의 보조사 빈도 순위는 '은/는>도>만>까지>(이)나>부터>(이)란>밖에>마다>(이)야>뿐>조차>대로>…'이다. 4순위까지는 동일하나 5순위 이하로는 비번역문과 번역문에 약간의 차이가 있다. 텍스트 유형별로 보조사 빈도 순위를 비교하면 다음과 같다.

<표 46> 텍스트 유형별 보조사 빈도 순위

문학	일반	은/는>도>만>까지>부터>(이)나>마다>밖에>뿐>(이)야…
	번역	은/는>도>만>까지>(이)나>부터>마다>밖에>(이)란>(이)야…
일반교양	일반	은/는>도>만>까지>부터>(이)나>밖에>(이)란>마다>조차…
	번역	은/는>도>만>까지>부터>(이)나>(이)란>마다>뿐>조차…
전문	일반	은/는>도>만>까지>부터>(이)나>(이)란>뿐>밖에>마다…
	번역	은/는>도>만>까지>부터>(이)나>(이)란>밖에>뿐>조차…
아동	일반	은/는>도>만>까지>(이)나>부터>(이)야>밖에>마다>(이)란…
	번역	은/는>도>만>까지>(이)나>부터>(이)야>밖에>마다>(이)란…

위에서 보조사의 빈도 순위가 동일한 텍스트 유형은 아동물뿐이다. 문학 텍스트에서는 비번역문에 '-뿐'이 순위에 오른 반면, 번역문에서는 '-뿐' 대신 '-(이)란'이 순위에 올랐다. 일반교양 텍스트에서는 비번역문에 '-밖에'가 순위에 오른 반면, 번역문에서는 '-밖에' 대신 '-뿐'이 올랐다. 전문 텍스트에서는 비번역문에 '-마다'가 순위에 오른 대신, 번역문에서는 '-조차'가 순위에 올랐다. 텍스트 유형별로 빈도 순위 상에서는 비번역문과 번역문이 크게 차이나지 않는다. 다만, 일반교양 텍스트에서 '-밖에'와 '-뿐'이 비번역문과 번역문 간에 순위 차이가 크다.

아래에는 <표44>와 <표45>에서 전체 출현 횟수가 1,000회 이상인 보조사의 상대 빈도를 제시하였다.

<표 47> 텍스트 유형별 보조사의 상대 빈도

텍스트 유형		-은/는	-도	-만	-까지	-부터	-(이)나	합계
비번역문	문학	67.820	18.108	4.537	3.038	1.342	1.165	96.010
	일반교양	66.550	17.667	4.591	3.538	1.596	1.374	95.316
	전문	73.174	14.732	3.906	2.804	1.223	0.961	96.790
	아동	62.658	19.776	5.633	3.084	1.562	1.819	94.532
	전체	68.188	17.323	4.516	3.140	1.415	1.247	95.829
번역문	문학	71.308	16.894	2.995	2.557	0.932	1.595	96.281
	일반교양	73.307	14.402	3.316	2.548	1.428	1.282	96.283
	전문	75.290	13.219	3.689	2.324	1.303	1.032	96.857
	아동	71.171	16.265	3.113	2.951	1.348	1.575	96.423
	전체	73.010	15.056	3.298	2.529	1.225	1.341	96.459

위 표를 보면, 비번역문과 번역문 모두 빈도 순위 상위 6개의 타입이 전체 보조사의 95% 이상을 차지하며, 상위 3개의 타입이 전체 보조사의 90% 이상을 차지한다. 형태별로 비교하면, '-은/는'이 비번역문보다 번역문의 상대 빈도가 5%나 높고, 모든 텍스트 유형에서 비번역문보다 번역문의 상대 빈도가 높다. 특히 일반교양과 아동물은 그 차이가 각각 7%와 9%에 이른다. 번역문은 '-은/는'의 상대 빈도가 높은 만큼 상대적으로 다른 보조사의 상대 빈도는 비번역문보다 낮다.

요약하면, 보조사에서 번역문은 비번역문에 비해 텍스트 유형 간의 상대 빈도가 더 유사하여 수렴화의 보편적 특성이 나타나며, 모든 텍스트 유형에서 번역문이 비번역문보다 보조사의 쓰임이 더 많다. 특히 전문 텍스트 유형의 번역문에 보조사가 더 많이 쓰인다. 보조사 형태에서는 비번역문에 비해 '-은/는'이 많이 쓰인다는 점이 특징이다. 이는 출발어와 도착어의 언어 구조적 불일치에 따른 결과이다. 즉, 구조격인 영어와 달리 국어는 조사가 발달하여 어순의 변화 없이 격뿐만 아니라 주제를 비롯한 체언과 서술어의 다양한 의미적 관계까지 보조사로 실현이 되지만, 영어는 주제 요소를 문두에 배치시켜야 하기 때문에, 어순 재배치에 의해 문두에 쓰인 주제 요소를 원문의 어순을 따라 번역하는 과정에서 주제를 나타내는 보조사 '-은/는'을 결합함으로써 번역문에 '-은/는'의 사용이 많아지는 것이다. '-은/는'에 대해서는 3.3.1에서 '-이/가'와 함께 다시 논의하겠다.

3) 접속조사

다음은 텍스트 유형별 접속조사의 출현 빈도이다.

<표 48> 텍스트 유형별 접속조사의 빈도[27]

텍스트 유형		출현 횟수	상대 빈도
비번역문	문학	2,626	2.218
	일반교양	4,459	3.510
	전문	6,078	4.936
	아동	1,085	2.793
	전체	14,248	3.497
번역문	문학	2,853	2.326
	일반교양	5,138	4.013
	전문	5,141	3.939
	아동	987	2.514
	전체	14,119	3.357

접속 조사에서도 역시 번역문이 비번역문보다 텍스트 간에 더 유사한 수렴화의 보편소가 나타난다. 위 표에서 비번역문은 텍스트 유형 간에 접속 조사의 상대 빈도 차이가 2.7%인 데 반해, 번역문은 1.5%로 더 작기 때문이다.

위 표에서 국어 번역문의 개별적 특징을 찾기는 어렵다. 비번역문과 번

---

[27] 표에서 상대 빈도는 텍스트 유형별 전체 조사 수에서 접속조사가 차지하는 비율을 퍼센트로 나타낸 것이다.

역문의 접속조사 상대 빈도가 대동소이한데, 다만, 일반교양은 번역문이 비번역문보다 0.5% 높은 반면, 전문 텍스트는 번역문이 비번역문보다 1% 낮다. 아래에는 접속조사의 형태별 출현 빈도를 제시하였다.

<표 49> 접속조사의 형태별 빈도(출현 횟수)

텍스트 유형		-와/과	-(이)나	-(이)랑	-하고/하구	합계
비 번역문	문학	2,196	395	7	28	2,626
	일반교양	3,658	798	0	3	4,459
	전문	4,489	1,587	0	2	6,078
	아동	847	224	9	5	1,085
	전체	11,190	3,004	16	38	14,248
번역문	문학	2,355	481	12	5	2,853
	일반교양	3,989	1,148	0	1	5,138
	전문	3,998	1,141	0	2	5,141
	아동	776	201	8	2	987
	전체	11,118	2,971	20	10	@14,119

<표 50> 접속조사의 형태별 빈도(상대 빈도)

텍스트 유형		-와/과	-(이)나	-(이)랑	-하고/하구
비 번역문	문학	83.625	15.042	0.267	1.066
	일반교양	82.036	17.896	0	0.067
	전문	73.857	26.111	0	0.033
	아동	78.065	20.645	0.829	0.461
	전체	78.537	21.084	0.112	0.267
번역문	문학	82.545	16.859	0.421	0.175
	일반교양	77.637	22.343	0	0.019
	전문	77.767	22.194	0	0.039
	아동	78.622	20.365	0.811	0.203
	전체	78.745	21.043	0.142	0.071

위 표에서도 우리는 '수렴화'의 보편소를 발견할 수 있다. 텍스트 유형 간에 '와/과'의 상대 빈도 차이는 비번역문이 10%, 번역문이 5%로, 번역문이 비번역문의 절반에 그치고, '(이)나'의 텍스트 유형 간 상대 빈도 차이는 비번역문이 11%, 번역문이 6%로 역시 번역문이 비번역문의 절반 수준이

다. 따라서 접속조사는 전체의 상대 빈도뿐 아니라 개별 형태의 상대 빈도에서도 번역문이 비번역문보다 텍스트 유형 간에 더 유사성을 보인다.

접속조사의 형태별 상대 빈도를 보면 '-와/과', '-(이)나', '-(이)랑', '-하고/하구' 모두 비번역문과 번역문의 상대 빈도가 비슷하다. 다만, 타입마다 텍스트 유형별로는 약간의 차이가 있다. '-와/과'의 경우 일반교양은 비번역문보다 번역문의 상대 빈도가 5% 낮고, 전문 텍스트는 비번역문보다 번역문의 상대 빈도가 4% 높다. '-(이)나'는 문학과 일반교양이 비번역문보다 번역문이 각각 1.8%, 3.5% 높은 반면, 전문 텍스트는 비번역문보다 번역문이 4% 낮다. 결국 일반교양은 비번역문보다 번역문이 '-와/과'의 빈도는 낮고 '-(이)나'의 빈도는 높다. 반대로 전문 텍스트는 비번역문보다 번역문이 '-와/과'의 빈도는 높고 '-(이)나'의 빈도는 낮다. 접속 조사는 3.2.1에서 접속 부사, 연결 어미 등과 함께 다시 살펴도록 하겠다.

3.2. 구문적 특성

3.1에서는 어휘적인 측면에서 각 품사별로 비번역문과 번역문의 형태별 빈도를 비교함으로써 국어 번역문에 나타나는 단순화 및 수렴화의 번역 보편소와 국어 번역문의 개별적 특징으로 나누어 살펴보았다. 이 가운데 단순화에서는 정보성과 어휘적 다양성과 관련한 특징을 고찰하였는데, 본 장에서는 문장 길이와 관련한 단순화의 번역 보편소를 확인한 다음, 3.1에서 제시한 형태별 빈도에서 비번역문과 번역문 간에 빈도 차가 두드러지는 형태를 중심으로 구문상에서 실현되는 양상을 좀 더 세밀하게 고찰함으로써 번역문의 구문적 특징을 살펴보겠다.

먼저, 문장 길이와 관련한 단순화를 검토해 보자.

<표 51> 문장 길이 비교

텍스트 유형		전체 어절 수	문장 수	문장 당 평균 어절 수
비번역문	문학	301,893	31,525	9.576
	일반교양	300,323	22,829	13.155
	전문	309,020	18,483	16.719
	아동	101,917	7,940	12.836
	전체	1,013,153	80,777	12.543
번역문	문학	301,676	28,118	10.729
	일반교양	302,263	22,686	13.324
	전문	306,573	21,140	14.502
	아동	100,467	10,686	9.402
	전체	1,010,979	82,630	12.235

위 표에서 비번역문과 번역문 전체의 평균 문장 길이를 비교하면, 비번역문이 문장 당 평균 어절 수 12.543개, 번역문이 12.235개로 번역문의 문장 당 평균 어절 수가 더 적어서 평균 문장 길이가 더 짧은 것으로 나타난다. 그러나 모든 텍스트 유형에서 번역문의 문장 길이가 더 짧은 것은 아니다. 위 표를 보면, 문학 텍스트와 일반 교양 텍스트는 번역문이 비번역문보다 문장 당 평균 어절 수가 더 많아서 평균 문장 길이가 더 길고, 전문 텍스트와 아동 텍스트만 번역문이 비번역문보다 문장 당 평균 어절 수가 더 적어서 평균 문장 길이가 더 짧은 것으로 나타난다. Sara Laviosa(1998b: Sara Laviosa, 안동환 역 2008: 87 재인용)에서도 문장 길이에 관한 단순화 가설은 신문 기사들에 대해서는 입증되었지만, 설화 작품들에 대해서는 입증되지 않았다고 하여, 모든 텍스트 유형에서 번역문이 비번역문보다 문장 길이가 더 짧은 결과를 보이지는 않았다.

그러나 문장 길이에서도 번역문이 비번역문에 비해 텍스트 유형 간에 유사성을 보이는 '수렴화'의 보편소는 드러난다. 위 표에서 비번역문은 텍스트 유형 간에 문장 당 평균 어절 수의 차이가 7.2개인 데 반해, 번역문은 5.1개로 번역문의 차이가 더 작다. 따라서 문장 길이에서도 번역문이 비번역문보다 텍스트 유형들 간에 더 유사함을 보인다.

이어서 3.1에서 국어 번역문의 어휘적 특징으로 언급한 형태들이 실제 번역문의 구문상에서 실현되는 양상을 접속과 내포 및 시제, 피동, 사동, 부정의 각 문법범주로 나누어 고찰하고 그 특징을 살피겠다.

3.2.1. 접속

전통 문법에서는 복합문을 대등 접속문과 종속 접속문으로 구분하였으나 현대 문법에서는 종속 접속문을 내포문의 부사절로 다루기도 한다[28]. 그러나 본고에서는 접속사[29]를 함께 다루기 위해 전통 문법의 접속 분류를 따라 논의를 진행하겠다.

1) 대등 접속

대등 접속은 대등한 구조를 가진 두 성분 절이 맞섬 관계로 이어지는 복합문이다. 그 성분 절 사이에는 흔히 대등 접속소가 쓰인다(서정수 1996: 1129). 이익섭·임홍빈(1983: 251)은 대등 접속을 나타내는 형태로 '-고, -(으)며, -거나, -든지, -(으)나, -지만' 등과 같은 연결어미를 들었다. 서정수(1996: 1142)에서는 대등 접속의 유형을 병렬, 선택, 대조의 셋으로 나누고, 대등 접속소를 다음과 같이 분류하였다.

---

[28] 남기심(1985b), 유현경(1986), 이관규(1990), 서정수(1996) 등 참조
[29] '접속사'는 학교 문법에서 문장 부사 가운데 접속 부사라 부르는 것이다. 이관규(2002)는 접속사가 문장과 문장을 연결할 뿐 아니라 구와 구, 단어와 단어를 접속하기도 하므로 문장 부사어로 보기 어렵다고 하여 '접속사'를 설정하였다(이관규 2002: 251-252).

<표 52> 대등 접속소의 분류

범주	접속 대상	형태	보기
병렬 접속	낱말/구	과/와, 하고	철수와 영희, 사과하고 배
		(이)랑, (이)고, (이)며, 하며	너랑 나랑, 밥이고 반찬이고, 꽃이며 풀이며, 시하며 소설하며
		및	책상 및 의자
	낱말/구/문장	그리고	이불 그리고 요 / 그가 간다. 그리고…
	동사구/절	고	그가 떡을 먹고 …
		며, 면서	물을 마시며 … / 그림을 보면서 …
선택 접속	낱말/구/절	(이)나, (이)든지	책이나 공책, 밥이든지 빵이든지
		또는	손가락 또는 발가락
	동사구/절	거나, 든지, (으)나	뛰거나, 걷든지, 죽으나 사나
대조 접속	동사구/절	(으)나, 지만	그가 갔으나, 뛰었지만 …
	문장	그러나, 그렇지만	그가 갔다. 그러나/그렇지만 …

영어에서는 접속소가 접속사에 한정되지만, 국어에서는 접속사(접속 부사) 외에도 접속 조사, 연결 어미 등 여러 형태로 나타나는 것이 특징이다. 여기서는 위에 제시한 대등 접속소의 분류표에 따라 문접속과 구접속 및 접속사의 사용과 관련한 문제를 함께 다루도록 하겠다.

(1) 병렬 접속(순접)

병렬 접속은 병렬 접속소 '-과/와, -하고, -(이)랑, -(이)고, -(이)며, 하며, 및, 그리고, -고, -(으)며' 등이 결합하여 항목들을 대등하게 나열하는 형식이다. 이들 접속소 가운데 주요 형태의 빈도를 비교하면 다음과 같다.

<표 53> 병렬 접속소의 주요 형태별 빈도[30]

분류	형태	비번역문		번역문	
		출현 횟수	상대 빈도	출현 횟수	상대 빈도
접속조사	-과/와	11,190	21.485	11,118	22.502
접속부사	그리고	2,094	4.021	2,996	6.064
	및	1,212	2.327	482	0.976
	합계	3,306	6.348	3,478	7.040
연결어미	-고	31,926	61.299	29,743	60.198
	-(으)며	5,660	10.867	5,070	10.261
	합계	37,586	72.166	34,813	70.459
합계		52,082		49,409	

위 표를 보면, 번역문이 병렬 접속소 가운데 접속 조사와 접속 부사의 상대 빈도는 비번역문보다 높고, 연결 어미의 상대 빈도는 비번역문보다 낮지만, 그 차이는 크지 않다. 또한, '그리고'와 '및'을 제외하면 번역문과 비번역문 간에 병렬 접속소 형태별 빈도도 유사하다.

위 표에서 병렬 접속소의 쓰임과 관련한 번역문의 특징은 접속 부사의 빈도에서 찾을 수 있다. 병렬 접속 부사로는 '그리고'와 '및'이 대표적인데, 번역문은 비번역문에 비해 상대적으로 '그리고'의 빈도가 높고, '및'의 빈도가 낮다. 특히 '및'의 상대 빈도는 번역문이 비번역문의 절반에도 못 미치는 데다가, 비번역문은 '그리고'의 빈도가 '및'의 2배가량임에 반해, 번역문은 '그리고'의 빈도가 '및'의 6배에 달함으로써 접속 부사의 빈도에서 특정 형태 '그리고'의 편중 현상이 두드러진다.

병렬 접속 부사 '그리고'는 구접속에서 특히 많이 나타난다. 다음 예를 보자.

---

[30] 표에서 상대 빈도는 표에 제시한 병렬 접속소 전체 수에서 각 형태가 차지하는 비율을 퍼센트로 나타낸 것이다.

(8)
- a. [TT1] 우리는 속도, 속도변화, 그리고 힘이라는 오래된 개념들을 … (아인슈타인_물리이야기.txt)
- b. [TT1] 영업적 능력, 재무적 능력, 보호안전적 능력, 그리고 회계적 능력은 … (앙리파욜_산업및일반경영관리론.txt)
- c. [TT1] 압축된 수정 크리스털에 의해 생기는 전기교류는 또한 가스 스토브, 자동차, 그리고 폭발물의 점화장치 등에서 이용되고 있다. (도널에이부리스_상식속의상식.txt)

이러한 예들은 영어의 구접속 구조 [A, B, C, and D]를 영어의 어순대로 번역함으로써 나타난 결과다. 이는 원문에 사용된 접속사 'and'를 단지 '그리고'에 대응시켜 번역할 뿐, 다른 다양한 대등 접속소를 활용하지 않기 때문에 생긴 결과이다. 번역문에는 접속사 '그리고'를 이용한 구접속 구조가 많기 때문에 비번역 텍스트보다 '그리고'의 출현 빈도가 월등히 높게 나타난다. 위 번역문에 나타난 구접속은 다음과 같이 접속사 '그리고' 대신 접속조사 '-와'를 이용하여 각각 '속도와 속도변화, 힘', '영업적 능력과 재무적 능력, 보호안전적 능력, 회계적 능력', '프라이데이와 이전에 말했던 젊은 성직자'로 수정할 수도 있고, 접속사 '및'을 이용할 수도 있다.

(8)'
- a. [TT2] 우리는 속도와, 속도변화, 힘이라는 오래된 개념들을 …
- b. [TT2] 영업적 능력과 재무적 능력, 보호안전적 능력, 회계적 능력은 …
- c. [TT2] 압축된 수정 크리스털에 의해 생기는 전기교류는 또한 가스 스토브와 자동차, 폭발물의 점화장치 등에서 이용되고 있다.

(8)"
 a. [TT3] 우리는 속도 및 속도변화, 힘이라는 오래된 개념들을 …
 b. [TT3] 영업적 능력 및 재무적 능력, 보호안전적 능력, 회계적 능력은
  …
 c. [TT3] 압축된 수정 크리스털에 의해 생기는 전기교류는 또한 가스 스
  토브 및 자동차, 폭발물의 점화장치 등에서 이용되고 있다.

비번역문에 비해 번역문에 '그리고'의 빈도가 높은 또 하나의 원인으로 접속소의 중첩에 따른 잉여적 표현을 들 수 있다. 다음 예를 보자.

(9)
 a. [TT1] 사람들에게 여흥을 즐기게 하고, 그리고 나머지도 자네가 알아서
  처리하게. (루디야드키플링_히말라야의새.txt)
 b. [TT1] 재미있고 어렵지 않으며, 그리고 오랜 동안 읽을 수 있는 책을
  고른다.(메리윈_TV를끄자.txt)
 c. [TT1] 프라이데이와 그리고 이전에 말했던 젊은 성직자를 데리고 해안
  으로 곧장 다가갔다. (다니엘디포_로빈슨크루소(하).txt)

첨가의 의미를 강조하기 위해 병렬 접속소를 중첩하여 사용할 수도 있겠지만, 동일한 기능을 하는 두 접속소를 함께 사용하는 것은 문장의 간결성을 해치므로, 위 예에서처럼 연결어미나 접속 조사를 붙일 때는 '그리고'를 생략하는 것이 간결한 표현이다.

(9)'
 a. [TT2] 사람들에게 여흥을 즐기게 하고, 나머지도 자네가 알아서 처리하게.
 b. [TT2] 재미있고 어렵지 않으며, 오랜 동안 읽을 수 있는 책을 고른다.

c. [TT2] 프라이데이와 이전에 말했던 젊은 성직자를 데리고 해안으로 곧장 다가갔다.

요약하면, 병렬 접속에서 번역문의 특징은 비번역문에 비해 '그리고'가 많이 쓰인다는 점이다. 이는 'and'의 번역에서 다양한 대등 접속소를 활용하지 않고 '그리고'에 대응시켜 단순화하여 번역하는 경향과, 병렬 접속소를 중첩하여 쓰는 습관에 기인한다.

(2) 선택 접속(이접)

선택 접속은 선택 접속소 '-(이)나, -(이)든지, 또는, -거나, -든지' 등이 결합하여 대등한 항목을 선택적으로 결합하는 형식이다. 이들 접속소 가운데 주요 형태의 빈도를 비교하면 다음과 같다.

<표 54> 선택 접속소의 주요 형태별 빈도[31]

분류	형태	비번역문		번역문	
		출현 횟수	상대 빈도	출현 횟수	상대 빈도
접속조사	-(이)나	3,004	46.740	2,971	47.620
접속부사	또는	744	11.576	717	11.492
	혹은	1,019	15.855	547	8.767
	합계	1,763	27.431	1,264	20.259
연결어미	-거나	988	15.373	1,222	19.586
	-든지/든	672	10.456	782	12.534
	합계	1,660	25.829	2,004	32.12
합계		6,427		6,239	

위 표를 보면, 선택 접속소에서 번역문과 비번역문 간의 차이는 접속 부사와 연결어미에서 두드러진다. 접속 조사는 번역문과 비번역문의 출현 횟수

---

[31] 표에서 상대 빈도는 표에 제시한 선택 접속소 전체 수에서 각 형태가 차지하는 비율을 퍼센트로 나타낸 것이다.

및 상대 빈도가 유사한 데 반해, 접속 부사는 번역문의 상대 빈도가 비번역문보다 7%가 낮은데, 이는 '혹은'의 빈도 차에 따른 결과이다. '혹은'의 출현 횟수와 상대 빈도 모두 번역문이 비번역문의 절반 정도의 수치에 지나지 않는다. 번역문은 접속 부사 '혹은'의 빈도가 낮은 대신 연결어미 '-거나'와 '-든지/든'의 빈도가 비번역문보다 높아서 선택 접속소의 전체 빈도는 번역문과 비번역문이 비슷하다. '혹은'의 이러한 빈도 차는 3.1.3에서 살펴보았듯이 전문 텍스트 유형에서 기인한 결과다. 우리는 3.1.3의 텍스트 유형별 접속 부사 빈도 표에서 전문 텍스트 유형의 경우 '혹은'의 빈도가 비번역문이 번역문의 3배에 달함을 보았다.

아래에 전문 텍스트의 선택 접속소 형태별 빈도를 제시하였다.

<표 55> 전문 텍스트 유형의 선택 접속소 형태별 빈도[32]

	형태	비번역문		번역문	
		출현 횟수	상대 빈도	출현 횟수	상대 빈도
접속조사	-(이)나	1,587	44.479	1,141	47.801
접속부사	또는	495	13.873	330	13.825
	혹은	831	23.290	245	10.264
	합계	1,326	37.163	575	24.089
연결어미	-거나	469	13.145	415	17.386
	-든지/든	186	5.213	256	10.725
	합계	655	18.358	671	28.111
합계		3,568		2,387	

위 표를 보면 전문 텍스트 유형의 비번역문은 접속 부사뿐 아니라 접속 조사의 출현 횟수도 전문 번역 텍스트보다 높다. 즉, 전문 비번역 텍스트는 전문 번역 텍스트보다 선택 접속 구성의 절대적인 출현 횟수가 높다. 전문 비번역 텍스트의 빈도값을 전체 비번역 텍스트의 빈도값과 비교하면, 전문

---

[32] 표에서 상대 빈도는 표에 제시한 선택 접속소 전체 수에서 각 형태가 차지하는 비율을 퍼센트로 나타낸 것이다.

비번역 텍스트가 접속 부사의 상대 빈도는 높고, 연결어미의 상대 빈도는 낮음을 알 수 있다. 번역문도 마찬가지다. 전체 번역 텍스트와 전문 번역 텍스트를 비교하면 역시 전문 번역 텍스트가 접속 부사의 상대 빈도는 높은 반면, 연결어미의 상대 빈도는 낮다. 그러나 전체 텍스트와 전문 텍스트 간의 상대 빈도 차이는 비번역문이 훨씬 크다.

결국, 비번역문은 텍스트 유형 간에 선택 접속소의 형태별 상대 빈도 편차가 큰 반면, 번역문은 상대적으로 텍스트 유형 간에 선택 접속소의 형태별 상대 빈도 편차가 작다. 즉, 비번역문은 전체 텍스트의 빈도값과 비교할 때 전문 텍스트가 접속 부사의 빈도는 월등히 높고 연결어미의 빈도는 낮은데, 번역문은 비번역문에 비해 상대적으로 텍스트 유형 간에 형태별 상대 빈도 차가 크지 않고 대체로 비슷한 수치를 보여 수렴화의 보편소를 보인다.

선택 접속에서 번역문의 특징은 비번역문에 비해 접속 부사는 적게 쓰이는 대신 연결어미는 많이 쓰이는 것으로 요약된다.

(3) 대조 접속(역접)

대조 접속은 대조 접속소 '-(으)나, -지만, 그러나, 그렇지만, 하지만' 등이 결합하여 서로 대립되는 사항을 대등하게 연결하는 형식이다. 이들 접속소 가운데 주요 형태의 빈도를 비교하면 다음과 같다.

<표 56> 대조 접속소의 주요 형태별 빈도[33]

형태		비번역문		번역문	
		출현 횟수	상대 빈도	출현 횟수	상대 빈도
접속부사	그러나	2,419	31.675	3,513	39.758
	하지만	573	7.503	877	9.925
	그렇지만	117	1.532	255	2.886
	합계	3,109	40.71	4,645	52.569
연결어미	-지만	3,405	44.586	3,068	34.722
	-(으)나	1,123	14.705	1,123	12.709
	합계	4,528	59.291	4,191	47.431
합계		7,637		8,836	

위 표를 보면, 대조 접속소의 전체 출현 횟수는 번역문이 비번역문보다 높은데, 그 원인은 접속 부사의 쓰임에 기인한다. 대조 연결어미는 번역문의 출현 횟수가 비번역문의 출현 횟수보다 약간 낮은 수치지만, 대조 접속 부사 '그러나, 하지만, 그렇지만'은 모두 번역문의 출현 횟수가 비번역문의 출현 횟수보다 월등히 높다. 상대 빈도도 비번역문은 접속 부사와 연결어미의 비율이 40:60임에 반해, 번역문은 52:47로 접속 부사의 상대 빈도가 연결어미의 상대 빈도보다 높고, 비번역문과의 차이도 크다.

그렇다면, 번역문이 비번역문보다 대조 접속 부사의 출현 빈도가 높은 이유가 무엇일까? 바로 번역문에 대조 접속 부사의 오류가 많기 때문이다[34]. 다음 예를 보자.

(10)

[TT1] 클리포드는 눈을 커다랗게 떴다. 그에게 있어서 그것은 아무런 의미도 없는 말이었다. 코니는 남몰래 혼자 웃었다.

---

[33] 표에서 상대 빈도는 표에 제시한 대조 접속소 전체 수에서 각 형태가 차지하는 비율을 퍼센트로 나타낸 것이다.
[34] 이러한 오류의 예들은 번역 교육에서 유용하게 활용할 수 있다.

"그렇다면 우리는 모두 따버린 사과군, 그래?" 해먼드가 몹시 언짢아하며 퉁명스럽게 말했다.

"그렇다면 우리를 재료로 해서 사과주를 만들겠나그려." 찰즈가 말했다.

"<u>그러나</u> 볼셰비즘에 대해서는 어떻게 생각하시나요?" 무슨 일이든 모두 거기로 귀착시켜야 한다는 듯이 갈색의 베리가 말했다. (d.h.로렌스_채털리부인의사랑(3판).txt)

위 예문에서 '그러나'가 쓰인 문맥은 대조가 아니라 화제를 전환하는 상황이다. 그러므로 '그러나' 대신 '그런데'가 적합하다. 문맥상 전환 관계인 것을 대조 접속사 '그러나, 하지만' 등으로 잘못 번역하는 것은 영어의 접속사 'but'을 번역하는 과정에서 나타나는 오류이다. 'but'이 흔히 대조 접속사로 알려져 있기 때문에 이를 쉽게 '그러나' 혹은 '하지만'으로 번역해 버리는데, 'but'이 가지는 전환의 기능은 역접에 버금갈 정도로 자주 쓰인다. 그러므로 전환 관계에 쓰인 'but'은 '그러나'나 '하지만'이 아닌 '그런데'로 번역해야 전환의 의미가 명확하게 전달된다.

(10)'
[TT2] … "<u>그런데</u> 볼셰비즘에 대해서는 어떻게 생각하시나요?" …

번역문에서 전환 관계에 대조 접속 부사를 잘못 사용하는 것은 '그런데'의 빈도를 통해서도 짐작할 수 있다. 우리는 3.1.3의 접속 부사 빈도 표에서 '그런데'의 출현 횟수와 상대 빈도 모두 번역문이 비번역문보다 낮음을 보았다. 아래 표에 대조 접속 부사와 전환 접속 부사의 빈도를 비교하여 제시하였다.

<표 57> 대조 접속사와 전환 접속사의 빈도[35]

유형	형태	비번역문		번역문	
		출현 횟수	상대 빈도	출현 횟수	상대 빈도
대조	그러나	2,419	18.492	3,513	24.372
	하지만	573	4.380	877	6.084
	그렇지만	117	0.894	255	1.769
	합계	3,109	23.766	4,645	32.225
전환	그런데/근데	979	7.481	621	4.308

위 표에서 보듯이, 원문의 'but'을 번역하는 과정에서 전환 관계에 쓰인 'but'을 문맥에 대한 고려 없이 상투적으로 대조 접속 부사로 번역하기 때문에 번역문이 비번역문보다 대조 접속 부사의 상대 빈도는 높고 전환 접속 부사의 상대 빈도는 낮은 결과를 낳았다.

요약하면, 대등 접속은 번역문이 비번역문에 비해 병렬 접속과 선택 접속의 쓰임이 적고 대조 접속의 쓰임이 많은데, 번역문에 대조 접속의 쓰임이 많은 것은 전환 관계에 대조 접속 부사를 잘못 사용한 데에 일정 부분 기인한다. 그래서 전환 접속 부사 '그런데/근데'는 번역문이 비번역문보다 훨씬 적게 쓰인다. 이는 'but'을 번역하는 과정에서 언어 간 불일치로 인해 전환 관계에 쓰인 'but'을 상투적으로 대조 접속 부사로 번역하기 때문에 생긴 결과다.

2) 종속 접속

종속 접속의 형태는 비대등 복합문의 앞뒤 절을 한정 관계로 잇는 구실을 한다. 대개 이들은 앞 절에 덧붙어 그것을 부사적 기능으로 바꾸고 그와 동시에 앞뒤 절을 한정 관계로 접속한다(서정수 1996: 1189). 권재일

---

[35] 표에서 상대 빈도는 비번역문과 번역문 각각의 전체 접속 부사 수에서 각 형태가 차지하는 비율을 퍼센트로 나타낸 것이다.

(1998: 195)은 종속 접속을 인과, 조건, 목적, 결과, 평가, 첨의 관계의 6가지 유형으로 제시하였고, 서정수(1996: 1189-1190)는 13가지 유형으로 더 세분하였다36). 국어에서는 종속 접속 역시 접속사(접속 부사)뿐 아니라 연

36) <표58> 종속 접속소의 분류(서정수 1996: 1189-1190)

범주	접속 대상	형태
1. 상황 접속소	동사구/절 접속	는데, ㄴ데
		니, 니까, 었더니
		되, ㄴ바, ㄴ즉
	문장 접속	그런데
2. 계기 한정 접속소	동사구/절 접속	어서
	문장 접속	그래서, 그리하여
3. 까닭 접속소	동사구/절 접속	니까, 니, 므로
		어서, 느라고, 거든
		매, ㄴ지라, ㄹ새, 거늘, ㄴ즉
		기에, 길래, (기) 때문에, 는/ㄴ 까닭에
	낱말/어구 접속	때문에, 까닭에
	문장 접속	그러니까, 그러니, 그러므로, 그래서, 그러느라고, 그러기에, 그러길래
4. 조건 접속소	동사구/절 접속	면
		는/ㄴ다면, (이)라면, 었더라면, 었던들
		거든
		어야
	문장 접속	그러면, 그러거든, 그래야
5. 시간 접속소	동시 접속	어서, ㄹ 때(에), ㄹ 적에, ㄹ 제
	순차 접속	자, 자 마자
		고서
		더니, 었더니
	전후 접속	기 전에, ㄴ 뒤/후(에)/다음(에)
	지속 관계	기까지, ㄹ 때까지, 는/ㄹ 동안(에)
6. 양보 접속소	동사구/절 접속	어도, 더라도
		ㄹ지라도, ㄹ망정, ㄹ지언정
		ㄴ들, 었자, 기로서니
	문장 접속	그래도, 그렇더라도, 그럴지언정
7. 의도/목적 접속소	동사구/절 접속	려고, 고자
		러
	문장 접속	그러려고, 그러고자
8. 결과 관계 접속소	동사구/절 접속	도록
		게, 게끔
	문장 접속	그라(하)도록, 그렇게

132 국어 번역문과 번역 글쓰기

결 어미로도 실현된다. 여기서는 번역문의 종속 접속 구조 가운데 접속 부사와 연결어미의 사용 양상을 함께 살펴보겠다.

(1) 인과

비번역문과 번역문의 인과 관계 접속소 출현 빈도를 비교하면 아래와 같다.

<표 59> 인과 접속소의 빈도[37]

분류	형태	비번역문		번역문	
		출현 횟수	상대 빈도	출현 횟수	상대 빈도
접속부사	그래서	820	6.259	827	6.020
	따라서	502	3.832	634	4.615
	그러므로	165	1.259	353	2.570
	그러니까	144	1.099	106	0.772
	그리하여	45	0.343	144	1.048
	왜냐하면/왜냐면	99	0.756	361	2.628
	합계	1,775	13.549	2,425	17.653
연결어미	-아서/어서[38]	7,587	57.912	8,550	62.241
	-(으)니(까)[39]	1,989	15.182	731	5.321
	-(으)므로	654	4.992	664	4.834
	-느라(고)	122	0.931	82	0.097
	-기에/길래	81	0.618	69	0.502

9. 전환 접속소	동사구/절 접속	다(가)
	문장 접속	그러다(가)
10. 첨가 접속소	동사구/절 접속	ㄹ 뿐더러
		ㄹ 뿐 아니라
	문장 접속	그럴뿐더러, 그럴 뿐 아니라
11. 점증 접속소	동사구/절 접속	ㄹ 수록
	문장 접속	그럴수록
12. 비교 접속소	동사구/절 접속	거든
		듯(이)
	문장 접속	하물며
13. 반복 접속소	동사구/절 접속	ㄹ락

[37] 표에서 상대 빈도는 표에 제시한 인과 접속소 전체 수에서 각 형태가 차지하는 비율을 퍼센트로 나타낸 것이다.

복합형식	합계	10,433	79.635	10,096	73.495
	-기 때문에	873	6.664	1,197	8.714
	-ㄴ 까닭에	20	0.153	19	0.138
	합계	893	6.816	1,216	8.852
합계		13,101		13,737	

위 표를 통해 인과 접속소의 사용 양상을 보면, 번역문은 비번역문에 비해 접속부사와 복합형식의 쓰임이 많은 대신 연결어미의 쓰임이 적다.

먼저 인과 관계의 접속부사에서 드러나는 가장 큰 특징은 '왜냐하면'이 번역문에 많이 쓰인다는 점이다. 인과 관계의 접속 부사로는 앞 문장의 결과가 되는 문장을 이끌 때 쓰는 '그래서, 따라서, 그러므로, 그러니까, 그리하여' 등 외에도 앞 문장의 원인이나 이유를 이끌 때 쓰는 '왜냐하면'이 있다. 위 표를 보면 '왜냐하면'의 출현 횟수 및 상대 빈도 모두 번역문이 비번역문의 3배를 웃돈다. 더구나 비번역문은 '왜냐하면'과 그 외 결과를 이끄는 접속 부사의 빈도 비율이 1:17임에 반해, 번역문은 그 비율이 1:6으로, 인과 관계 접속 부사 내에서 '왜냐하면'의 빈도가 차지하는 비율 역시 번역문이 월등하게 높다.

이렇듯 번역문에 '왜냐하면'의 빈도가 높은 것은 원문에서 접속사 'because, as, since' 등이 이끄는 원인·이유절을 원문의 어순대로 번역하는 데에 따른 결과이다. 대체로 원문에서 원인·이유절이 앞에 올 때에는 '-기 때문에 -하다'와 같이 번역하지만, [결과, because + 원인·이유]와 같이 원인·이유절이 뒤에 올 때에는 문장을 끊어서 원문의 종속 접속사를 '왜냐하면 -기 때문이다'로 번역하는 경향이 있다. 이런 경우 뒤에 '-기 때

---

[38] '-아서/어서'는 인과 관계 외에도 시간의 선후 관계를 나타내는 용법으로도 쓰이는데, 표에 제시된 수치에는 이들이 모두 포함되었다.
[39] '-(으)니(까)'는 인과 관계 외에도 상황을 제시하는 용법으로도 쓰이는데, 표에 제시된 수치에는 이들이 모두 포함되었다.

문이다'가 따르므로 잉여적인 요소인 '왜냐하면'을 삭제할 수도 있고, 원인・이유절의 길이가 길지 않다면 굳이 원문의 어순을 그대로 따를 필요 없이 원인・이유를 나타내는 다양한 연결어미를 사용하여 [원인・이유절 + 결과절]의 구성으로 번역하면 상투적인 표현을 피할 수 있다.

인과 관계의 연결어미에서는 '-(으)니'와 '-(으)니까'의 빈도가 낮다는 점이 번역문의 특징이다. '-(으)니'와 '-(으)니까'의 상대 빈도는 번역문이 비번역문의 1/3에 지나지 않는다. 대신 '-아서/어서'의 빈도는 번역문이 비번역문보다 다소 높은데, '-(으)니(까)'와 '-아서/어서'는 인과 관계 외에 각각 시간의 선후 관계 및 상황 제시의 용법으로도 쓰이므로, 위 빈도 차가 반드시 인과 관계 용법의 빈도 차라고 단정짓기는 어렵다.

인과 접속에서 번역문의 또 다른 특징은 복합형식 '-기 때문에'가 많이 쓰인다는 점이다. 번역문에는 인과를 나타내는 접속 구문에 '-기 때문에'가 많이 쓰여 명사형 어미 '-기'의 빈도까지 높게 나타난다. 명사형 어미 '-기'의 빈도에 영향을 미치는 복합형식으로는 '-기 때문' 외에 목적의 접속 구문에 쓰이는 '-기 위해'도 있다. 이들에 대해서는 3.2.2-2)에서 다시 논의하겠다.

(2) 조건

번역문에 쓰이는 조건절의 대표적인 구조는 '만약(만일) …ㄴ다면(라면)'의 형태이다. 이는 '왜냐하면 …기 때문이다'와 더불어 대표적인 상투적 번역 표현에 속한다. '왜냐하면'과 마찬가지로 조건 부사 '만약, 만일' 역시 생략 가능한 잉여적인 어휘다. 번역문과 비번역문에 나타나는 조건 부사와 조건 연결어미의 빈도를 비교해 보자.

<표 60> 조건 접속소의 빈도(출현 횟수)

	형태	비번역문	번역문
부사	만약	252	453
	만일	7	25
	합계	259	478
연결어미	-(으)(려/다/라)면	8,938	8,424

조건 부사 '만약'과 '만일'은 반드시 조건 연결어미와 함께 쓰인다. 위 표에서 조건 연결어미의 출현 횟수는 번역문이 비번역문보다 약간 낮은 수치인데 반해, 조건 부사의 빈도는 번역문이 비번역문보다 2배가량 높다. 이러한 사실은 조건 접속문에서 번역문이 비번역문보다 조건 부사의 쓰임이 더 많음을 보여준다. 이는 번역문에서 원문의 'if'를 상투적으로 조건 부사에 대응시켜 번역함을 증명하는 것이다.

번역문이 비번역문보다 조건 부사의 잉여적인 사용이 더 많은 것은 15세기 불경 언해류에서 '若, 如'의 번역어로 사용된 조건 부사 'ᄒᆞ다가'의 용법과 관계된다. 남풍현(1971)은 『법화경언해』와 『석보상절』을 비교하여 'ᄒᆞ다가'의 잉여성을 언급한 바 있다. 즉,『법화경언해』와 달리『석보상절』에서는 'ᄒᆞ다가'를 사용하지 않고도 동일한 내용을 오히려 간략하게 표현하고 있음을 들어, 연결어미만으로 충분한 국어의 구조에 비해서 볼 때, 'ᄒᆞ다가'의 용법은 중국어의 번역과 수용 과정에서 오는 잉여적인 성격을 가지고 있다고 기술하였으며, 문장에서 'ᄒᆞ다가'를 사용하거나 사용하지 않는 것은 문체적인 차이라고 보았다.

(3) 양보

이익섭·임홍빈(1983: 261)은 양보의 부사절을 형성하는 연결어미로 '-아/어도, -(이)라도, -더라도, -든지, -(으)나, -거나, -(으)ㄴ들, -(으)ㄹ지라도, -았자, -(으)ㄹ망정' 등을 제시하였다. 양보의 뜻을 나타내는 연결어미에는 이 외에도 '-는데(도), -(으)면서(도)'가 있다. 이희자·이종희(1999: 115-116)에서 '-는데'의 뜻으로 '-는데도'의 뜻을 나타냄'을, '-는데도'의 뜻으로 '앞의 사실에 얽매이거나 거리끼지 않고 뒤의 사실이 전개됨을 나타냄'을 기술한 바 있다. 이는 전형적으로 '-에도/-(으)ㅁ에도/-는데도 불구하고'의 구성에서 나타나는 의미다. 이러한 '불구(不拘)'의 의미는 크게 양보의 의미에 포함된다고 할 수 있다. '-(으)면서(도)'도 불구(不拘)의 용법을 가진다. 다음 예를 보자.

(11)
[ST] ⋯ in spite of the deep-seated craving for love, almost everything else is considered to be more important than love: success, prestige, money, power ⋯

[TT1] 사랑에 대한 뿌리깊은 갈망에도 불구하고 사랑 이외의 거의 모든 일, 곧 성공, 위시, 돈, 권력이 사랑보다도 더 중요한 것으로 생각되고 있다. (사랑a, 12)
[TT2] 그들은 사랑을 그렇게 갈망하면서도 사랑보다는 성공, 권위, 돈, 권력 등을 더 중요한 것으로 생각하고, (사랑b, 19)

'-에도/-(으)ㅁ에도/-는데도 불구하고'는 영어의 양보 구문에 쓰이는 'in spite of, for all, though, although, despite of, disregarding, for all that, with all, never the less, none the less' 등의 일본어 번역투에 영향을 받은 표현이다[40]. 번역문과 비번역문에 나타나는 '-불구하고'의 빈도를 비교해 보자.

---

[40] 김정우(2003c: 163) 참조

<표 61> 불구의 의미 기능을 나타내는 형태의 빈도(출현 횟수)

형태	비번역문	번역문
-불구하고	132	302
-면서도	299	298
-는데도	135	111
합계	566	711

위의 표는 번역문이 비번역문보다 '-불구하고'의 사용이 많음을 보여 준다. 비번역문에서는 불구의 의미를 나타내는 어미로 '-면서도'를 많이 쓰는 데 반해, 번역문에서는 '-불구하고'가 '-면서도'와 대등한 비율로 쓰인다. 게다가 '-면서도'와 '-는데도'는 비번역문과 번역문의 빈도에 별다른 차이가 없지만, '-불구하고'는 번역문의 빈도가 비번역문보다 2배 이상 높다. 이는 불구의 의미로 쓰인 양보 접속사를 상투적으로 '-불구하고'에 대응시켜 번역하는 경향이 있음을 증명한다.

3.2.2. 내포

내포는 기저의 한 문장이 보다 큰 문장 속에서 명사나 관형사, 부사 등과 동일한 통사적 기능을 수행하는 문장 형식이다. 학교 문법에서는 내포문을 명사절, 관형절, 부사절, 서술절, 인용절의 다섯 유형으로 구분한다. 그러나 인용절은 흔히 부사절의 일종으로 간주되고, '코끼리가 코가 길다'와 같은 이중주어문의 서술부에 해당하는 서술절은 하위문을 제외하면 상위문이 주어 하나로만 이루어져 있다는 점, 다른 내포문과 달리 내포문이 되게끔 만들어 주는 문법 요소가 없다는 점 등의 이유로 내포문으로 인정하지 않는 견해도 있다[41]. 여기서는 내포문 가운데 관형절과 명사절을 중심으로 번역문의 특징을 논의하겠다.

---
[41] 이관규(1994) 참조

1) 관형절

관형절은 기저의 한 문장에 '-(으)ㄴ, -(으)ㄹ'과 같은 관형사형 전성어미가 붙어서 뒤에 오는 명사나 명사구를 수식하는 내포문이다. 아래에 비번역문과 번역문에 나타나는 관형사형 어미의 빈도를 제시하였다.

<표 62> 관형사형 어미의 빈도[42]

형태	비번역문		번역문	
	출현 횟수	상대 빈도	출현 횟수	상대 빈도
-(으)ㄴ	63,807	20.323	67,787	21.829
-는	42,661	13.588	43,069	13.869
-(으)ㄹ	22,334	7.113	24,944	8.033
-던	5,205	1.658	4,749	1.529
합계	134,007	42.682	140,549	45.261
용언	313,968		310,532	

위 표를 보면 '-던'을 제외한 모든 관형사형 어미가 번역문에 더 많이 나타난다. 전체 관형사형 어미의 출현 횟수는 번역문이 비번역문보다 6,542회 더 높다.

그렇다면 번역문에 관형사형 어미가 많이 쓰이는 이유는 무엇일까? 우리는 3.1.1에서 의존 명사의 빈도를 비교하면서 '것/거'의 빈도가 번역문이 비번역문보다 높음을 보았다. 의존 명사 '것/거'의 출현 횟수는 비번역문이 20,964회, 번역문이 26,234회로 번역문의 출현 횟수가 비번역문보다 5,270회 더 높다. 번역문의 관형사형 어미 빈도가 비번역문보다 높은 것은 의존 명사 '것/거'의 빈도와 관계된다. '것/거'가 명사구 보문을 필요로 하기 때문이다. 아래에 '관형사형 어미(ETM) + 의존 명사 '것/거'의 빈도를 비교하였다.

---

[42] 표에서 상대 빈도는 관형사형 어미의 분포 환경인 전체 용언 수에서 각 관형사형 어미가 차지하는 비율을 퍼센트로 나타낸 것이다.

<표 63> '관형사형 어미 + 의존 명사 '것/거''의 빈도[43]

형태	비번역문		번역문	
	출현 횟수	상대 빈도	출현 횟수	상대 빈도
관형사형 어미(ETM) + 것/거	19,755	14.742	24,051	17.112
관형사형 어미	134,007		140,549	

위 표를 보면 관형사형 어미와 의존 명사 '것/거'의 연결형은 번역문이 비번역문보다 4,296회 더 많이 나타난다. 전체 관형사형 어미의 출현 횟수는 번역문이 비번역문보다 6,542회 높으므로, 이 가운데 65%가 의존 명사 '것/거'의 보문 구성에 쓰인 셈이다.

의존 명사 '것/거'가 쓰인 예를 보면 불필요하게 쓰인 경우가 많다. 다음 예를 보자.

(12)
  a. [TT1] 갑자기 자신이 침입자인 것처럼 느껴지는 순간, … (엘시E.비그니_희망의아이들.txt)
  b. [TT1] 앞서 살펴본 것처럼, 세계대전의 원인이 된 것은 대립관계에 있던 유럽 제국주의의 구심적 회귀였다. (에드가모랭.안느브리지트캐롤_지구는우리의조국.txt)

위 예에 쓰인 [명사구 보문 + 의존 명사 '것']의 구조는 모두 생략 가능한 표현으로, 아래와 같이 바꾸면 간결해진다.

---

[43] 표에서 상대 빈도는 비번역문과 번역문 각각의 전체 관형사형 어미 수에서 해당 분포 환경이 차지하는 비율을 퍼센트로 나타낸 것이다.

(12)'
  a. [TT2] 갑자기 자신이 <u>침입자처럼 느껴지는 순간</u>, …
  b. [TT2] <u>앞서 살펴보았듯이</u>, <u>세계대전의 원인</u>은 대립관계에 있던 유럽 제국주의의 구심적 회귀였다.

이처럼 번역문에는 비번역문보다 명사구 보문을 필요로 하는 의존 명사 '것/거'의 남용이 많아 관형사형 어미의 빈도가 높게 나타난다.

2) 명사절

명사절은 기저의 한 문장에 '-(으)ㅁ, -기'와 같은 명사형 전성어미가 붙어서 명사의 역할을 하는 내포문이다. 아래에 비번역문과 번역문에 나타나는 명사형 어미의 빈도를 제시하였다.

<표 64> **명사형 어미의 빈도**[44]

형태	비번역문		번역문	
	출현 횟수	상대 빈도	출현 횟수	상대 빈도
-기	9,364	2.982	10,263	3.305
-(으)ㅁ	2,686	0.856	3,408	1.097
합계	12,050	3.838	13,671	4.402
용언	313,968		310,532	

위 표를 보면, 명사형 어미 '-기'와 '-(으)ㅁ' 모두 번역문의 빈도가 더 높다. 그렇다면 번역문에 명사형 어미가 많이 나타나는 원인은 무엇일까?
먼저 '-기'와 '-(으)ㅁ'이 각각 쓰이는 환경을 알아보자. 번역문에서 '-기'가 쓰인 환경을 조사한 결과 '-기 위해', '-기 때문'가 각각 1,759회, 2,665

---

[44] 표에서 상대 빈도는 명사형 어미의 분포 환경인 전체 용언 수에서 각 명사형 어미가 차지하는 비율을 퍼센트로 나타낸 것이다.

회 쓰여, '-기' 출현 횟수의 43%를 차지하였다. 비번역문에서 '-기 위해', '-기 때문'은 각각 1,570회, 1,860회 출현하였다. 아래에 그 표를 제시하였다.

<표 65> 명사형 어미 분포 환경의 빈도[45]

형태	비번역문		번역문	
	출현 횟수	상대 빈도	출현 횟수	상대 빈도
-기 위해	1,570	16.766	1,759	17.139
-기 때문	1,860	19.863	2,665	25.967
합계	3,430	36.629	4,424	43.106
-기	9,364		10,263	

'-기 위해'는 번역문의 출현 횟수가 비번역문보다 189회 높고, '-기 때문'은 번역문의 출현 횟수가 비번역문보다 805회 높다. 그러므로 '-기 위해'와 '-기 때문'의 출현 횟수 합계는 번역문이 비번역문보다 994회 높다. 앞에 제시한 명사형 어미의 빈도 표에서 명사형 어미 '-기'의 전체 출현 횟수는 번역문이 비번역문보다 899회 높으므로, 명사형 어미 '-기'가 다른 환경에 쓰인 빈도는 번역문이 비번역문보다 낮을 것이라는 점을 감안하더라도 명사형 어미 '-기'가 비번역문보다 번역문에 더 높은 빈도로 나타나는 주된 원인은 목적을 나타내는 복합 형식 '-기 위해'와 이유를 나타내는 '-기 때문'이 번역문에 많이 쓰이기 때문이다. 명사형 어미 '-기'는 '나는 밖에 나가기가 싫다'에서처럼 상위문에 내포된 기저의 문장에 결합하여 그 문장이 상위문에서 명사로서 주어나 목적어 등의 역할을 하게끔 만드는 것이 주된 기능인데, 번역문에는 '-기 위해'와 '-기 때문'에서처럼 다른 요소와 결합하여 한 덩어리의 형태로 문법적인 기능을 담당하는 경우가 전체의 43%를 차지하여, 36%인 비번역문과 비교할 때 그 비율이 월등하게 높다.

---

[45] 표에서 상대 빈도는 명사형 어미 '-기'의 전체 출현 횟수에서 해당 분포 환경이 차지하는 비율을 퍼센트로 나타낸 것이다.

'-(으)ㅁ'은 번역문이 비번역문보다 722회 많이 나타난다. 이 가운데 50%를 차지하는 문맥은 '-ㅁ으로(써)'와 '-ㅁ에도 불구하고'이다. '-ㅁ으로(써)'는 번역문의 출현 횟수가 719회로, 비번역문의 397회보다 1.8배 많고, '-ㅁ에도 불구하고'는 번역문의 출현 횟수가 165회로, 비번역문의 61회보다 2.7배 많았다. '-ㅁ으로(써)'는 수단이나 방법을 나타내는 'with -ing', 'by -ing'의 상투적 번역체고, '-ㅁ에도 불구하고'는 'in spite of'의 상투적 번역체다.

'-(으)ㅁ'은 이 외에도 원문의 품사와 동일한 품사로 번역해 냄으로써 원문에 충실하려는 번역 태도에 기인하여 나타나기도 한다. 즉, 원문의 명사나 동명사, to 부정사의 명사적 용법 등의 번역에서 대응하는 우리말 명사를 찾기 어려울 때 '-(으)ㅁ'을 이용한 동사의 명사형으로 번역하는 것이다. 아래에 그러한 예를 제시하였다.

(13)
  a. [TT1] 멀리 계곡에서 <u>시냇물의 조잘거림</u>이 들려왔습니다. (칼릴지브란_떠도는자에게길은아름답다.txt)
  b. [TT1] 콜럼버스가 첫 항해를 위해 출범하기 전에 <u>자침의 동쪽으로의 치우침</u>이 북서 유럽에서 이미 관찰된 바 있었음은 거의 확실했던 것이다. (A.셧클리프_에피소드과학사(물리이야기).txt)

(13)'
  a. [TT2] 멀리 계곡에서 <u>조잘조잘 시냇물 소리</u>가 들려왔습니다.
  b. [TT2] 콜럼버스가 첫 항해를 위해 출범하기 전에 <u>자침이 동쪽으로 치우쳤다는 사실</u>이 북서 유럽에서 이미 관찰된 바 있었음은 거의 확실했던 것이다.

위의 예들은 3.1.4에서 언급한, 관형격 조사 '-의'가 포함된 명사구의 남용에도 해당한다. 위 (13a)는 문법적으로도 선택 관계를 어긴 비문이다. '들리다'는 소리를 목적어로 취하는 동사인데, 영어의 'chatter, prattle, babble, gabble, gibber, cackle, blather' 등이 조잘거리는 행위뿐 아니라 조잘거리는 소리의 의미도 지니는 것과 달리 '조잘거림'은 조잘거리는 소리가 아니라 조잘거리는 것, 즉 조잘거리는 행위를 뜻하므로 '들리다'의 목적어로 부적합하다. '아이들의 떠듦이 들려왔다'가 비문이고, '아이들이 떠드는 소리가 들려왔다'가 적법한 문장인 것과 같다. '시냇물의 조잘거림'은 '시냇물이 조잘거리는 소리'로 바꾸어 표현하면 자연스럽다. 그리고 의성어를 사용하여 '조잘조잘 시냇물 소리'로 표현하면 더욱 생동감 넘치는 표현이 된다.

국어에서 용언이나 기저의 문장에 명사형 어미가 결합하여 명사의 역할을 하듯 영어에도 동명사와 to 부정사 및 that절이 동일한 기능을 한다. 그러나 국어와 영어의 분포 환경이 일치하지 않아 원문의 동명사구나 명사절 구문을 국어에서 명사형 어미가 결합한 용언의 명사형이나 명사절에 일대일 대응시키기에는 무리가 있음에도 출발어의 간섭으로 원문의 구문 형식을 그대로 따라 국어로 옮기는 경우가 많아 번역문에 명사형 어미의 빈도가 높게 나타난다.

3.2.3. 시제

시제(tense)는 언어 내용 전달에서 시간과 관련을 맺는 문법 범주로서, 발화시에 대한 사건시의 시간적인 위치를 나타낸다(권재일 1998: 71). 자연 세계의 연속적 시간을 흔히 과거, 현재, 미래로 나누지만, 이것이 언어에서 어떤 형식으로 구별되어 나타나지 않는 한 시제 범주로 인정할 수가 없으므로 시제의 체계는 언어마다 다르게 나타나고(이익섭·임홍빈 1983: 176), 때로는 상(aspect)이나 서법(mood)과 겹치기도 한다.

시제가 사태의 시간적인 위치를 나타내는 범주라면, 상은 시간의 흐름 속에서 사태가 일어나는 모습, 즉 시간상의 분포를 나타내는 범주고, 서법은 시간과 관련해서 사태에 대한 화자의 심리적인 태도를 나타내는 범주다. 국어의 전통적인 시제 구분은 과거, 현재, 미래의 삼분법이지만 견해에 따라 미래를 인정하지 않기도 한다. 시제 구분 문제는 본고의 연구 대상이 아니므로 여기서는 편의상 시제, 상, 서법의 범주를 구분하지 않고 시간 표현과 관련하여 번역문에 나타나는 특성을 논의하도록 한다.

먼저 번역문과 비번역문에 나타나는 시간 표현 문법 형태소의 빈도를 비교해 보자[46].

<표 66> 시간 표현 문법 형태소의 빈도[47]

분류	유형	형태	비번역문		번역문	
			출현 횟수	상대 빈도	출현 횟수	상대 빈도
선어말 어미	과거	-았/었-	51,846	16.513	55,337	17.820
		-았었/었었-	313	0.100	397	0.128
		-더-	1,255	0.400	1,031	0.332
		합계	53,414	17.013	56,765	18.280
	현재	-ㄴ/는-	19,393	6.177	16,842	5.424
	미래	-겠-	2,463	0.784	1,986	0.640

[46] 시간 표현 선어말어미 가운데 '-더-', '-ㄴ/는-', '-라-'는 따로 형태 분석이 되어 있지 않으므로 이들이 결합한 어미의 통합형을 모두 검색하여 그 수치를 표에 제시하였다. 관형사형 어미 '-(으)ㄴ'의 빈도에는 보조 용언에 결합한 수치가 제외되었다. 관형사형 어미 '-(으)ㄴ'은 선행 어간이 동사냐 형용사냐에 따라 과거와 현재로 그 의미 기능이 구별되는데, 보조 용언(VX)을 보조 동사와 보조 형용사로 구분하여 형태 분석하지는 않았기 때문에 보조 용언에 결합한 관형사형 어미 '-(으)ㄴ'이 과거형인지, 현재형인지 확인하기 어렵다.
[47] 표에서 상대 빈도는 선어말 어미와 관형사형 어미의 분포 환경인 전체 용언 수에서 각 형태가 차지하는 비율을 퍼센트로 나타낸 것이다. 이하 동일.

			-리-	222	0.071	284	0.091
			합계	2,685	6.961	2,270	6.063
		합계		75,492	24.044	75,877	24.435
관형사형 어미	과거		-(으)ㄴ	24,866	7.920	22,637	7.290
			-던	5,205	1.658	4,749	1.529
			합계	30,071	9.578	27,386	8.819
	현재		-는	42,661	13.588	43,069	13.869
			-(으)ㄴ	27,350	8.711	32,186	10.365
			합계	70,011	22.299	75,255	24.234
	미래		-(으)ㄹ	22,334	7.113	24,944	8.033
	합계			122,416	38.990	127,585	41.086
용언				313,968		310,532	

위 표를 보면, 시간 표현 선어말어미의 빈도는 번역문과 비번역문이 비슷하지만, 관형사형 어미의 빈도는 번역문이 비번역문보다 약간 높다.

전체 선어말어미의 빈도는 번역문과 비번역문이 거의 유사하지만, 시간의 유형별로는 차이가 있는데, 과거 선어말어미는 번역문의 빈도가 비번역문보다 높은 반면, 현재와 미래 선어말어미는 번역문의 빈도가 비번역문보다 낮다. 관형사형 어미의 빈도는 이와 반대다. 과거 관형사형 어미는 번역문의 빈도가 비번역문보다 낮은 반면, 현재와 미래 관형사형 어미는 번역문의 빈도가 비번역문보다 높다.

이 가운데 현재 시제 선어말 어미의 빈도가 번역문이 비번역문보다 낮은 이유는 진행상을 나타내는 복합 형식 '-고 있다'의 빈도와 관련지어 생각해 볼 수 있다. 국어에는 상을 나타내는 문법 형태소가 따로 존재하지 않는다. 그래서 진행상의 의미는 동사에 결합한 현재 시제 선어말어미에 얹혀 표현되거나 '-고 있다'와 같은 복합 형식으로 표현된다. 아래에 현재 시제 선어말 어미 '-ㄴ/는-'과 진행상을 나타내는 복합 형식 '-고 있다'의 빈도를 비교하였다.

<표 67> 서술절의 현재 시간 표현의 빈도

형태	비번역문		번역문	
	출현 횟수	상대 빈도	출현 횟수	상대 빈도
-ㄴ/는-	19,393	6.177	16,842	5.424
-고 있다	7,183	2.288	9,886	3.184
합계	26,576	8.465	26,728	8.607
용언	313,968		310,532	

위 표를 보면, 번역문이 비번역문보다 선어말 어미 '-ㄴ/는-'의 출현 횟수는 2,551회 낮은 반면, 진행상의 복합 형식 '-고 있다'의 출현 횟수는 2,703회 높아서 이 둘을 합한 서술절의 현재 시간 표현의 전체 빈도는 번역문과 비번역문이 거의 차이가 없다.

다음으로 미래 시제 선어말 어미의 빈도가 번역문이 비번역문보다 낮은 이유는 추정이나 의지의 양태를 나타내는 복합 형식 '-(으)ㄹ 것이다'의 빈도와 관련지어 생각해 볼 수 있다. 아래에 미래 시제 선어말 어미 '-겠-', '-리-'와 추정과 의지의 양태를 나타내는 복합 형식 '-(으)ㄹ 것이다'의 빈도를 비교하였다.

<표 68> 서술절의 미래 시간 표현의 빈도

분류	형태	비번역문		번역문	
		출현 횟수	상대 빈도	출현 횟수	상대 빈도
선어말어미	-겠-	2,463	0.784	1,986	0.640
	-리-	222	0.071	284	0.091
	합계	2,685	0.855	2,270	0.731
복합 형식	-(으)ㄹ 것이다	1,879	0.598	3,339	1.075
합계		4,564	1.454	5,609	1.806
용언		313,968		310,532	

위 표를 보면, 번역문은 비번역문에 비해 미래 시제 선어말어미의 빈도는 낮고, 복합 형식 '-(으)ㄹ 것이다'의 빈도는 높다. 비번역문에서 서술절의

미래 시간 표현은 선어말어미가 전체의 59%를 차지하는 데 반해, 번역문에서 서술절의 미래 시간 표현은 '-(으)ㄹ 것이다'가 전체의 60%를 차지한다. '-(으)ㄹ 것이다'의 출현 횟수는 번역문이 비번역문보다 2배가량 높은 수치다. 번역문이 비번역문보다 미래 관형사형 어미의 빈도가 높은 것도 '-(으)ㄹ 것이다'의 빈도 차이에 기인한다.

시간 표현과 관련한 번역문의 또 다른 특성은 '-아/어 왔다'와 같은 완료상의 형식이 많이 쓰인다는 점이다. '-아/어 오다'는 '날이 밝아 온다'와 같이 진행상으로도 쓰이지만, 과거 시제 선어말어미와 결합하여 '-아/어 왔다'의 형태로 완료상에 쓰인다. 아래에 완료상을 나타내는 복합 형식 '-아/어 왔다'의 빈도를 비교하였다.

<표 69> 완료상을 나타내는 '-아/어 왔다'의 빈도

형태	비번역문		번역문	
	출현 횟수	상대 빈도	출현 횟수	상대 빈도
-아/어 왔다	228	0.073	528	0.170
용언	313,968		310,532	

위 표를 보면 완료상의 의미로 쓰인 '-아/어 왔다'의 빈도는 번역문이 비번역문의 2배를 넘는다.

국어에는 상을 나타내는 문법 형태소가 따로 존재하지 않고, 시제 선어말 어미로 분류되는 형태소들이 상과 서법의 문법 기능까지 함께 담당한다. 번역문이 비번역문에 비해 '-고 있다'나 '-아/어 왔다'가 많이 나타나는 것은 언어 간 문법 형태소의 불일치 때문이다. 즉, 영어에는 진행형과 완료형이 존재하는 데 반해, 국어에는 이들 문법 형태소가 별도로 존재하지 않기 때문에 양태의 의미를 덧붙이는 보조 용언을 결합하여 원문의 진행상과 완료상을 명시적으로 번역하는 것이다[48].

시제에서는 시간 표현들 간에 불일치도 종종 나타난다. 다음 예를 보자.

(14)

[ST] If one <u>understands</u> this, it <u>is also not surprising</u> to find that usually a person reacts in both the sadistic and the masochistic manner, usually toward different objects.

[TT1] 이 점을 <u>이해한다면</u>, 우리는 한 사람이 보통 가학성 음란증적 방식과 피학대 음란증적 방식의 두 방식에 의해 서로 다른 대상에 반응한다는 것을 알더라도 <u>놀라지 않는다</u>. (사랑a, 27)

[TT2] 이 점을 <u>이해한다면</u>, 우리는 한 사람이 보통 가학성 음란증적 방식과 피학대 음란증적 방식의 두 방식에 의해 서로 다른 대상에 반응한다는 것을 알더라도 놀라지 <u>않을 것이다</u>. (사랑a, 27)

위 예는 조건절을 포함한 복합문에서의 시제 호응과 관련한 문제이다. 원문에서는 조건절과 주절이 모두 현재 시제로 표현되었지만, 국어에서는 가정의 조건절에 이어지는 주절에 '-을 것이다'와 같은 추측을 나타내는 양태 표현이 온다. 그래서 [TT1]과 같이 원문의 시제를 그대로 따르면 어색하다. 여기서는 '놀라지 않을 것이다'와 같이 추측을 나타내는 양태 표현으로 바꾸면 한결 자연스워진다.

(15)

[ST] Anyone who <u>tries</u> to be alone with himself <u>will discover</u> how difficult it is.

---

[48] 정광(1995a, 1995b)에서는 '-고 있다'와 '-아/어 있다'를 일본어의 간섭에 따른 표현이라고 하였다. 일본어투가 들어와 영어를 번역할 때도 일본어 번역투로 번역하는 것으로 이해할 수 있다.

[TT1] 홀로 있어 보려고 한 사람은 누구든지 이것이 얼마나 어려운 일인가를 알게 될 것이다. (사랑a, 130)

[TT2] 홀로 있어 보려고 하는 사람은 누구든지 이것이 얼마나 어려운 일인가를 알게 될 것이다.

위 예에서 [TT1]은 종속절[49])에는 과거 시간 표현이, 주절에는 미래 시간 표현이 쓰여 종속절과 주절의 시간 표현이 어울리지 않는다. 국어 문법에서는 위와 같은 가정의 상황에서 종속절에 과거 시제가 오면 주절에는 현재 시제가 오고, 주절에 미래 시제가 오면 종속절에는 현재 시제가 온다. '알 것이다'는 현재 사실에 대한 추측이고, '알게 될 것이다'는 미래 사실에 대한 추측이므로, '홀로 있어 보려고 한 사람은 … 얼마나 어려운 일인가를 알 것이다'로 쓰거나, '홀로 있어 보려고 하는 사람은 … 얼마나 어려운 일인가를 알게 될 것이다'로 표현하는 것이 우리 문법에 맞는 표현이다. 원문은 종속절에 현재 시제가, 주절에 미래 시제가 쓰였으므로, 후자와 같이 원문의 시제에 일치시켜서 번역해야 원문의 시제가 갖는 가정법의 의미와 일치하게 된다.

(16)

[ST] He therefore asked them why they were so melancholy, and learned that they were miserable because they had no children.

[TT1] 그래서 왜 그렇게 우울한지 이유를 물어보았더니 두 사람에게 자식이 없어 불행하다는 사실을 알게 되었습니다. (영국, 162)

---

[49]) 물론 표면 구조에서는 '홀로 있어 보려고 한'이 '사람'을 수식하는 관형절이지만, 심층 의미는 주절에 대한 종속절의 기능을 한다.

위 예는 상황의 종속 접속 구문으로, 선행절에 과거 시제 선어말어미와 회상 선어말어미가 결합해서 과거의 경험을 회상하여 상황을 제시하고 있다. 위 예문에서 '물어보았더니'에 연결되어야 할 주절의 서술어는 '…라고 하더라'이다. 따라서 위 예문은 아래의 [TT2]나 [TT3]과 같이 바꾸어야 종속절과 주절의 시간 표현에 호응이 이루어진다.

(16)'
[TT2] 그래서 왜 그렇게 우울한지 이유를 <u>물어보았더니</u> 두 사람에게 자식이 없어 불행하다고 <u>하였습니다.</u>
[TT3] 그래서 왜 그렇게 우울한지 이유를 <u>물어보고서</u> 두 사람에게 자식이 없어 불행하다는 사실을 <u>알게 되었습니다.</u>

다음 예는 지속 관계를 나타내는 시간 종속 접속 구문이다.

(17)
[ST] The thing only <u>laughed</u> and <u>screeched</u> and mocked, as long as Tom <u>went</u> on swearing, but so soon as his breath <u>gave</u> out-

[TT1] 톰이 계속 욕을 해대다가 이내 숨을 <u>헐떡거릴 동안</u> 도깨비는 웃으며 비명을 지르고 <u>조롱할 뿐이었습니다.</u> (영국, 294)
[TT2] 톰이 계속 욕을 해대다가 이내 숨을 <u>헐떡거리는 동안</u> 도깨비는 웃으며 비명을 지르고 <u>조롱할 뿐이었습니다.</u>

위 예에서 원문에는 종속절과 주절이 모두 과거 시제로 나타나므로 톰이 숨을 헐떡거린 것과 도깨비가 조롱한 것은 동일한 시간에 이루어진 사건임을 알 수 있다. 번역문에서도 종속절과 주절의 시제가 일치해야 하므로

[TT1]의 '헐떡거릴 동안'은 '헐떡거리는 동안'으로 수정해야 한다. 여기에 상대시의 개념이 적용된다. 주절 '조롱할 뿐이었습니다'의 시제가 과거이므로 종속절의 시제도 과거여야 하는데, 종속절에 현재를 나타내는 관형형 어미 '-는'을 붙여 '-는 동안'으로 표현하면 주절의 사건시에 종속절의 사건이 현재였음을 나타내기 때문에 결과적으로 종속절의 사건시가 주절의 사건시에 의존하여 과거로 해석되는 것이다. 만약 [TT1]과 같이 종속절에 미래 시제 '-ㄹ'을 써서 '헐떡거릴 동안'으로 표현하면 주절에도 아직 일어나지 않은 사건이 이어져야 할 것이다.

시제의 호응은 비단 복합문만의 문제가 아니며, 독립된 문장 간에도 세심한 고려가 요구된다. 다음 예를 보자.

(18)

[ST] The emphasis on thought <u>has</u> also another and historically a very important consequence. The idea that one could find the truth in thought <u>led</u> not only to dogma, but also to science.

[TT1] 사고의 강조로부터 역사적으로 매우 중요한 또 하나의 결과가 <u>생긴다</u>. 사고를 통해 진리를 발견할 수 있다는 관념으로부터 교의만이 아니라 과학도 <u>발생한 것이다</u>. (사랑a, 95)

[TT2] 사고에 대한 강조는 역사적으로 매우 중요한 또 다른 결과를 <u>가져왔다</u>. 사고를 통해 진리를 발견할 수 있다는 관념은 교의뿐만 아니라 과학으로도 <u>이끌었다</u>. (사랑b, 109)

[TT1]에서는 원문의 시제를 그대로 국어의 시제에 대응시켰다. 위 내용은 사고의 강조가 역사적으로 중요한 또 다른 결과를 가지는데 바로 과학의 발생이라는 것이다. 원문에 사용된 'has'는 '가진다'보다 [TT2]와 같이 '가

져왔다'나 '낳았다' 정도로 번역하는 것이 더 자연스럽다. [TT1]에서는 '가진다' 대신 '생긴다'로 번역하였는데, '생긴다'는 '생기다'의 의미적 특성상 '생기고 있다'라는 진행의 의미로 해석된다. 문맥상 이미 결과가 발생하였으므로 과거 시제 선어말어미를 사용하여 '생겼다'로 표현하는 것이 낫다.

시간 표현에서는 언어 간 문법 범주의 불일치로 원문에 쓰인 상(aspect)적 의미를 명시적으로 표현하기 위해 보조 용언이 많이 쓰이고, 시간 표현 요소들 간에 호응이 이루어지지 않는 경우도 종종 나타난다.

3.2.4. 피동

피동은 주어가 남의 행동에 의해서 행해지는 동작으로, 피동문은 그동안 대표적인 번역투로 언급되어 왔다. 그렇다면 과연 비번역문에 비해 번역문에는 피동문이 얼마나 많이 쓰일까?

피동에는 능동사의 어근에 피동 접미사가 결합하거나 서술성 명사에 피동사를 만드는 동사 파생 접미사 '-되'가 결합한 파생적 피동과 능동사의 어간에 '-어지다'가 결합한 통사적 피동이 있다. 본 연구의 형태 분석에는 피동 접미사 '이, 히, 리, 기'가 따로 분석되어 있지 않아서 모든 파생적 피동문의 빈도를 비교하기는 어렵다[50]. 그래서 파생적 피동은 피동사를 만드는 동사 파생 접미사 '-되'의 빈도를 비교하는 것으로 대신하고, 통사적 피동은 '-어지다'와 '-게 되다'의 빈도를 비교하도록 한다.

---

[50] 예를 들어 피동사 '잡히다'는 능동사의 어근 '잡-'에 피동 접미사 '-히-'가 결합한 것이다. 21세기 세종계획의 형태 분석에서는 이를 '잡히/VV'와 같이 하나의 동사로만 분석하고, 피동 접미사 '-히-'에 별도로 접미사 표지를 붙이지 않았다. 본고에서는 21세기 세종계획의 형태 분석 기준을 따랐기 때문에 이러한 피동사에 대한 빈도를 추출하기가 어렵다.

<표 70> 피동 표현의 빈도

유형	형태	비번역문		번역문	
		출현 횟수	상대 빈도	출현 횟수	상대 빈도
파생적 피동	-되	10,255	3.266	11,273	3.630
통사적 피동	-어지다	4,030	1.284	4,990	1.607
	-게 되다	2,648	0.843	4,048	1.304
	합계	6,678	2.127	9,038	2.910
합계		16,933	5.393	20,311	6.541
용언		313,968		310,532	

위 표를 보면, '-되'의 파생적 피동과 '-어지다', '-게 되다'의 통사적 피동 모두 번역문이 비번역문보다 많다. 파생적 피동보다는 통사적 피동에서 번역문과 비번역문의 빈도 차가 더 크게 나타나는데, 그 중에서도 '-게 되다'의 빈도 차가 가장 크다. 3.1.2에서 '되다'의 출현 횟수와 상대 빈도 모두 번역문이 비번역문보다 높게 나타났고, 출현 횟수는 번역문이 1,382회 높았다. '-게 되다'의 출현 횟수가 번역문이 1,400회 높으므로, 번역문에 '되다'의 빈도가 높은 원인은 통사적 피동 '-게 되다'가 많이 쓰이기 때문임을 알 수 있다.

번역문에 쓰인 피동문의 특징으로는 행동주(Agent)가 '-에 의해(서)'로 실현되는 피동문이 많다는 점을 들 수 있다. 아래 표에 번역문과 비번역문에 나타난 '-에 의해(서)'의 빈도를 비교하였다.

<표 71> '-에 의해(서)'의 빈도[51]

형태	비번역문		번역문	
	출현 횟수	상대 빈도	출현 횟수	상대 빈도
-에 의해(서)	707	4.175	1,452	7.149

---

[51] 표에서 상대 빈도는 '-되'의 파생적 피동과 '-어지다', '-게 되다'의 통사적 피동을 합한 피동문 수에서 '-에 의해(서)'가 차지하는 비율을 퍼센트로 나타낸 것이다.

위 표를 보면, '-에 의해(서)'의 빈도는 출현 횟수와 상대 빈도 모두 번역문이 비번역문보다 2배가량 높다.

피동과 관련한 번역문의 특징은 비번역문에 비해 피동 표현이 많이 쓰이기도 하거니와 행동주가 '-에 의해(서)'로 실현되는 피동문이 많다는 점으로 요약된다. 영어와 달리 전통적인 국어 문장에서는 무정체 명사를 주어로 사용하지 않는 것이 특징인데, 번역문에서는 출발어의 간섭으로 무정체 명사를 주어로 하는 원문의 수동태 구문과 행동주를 표시하는 전치사 'by'를 직역하는 과정에서 피동문이 많이 나타난다.

3.2.5. 사동

사동은 주어가 남에게 동작을 하도록 시키는 것을 말한다. 사동은 피동과 마찬가지로 용언 어근에 사동 접미사가 결합한 파생적 사동과 용언 어간에 '-게 하다'가 결합한 통사적 사동이 있다. 본 연구의 형태 분석에는 사동 접미사 이, 히, 리, 기, 우, 구, 추'가 따로 분석되지 않았기 때문에 모든 파생적 사동문의 빈도를 비교하기는 어렵다. 다만, 서술성 명사에 결합하여 사동사를 만드는 동사 파생 접미사 '-시키'는 형태 분석이 되어 있으므로 파생적 사동은 '-시키'의 빈도를 비교하는 것으로 대신하고, 통사적 사동은 '-게 하다'와 '-게 만들다'[52])의 빈도를 비교하도록 한다.

---

[52]) '-게 만들다'를 통사적 사동 표현으로 인정해야 할지에 대해서는 이견이 있지만, 본고는 사동에 대한 문법적인 구분 문제를 다루려는 것이 아니라 사동과 관련하여 번역문에 나타나는 표현의 특징을 살피고자 하기 때문에 '-게 하다'와 더불어 사동의 의미를 나타내는 데에 많이 쓰이는 '-게 만들다'의 빈도도 함께 비교한다.

<표 72> 사동 표현의 빈도

유형	형태	비번역문		번역문	
		출현 횟수	상대 빈도	출현 횟수	상대 빈도
파생적 사동	-시키	1,733	0.552	2,140	0.689
통사적 사동	-게 하다	1,778	0.566	2,046	0.659
	-게 만들다	161	0.051	274	0.088
	합계	1,939	0.618	2,320	0.747
합계		3,672	1.170	4,460	1.436
용언		313,968		310,532	

위 표를 보면, '-시키'의 파생적 사동과 '-게 하다', '-게 만들다'의 통사적 사동 모두 번역문이 비번역문보다 많다. 사동 표현 중에서는 '-게 만들다'의 빈도가 번역문이 비번역문보다 2배가량 높게 나타나서 번역문과 비번역문 간의 차이가 두드러지나, 절대적인 출현 횟수가 많지 않아서 빈도 수치 해석에 대한 신뢰성이 다소 떨어진다.

3.2.6. 부정

국어의 부정 표현은 부정 부사와 부정 용언을 통해 실현된다[53]. 아래에 비번역문과 번역문에 나타나는 부정 표현의 빈도를 제시하였다[54].

---

[53] 이는 통사적 방법이다. 부정법은 통사적 방법 외에도, 어휘적 방법(예: 알다-모르다, 있다-없다)과 접두사에 의한 파생적 방법(예: 부-, 불-, 비-)으로도 실현되지만, 통사적 방법이 가장 전형적이다. 참고로, 접두사 '부', '불', '비'의 출현 횟수를 검토한 결과, 비번역문은 각각 123회, 504회, 467회였고, 번역문은 각각 118회, 653회, 331회였다. 이들의 합계는 비번역문이 1,094회, 번역문이 1,102회로 비슷하다.

[54] '-이 아니다'로 실현되는 체언 부정은 '아니다'의 빈도로 확인할 수 있다. <표1>에서 '아니다'의 빈도는 비번역문이 출현 횟수 4,473회, 상대 빈도 0.441%였고, 번역문이 출현 횟수 4,269회, 상대 빈도 0.422%로 비번역문과 번역문 간에 차이가 거의 없었다. 그래서 본 절에서는 용언 부정만 검토한다.

<표 73> **부정 표현의 빈도**[55]

길이	형태	비번역문		번역문	
		출현 횟수	상대 빈도	출현 횟수	상대 빈도
단형	안/아니	1,418	11.584	1,097	9.145
	못	629	5.138	337	2.810
	합계	2,047	16.722	1,434	11.955
장형	-지 않다	8,167	66.718	8,675	72.322
	-지 못하다	2,027	16.559	1,886	15.723
	합계	10,194	83.278	10,561	88.045
합계		12,241	1.208	11,995	1.186

의미 기능	형태	비번역문		번역문	
		출현 횟수	상대 빈도	출현 횟수	상대 빈도
의지	안/아니	1,418	11.584	1,097	9.145
	-지 않다	8,167	66.718	8,675	72.322
	합계	2,047	16.722	1,434	11.955
능력	못	629	5.138	337	2.810
	-지 못하다	2,027	16.559	1,886	15.723
	합계	10,194	83.277	10,561	88.045
합계		12,241	1.208	11,995	1.186

먼저 부정 표현의 길이에 따라 비교하면, 장형 부정은 번역문이 비번역문보다 많이 나타나는 데 반해, 단형 부정은 번역문이 비번역문보다 적게 나타나서, 번역문이 비번역문보다 장형 부정을 더 선호함을 알 수 있다. 특히 의지 부정에서 단형의 비율이 낮고 장형의 비율이 높다. 국어사의 측면에서 보면, 중세 국어 시기에도 출현 빈도나 함께 사용되는 용언 수에서나 장형 부정이 일반적이었고, 통시적으로도 장형 부정이 더욱 확대되어 온 사실과 무관하지 않을 것이다.

국어에서 장형 부정은 문어체에 주로 나타나는 형식이다. 구어에서는 문

---

[55] 표에서 상대 빈도는 표에 제시한 부정 표현의 전체 수에서 각 유형이 차지하는 비율을 퍼센트로 나타낸 것이다. 다만, 전체 합계의 상대 빈도는 비번역문과 번역문 각각의 전체 어절 수에서 전체 합계에 제시한 부정 표현의 출현 횟수가 차지하는 비율을 퍼센트로 나타내었다.

어에 비해 상대적으로 단형 부정의 쓰임이 많다. 중세 국어 자료에서 출현 빈도나 함께 사용되는 용언 수에서나 장형 부정이 일반적인 것으로 알려져 있지만 그 자료가 문어에 제한되므로 구어 역시 장형 부정이 일반적인 형식이었는지는 확인되지 않는다. 현대 국어의 구어를 전사한 자료라면 위 표에서보다는 비번역문에 단형 부정의 비율이 높을 것으로 기대된다.

그런데 번역문에는 대화문에도 장형 부정이 많이 나타난다. 다음 예를 보자.

(19)
a. [TT1] "추위 같은 건 신경 쓰지 않아. 난 열이 많은 체질이거든." (로자문드필처_조개줍는아이들I.txt)
b. [TT1] "틀림없어요. 안 그렇다면 왜 이 기찰 타겠어요? 어서 타세요. 그렇지 않으면 우린 남겨져요." (루디야드키플링_히말라야의새.txt)
c. [TT1] "가지 않는 게 좋을걸." (나탈리배비트_트리갭의샘물.txt)
d. [TT1] "절대로 학교에는 가지 않을 테야." (코넬리아덴붐_비밀의방.txt)
e. [TT1] "설 후에 한 번도 몸을 씻지 않았어요."하고 왕룽은 낮은 목소리로 대답했다. (펄벅_대지.txt)

위 예문은 모두 소설에 삽입된 대화문이다. 국어에서는 장형보다 단형 부정이 비격식체의 구어체에 주로 쓰이므로 위 대화문을 아래와 같이 단형 부정의 구어체로 번역하는 것이 더 자연스럽다.

(19)'
a. [TT2] "추위 같은 건 신경 안 써. 난 열이 많은 체질이거든."
b. [TT2] "… 어서 타세요. 안 그러면 우린 남겨져요."

c. [TT2] "안 가는 게 좋을걸."
　　d. [TT2] "절대로 학교에는 안 갈 테야."
　　e. [TT2] "설 후에 한 번도 몸을 안 씻었어요."…

　부정법과 관련한 번역문의 또 하나의 특징은 비번역문에 비해 능력 부정이 적게 나타난다는 것이다. 앞의 표에 제시한 부정 표현의 빈도를 의미 기능에 따라 비교하면, 의지 부정은 번역문이 비번역문보다 많이 나타나는 데 반해, 능력 부정은 번역문이 비번역문보다 적게 나타난다. 의지 부정의 경우, 단형 부정은 번역문이 비번역문보다 적고, 장형 부정은 번역문이 비번역문보다 많다. 이와 달리 능력 부정은 단형과 장형 모두 번역문이 비번역문보다 적게 나타나는데, 장형에 비해 단형에서 그 차이가 더 커서, 부정 부사 '못'의 빈도는 번역문이 비번역문의 절반에 지나지 않는다.

　그런데 능력 부정에는 '-지 못하다' 외에 어휘적 부정 표현으로 '-수 없다'도 많이 쓰인다. 아래 표를 보면 번역문에서 능력 부정이 적게 쓰이는 현상은 '-수 없다'의 형태로 나타나는 부정 표현과 관계됨을 알 수 있다. 아래에 각 능력 부정 표현의 빈도를 비교하였다.

<표 74> 능력 부정 표현의 빈도 비교[56]

형태	비번역문		번역문	
	출현 횟수	상대 빈도	출현 횟수	상대 빈도
못	629	11.484	337	6.420
-지 못하다[57]	2,027	37.009	1,885	35.912
-수 없다[58]	2,821	51.506	3,027	57.668
합계	5,477	0.541	5,249	0.519

---

[56] 표에서 상대 빈도는 표에 제시한 능력 부정 표현의 전체 수에서 각 부정 표현이 차지하는 비율을 퍼센트로 나타낸 것이다. 다만, 합계에 제시한 상대 빈도는 비번역문과 번역문 각각의 전체 어절 수에서 합계에 제시한 능력 부정 표현의 출현 횟수가 차지하는 비율을 퍼센트로 나타내었다.

위 표를 보면, '못'과 '-지 못하다'는 번역문의 빈도가 비번역문보다 낮은 반면, '-수 없다'는 번역문의 빈도가 비번역문보다 높은 데다, 전체 능력 부정 표현의 절반을 훌쩍 넘는 수치를 보인다. <표73>에 제시한 부정 표현의 빈도에서 부정 부사 '못'과 '-지 못하다'의 출현 횟수는 번역문이 433회 낮았는데, 위 표를 보면 '-수 없다'의 빈도가 번역문에서 높게 나타나 '-수 없다'의 출현 횟수까지 합한 능력 부정 표현의 빈도는 그 출현 횟수의 차이가 228회로 절반가량 줄어들었다. 번역문에 '-수 없다'가 많이 쓰이는 것은 원문의 'can not'을 '못'이나 '-지 못하다'로 변환하기보다 상투적으로 직역하는 데에 따른 현상으로 생각된다.

부정법과 관련한 번역문의 특징은 비번역문에 비해 단형 부정과 능력 부정이 적게 쓰이는 점과 어휘적 능력 부정 표현인 '-수 없다'가 많이 쓰이는 점으로 요약된다.

3.3. 담화·화용적 특성

본 장에서는 3.1에서 국어 번역문의 어휘적 특징으로 언급한 형태들이 실제 번역문의 담화상에서 실현되는 양상을 주제와 초점, 지시 표현, 대우 표현으로 나누어 고찰하고 그 특징을 살피겠다.

3.3.1. 주제와 초점

모든 발화는 주제와 주제에 대하여 언급하는 평언으로 구성되어 있다

---

57) 연결어미 '-지'에 조사가 결합한 형태의 빈도까지 포함하였다.
58) 의존 명사 '수'에 조사가 결합한 형태의 빈도까지 포함하였다.

(Vilem Mathesius 1928: 234; 정희자 1999: 55). 담화에서 주제는 후행하는 서술 내용이 적용되는 적정한 범위를 한정하는 틀의 기능을 하며, 화자의 담화 의도에 따라 한 문장에 하나의 주제가 선택된다. 문장의 주제는 일반적으로 문두의 위치에 놓이고, 구정보를 전하는 한정 명사구로 표현되며 약한 강세를 받는다(정희자 1999: 84). 주제화란 문장 안에 있는 주제 가능 요소들 가운데 하나를 선택하여 문두로 이동시키고 주제의 기능을 부여하는 방법을 말하며, 국어에서는 대체로 명사구에 보조사 '-은/는'을 붙여서 문두에 위치시키게 된다[59].

김정우(1994b)는 신정보의 전달에 관여하는 '-이/가'의 초점 표시 기능과 구정보의 전달에 관여하는 '-은/는'의 주제 표시 기능을 대조하면서 주어 자리에 보조사 '-은/는'이 남용되는 경향이 있음을 지적한 바 있다. 보조사 '-은/는'의 남용은 비단 번역문만의 문제는 아닐 것이다. 그렇다면 비번역문보다 번역문에서 주어 자리에 보조사 '-은/는'의 남용이 더 많다는 사실을 어떻게 증명할 수 있을까? 본고에서는 주격 조사와 보조사 '-은/는'의 출현 빈도를 비교함으로써 이를 증명하고자 한다.

---

[59] 임홍빈(1974)는 격중출 구문을 주제화로 설명하고, 주격 중출문, 목적격 중출문에서 앞에 놓인 '-이/가'와 '-을/를'에 대해서도 주제첨사로 보았다. 그러나 본고는 문장의 층위를 개념구조 층위, 전달구조 층위, 통사구조 층위의 세 가지 층위로 나누고 박순함(1970), 임홍빈(1972, 1974), 신창순(1975) 등에서 주장한 주제화에 대해 '-이/가'는 순수히 주격표지이며 주제는 주어와 다른 전달구조 층위의 문제라고 주장한 김영희(1978)의 의견을 따른다.

<표 75> 텍스트 유형별 주격 조사와 보조사 '-은/는'의 빈도[60]

분류	텍스트 유형	비번역문		번역문	
		출현 횟수	상대 빈도	출현 횟수	상대 빈도
주격 조사 -이/가	문학	19,400	16.385	18,480	15.064
	일반교양	17,214	13.550	15,519	12.122
	전문	16,440	13.350	15,451	11.838
	아동	6,550	16.858	6,034	15.309
	전체	59,604	14.629	55,484	13.190
보조사 -은/는	문학	21,075	17.799	23,118	18.844
	일반교양	18,887	14.867	21,668	16.925
	전문	16,391	13.310	21,734	16.651
	아동	6,096	15.690	7,500	19.028
	전체	62,449	15.327	74,020	17.597

위 표를 보면 각 텍스트 유형 모두 비번역문에 비해 번역문이 주격 조사의 출현 빈도는 낮고 보조사 '-은/는'의 출현 빈도는 높게 나타난다. 우리는 이러한 코퍼스 통계에 근거하여 비번역문보다 번역문에서 보조사 '-은/는'이 더 많이 쓰인다고 말할 수 있다. 특히 전문 텍스트는 다른 텍스트 유형보다 번역문에서 보조사 '-은/는'의 사용이 더욱 두드러진다. 이는 보조사 '-은/는'이 가지는 주제 표시의 기능과 관계되는 듯하다.

문두 요소의 주제 표시는 보조사 '-은/는' 이외에 보조사 '-(이)란'으로도 실현된다. 아래 표에서 알 수 있듯이 '-(이)란' 역시 비번역문보다 번역문에서 더 자주 쓰인다.

---

[60] 표에서 상대 빈도는 텍스트 유형별 전체 조사 수에서 해당 형태가 차지하는 비율을 퍼센트로 나타낸 것이다. 참고로 비번역문의 조사 수는 문학이 118,404, 일반교양이 127,039, 전문이 123,145, 아동이 38,853으로 합계 407,441이고, 번역문의 조사 수는 문학이 122,680, 일반교양이 128,027, 전문이 130,524, 아동이 39,415로 합계 420,646이다.

<표 76> 텍스트 유형별 보조사 '-(이)란'의 빈도[61]

텍스트 유형	비번역문		번역문	
	출현 횟수	상대 빈도	출현 횟수	상대 빈도
문학	79	0.254	153	0.472
일반교양	206	0.726	355	1.201
전문	195	0.871	284	0.984
아동	56	0.576	33	0.313
전체	536	0.585	825	0.814

그렇다면 과연 번역 텍스트가 비번역 텍스트보다 주격 조사의 빈도는 낮은 반면 보조사 '-은/는'의 빈도는 높은 이유가 무엇일까? 김정우(1994b)가 지적한 바와 같이 이는 주격 조사를 써야 할 자리에 '-은/는'을 잘못 사용한 결과일 것이다. 아래에 그러한 예를 제시하였다.

(20)
[ST] For the man an attractive girl-and for the woman an attractive man-are the prizes they are after.

[TT1] 남자에게는 매력있는 여자-여자에게는 매력있는 남자는 탐나는 경품이다. (사랑a, 9)
[TT2] 남자에게는 매력있는 여자가 탐나는 경품이고, 여자에게는 매력있는 남자가 탐나는 경품이다.

위 예의 [TT1] '남자에게는 매력있는 여자는 탐나는 경품이다'에서 보조사 '-는'이 연이어 두 번 사용되었다. 이 문장은 토씨가 반복되어 문장이 매끄

---

[61] 표에서 상대 빈도는 텍스트 유형별 전체 보조사 수에서 '-(이)란'이 차지하는 비율을 퍼센트로 나타낸 것이다. 참고로 비번역문의 보조사 수는 문학이 31,075, 일반교양이 28,380, 전문이 22,400, 아동이 9,729로 합계 91,584이고, 번역문의 보조사 수는 문학이 32,420, 일반교양이 29,558, 전문이 28,867, 아동이 10,538로 합계 101,383이다.

럽지 못한 면도 있다. 이 문장에서 '남자에게'와 '여자에게'가 대조되고, 초점을 받는 대상은 '매력있는 여자(매력있는 남자)'이므로 뒤에 쓰인 보조사 '-는'을 초점 표시의 기능을 가지는 주격 조사 '-가'로 바꾸면 대조나 주제 및 초점과 관련한 화용적 정보를 효과적으로 드러낼 수 있을 뿐 아니라 토씨의 반복에서 오는 어색함도 피할 수 있다.

이렇게 주격조사와 보조사 '-은/는'을 혼동하여 쓰는 근본적인 원인은 영어와 국어의 언어적 차이에 있다. 3.1.4-2)에서 언급하였듯이, 구조격인 영어와 달리 국어는 조사가 발달하여 어순의 변화 없이 격뿐만 아니라 주제를 비롯하여 체언과 서술어의 다양한 의미적 관계까지 보조사로 실현이 되지만 영어는 주제 요소를 문두에 배치시켜야 하기 때문에 원문에서 어순 재배치에 의한 문두의 주제 요소를 원문의 어순을 따라 번역하게 되면 문두의 주제 요소에 보조사 '-은/는'을 결합하여 표현하게 된다. 위 예문에서는 'For the man'이 어순 재배치에 의해 주제화된 주제 요소이기 때문에 '남자에게는'으로 번역한 것이다. 만약 주제화로 어순 재배치된 원문의 어순을 따르지 않는다면 '매력있는 여자는 남자에게 탐나는 경품이다'로 번역할 수 있다. 그러나 '남자에게'가 주제화되어 문두로 도치되었기 때문에 '남자에게는 매력있는 여자는 탐나는 경품이다'라는 번역 문장이 쓰이게 된 것이다.

주격조사와 보조사 '-은/는'을 혼동하여 쓰는 또 한 가지 원인은 주어가 흔히 무표적 주제의 기능을 하기 때문일 것이다. 정희자(1999: 55-85)에 따르면, 주제는 일상적인 담화에서 흔히 사용되는 무표적 주제와 특정한 담화 의도에 따라 사용되는 유표적 주제로 나뉜다. 문법적 주어에 주제의 기능을 부여하고 그것과 관련된 정보를 전달하는 방법을 무표적이라 하며, 주제의 역할을 하는 문법적 주어를 무표적 주제라 한다. 문법적 주어는 일반적으로 주제 표현의 특성인 한정성, 문두성, 주어짐성(givenness)을 나타낸다. 즉, 일반적인 맥락에서 주어는 비한정 명사구보다 한정 명사구로 표현되는 경우가 많으며, 신정보를 전하는 항목보다는 구정보를 전하는 항목으로서 문두의 위치에 나타난다. 따라서 주어가 주제의 담화적 기능을 하는 경우가 많고, 무표적 주제의 기능을 하는 주어에 주격조사 '-이/가' 대신 보조사 '-은/는'이 결합하여 쓰이기 때문에 주제의 기능을 하지 않는 주어에도 보조사 '-은/는'을 잘못 사용하는 오류를 범하게 되는 것이다.

위 예문에서 문법적 주어는 'an attractive girl(an attractive man)'이고, 'for the man(for the woman)'은 주제화된 유표적 주제이다. 'an attractive girl(an attractive man)'은 정관사 'the' 대신 부정관사 'a'가 결합하여 주제어의 특성인 한정성과 주어짐성(구정보)을 갖추지 못했고, 문두에 위치하지도 않았기 때문에 담화상 주제어의 기능을 하지 못하며, 오히려 유표적 주제어인 'for the man(for the woman)'에 대해 초점을 받는 대상이 된다. 따라서 '매력있는 여자(매력있는 남자)'에는 주제 표시의 보조사 '-는'이 쓰일 수 없고, 문법적 주어임을 나타내면서 초점 표시의 기능을 갖는 주격 조사 '-가'가 결합되어야 하는 것이다. 원문의 어순을 따르지 않는다면 '매력있는 여자가 남자에게는 탐나는 경품이다'로 번역해야 할 것이다.

보조사 '-은/는'이 항상 주제 표시에 쓰이는 것은 아니다. '밥은 냉장고에 있다'와 '공부는 철수가 잘한다'와 같이 문두의 명사구에 결합한 '-은/는'은 주제 표시의 기능을 하지만, '냉장고에 밥은 있다'나 '철수가 공부는 잘한다'에서처럼 '-은/는'이 결합한 명사구가 문두에 위치하지 않을 때는 대조의 의미 기능을 하며, 이때는 초점의 대상이 된다. '냉장고에 밥은 있다'는 냉장고에 밥은 있지만 다른 먹을 것(반찬)은 없다는 뜻을 내포하고, '철수가 공부는 잘한다'는 철수가 공부는 잘하지만 다른 것은 잘 못한다는 뜻을 내포하므로, 이때 문장의 초점은 '있다'나 '잘한다'가 아닌 '밥'과 '공부'에 놓이게 된다.

정희자(1999: 87-128)에 따르면, 초점(focus)은 어떤 특별한 실체나 실체들의 관계와 관련된 개념으로, 실체의 속성, 특질 또는 특질의 가치를 나타내며, 문미 초점(end focus)과 대조적 초점(contrastive focus)으로 분류된다. 문미 초점이란 일상적인 발화에서 화자가 가장 중요한 초점 정보를 문미의 위치에 배치하는 것을 말한다. 대조적 초점은 문장의 어느 한 성분이 대조의 대상들 가운데 가장 두드러진 요소가 되는 것으로, 문장의 어느 곳에서나 나타날 수 있고, 신정보 요소는 물론 구정보 요소도 가능하다. 대조적 초점은 구어에서 대조 강세를 부여함으로써 표현되며, 문어에서는 초점화 부가어를 삽입하거나 어순 재배치 및 분리 구문과 같은 통사적 방법을 통해 대조적 초점이 실현된다. 그러나 국어는 조사가 발달해 있어서, 대조의 기능을 갖는 보조사 '-은/는', '-만' 등을 결합하거나 초점을 나타내는 주격 조사 '-이/가'를 사용하여 문어에서도 어순의 변화 없이 충분히 대조적 초점을 표현할 수 있다.

3.3.2. 지시 표현

지시 표현(referring expression)은 어떤 특정한 상황에서 어떤 대상을 지시하기 위하여 사용되는 언어 표현으로 고유명사, 한정 명사구, 인물 대명사, 재귀 대명사, 지시 대명사, 지시 관형사, 지시 부사 등의 한정적 표현과 비한정 명사구로 실현되는 비한정적 표현이 있다. 여기서는 대명사와 지시 관형사, 지시 부사를 중심으로 살펴보겠다.

다음은 번역문과 비번역문에 나타난 인칭대명사와 지시 관형사, 지시 부사의 빈도를 비교한 것이다.

<표 77> 텍스트 유형별 지시 표현의 빈도(출현 횟수)

품사	인칭	형태	비번역문					번역문				
			문학	일반교양	전문	아동	전체	문학	일반교양	전문	아동	전체
대명사	1인칭	나/내	8,841	1,731	159	585	11,316	6,004	1,700	864	1,129	9,697
		저/제	257	89	7	219	572	251	91	23	194	559
		우리	1,431	954	809	670	3,864	1,299	1,564	1,884	451	5,198
		저희	17	19	1	12	49	26	2	0	7	35
		합계	10,546	2,793	976	1,486	15,801	7,580	3,357	2,771	1,781	15,489
	2인칭	너/네/니	820	57	5	296	1,178	428	38	75	165	706
		자네	23	23	0	3	49	148	24	0	31	203
		당신	347	344	4	25	720	791	519	72	147	1,529
		그대	4	1	0	9	14	162	6	2	13	183
		너희	100	9	0	56	165	27	6	30	47	110
		여러분	16	21	1	32	70	31	506	64	18	619
		합계	1,310	455	10	421	2,196	1,587	1,099	243	421	3,350
	3인칭	이	58	543	1,399	196	2,196	227	754	1,033	83	2,097
		그	2,230	1,391	682	278	4,581	6,127	3,029	1,970	611	11,737
		저	7	5	4	0	16	18	0	1	1	20
		그녀	3,388	38	3	15	3,444	2,917	144	74	110	3,245
		그것/그거	1,106	528	419	333	2,386	1,341	1,185	1,329	366	4,221
		이것/이거	211	204	234	215	864	197	576	695	174	1,642
		저것/저거	40	6	0	10	56	12	12	8	12	44
		이곳	61	53	9	59	182	120	27	22	19	188
		그곳	119	65	12	43	239	222	63	42	37	364
		저곳	0	0	0	3	3	4	0	2	0	6
		이쪽	26	2	0	0	28	10	3	2	13	28
		그쪽	8	3	0	0	11	4	4	4	3	15
		저쪽	41	2	0	2	45	19	4	1	8	32
		여기	175	92	182	72	521	286	251	304	74	915
		거기	237	86	62	45	430	226	157	113	48	544
		저기	26	2	1	26	55	35	2	2	13	52
		합계	7,733	3,020	3,007	1,297	15,057	11,765	6,211	5,602	1,572	25,150
관형사		이	742	1,287	1,038	799	3,866	1,420	2,240	2,782	644	7,086
		그	3,147	2,701	1,571	999	8,418	3,572	2,621	2,628	977	9,798
		저	182	68	14	67	331	180	52	37	44	313
		합계	4,071	4,056	2,623	1,865	12,615	5,172	4,913	5,447	1,665	17,197
부사		이리	11	3	0	3	17	7	1	0	20	28
		그리	41	59	24	11	135	65	61	38	8	172
		저리	17	15	1	15	48	34	2	8	5	49
		합계	69	77	25	29	200	106	64	46	33	249

<표 78> 텍스트 유형별 지시 표현의 빈도(상대 빈도[62])

품사	인칭	형태	비번역문					번역문				
			문학	일반교양	전문	아동	전체	문학	일반교양	전문	아동	전체
대명사	1인칭	나/내	39.855	23.139	3.331	14.477	29.408	25.765	13.865	8.951	25.325	19.521
		저/제	1.159	1.190	0.150	5.419	1.487	1.077	0.742	0.238	4.352	1.125
		우리	6.451	12.752	16.946	16.580	10.042	5.574	12.756	19.517	10.117	10.464
		저희	0.0766	0.254	0.021	0.297	0.127	0.112	0.016	0	0.157	0.070
		합계	47.541	37.335	20.444	36.773	41.064	32.528	27.379	28.706	39.951	31.181
	2인칭	너/네/니	3.697	0.762	0.105	7.325	3.061	1.837	0.310	0.777	3.701	1.421
		자네	0.104	0.307	0	0.0742	0.127	0.635	0.200	0	0.695	0.409
		당신	1.564	4.598	0.084	0.619	1.871	3.394	4.233	0.746	3.297	3.078
		그대	0.018	0.013	0	0.223	0.036	0.695	0.049	0.021	0.292	0.368
		너희	0.451	0.120	0	1.386	0.429	0.116	0.049	0.311	1.054	0.221
		여러분	0.072	0.281	0.021	0.792	0.182	0.133	4.127	0.663	0.404	1.246
		합계	5.905	6.082	0.209	10.418	5.707	6.810	8.963	2.517	9.444	6.744
	3인칭	이	0.261	7.258	29.305	4.850	5.707	0.974	6.150	10.701	1.862	4.221
		그	10.053	18.594	14.286	6.879	11.905	26.293	24.704	20.408	13.706	23.628
		저	0.0316	0.067	0.0838	0	0.042	0.077	0	0.010	0.022	0.040
		그녀	15.273	0.508	0.063	0.371	8.950	12.518	1.174	0.767	2.467	6.532
		그것/그거	4.986	7.058	8.777	8.241	6.201	5.755	9.665	13.768	8.210	8.497
		이것/이거	0.952	2.727	4.902	5.320	2.245	0.845	4.698	7.200	3.903	3.305
		저것/저거	0.180	0.080	0	0.247	0.146	0.051	0.098	0.083	0.269	0.089
		이곳	0.275	0.708	0.189	1.460	0.473	0.515	0.220	0.228	0.426	0.378
		그곳	0.536	0.869	0.251	1.064	0.621	0.953	0.514	0.435	0.830	0.733
		저곳	0	0	0	0.074	0.008	0.017	0	0.021	0	0.012
		이쪽	0.117	0.027	0	0	0.073	0.043	0.024	0.021	0.292	0.056
		그쪽	0.036	0.040	0	0	0.029	0.017	0.033	0.041	0.067	0.030
		저쪽	0.185	0.027	0	0.049	0.117	0.082	0.033	0.010	0.179	0.064
		여기	0.789	1.230	3.812	1.782	1.354	1.227	2.047	3.149	1.660	1.842
		거기	1.068	1.150	1.299	1.114	1.117	0.970	1.280	1.171	1.077	1.095
		저기	0.117	0.027	0.021	0.643	0.143	0.150	0.016	0.021	0.292	0.105
		합계	34.860	40.369	62.987	32.096	39.130	50.487	50.657	58.034	35.262	50.629
관형사		이	7.340	13.535	13.805	20.456	12.454	11.722	18.781	21.015	17.303	17.283

[62] 표에서 상대 빈도는 텍스트 유형별 각 해당 품사의 전체 수에서 각 형태가 차지하는 비율을 퍼센트로 나타낸 것이다.

		그	31.131	28.405	20.894	25.576	27.117	29.487	21.975	19.852	26.249	23.897
		저	1.800	0.715	0.186	1.715	1.066	1.486	0.436	0.279	1.182	0.763
		합계	40.271	42.654	34.885	47.747	40.637	42.694	41.192	41.147	44.734	41.943
부사		이리	0.051	0.017	0	0.039	0.028	0.034	0.006	0	0.298	0.047
		그리	0.190	0.326	0.179	0.145	0.222	0.319	0.362	0.242	0.119	0.288
		저리	0.079	0.083	0.007	0.197	0.079	0.167	0.012	0.051	0.074	0.082
		합계	0.319	0.425	0.187	0.382	0.329	0.520	0.379	0.293	0.491	0.417

먼저 인칭 대명사부터 살펴보자. 흔히 인칭 대명사는 사람을 가리키는 인물 대명사와 동일한 의미로 사용되지만63), 본고에서는 최현배(1961), 서정수(1996) 등을 따라 지시 대명사를 3인칭 대명사의 하나로 분류하였다. 1인칭 대명사와 2인칭 대명사는 담화 상황에서 화자와 청자를 가리키는 직시(deixis)적 표현이다. 제3의 인물을 가리킬 때는 '그'나 '그녀'를 쓰지만, 문어에서만 허용될 뿐이다. 구어에서는 이름이나 직함, 혹은 관형사 '이, 그, 저'에 '사람'과 같은 일반 명사를 결합하여 사용한다.

3.1.1-2)에서 우리는 대명사의 빈도가 비번역문보다 번역문이 더 높음을 보았다. 위 표를 보면 인칭 대명사 역시 출현횟수와 상대 빈도 모두 번역문이 더 높게 나타난다. 그러나 1, 2, 3인칭 모두 번역문에서 더 높은 빈도를 보이는 것은 아니다. 2, 3인칭은 번역문의 빈도가 더 높지만, 1인칭은 번역문의 빈도가 더 낮다. 그리고 번역문에 가장 많이 쓰이는 것은 3인칭 대명사다. 비번역문의 인칭대명사 빈도 순위는 '1인칭>3인칭>2인칭'인데 반해, 번역문의 인칭대명사 빈도 순위는 '3인칭>1인칭>2인칭'이고, 3인칭 대명사가 전체 대명사의 절반을 넘는다.

1인칭 대명사의 경우 출현 횟수는 비번역문과 번역문이 비슷하지만, 상대 빈도는 번역문이 비번역문보다 10%나 낮다. 전체 대명사의 출현 횟수

---

63) 『표준국어대사전』에서는 '인칭대명사'를 사람을 가리키는 대명사로, '지시대명사'를 사물이나 처소를 가리키는 대명사로 풀이하고 있다.

자체가 비번역문은 38,279회, 번역문은 49,675회로 번역문에 대명사가 많이 쓰인 까닭이다. 그러나 전문 텍스트 유형은 1인칭 대명사의 상대 빈도가 번역문이 더 높은데, 특히 '나'와 '우리'의 상대 빈도가 높게 나타난다. 즉, 번역문이 비번역문보다 1인칭 대명사의 쓰임이 적지만, 전문 텍스트 유형에서만큼은 번역문이 비번역문보다 1인칭 대명사가 더 많이 쓰이고, 그 중에서도 '나'와 '우리'가 특히 많이 쓰인다. 전문 텍스트 유형의 번역문에 '나'와 '우리'가 많이 쓰이는 것은 원문에서 필자가 자신을 지칭하기 위해 사용한 1인칭 대명사를 '나'와 '우리'로 번역하는 데에 기인하는 것으로 생각된다.

(21)
   a. [TT1] 그래서 <u>나</u>는 경영관리 직능에 대한 정의를 다음과 같이 내려보고자 한다. (앙리파욜_산업및일반경영관리론.txt)
   b. [TT1] <u>나</u>의 연구 주제가 중요하지 않게 보일지도 모르지만, <u>나</u>는 걱정하지 않는다. <u>나</u>는 다만 이와 같이 광범위하고 중대한 문제를 꺼내어 주제넘다는 말을 듣지 않을까 그것이 두려울 따름이다.(E.H.카_역사란무엇인가.txt)
   c. [TT1] <u>나</u>는 앞 절의 고찰에서 쉽게 유도될 수 있고 또 실험에 의해 확실하게 검증된, 상대성 이론의 또 하나의 결론에 대해 설명하고자 한다.(A.아인슈타인_상대성이론.txt)
   d. [TT1] 이 장에서 <u>우리</u>는 '변화 지원자'라는 용어를 설명하고 누가 변화 지원자가 되는지에 대해 논의하고자 한다.(설리M.호드외_교육과정혁신.txt)
   e. [TT1] <u>우리</u>는 지금까지 치명적으로 위험한 싸움에서 스트레스 반응이 유기체를 어떻게 보호하는가에 대하여 토의했다.(V.M.딜만_생체시계.txt)

우리말의 담화 관습에서는 글을 쓸 때, 특히 학술적인 글을 쓸 때 필자를 1인칭의 '나'로 드러내는 일이 드물고, 대개 생략을 한다. 자신을 지칭해야 할 경우에는 '필자'라는 일반명사로 대신하거나[64], '본고(에서)는' 또는 '본 연구(에서)는'이라는 표현을 사용함으로써 필자의 견해를 대신하는 사물을 내세워 자신을 객관화한다[65]. 그래서 위 예는 아래와 같이 바꾸어 표현할 수 있다.

(21)'
a. [TT2] 그래서 경영관리 직능에 대한 정의를 다음과 같이 내려 보고자 한다.
b. [TT2] 이 연구 주제가 중요하지 않게 보일지도 모르지만, 걱정하지 않는다. 다만 이와 같이 광범위하고 중대한 문제를 꺼내어 주제넘다는 말을 듣지 않을까 그것이 두려울 따름이다.
c. [TT2] 앞 절의 고찰에서 쉽게 이끌어 낼 수 있고 또 실험으로 확실하게 검증된, 상대성 이론의 또 하나의 결론에 대해 설명하고자 한다.
d. [TT2] 이 장에서는 '변화 지원자'라는 용어를 설명하고 누가 변화 지원자가 되는지에 대해 논의하고자 한다.
e. [TT2] 지금까지 치명적으로 위험한 싸움에서 스트레스 반응이 유기체를 어떻게 보호하는가에 대하여 논의했다.

2인칭과 3인칭 대명사는 번역문의 상대 빈도가 비번역문보다 더 높다.

---

[64] 100만 어절 비번역문 형태 분석 균형 말뭉치에서 '필자'는 총 77회 검색되었는데, 이 중 50회가 전문 텍스트에 쓰였다. 반면 100만 어절 번역 텍스트 형태 분석 균형 말뭉치에서는 '필자'가 총 39회 검색되었고, 이 중 전문 텍스트에 쓰인 것은 17회이다.
[65] 100만 어절 비번역 텍스트 형태 분석 균형 말뭉치에서는 이러한 용법으로 쓰인 용례가 23회 검색되었고, 100만 어절 번역 텍스트 형태 분석 균형 말뭉치에서는 '본서에서는'이라는 하나의 용례만 발견되었다.

2인칭은 비번역문과 번역문의 상대 빈도 차이가 1%이지만, 3인칭은 11%로 그 차가 크다. 2인칭은 아동물을 제외한 모든 텍스트 유형에서 번역문의 상대 빈도가 더 높은데, 그 차이는 전문 텍스트 유형에서 특히 두드러진다. 형태별로는 평칭의 '너/네/니, 너희'는 번역문의 상대 빈도가 비번역문보다 더 낮고, 존칭의 '자네, 당신, 그대, 여러분'은 번역문의 상대 빈도가 더 높다. '너/네/니, 너희'의 상대 빈도는 번역문이 비번역문의 절반 이하인 반면, '당신'의 상대 빈도는 번역문이 비번역문의 1.5배, '그대'의 상대 빈도는 번역문이 비번역문의 10배, '여러분'의 상대 빈도는 번역문이 비번역문의 7배에 달한다. '자네'와 '그대'는 문학 텍스트 유형의 번역문에서, '여러분'은 사실적 텍스트 유형의 번역문에서 특히 많이 쓰이고, '당신'은 모든 텍스트 유형의 번역문에서 비번역문보다 높은 빈도로 나타난다. '당신'과 '여러분'의 상대 빈도 차는 특히 전문 텍스트 유형에서 두드러진다. 전문 텍스트 유형의 번역문은 '당신'과 '여러분'의 상대 빈도가 전문 비번역 텍스트보다 각각 9배, 31배 높다. 다만, 2인칭 대명사는 각 형태별 상대 빈도가 1% 내외로 낮기 때문에 그 수치만으로 텍스트의 특성을 논하기에는 조심스러운 면이 있다.

  2인칭 대명사는 청자를 가리키는 말이다. 문학 텍스트에 쓰인 '자네'와 '그대', '당신'은 대화문에서 화자가 청자를 가리켜 말하는 경우지만, 사실적 텍스트, 특히 전문 텍스트에 쓰인 '당신'과 '여러분'은 필자가 독자를 가리켜 말하는 경우가 대부분이다. 앞서 언급하였듯이 '당신'과 '여러분'의 빈도가 높은 것은 독자를 청자로 하는 서술체에서 독자를 지칭하는 원문의 2인칭 대명사를 구체적인 상대가 정해지지 않은 대상에 두루 사용할 수 있는 두루 높임의 대명사로 옮기기 때문에 나타난 현상이다.

  1, 2인칭 대명사는 화자와 청자를 가리키는 인물 대명사지만, 3인칭에는 제3의 인물을 가리키는 인물 대명사 외에 사물과 장소를 가리키는 지시 대

명사도 있다. 특히, 3인칭 대명사 '그'는 인물 대명사 및 사물을 가리키는 지시 대명사 모두에 쓰인다66). 3인칭 인물 대명사로는 '그'와 '그녀' 외에도 평칭에 '얘, 걔, 쟤', 존칭에 '이이, 그이, 저이, 이분, 그분, 저분' 등이 있다. 이들의 빈도를 조사한 결과 비번역문과 번역문 모두 그 출현횟수가 두 자릿수 이하로 비교에 의미가 없어 위 표에 제시하지 않았지만, 2인칭 대명사와 마찬가지로 번역문이 비번역문보다 낮춤말은 더 적게, 높임말은 더 많이 쓰였다67).

번역문이 비번역문에 비해 평칭이 적고 존칭이 많이 쓰이는 것은 청자의 설정 문제와 관련하여 생각해 볼 수 있다. 일반 글쓰기에서는 필자가 구체적인 대상을 상정하여 글을 쓰기 때문에 화자와 청자의 대우 관계가 명확하게 정해지지만, 번역에서는 번역자가 대상을 상정하는 것이 아니라 원저자가 상정한 대상을 파악해야 한다는 점에서 대우 관계의 결정에 어려움이 있다. 그래서 미지의 대상에 폭넓게 쓸 수 있는 존칭의 사용이 많은 것이 아닌가 생각된다.

3인칭 대명사는 비번역문보다 번역문에 더 많이 쓰인다. 그 중에서도 '그'가 가장 많이 쓰인다. '그'의 상대 빈도는 번역문이 비번역문의 2배를

---

66) 이 둘을 구분하기 위해서는 형태 분석에 의미 분석을 추가해야 하는데, 본고에서는 구분하지 않았다.
67) <표79> 3인칭 인물 대명사의 빈도(출현 횟수)

대우 등급	형태	비번역문	번역문
아주 낮춤	얘	45	21
	걔	33	18
	쟤	16	9
예사 높임	이이	2	2
	그이	3	38
	저이	0	1
아주 높임	이분	5	15
	그분	42	74
	저분	0	2

넘으며, 모든 텍스트 유형에서 번역문의 빈도가 훨씬 높게 나타난다. 그러나 '이'와 '그녀'는 상대 빈도뿐 아니라 출현 횟수도 번역문이 비번역문보다 더 낮게 나타난다. '이'는 문학 텍스트에서만 번역문의 상대 빈도가 비번역문보다 높은 반면, '그녀'는 문학 텍스트에서만 번역문의 상대 빈도가 비번역문보다 낮다. '그녀'의 빈도는 문학 텍스트 유형에서 번역문이 비번역문보다 낮게 나타나긴 했지만, 그 차이는 그다지 크지 않다. 오히려 일반교양 텍스트 유형에서는 '그녀'의 상대 빈도가 번역문이 비번역문보다 2배 높고, 전문 텍스트 유형은 12배, 아동물은 8배나 높아서 문학 이외의 텍스트 유형에서는 번역문이 비번역문에 비해 '그녀'가 상당히 많이 쓰임을 알 수 있다. '이'도 번역문의 빈도가 비번역문보다 낮은데, '그녀'와 반대로 문학 이외의 모든 텍스트 유형에서 번역문이 비번역문보다 낮은 빈도를 보인다. 비번역문은 '이'의 상대 빈도가 전문 텍스트 유형이 29%로 가장 높으며, 이는 그 다음으로 높은 일반교양 텍스트 유형의 7%보다 4배나 높은 수치다. 그러나 번역문은 전문 텍스트 유형의 상대 빈도가 10%에 그쳐, 비번역 전문 텍스트의 1/3에 지나지 않는다.

번역문에서 대명사 '이'의 빈도가 낮게 나타나는 것은 대명사 '이것'과 관형사 '이'의 빈도와 관계된다. 담화 직시에 쓰이는 대명사 '이'는 대체로 선행 발화의 전부 또는 일부를 지시하기 위해 쓰인다. 이때에 쓰이는 '이'는 '이것'으로 대체하거나 관형사 '이'에 일반 명사를 결합함으로써 그 지시 대상을 더 명확하게 드러낼 수 있다. '이것(/이거)'의 출현 횟수는 번역문이 비번역문보다 두 배 높다. 그리고 위 표에서 대명사 '이'와 관형사 '이'의 출현 횟수를 비교하면, 비번역문에서는 대명사 '이'의 출현 횟수가 2,196회, 관형사 '이'의 출현 횟수가 3,866으로 그 차이가 크지 않은 데 반해, 번역문에서는 대명사 '이'의 출현 횟수가 2,097회, 관형사 '이'의 출현 횟수가 7,086회로 관형사 '이'가 대명사 '이'보다 3배 이상 많이 쓰였으며,

번역문에 쓰인 관형사 '이'의 출현 횟수는 비번역문보다 2배가량 높은 수치다. 이러한 결과는 번역문에 대명사 '이'를 대신하여 대명사 '이것'과 관형사 '이'에 일반 명사를 결합한 한정 명사구가 더 많이 쓰임을 의미한다. 그리고 관형사 '이'는 번역문 중에서도 사실적 텍스트 유형인 일반교양과 전문 텍스트에서 그 빈도가 특히 높게 나타난다.

관형사 '이'와 달리 관형사 '그'의 경우 출현 횟수는 번역문이 비번역문보다 높지만, 상대 빈도는 번역문이 비번역문보다 다소 낮다. 대명사 '그'가 비번역문보다 번역문에 더 많이 쓰이는 것과 대조적이다. 장소를 가리키는 처소 대명사와 처소 부사는 다른 지시 표현에 비해 그 빈도가 현저하게 낮고, 번역문과 비번역문 간에 특기할 만한 차이도 보이지 않는다.

3.3.3. 대우 표현

화자가 어떤 대상에 대하여 대우의 태도를 나타내는 문법 기능을 대우법이라 한다. 한국어는 대우법이 발달한 언어다. 대우법은 높이는 대상에 따라 주체 대우법, 객체 대우법, 상대 대우법으로 나뉜다. 대우의 실현 방법에는 선어말어미를 통한 방법, 종결 어미를 통한 방법, 조사를 통한 방법, 어휘를 통한 방법 등이 있다(이관규 2002: 270).

주체 대우는 주체가 높임의 대상일 때 주격 조사로 '-께서'를 붙이고 서술어에는 주체 높임 선어말어미 '-(으)시-'를 붙여서 나타낸다. 아래에 번역문과 비번역문에 나타나는 '-께서'와 '-(으)시-'의 빈도를 비교하였다.

<표 80> 주체 대우 표현의 빈도[68]

유형	대우 등급	형태	비번역문		번역문	
			출현 횟수	상대 빈도	출현 횟수	상대 빈도
주격 조사	평칭	-이/가	59,293	99.604	57,219	99.614
	존칭	-께서	236	0.396	222	0.386
	합계		59,529		57,441	
선어말어미	존칭	-(으)시-	1,795	0.572	1,471	0.474
	용언		313,968		310,532	

위 표를 보면, 주체 높임을 나타내는 주격 조사 '-께서'의 빈도는 비번역문과 번역문이 거의 유사함에 반해 선어말어미 '-(으)시-'의 빈도는 번역문이 비번역문보다 약간 낮다.

객체 대우법은 여격 조사 '-께'와 대우 표현의 용언으로 실현된다. 최석재(2008)은 오미정(2005)가 『표준국어대사전』에서 고유어 가운데 현대 한국어에서 자주 사용되는 어휘를 수집한 결과를 바탕으로 15개의 겸양어와 존대어 용언을 제시하였다[69]. 이 가운데 겸양어가 객체 대우에 사용되는 동사이므로 아래에 번역문과 비번역문에 나타나는 '-께'와 겸양형 동사[70]의 빈도를 비교하였다.

---

[68] 표에서 주격 조사의 각 형태에 대한 상대 빈도는 표에서 제시한 주격 조사의 출현 횟수 합계에서 각 형태의 출현 횟수가 차지하는 비율을 퍼센트로 나타낸 것이고, '-(으)시'의 상대 빈도는 '-(으)시'가 출현 가능한 환경인 전체 용언의 출현 횟수에서 '-(으)시'의 출현 횟수가 차지하는 비율을 퍼센트로 나타낸 것이다.

[69] 겸양어 : 뵈다(뵙다), 받잡다, 드리다, 바치다, 올리다, 사뢰다, 아뢰다, 여쭈다(여쭙다), 모시다
존대어 : 계시다, 돌아가다, 들다, 자시다, 잡수다(잡수시다), 주무시다

[70] 겸양어 가운데 '올리다'는 표에 제시하지 않았다. '올리다'는 동음이의어라서 의미 분석을 하지 않는 이상 존대어 '올리다'를 구분해 내기 어렵다. 참고로 '올리다'의 전체 출현 횟수는 비번역문이 381회, 번역문이 436회이다.

<표 81> 객체 대우 표현의 빈도[71]

유형	대우 등급 및 방식	형태	비번역문		번역문	
			출현 횟수	상대 빈도	출현 횟수	상대 빈도
여격 조사	평칭	-에게	4,156	92.644	5,823	94.668
		-한테	261	5.818	235	3.825
	존칭	-께	69	1.538	93	1.512
		합계	4,486		6,151	
동사	겸양	뵈다(뵙다)	17		11	
		받잡다	0		0	
		드리다	210		275	
		바치다	77		69	
		사뢰다	0		0	
		아뢰다	1		2	
		여쭈다 (여쭙다)	16		11	
		모시다	89		28	
		합계	410	0.233	396	0.236
		전체 동사	176,048		167,733	

　객체 대우 표현의 빈도와 주체 대우 격조사의 빈도는 번역문과 비번역문 간에 차이가 거의 없고, 주체 높임 선어말어미 '-(으)시'의 상대 빈도는 번역문이 비번역문보다 약간 낮다.

　주체 대우와 객체 대우는 각각 주어 명사-객어 명사, 주격 조사-여격 조사, 높임 선어말 어미-겸양형 동사를 이용하여 대우를 표현하지만 청자 대우는 화계로써 청자에 대한 대우를 표현한다. 주체 및 객체 대우법과 상대 대우법의 가장 큰 차이는 앞의 두 대우법이 문장 내용적인 측면에서 본 대우법인 반면, 상대 대우법은 대화 참여자의 측면에서 본 대우법이라는 점

---

[71] 표에서 여격 조사의 각 형태에 대한 상대 빈도는 표에서 제시한 여격 조사의 출현 횟수 합계에서 각 형태의 출현 횟수가 차지하는 비율을 퍼센트로 나타낸 것이고, 객체 대우 표현 동사의 상대 빈도는 전체 동사의 출현 횟수에서 표에 제시한 객체 대우 표현 동사 출현 횟수의 합계가 차지하는 비율을 퍼센트로 나타낸 것이다. 각 형태별 출현 횟수의 절대적인 수치가 낮아서 각 형태의 상대 빈도를 제시하는 것은 의미가 없어 표에 제시하지 않았다.

이다(최석재 2008: 29). 그래서 상대 대우법에 대해서는 사회언어학 및 담화·화용론적 접근이 많았다[72].

상대 대우법은 화자가 청자인 상대방에 대하여 높이거나 낮추어 말하는 법이다. 상대 대우법은 주로 종결 표현에 의해 실현되며, 대우의 정도에 따라 다음과 같이 등급을 나눌 수 있다.

<표 82> 상대 대우법의 분류[73]

	높임 표현		낮춤 표현	
격식체	하십시오체 (아주 높임)	하오체 (예사 높임)	하게체 (예사 낮춤)	해라체 (아주 낮춤)
비격식체	해요체 (두루 높임)		해체 (두루 낮춤)	

다음은 번역문과 비번역문에 나타나는 상대 대우 표현 종결어미의 빈도를 비교한 것이다.

<표 83> 상대 대우 표현 종결어미의 빈도[74][75]

유형	대우 등급	형태	비번역문		번역문	
			출현 횟수	상대 빈도	출현 횟수	상대 빈도
격식체	아주 낮춤	-다/ㄴ다/는다	63,214	75.755	61,405	72.825
	예사 낮춤	-네	30	0.478	237	1.927

---

[72] 이맹성(1975), 황적륜(1976), 박영순(1976), 유송영(1994, 1996), 김재민(1998), 성기철(1999), 강희숙(2002), 이경우(2004) 등 참조
[73] 현행 학교 문법 체계를 따랐다.
[74] 표에서 상대 빈도는 종결 어미 전체의 출현 횟수에서 각 형태가 차지하는 비율을 퍼센트로 나타낸 것이다.
[75] 예사 낮춤의 '-네'는 해체 종결 어미와 동음이의어 관계이다. 출현 횟수가 많지 않아 모두 확인하여 구분하였다. '-네'가 예사 낮춤 어미로도 쓰이고 두루 낮춤의 어미로도 쓰이는 것처럼 종결 서법에 따른 각 대우 등급의 형태들이 동음이의어인 경우가 많아서 형태 분석의 상태로는 각 대우 등급에 따른 종결 서법 형태별 빈도를 모두 구분하여 비교하기가 어려워 평서형 어미를 중심으로 비교하였다. 다만, 예사 높임의 '-오/소', 두루 낮춤의 '-아/어', 두루 높임의 '-요'는 명령형, 의문형도 포함되었다.

	예사 높임	-오/소	173	0.207	689	0.817
	아주 높임	-ㅂ니다/습니다	4,223	5.061	8,249	9.783
비격식체	두루 낮춤	-아/어	2,498	2.994	1,157	1.372
	두루 높임	-요	3,665	4.392	4,296	5.095
	전체 종결 어미		83,445		84,318	

위 표를 보면, 번역문이 비번역문에 비해 아주 낮춤과 두루 낮춤의 상대 빈도는 낮고, 예사 낮춤, 예사 높임, 아주 높임, 두루 높임의 상대 빈도는 높다. 이는 번역문이 비번역문보다 상대를 높이는 화계가 더 많이 사용됨을 의미한다. 이러한 결과는 지시 표현에서 번역문이 비번역문에 비해 2인칭과 3인칭 인물 대명사 가운데 낮춤말이 적게 쓰이고 높임말이 많이 쓰인 것과 같은 맥락에서 이해된다.

대우법 가운데 번역 글쓰기에서 각별한 주의가 필요한 것이 상대 대우이다. 주체 대우와 객체 대우는 각각 주어 명사와 객어 명사가 문장에 드러나기 때문에 비교적 쉽게 대우 표현 형태소를 선택할 수 있지만, 상대 대우는 담화 상황에서 담화 참여자의 관계를 분석하여 그 담화 상황에 맞는 화계를 선택해야 하는 어려움이 있기 때문이다. 그래서 번역문에는 화계를 잘못 선택한 예가 종종 보인다. 아래에 그러한 예를 제시하였다.

(22)

[ST] Once again, I made the round of calls, but this time Miranda's nanny picked up on the second ring.
"Cara, hey, it's me."
"Hey, what's up? Are you on the street? It sounds so loud."
"Yeah, you could say that. I had to pick up Miranda's Porsche from the dealership. Only, I can't really drive stick. But now she

called and wants me to pick up someone named Madelaine and drop her off at the apartment. Who the hell is Madelaine and where she be?"

[TT1] 나는 다시 전화를 걸었다. 신호음이 두 번 울리자 보모가 받았다.
"카라, 안녕. 나야."
"무슨 일이에요? 아직도 운전중인가요? 무척 시끄러운데요?"
"응, 미란다의 포르셰를 카센터에서 찾아야 했거든. 스틱 운전은 정말 꽝인데 말이야. 게다가 방금 미란다가 전화했어. 매들린이라는 사람을 집에 데려다놓으라고. 대체 매들린이 누구야? 그 사람, 지금 어디 있는지 알아?" (악마1, 15)

위 원문에 나타난 대화문의 문장만으로는 대화에 참여하고 있는 두 인물의 관계를 알 수 없어서 등장인물의 화계를 선택하기가 어렵다. 화계를 결정하는 요소로는 화자와 청자의 연령, 성별, 사회적 지위, 힘(power), 친밀도, 제3자의 성격과 참여 여부 등이 언급되어 왔다[76]. 위 원문에 나타난 대화문의 문장만으로는 대화에 참여하고 있는 두 인물의 관계를 알 수 없어서 등장인물의 화계를 선택하기가 어렵다. 위 예문의 담화 상황을 분석하면, 대화 참여자는 주인공 앤디와 카라이다. 앤디는 미란다의 잡무를 처리하는 어시스턴트이고 카라는 미란다 집에서 일하는 보모이므로 직위상 누가 누구에게 하대를 할 수 있는 상황은 아니다. 그리고 앤디는 대학을 갓 졸업한 새내기 사원이기 때문에 보모 일을 하는 카라보다 나이가 훨씬 많다고 생각할 수도 없다. 그렇다면 앤디가 카라에게 반말을 사용할 만큼 친밀한 관계일까? 원문에 'hey', 'Who the hell is ～' 등의 표현이 사용된 것을 보

---

[76] 박영순(1976), 유송영(1994), 이정복(1994, 1996, 2001), 엄경옥(2002), 이경우(2001, 2003, 2004) 등 참조

면, 원문에서 앤디는 카라에게 격식을 갖추지 않고 편하게 말을 하며, 두 사람이 어느 정도 친밀한 관계임을 알 수 있다. 그렇다면 앤디와 카라가 서로 두루 낮춤의 해체를 사용하거나 서로 두루 높임의 해요체를 사용하는 것이 자연스러울 것이다. 그러나 두 사람은 업무상 통화가 잦긴 하지만 아직 안면도 없고 전화로만 인사한 사이이므로 해체를 사용할 정도의 친밀한 관계로는 생각되지 않는다. 그래서 위 예문에서는 두 사람이 서로 해요체를 사용하는 것이 담화 상황에 가장 어울릴 듯하다. 'hey', 'Who the hell is ~' 등의 표현을 사용할 정도의 친밀한 관계라면 아래와 같이 해체를 적절히 섞어서 쓸 수 있을 것이다.

(22)'
[TT2] 나는 다시 전화를 걸었다. 신호음이 두 번 울리자 보모가 받았다. 안녕하세요? 앤디예요."
"무슨 일이에요? 아직도 운전중인가요? 무척 시끄러운데?"
"네, 편집장님의 포르셰를 카센터에서 찾아야 했거든요. 스틱 운전은 정말 짱인데. 게다가 방금 편집장님이 전화했어요. 매들린이라는 사람을 집에 데려다놓으라고. 대체 매들린이 누구야? 그 사람, 지금 어디 있는지 아세요?"

대우 표현과 관련한 번역문의 특징은 비번역문에 비해 높임 선어말 어미 '-(으)시'로 실현되는 주체 대우 표현이 적게 쓰이는 반면, 상대 대우법에서는 비번역문에 비해 상대를 높여 표현하는 화계가 많이 쓰이고, 화계를 잘못 선택한 예도 더러 나타나는 것으로 요약된다.

3.4. 정리

3장에서는 계량적인 방법으로 국어 번역문의 특성을 분석하였다. 비번역문 형태 분석 코퍼스와 번역문 형태 분석 코퍼스에서 추출한 품사별 통계와 각 품사의 형태별 통계에 근거하여 국어 번역문의 보편소와 개별적 특징을 살펴보았다.

앞선 연구에서 밝힌 국어 번역문의 특징은 대부분 일본어와 영어의 간섭에 따른 번역투에 관한 것이었다. 일본어 번역투로는 김광해(1995)에서 조사의 중첩 사용, 3인칭 대명사, 접미사 '-적(的)'의 사용을 지적하였고, 송민(1988)과 정광(1995a, 1995b)에서 '읽다, 쓰다, 웃다, 보다, 듣다, 먹다, 만나다' 등의 계속 동사에 '-고 있다'를 붙여 동작이 진행 중임을 나타내는 것과, '고꾸라지다, 죽다, 도착하다' 등의 순간 동사에 '-아/어 있다'를 붙여 동작의 결과가 아직 남아 있음을 나타내는 것, '-있을 수 있다', '-ㄴ 것이다' 등의 구문과 더불어 일본어의 수신(受身) 표현에 기댄 피동 표현, 사역 표현, 비인칭 대명사와 무정체 명사의 주어 용법, 관용구 등을 들었다.

영어 번역투로는 황찬호(1988)에서 피동형과 명사화, 과거완료 시제, 인칭대명사를 들었고, 김정우(2003c)에서는 구문 형식의 전이, 굴절 형식의 전이, 전치사구의 전이, 기타 관용구 등을 들었다. 소유 구문 'have'의 번역투 '-을 가진', 복수의 접미사 '-들', 전치사 'through', 'by', 'to', 'as'에 기인한 '-을 통해', '-에 의해, -에 의하면', '-에 대한', '-로서의', 명사구의 병렬 접속 'and'에 기인한 '그리고', 양보 접속의 '-에도 불구하고', 접미사 '-적(的)' 등을 그 예로 제시하였다.

이러한 번역투들은 이미 상당 부분 우리말 속에 자리잡았다[77]. 그래서 본고에서는 그동안 번역투로 지적해 온 형태와 구문들이 비번역문과 비교할 때 실제로 번역문에 어느 정도로 나타나는지를 대규모의 코퍼스 자료를 통해 객관적으로 제시하였다. 본 연구에서는 앞선 연구에서 지적한 대부분의 번역투 형태들이 실제로 비번역문보다 번역문에 더 많이 나타남을 보았다[78].

3장에서는 이 외에도 형태 분석 비교 코퍼스에서 추출한 형태별 빈도를 비교하여 국어 번역문의 특성으로 '단순화'와 '수렴화'의 번역 보편소를 밝혀냈다.

본고에서 밝힌 '단순화'의 특성은 번역문이 비번역문보다 정보성과 어휘적 다양성이 낮으며, 문장의 길이가 짧다는 것이다. 품사별 빈도에서 번역문은 비번역문보다 의미어에 비해 기능어의 비율이 높아서 정보성이 낮다. 어휘적 다양성은 토큰 대 타입 비율과 각 품사별로 고빈도 형태의 비율을 비교하여 검증했다. 번역문이 비번역문보다 주요 품사의 토큰 대 타입 비율이 낮고, 동사를 제외한 모든 품사에서 번역문이 비번역문보다 고빈도 형태의 비율이 높아서 어휘적 다양성이 낮음을 확인하였다[79]. 문장의 길이는 번역문이 비번역문보다 조금 짧지만, 모든 텍스트 유형에서 그러한 특성이 나타나는 것은 아니었다. 전문 텍스트 유형과 아동 텍스트 유형에서는 번역문이 비번역문보다 문장의 길이가 짧았지만, 문학 텍스트 유형과

---

[77] 국어 교과서에 나타난 외국어 번역투를 고찰한 김정우(2003c)의 연구가 이를 잘 보여준다.
[78] 앞에서 접미사의 빈도는 제시하지 않았는데, 선행 연구에서 번역투로 지적한 접미사 '-들'은 비번역문에서 16,925회, 번역문에서 24,961회 출현하여, 번역문에 더 많이 쓰였고, '-적' 역시 비번역문에 13,332회, 번역문에 15162회 출현하여 번역문에 더 많이 쓰였다. 그러나 선행 연구에서 번역투로 지적한 '-을 통해'와 '-로서의'는 번역문에서 더 높은 빈도를 보이지 않는다. 3.1에 제시한 동사의 형태별 빈도 순위에서 '통하다'의 빈도는 번역문이 더 낮게 나타나는데, '-을 통해'의 빈도 역시 비번역문이 698회, 번역문이 556회로 번역문이 더 낮다. '-로서의'는 비번역문이 204회, 번역문이 207회로 비슷하게 나타난다.
[79] 조사는 어휘 목록의 수가 극히 제한적이어서 고빈도의 비율에 따른 어휘적 다양성을 논하기에 무리가 있어 제외하였다.

일반 교양 텍스트 유형에서는 번역문의 문장 길이가 오히려 더 길었다80).

번역 텍스트들이 비번역 텍스트들보다 서로 더 유사한 성질을 보인다는 '수렴화'의 보편소는 각 품사별로 텍스트 유형들 간 상대 빈도의 차이를 비교하여 검증했다. 관형사와 격조사를 제외한 모든 품사에서 번역문이 비번역문에 비해 텍스트 유형들 간의 상대 빈도가 더 유사하여 수렴화의 특성을 보였다. 부사는 품사의 빈도뿐 아니라 각 형태별 빈도에서도 비번역문보다 텍스트 유형들 간에 더 유사성을 보였다.

국어 번역문의 개별적 특성으로는 다음을 밝혔다.

일반 명사의 상대 빈도는 번역문이 비번역문보다 낮은데, 그러한 특성은 사실적 텍스트 유형에서 두드러진다. 대명사의 상대 빈도는 모든 텍스트 유형에서 번역문이 비번역문보다 높은데, 특히 사실적 텍스트 유형에서 그 차이가 두드러진다. 번역문은 비번역문에 비해 1인칭 대명사의 빈도가 낮고, 2인칭과 3인칭 대명사의 빈도가 높다. 다만, 전문 텍스트 유형만큼은 번역문이 비번역문보다 1인칭 대명사의 쓰임이 더 많다. 번역문은 3인칭 대명사, 그 중에서도 '그, 이것/이거, 그것/그거'가 특히 많이 쓰인다. 2인칭 대명사에서는 번역문이 비번역문에 비해 평칭 대명사 '너/내/니, 너희'의 쓰임이 적고, 존칭인 '당신, 그대, 여러분'의 쓰임이 많았다. 의존 명사는 번역문이 비번역문에 비해 '것/거'와 '때문'이 많이 쓰인다.

용언의 전체 빈도는 번역문과 비번역문 간에 차이가 거의 없다. 그러나 번역문이 비번역문에 비해 동사의 상대 빈도가 낮고, 보조 용언의 상대 빈도가 높다는 특징이 있다. 동사는 '만들다, 가지다, 의하다, 있다, 되다, 대하다' 등의 형태가 비번역문에 비해 많이 쓰인다. '만들다', '의하다', '되다'는 각각 사동 및 피동과 관계되며, '있다'는 'can'의 번역투로 가능의 양태

---

80) Laviosa(1998b)에서도 신문기사에서는 번역문의 문장 길이가 더 짧게 나타났지만, 설화 작품은 그렇지 않다고 했다.

의미를 가지는 '-수 있다'의 쓰임과 관계되고, '가지다'는 'have'의 번역투에, '대하다'는 전치사 'to'의 번역투에 쓰인다. 보조 용언은 '있다'와 '지다'가 많이 쓰인다. '있다'는 모든 텍스트 유형에서 번역문이 비번역문보다 높게 나타나는데, '-고 있다'와 '-아/어 있다'의 꼴로 각각 진행과 상태의 양태를 나타내므로 번역문이 비번역문보다 진행과 상태의 양태를 나타내는 복합 형식이 더 많이 쓰인다고 할 수 있다. '지다'는 사실적 텍스트 유형의 번역문에 높은 빈도로 나타난다. '지다'는 '-아/어 지다'의 꼴로 통사적 피동에 쓰이는 형태이므로, 사실적 텍스트 유형에서 번역문이 비번역문보다 통사적 피동이 많이 쓰임을 알 수 있다.

수식언도 관형사와 부사 모두 전체 빈도는 비번역문과 번역문에 큰 차이가 없지만 세부적으로는 약간의 차이가 발견되었다. 대명사에서는 번역문이 비번역문보다 '그'의 빈도는 높고 '이'의 빈도는 낮지만, 관형사에서는 번역문이 비번역문보다 '그'의 빈도는 낮고 '이'의 빈도가 높다. 특히 사실적 텍스트 유형에서 번역문과 비번역문 간에 관형사 '그'와 '이'의 빈도 차가 두드러진다. 일반 부사는 번역문이 비번역문보다 부정 부사인 '안'과 '못'이 적게 쓰이고, 정도 부사인 '가장, 매우, 아주, 너무' 등이 많이 쓰인다. 접속 부사는 번역문이 비번역문에 비해 텍스트 유형 간에 형태별 빈도가 비슷한 분포를 보이며 특정 형태의 편중 현상이 나타난다. 형태별로는 대등 접속사 가운데 '및'과 '혹은', '그런데', '한편'이 비번역문보다 적게 쓰이고 '그리고', '그러나', '하지만', '왜냐하면'이 많이 쓰인다. 텍스트 유형별로는 전문 텍스트 유형에서 비번역문과 번역문 간에 빈도 차가 크다.

관계언인 조사는 번역문이 비번역문에 비해 격조사의 쓰임이 적고 보조사의 쓰임이 많다. 격조사에서는 번역문과 비번역문 간의 차이가 미미하지만, 그 중에서 주격 조사의 쓰임이 적고 관형격 조사와 부사격 조사의 쓰임이 많은 점이 특징적이다. 주격 조사의 빈도가 낮은 것은 보조사 '-은/는'의 쓰임이 많은 것과 관련된다. 관형격 조사는 사실적 텍스트 유형의 번역문에 많이 나타나는데, 이는 'of'의 직역 및 원문의 명사구나 동명사구를 그에 대응하는 품사로 번역해 내려는 데서 비롯한다. 부사격 조사의 전체 빈도는 번역문이 비번역문보다 높긴 하지만 형태별 빈도는 번역문과 비번역문이 유사하다. 다만, 시원격 조사에서 번역문의 특징이 보이는데, 번역문은 비번역문에 비해 '-에게서'와 '-(으)로부터'가 많이 쓰이고, '-에서(부터)'가 적게 쓰인다. 이는 'from'의 번역에서 사람에 결합한 'from'은 대개 '-에게서'로 번역하지만, 장소에 결합한 'from'은 '-에서(부터)'보다 '-(으)로부터'로 번역한다는 사실을 말해 준다. 그리고 비번역문에 비해 서술어 '되다'의 보충어에 보격 조사 '-이/가' 대신 부사격 조사 '-(으)로'가 많이 쓰인다. 보조사는 모든 텍스트 유형에서 번역문이 비번역문보다 상대 빈도가 높게 나타나며, 특히 전문 텍스트 유형의 번역문에 보조사가 더 많이 쓰인다. 보조사 형태에서는 비번역문에 비해 '-은/는'이 많이 쓰인다는 점이 번역문의 특징이다. 접속 조사는 번역문과 비번역문의 쓰임이 대동소이하다.

구문과 관련해서는 상투적인 번역 표현이 많다는 점이 번역문의 특징이다. 먼저, 대등 접속은 번역문이 비번역문에 비해 병렬 접속과 선택 접속의 쓰임이 적고 대조 접속의 쓰임이 많은데, 번역문에 대조 접속의 쓰임이 많은 이유는 전환 관계에 대조 접속 부사를 잘못 사용한 예가 많아서이다. 이는 'but'을 번역하는 과정에서 전환 관계에 쓰인 'but'을 상투적으로 대조 접속 부사로 번역하기 때문에 생긴 결과다. 병렬 접속에서는 비번역문에 비해 '그리고'가 많이 쓰인다. 이는 'and'의 번역에서 다양한 대등 접속소를 활용하지 않고 '그리고'에 대응시켜 번역하는 경향과, 병렬 접속소를 중첩하여 쓰는 습관에 기인한다. 종속 접속에서도 상투적인 번역 표현이 문제가 되는데, 인과 관계에서는 'because'를 번역하는 과정에서 접속 부사 '왜냐하면'이 특히 많이 쓰이고, 조건 접속에서는 'if'를 번역하는 과정에서 잉여적인 표현으로 조건 부사 '만약, 만일'이 많이 쓰이며, 양보 접속에서는 'in spite of'류를 번역하는 과정에서 '-불구하고'가 많이 쓰인다. 내포문에서는 번역문이 비번역문보다 명사구 보문을 필요로 하는 의존 명사 '-것/거'의 남용이 많아 관형사형 어미의 빈도가 높게 나타나며, 목적과 이유절을 상투적으로 각각 '-기 위해'와 '-기 때문'으로 번역함으로써 명사형 어미 '-기'의 빈도도 높고, 원문의 명사구나 동명사구를 그에 대응하는 품사로 번역하는 과정에서 '-(으)ㅁ'을 이용한 동사의 명사형의 쓰임이 많아 명사형 어미 '-(으)ㅁ'의 빈도도 높게 나타난다. 문법 범주에서는 비번역문에 비해 보조 용언이 결합한 양태의 시간 표현이 많다는 점, 피동 표현이 많고 특히 'by'의 번역투로 행동주가 '-에 의해(서)'로 실현되는 피동문이 많다는 점, 단형 부정문이 적다는 점, '못'과 '-지 못하다'로 실현되는 능력 부정문이 적은 대신, '-수 없다'로 실현되는 어휘적 능력 부정 표현이 'can not'의 번역투로 많이 쓰인다는 점이 번역문의 특징이다.

번역문의 담화·화용적 특징은 주격 조사 '-이/가'를 써야 할 자리에 보조사 '-은/는'을 잘못 사용하여 주제와 초점이 제대로 드러나지 못하는 점과 대우 표현에서 호칭과 화계를 우리말의 담화 관습에 맞지 않게 잘못 사용한 예가 많다는 점이다. 그리고 지시 표현에서 3인칭 대명사가 많이 쓰이고 2인칭과 3인칭 대명사는 비번역문에 비해 평칭이 적게 쓰이는 대신 존칭이 많이 쓰인다.

이상으로 국어 번역문의 특성을 살펴보았다. 구문, 의미, 형태의 측면에서 국어 번역문의 특성은 각각 획일화, 중립화, 단순화로 요약된다. 구문에서는 출발어의 언어적 특성이 반영된 상투적 번역으로 획일화의 특성이 나타난다. 어휘 의미에서는 언어 간의 불일치를 극복하는 과정에서 상위어를 선택하고 여러 대상에 두루 사용할 수 있는 존칭의 대명사와 화계를 선택함으로써 중립화의 특성이 나타난다. 형태에서의 단순화는 여러 가지 요인에 기인한다. 우선, 구문의 획일화와 의미의 중립화에 기인하여 특정 어휘가 많이 쓰임으로써 어휘의 다양성이 낮게 나타난다. 또한 원문의 의미를 좀 더 명확하게 전달하려는 명시화의 과정에서 접속사, 수식어와 같은 기능 요소들을 첨가하면서 의미어보다 기능어의 비율이 높아져 정보성이 낮게 나타난다. 그리고 도착어의 규범에 맞게 더 읽기 쉬운 텍스트로 만드는 규범화의 과정에서 사용 빈도가 낮은 어휘보다는 사용 빈도가 높은 어휘를 선택함으로써 어휘적 다양성이 낮게 나타나며, 문장 길이 또한 짧아진다. 이렇게 번역문은 구문의 획일화, 의미의 중립화, 형태의 단순화에 기인하여 번역 텍스트들 간에 언어적 동질성을 띠게 됨으로써 번역문 전체가 수렴화의 특성을 띤다.

단순화와 수렴화가 번역 보편소로 언급되어 왔으나, 국어 번역문을 분석한 결과 그것이 출발어의 간섭과 전혀 무관하지는 않다. 앞에서 언급하였듯이 국어 번역문의 어휘적 단순화에서 특정 형태의 빈도가 높게 나타나는 데에는 출발어의 언어적 특성이 반영된 상투적 번역 표현의 영향도 크며, 번역 텍스트들 간에 높은 동질성을 보이는 수렴화 역시 상투적 번역으로 인한 획일화에 기인하는 바가 크기 때문이다. 물론, 문장 길이가 짧은 것이나 규범화와 명시화에 비롯한 단순화의 특성들은 출발어와 도착어의 언어 간·문화 간 불일치를 중재하는 과정에서 생긴, 번역 과정 자체의 고유한 특성이겠지만, 출발어의 언어적 특성이 반영된 구문의 획일화에 따른 단순화의 특성들은 어느 정도 출발어의 간섭에서 비롯한다.

출발어의 간섭에 기인한 획일화를 극복하기 위해서는 원문에 나타난 출발어 고유의 텍스트 특성들을 도착어의 언어 및 문화의 형태와 규범에 따르도록 하는 규범화 전략이 필요하다. 번역 보편소로서 규범화가 언급되고 있지만, 국어 번역문에는 여전히 출발어의 언어적 특성이 반영된 상투적 구문이 많이 발견된다. 김정우(2003c)는 이러한 번역투에 대해 외국어와 모국어의 접촉 과정에서 생긴 새로운 문체로 이해하는 관점과 국어 규범의 측면에서 순화 대상으로 보는 관점 및 교육과 실무 번역의 차원에서 객관적인 자료로 보는 관점의 세 가지 접근 방법을 들었다.

번역 방법에서 직역을 강조하는 입장에서는 번역투가 결코 순화의 대상이 아니며, 언어 간 접촉에 따른 필연적인 결과일 것이다. 언어는 쉼 없이 변하는 역동적인 존재며, 언어 간 접촉은 그 변화의 주요 원인이다. 중세와 근대에 한문의 영향으로, 개화기에는 일본어의 영향으로 국어는 변화를 겪었고 오늘날의 모습을 갖추게 되었다. 불과 1세기도 되지 않아 일본어 구문이 오늘날의 국어에 자리 잡았으며, 많은 사람들이 일본어투라는 사실을 의식하지도 못한 채 사용하고 있는 것이다. 변화가 퇴보인 것만은 아니므로, 외국어 문체의 유입은 국어의 문체를 더욱 세련되게 만드는 계기가 될 수도 있다. 그래서 본고는 번역투를 부정적인 시각으로 보지는 않는다. 다만, 번역 전략의 차원에서 볼 때, 해석학적 번역 이론에서 강조하듯 독자에게 낯설고 어색한 표현보다는 독자를 고려하여 상대적으로 독자에게 익숙한 도착어 표현을 사용하는 것이 바람직하다는 생각이다. 번역 보편소로 규범화의 특성이 나타나는 것 또한 이러한 맥락에서일 것이다.

김정우(2003c)의 세 번째 관점에서 보면, 3장에서 분석한 국어 번역문의 특성은 실무 번역의 차원에서 번역 글쓰기의 전략을 세우고, 번역 교육의 자료로 삼기에 충분히 생산적인 자료가 된다. 따라서 이어지는 4장에서는 3장의 분석 내용을 객관적인 자료로 삼아, 3장에서 분석한 번역문의 특징 가운데 비번역문과 비교할 때 출발어의 언어적 특성이 반영된 번역투에 기인하는 구문상의 획일화와 여기에서 비롯한 어휘의 단순화를 극복하고 좀 더 비번역문에 가까운, 다시 말해 좀 더 자연스러운 우리말 표현의 번역문을 쓸 수 있도록 돕는 데에 초점을 맞추어 번역 글쓰기의 전략을 세워 보고자 한다.

4 번역 글쓰기의 과정과 전략

 본 장에서는 번역이 글쓰기의 하나라는 점에 주목하고 도착어 표현에 초점을 맞추어 번역 글쓰기 과정에 따른 단계별 전략을 제시하고자 한다. 비번역문과 다르게 나타나는 번역문의 특징을 분석한 3장의 내용은 본 장에서 번역 글쓰기의 전략을 논의하기 위한 객관적 자료로 삼을 것이다.
 3장에서는 대규모의 형태 분석 코퍼스를 대상으로 비번역문과의 비교 및 대조에서 드러나는 번역문의 특징을 살펴보았다. 출발어의 특성이 반영된 상투적 번역으로 나타나는 구문의 획일화는 출발어의 간섭에 기인한 결과이다. 앞서 언급하였듯이, 직역의 방법을 중요하게 생각하는 입장에서는 이러한 번역문의 특징을 전혀 문제 삼지 않을 것이며, 외국어의 영향에 따른 문체의 변화는 오히려 국어를 발전시키는 계기가 될 수도 있다.
 하지만 도착어를 모국어로 사용하는 독자의 시각에서 볼 때 우리말답지 않은 낯선 문장 표현은 읽기에 불편하여 텍스트 내용의 흐름을 좇아가는 데에 방해가 된다[1]. 본고는 통시적인 흐름에서 외국어와의 접촉을 통한 변화를 부정하지는 않지만, 공시적인 입장에서는 번역 전략의 차원에서 원문의 언어 형식에서 벗어나 도착어의 언어적인 창의성을 중시한 해석 이론[2]

---

[1] 필자가 번역을 연구하게 된 계기도 번역서를 읽으면서 우리말답지 않은 어색한 번역투 문장이 자꾸만 거슬려 글의 흐름을 따라가는 데 방해가 되었기 때문이다.

의 견해에 동의한다. 이에 본 장에서는 번역 교육적 측면에서 비번역문을 모범으로 삼아 비번역문과 다르게 나타나는 번역문의 문장을 좀 더 비번역문에 가깝게, 좀 더 우리말답게 표현할 수 있도록 돕는 데에 초점을 맞추어 번역 글쓰기의 전략을 세워 보고자 한다. 출발어의 언어적 특성이 반영된 번역투에 기인하는 구문상의 획일화뿐 아니라 여기에서 비롯한 어휘의 단순화 역시 본 장의 논의 대상이 된다. 본 장에서는 이러한 문제 해결을 위해 사회 인지주의 쓰기 이론에 바탕하여 2장에서 제시한 번역 글쓰기의 원리를 본 장에서 번역 글쓰기의 전략을 세우는 데에 기본 원리로 삼을 것이다.

홈즈(Holmes 1988/2000: 176-181)는 번역학의 영역을 언급하면서 번역학의 하위 분야로 과정 중심의 기술론적 번역학을 설정하였으며, 스넬-호른비(Bell Snell-Hornby)를 비롯한 많은 번역학자들이 결과물로서의 번역 텍스트뿐 아니라 번역 과정 역시 번역학의 정당한 연구 대상이 되어야 한다고 지적하고 있다(Snell-Hornby 1995; 정호정 2003a: 80). 4.1에서는 그동안 번역학에서 논의된 번역 과정을 살펴보고 글쓰기 이론에서 제시하는 글쓰기 과정과 비교 검토하여 번역 글쓰기 과정의 단계를 나눈다. 4.2에서는 2장에서 제시한 번역 글쓰기의 원리를 토대로 하여 번역 글쓰기의 각 단계에 필요한 번역 전략과 번역 방법을 제시하겠다. 본 연구가 번역 글쓰기 전략의 일반 이론적 성격을 띠므로 번역 전략과 번역 기법에 관한 번역학의 기존 연구 성과들을 포함하여 번역 글쓰기 과정의 전체 전략 체계를 세우되, 3장에서 분석한 번역문의 도착어 표현상의 문제를 해결할 수 있는 방안에 초점을 맞추어 표현 전략을 중심으로 논의를 진행할 것이다[3].

---

[2] 해석적 접근 방식의 의사 전달 행위를 강조한 듀리에(최정화 편 1997: 38)는 "훌륭한 번역문은 번역이라는 느낌을 주지 않으며 의심의 여지조차 남기지 않는 번역"이라고 했다. 이는 의사 전달의 측면에서 도착어 텍스트에 가깝고 독자가 읽기 쉬운 글을 쓸 것을 강조하는 것이다.
[3] 필자의 박사 학위 논문에서는 3장에서 분석한 번역문의 특성 및 문제와 관련된 내용으로

4.1. 번역 글쓰기의 과정

　남성우(2008)은 번역학에서 연구된 번역 과정과 관련하여 노드(C. Nord 1991), 로저 벨(R.T. Bell 1991), 듀리에(최정화 편 1997), 미람(G.E. Miram, 전지윤·김정희 역 2004)의 논의를 다음의 표로 비교·제시하였다.

<표 1> 번역 과정에 대한 논의 비교(남성우 2008: 125)

노드	벨	듀리에	미람
1. TT의 기능 분석	1. ST의 분석	1. ST의 이해	1. 변환(ST의 해독)
2. ST의 이해와 분석	2. ST의 의미 표상 도출, 스키마로 조직	-도착어로 미칠 영향 확인	-단어 및 어결합 단계
3. 도착어로의 번역물의 재구성		-전달 정보의 선택	-문장 단계
	3. TT의 통합(쓰기와 번역)	-도착어로 텍스트 재구성	※언어 간 변환
		2. TT의 쓰기	2. 해석(메시지 작성) 맥락, 상황과 배경 지식에 기초하여 ST의 의미를 자유롭게 해석
		-TT의 다시 읽기	
		-ST의 효과 확인	

　위 표를 보면 대체로 번역의 과정을 크게 원문을 읽는 과정과 번역문을 쓰는 과정의 2단계로 나누고 있다. 노드는 읽기 이전에 번역문의 기능 분석 단계를 추가하였고, 벨은 원문의 분석을 문장 구조 및 통사를 분석하는 단계와 의미 및 화용 분석, 의미 표상을 도출하여 스키마로 조직하는 단계로 세분하였다. 노드가 원문의 읽기 단계 이전에 번역문의 기능 분석 단계를 설정했을 뿐, 벨과 미람은 번역의 과정에 대해 모두 출발어로 된 원문 텍스

만 표현하기 단계의 전략을 구성하였으나, 본고의 표현하기 전략에서는 3장에서 다루지 않은 내용에 대해서도 번역 글쓰기의 일반 이론적 차원에서 언급할 필요가 있다고 생각되는 전략을 일부 포함하였다.

트를 읽고 그것을 도착어로 옮기는 행위에만 주목하였을 뿐, 그 전후 단계를 고려하지 않았다.

남성우(2008)은 듀리에의 번역 과정을 크게 '원문의 이해'와 '번역문의 쓰기'의 두 단계로 설명하였지만, 최정화 편(1997: 50)에서 듀리에는 번역 과정을 다음의 6단계로 상세하게 나누었다.

1) 번역물이 얻고자 하는 독자들의 반응이 무엇인가를 파악한다.
2) 번역 의뢰인에게 도착어로 미칠 영향이 출발어 텍스트와 같은 것인지를 확인한다.
3) 전달할 정보를 골라낸다.
4) 예상(잠재) 독자가 기대하는 바에 의거, 모든 정보 요소를 총괄하여 도착어로 텍스트를 재구성한다.
5) 글로 표현하는 단계로 넘어간다.
6) 번역한 텍스트를 다시 읽으면서 원문이 의도했던 효과가 확실히 나타나 있는가를 확인한다.

위 과정을 보면 듀리에는 원문을 읽기 이전에 독자의 반응을 고려하고 번역의 목적을 확인하는 단계 뿐 아니라, 번역문을 쓴 이후에 번역문을 읽으면서 원문의 효과를 확인하는 단계도 두고 있다. 다른 연구에 비해 번역의 단계를 자세히 나누었는데, 특히 실제적인 번역 작업의 전 단계에 주목하였다.

국내에서는 번역 과정에 대한 연구가 부족하다. 졸고(2008a)에서 사회인지주의 쓰기 이론인 플라워의 글쓰기 단계를 번역에 적용하여 번역의 과정을 단계별로 제시하였고, 손지봉(2008)에서는 고대 중국의 불경 번역기의 번역 글쓰기 단계와 플라워의 글쓰기 단계를 차용하여 번역 글쓰기 단계를 설정하였다. 손지봉(2008)에서 제시한 번역 과정은 다음과 같다.

1) 1단계 : 출발어 텍스트의 이해와 분석
2) 2단계 : 언어간 전환의 모색
3) 3단계 : 출발어 텍스트의 의미가 잘 되었는지 검토
4) 4단계 : 도착어 텍스트로서 어색하지 않게 교정
5) 5단계 : 뜻이 통하는지 검토
6) 6단계 : 전체적으로 일관성 있게 내용이 잘 연결되도록 교감

듀리에가 표현 전 단계에 주목한 반면, 손지봉(2008)은 표현 후 단계, 즉 원문을 읽고 도착어로 옮기는 실질적인 번역 행위 단계 이후의 과정에 주목하여 상대적으로 표현 전 단계에는 소홀하였다.

그렇다면 쓰기 이론에서는 글쓰기의 단계를 어떻게 설명할까? 과정 중심의 쓰기 이론은 집필하는 단계뿐 아니라 계획에서부터 교정에 이르는 글쓰기의 전체 과정에 주목하고, 글쓰기의 단계를 체계적으로 제시한다. 사회인지주의 쓰기 이론을 대표하는 플라워(Linda Flower, 원진숙·황정현 역 1998)는 글쓰기 과정을 9단계로 세분하고 각 단계별로 요구되는 문제 해결 전략을 다음과 같이 제시하였다.

1) 계획하기(Planning)
   1단계 : 수사적 문제를 탐구하라
   2단계 : 계획을 세우라
2) 아이디어를 언어로 구체화하기[4](Generating Ideas in Words)
   3단계 : 새로운 아이디어를 생성하라
   4단계 : 아이디어를 조직화하라

---

[4] 원진숙·황정현 역(1998)은 플라워의 'Generating Ideas in Words'를 '아이디어 생성하기'로 번역하였으나 본고에서는 'Generating ~ in Words'의 의미를 살려 '아이디어를 언어로 구체화하기'로 번역한다.

3) 독자 중심의 글쓰기(Designing for a Reader)
   5단계 : 독자의 요구를 파악하라
   6단계 : 필자 중심의 글을 독자 중심의 글로 변형시켜라
4) 글을 효과적으로 고쳐쓰기(Revising for Effectiveness)
   7단계 : 글과 글쓰기 목적을 검토하라
   8단계 : 글을 평가하고 편집하라
   9단계 : 글의 내용이 서로 잘 연결되면서 일관성이 있도록 편집하라

플라워의 9단계 글쓰기 과정에서는 6단계에 이르러서야 비로소 글을 집필하는 단계가 된다. 본격적인 집필 이전의 과정을 5단계로 상세히 나누어 '쓰기' 전에 해야 할 일을 설명하였으며, '쓰기' 이후의 단계도 3단계로 나누어 고쳐쓰기 과정에서 해야 할 일을 단계별로 제시하였다.

플라워의 9단계 글쓰기 과정은 '계획하기, 아이디어를 언어로 구체화하기, 글쓰기, 고쳐쓰기'의 4단계로 요약된다.5) 이와 유사하게 정희모·이재성(2005)는 글쓰기의 과정을 '발상 단계, 계획 단계, 집필 단계, 교정 단계'의 4단계로 나누었다. '발상 단계'는 주제와 글을 쓰기 위한 기초적 아이디어를 얻는 단계이다. 글은 테마에 대해 무엇을 어떻게 쓰겠다는 최초의 생각에서부터 출발한다(정희모·이재성 2005: 26). 테마와 주제, 구성적 아이디어를 따져보는 단계가 '발상 단계'이다. '계획 단계'는 발상 이후 개요와 구성 과정을 세밀히 짜면서 내용을 보충하는 단계이다. 이 단계에서 자료 찾기, 글감 만들기, 글의 구성짜기, 인용문과 예문 찾기 등이 이루어진다. 정희모·이재성(2005)의 '계획 단계'는 플라워의 '계획하기(Planning)'와 다르며 '아이디어를 언어로 구체화하기(Generating Ideas in Words)'에

---

5) 원진숙(2005: 68-69)은 플라워의 9단계 글쓰기 과정을 '계획하기, 아이디어 생성하기, 아이디어 조직하기, 표현하기, 고쳐쓰기'로 요약하기도 했다.

해당한다. '집필 단계'는 본격적으로 '쓰기(writing)'를 하는 단계이고, '교정 단계'는 '집필 단계'에서 완성된 원고를 수정하는 단계이다.

이렇듯 과정 중심의 쓰기 이론에서는 글쓰기 과정을 쓰기 전(prewriting), 쓰기(writing), 쓰기 후(postwriting)로 나누어 쓰기의 전후 단계 모두 중요하게 다루고 있음을 알 수 있다. 듀리에 외의 번역 이론이 대체로 번역 과정에서 대체로 원문을 분석하여 번역문으로 옮기는 행위에만 주목하고 그 전후 단계를 소홀히 한 것과는 대조적이다. 번역 역시 글쓰기의 한 종류라는 점에서 번역 연구에서도 글쓰기 이론의 연구 성과를 참고할 필요가 있다.

그러나 번역은 쓸 내용이 이미 정해져 있고 원문 텍스트 읽기 과정이 반드시 포함된다는 점에서 일반적인 글쓰기 과정과는 약간의 차이가 있다. 번역은 출발어 텍스트를 도착어 텍스트로 옮겨 쓰는 것이므로 쓸 거리가 이미 정해져 있다는 점에서 글감을 찾고, 주제를 정하고, 개요를 짜는 '아이디어를 언어로 구체화하기' 단계를 거치지 않아도 된다.6) 대신 번역의 효율성을 높이기 위해 본격적으로 글을 쓰는 집필 단계7) 전에 번역할 텍스트를 읽고 정확하게 분석, 이해하는 과정이 필요하다. 본고에서는 이를 '이해하기'로 부른다.

출발어를 도착어로 변환하는 실제적인 번역 행위에 착수하게 되면, 구절 혹은 문장의 단위로 출발어 텍스트를 읽으면서 도착어 텍스트로 옮겨 쓰는 과정이 연속적으로 반복된다. 2장에서는 번역 글쓰기의 이러한 특성을 '읽기-쓰기 통합의 원리'로 제시하고 '읽기-쓰기'의 통합이 필수성, 긴밀성, 동

---

6) 『걸리버 여행기』와 같이 성인 대상의 소설을 동화로 재구성하여 번역하는 등, 의도를 가지고 출발어 텍스트를 축소 번역할 경우에는 '아이디어를 글로 나타내기' 단계가 필요할 수도 있지만, 이러한 경우에도 원작에 충실하게 번역이 완료된 완역본을 대상으로 내용을 재구성하는 것이 일반적이므로 본고에서는 번역의 과정에 '아이디어를 글로 나타내기' 단계를 따로 설정하지 않는다.
7) 번역에서는 도착어 텍스트로 표현하는 단계가 된다.

시성의 성격을 띤다고 하였다. 본고에서는 이렇게 '읽기-쓰기'가 통합되어 반복되는 과정을 '글쓰기' 대신 '표현하기' 단계로 명명한다. 번역 과정의 집필 단계는 쓰기에 읽기가 통합되어 이루어짐을 반영하기 위해 '글쓰기' 대신 '표현하기'로 명명한 것이다.

노드가 제시한 번역 과정의 1단계인 번역문의 기능 분석은 본고의 '계획하기' 단계에 포함된다. 그리고 노드의 2단계와 3단계는 '이해하기'와 '표현하기'로 요약된다. 본고에서는 '표현하기'의 후단계로 '수정하기'를 설정한다. 졸고(2008a)에서는 번역 글쓰기의 과정을 '계획하기', '이해하기', '표현하기', '수정하기'의 4단계로 나누고, '이해하기'를 다시 '자료 조사'와 '초벌 읽기'의 두 단계로 구분하였다. 그러나 '이해하기' 과정의 '읽기'에는 본격적인 번역 이전에 원문 전체를 통독하는 '초벌 읽기'뿐 아니라, 앞서 언급한 것처럼 '표현하기'에서 '쓰기'와 함께 통합되어 이루어지는 읽기, 즉 문장 단위로 정독하는 '작업 읽기'의 과정도 있다. 그래서 본고에서는 번역 글쓰기의 과정을 '계획하기→이해하기와 표현하기→수정하기' 단계로 구분한다. 번역 전 단계에 주목하여 세분한 듀리에(최정화 편 1997)와 번역 후 단계에 주목하여 세분한 손지봉(2008)의 논의를 반영하여 번역 과정을 크게 세 단계로 구분한 것이다. 글쓰기의 과정이 크게 쓰기 전(prewriting), 쓰기(writing), 쓰기 후(postwriting)로 이루어지듯, 번역 글쓰기의 과정도 번역 전(pretranslating), 번역(translating), 번역 후(posttranslating)로 이루어지는데,[8] 번역 글쓰기 과정에서 '번역' 단계는 글쓰기 과정의 '쓰기' 단계와 달리 원문을 읽는 과정까지 포함한다. 2장에서 번역 글쓰기의 원리로 '순환성 원리'를 제시하였듯이, 이러한 과정은 순차적이면서도 순환적이다.

---

[8] 이때 '쓰기(writing)'와 '번역(translating)'은 계획이나 퇴고 등의 과정을 포함하지 않은 좁은 의미의 실제적인 쓰기와 번역 행위를 의미한다.

다음 절에서는 사회 인지주의 쓰기 이론에서 제시한 글쓰기 방법으로서의 문제 해결 전략을 참고하되 2장에서 제시한 번역 글쓰기의 원리를 토대로 3장에서 분석한 번역문의 도착어 표현상의 문제를 해결할 수 있는 방안에 초점을 맞추어 효과적인 번역을 위해 번역 글쓰기 과정의 각 단계에서 요구되는 전략을 세워 보겠다.

4.2. 번역 글쓰기의 단계별 전략

사회 인지주의 쓰기 이론을 대표하는 플라워(1993)에서는 글쓰기의 각 단계에 필요한 전략을 다음과 같이 제시하였다(Linda Flower, 원진숙·황정현 역 1998).

1) 계획하기(Planning)
- 1단계 : 수사적 문제를 탐구하라
    - 전략 1 : 자신이 생각하는 문제의 이미지를 관찰하라.
    - 전략 2 : 스스로에게 과제를 설명해 보라.

- 2단계 : 계획을 세우라
    - 전략 1 : 해야 할 일들에 대한 계획과 무엇을 말할 것인지에 대한 계획을 세워라.
    - 전략 2 : 목표를 보다 실행 가능한 것이 되도록 만들어라.
    - 전략 3 : 직관의 소리에 귀 기울여 계획을 변경하라.
    - 전략 4 : 독자에게 계획하고 있는 바를 설명해 보라.
    - 전략 5 : 협조적 계획하기를 이용하라.

2) 아이디어를 글로 나타내기(Generating Ideas in Words)
- 3단계 : 새로운 아이디어를 생성하라
  - 전략 1 : 잘 써야 한다는 생각은 접어두고 자유롭게 브레인스토밍하라.
  - 전략 2 : 독자에게 이야기하라.
  - 전략 3 : 체계를 세워서 주제를 탐색하라.
  - 전략 4 : 푹 쉬면서 계획을 구체화하라.

- 4단계 : 아이디어를 조직화하라
  - 전략 1 : 자기 나름의 암호어를 확장시켜라.
  - 전략 2 : 아이디어를 요약해서 누군가에게 가르쳐 보라.
  - 전략 3 : 개념구조도를 구성하라.

3) 독자 중심의 글쓰기(Designing for a Reader)
- 5단계 : 독자의 요구를 파악하라
  - 전략 1 : 독자를 분석하라.
  - 전략 2 : 독자의 반응을 예상하라.
  - 전략 3 : 창조적 독자를 위하여 글을 조직하라.

- 6단계 : 필자 중심의 글을 독자 중심의 글로 변형시켜라
  - 전략 1 : 공유된 목표를 설정하라.
  - 전략 2 : 독자 중심의 글 구조를 개발하라.
  - 전략 3 : 독자에게 단서를 제공하라.
  - 전략 4 : 설득력 있는 논거를 발전시켜라.

4) 글을 효과적으로 고쳐쓰기(Revising for Effectiveness)
- 7단계 : 글과 글쓰기 목적을 검토하라
  - 전략 1 : 글쓰기 목표, 요점, 그리고 새롭게 발견한 내용들을 검토해

　　　　　　보라.
　　　　－ 전략 2 : 문제점을 찾아서 진단해 보고 교정하라.

　• 8단계 : 글을 평가하고 편집하라
　　　　－ 전략 1 : 경제성을 고려하여 글을 편집하라.
　　　　－ 전략 2 : 강력한 문체로 편집하라.

　• 9단계 : 글의 내용이 서로 잘 연결되면서 일관성이 있도록 편집하라
　　　　－ 전략 1 : 목록 형식의 문장들을 변형하라.
　　　　－ 전략 2 : 단락들을 통해서 글의 내적인 논리를 드러내라.

　번역 글쓰기 또한 글쓰기의 하나라는 점에서 과정 중심의 글쓰기 이론에서 제안하는 글쓰기 전략은 번역 글쓰기에도 유효하다. 그러나 번역 글쓰기는 일반 글쓰기와 달리 글을 쓰는 이의 순수한 창작이 아니라 외국어로 쓰인 원문을 도착어로 옮겨 쓰는 작업이라는 점에서 차이가 있다. 따라서 본고에서는 위의 글쓰기 전략을 참고하되, 2장에서 제시한 번역 글쓰기의 원리를 토대로 해서 번역 전략과 번역 기법에 관한 번역학의 기존 연구 성과들을 포함하여 번역 글쓰기 과정의 전체 전략 체계를 세운 다음, 3장에서 분석한 번역문의 도착어 표현상의 문제를 해결할 수 있는 방안에 초점을 맞추어 표현 전략을 중심으로 논의를 진행할 것이다. 출발어의 언어적 특성이 반영된 번역투에 기인하는 구문상의 획일화와 여기에서 비롯한 어휘의 단순화가 본 장의 주된 논의 대상이 된다.
　본고는 단계별 번역 글쓰기 전략의 체계를 다음과 같이 구성한다9).

　　1. 계획하기 - 사전 준비 단계

---

9) 논문 심사 과정에서 심사위원 선생님들의 수정 제안을 반영하였다.

(1) 번역 대상 텍스트 선정
   (2) 번역 환경 분석 : 번역의 목적, 예상 독자, 텍스트 특성
   (3) 번역 전략 수립 :
      가. 번역 기법의 확정
      나. 시간 사용 계획의 확정

2. 이해하기와 표현하기 - 독해와 표현 단계
 1) 이해하기
   (1) 관련 정보 수집 : 원저자 및 텍스트 주제 지식
   (2) 초벌 읽기(통독)
      : 원저자의 의도와 목적, 원문의 전체 내용과 형식 파악
   (3) 작업 읽기(정독) : 정확한 의미 분석
 2) 표현하기
   (1) 전달 정보의 총량 결정
   (2) 담화 공동체의 담화 관습 존중
   (3) 예상 독자의 입장 존중
   (4) 중간 점검

3. 수정하기 - 퇴고 단계
   (1) 자가 수정
      가. 번역의 목적 재검토
      나. 정보의 등가성 확인
      다. 도착어 표현의 적절성 여부 점검
   (2) 편집
      가. 어문 규범 준수 여부 점검
      나. 편집의 일관성

다음에서는 위에 제시한 단계별 전략의 체계에 따라 2단계를 중심으로 세부적인 전략과 번역 기법을 제안하고 예를 통해 설명을 덧붙이겠다. 비번역문과 번역문의 언어적 특성을 비교한 3장에서 전문 텍스트를 비롯한 사실적 텍스트 유형의 번역문이 비번역문과 차이가 많음을 보았다. 따라서 사실적 텍스트 유형을 중심으로 논의하되, 본 연구가 번역 글쓰기 전략의 일반 이론적 성격을 띠므로 필요에 따라 다른 텍스트 유형에 대해서도 언급하도록 한다.

4.2.1. 계획하기

'계획하기'는 본격적인 번역 행위에 들어가기에 앞선 사전 준비 단계로, 번역할 대상 텍스트를 선정하고 번역의 전체 계획을 설계하는 단계이다. 이 단계에서는 다음과 같은 전략이 요구된다.

(1) 번역 대상 텍스트 선정
　　가. 자신의 콘텐츠 이해 능력을 점검하라.
(2) 번역 환경 분석
　　가. 번역의 목적을 명확히 하라.
　　나. 예상 독자의 지식, 태도, 요구 등을 분석하라.
　　다. 번역 대상 텍스트의 특성을 분석하라.
　　라. 번역과 관련된 제반 권리를 확인하라.
(3) 전략 수립
　　가. 번역의 원칙과 기법을 정하라.
　　나. 과정에 따라 단계별로 시간을 안배하라.

여기에 제시한 전략은 그 하나하나가 계획하기 단계의 세부적인 하위 단계가 될 수 있다.

(1) 번역 대상 텍스트 선정 : 자신의 콘텐츠 이해 능력을 점검하라

글쓰기의 과정이 쓸 글의 테마와 주제를 정하는 일로 시작하듯이, 번역 글쓰기의 과정은 번역할 텍스트를 선정하는 일로 시작한다. 번역을 직업으로 하는 전문 번역사의 경우 출판사나 번역 에이전시의 의뢰를 받아 번역에 착수하는 일이 대부분이지만 번역할 텍스트를 직접 선정해서 출판사와 협상을 하기도 한다. 전문 번역사가 아니더라도 학문에 몸을 담고 있는 사람들이 학문적 가치와 필요에 따라 번역을 하는 일도 많다. 대학 교재로도 사용되는 대다수의 전공 학술 서적의 번역 출판이 그러한 예이다.

모든 글쓰기가 그렇듯이 번역할 대상 텍스트 역시 자신이 잘 아는 분야를 선택하는 것이 첫 번째 전략이다. 번역자가 대상 텍스트를 직접 찾아서 고르는 경우에는 문제가 없지만 발주자가 따로 존재할 경우에는 특히 이 점을 명심해야 한다. 최근에는 통번역대학원의 증가로 문화예술, 정치법률, 경제무역, 과학기술 등등의 전문 분야를 가진 전문 번역사가 늘어나는 추세지만, 수요에 비해 공급이 부족하여 전문 지식이 전혀 없는 번역사가 전문 서적의 번역을 하는 일이 다반사다. 그러나 무턱대고 잘 알지도 못하는 분야의 번역을 맡아서는 번역 과정에서 어려움에 봉착하게 된다. 전문 용어를 비롯한 해당 분야의 전문 학술적 지식이 부족해서 원문의 내용을 정확하게 이해하지 못하는 경우가 발생하기 때문이다. 이는 역으로 자료 수집을 통해 해당 분야의 전문 지식을 충분히 갖추라는 전략이 될 수 있다. 하지만 자료 수집을 통한 배경 지식의 획득은 '이해하기' 단계에서 요구되는 전략이고, '계획하기' 단계에서는 자신의 콘텐츠 이해 능력을 점검하여 번역 대상으로 가급적 자신이 잘 아는 분야를 선택할 것을 제안한다.

(2) 번역 환경 분석

   번역 대상 텍스트가 선정되었으면 다음으로 할 일은 번역 환경을 분석하는 일이다. 이 과정에서는 번역의 목적과 예상 독자, 번역 대상 텍스트의 특성을 분석하고 번역과 관련된 제반 권리를 확인해야 한다. 번역의 목적과 예상 독자, 텍스트의 특성은 번역의 방법을 결정하기 위해 필요한 요소들이다.

   가. 번역의 목적을 명확히 하라

   번역자가 직접 기획한 번역이라면 번역의 목적을 정해야 하며, 전문 번역사가 발주자와 의뢰인에게서 번역을 의뢰받아 작업하는 번역이라면 발주자의 의도와 목적을 파악해야 한다. 번역의 목적은 번역의 형태와 방법을 결정짓는 중요한 요인이기 때문이다.
   번역문의 기능과 목적을 강조한 스코포스 이론에서는 동일한 원문이라도 번역문의 기능과 목적에 따라서 번역의 방법을 달리해야 한다고 주장했다. 노드(Nord 1991; 張南峰, 김진아·도희진 역 2006: 63-65 재인용)는 번역을 그 소통적 기능에 따라 도구적 번역과 기록적 번역의 둘로 나누었다. 전자는 번역문이 도착어 문화의 새로운 환경 속에서 독립적으로 의사소통 역할을 하는 도구이고, 후자는 원저자와 원문의 수신자가 그 문화 속에서 어떻게 의사소통하는지를 기록하는 문헌이 된다. 그래서 같은 원문이라도 번역문의 기능과 목적에 따라 도구적 번역의 방법을 쓸 수도 있고, 기록적 번역의 방법을 쓸 수도 있다. 예를 들어 일본의 지리서를 국어로 번역할 때, 그것이 제공하는 정보 전달의 기능을 재현한다면 '다케시마'를 우리의 담화 관습에 비추어 '독도'로 번역해야 할 것이고, 원문에서 어떠한 지명을 사용하고 있는지를 기록하는 것이 목적이라면 '다케시마'로 번역해야 할 것이다.

캐사그란데(Joseph B. Casagrande)는 번역의 목적에 따라 번역의 방법을 '미학적-시적 번역, 민족지학적 번역, 실용적 번역, 언어적 번역'의 네 가지로 구분하였다(Shuttleworth & Moira Cowie 1999: 7, 61-52, 94, 129; 이근희 2005: 69-70 재인용). 이 가운데 '실용적 번역'과 '미학적-시적 번역'이 번역의 목적과 관련하여 우리에게 도움이 된다. 이는 텍스트의 유형과도 관계된다.

'실용적 번역'은 미학적인 형식이라든가 문법적인 형식, 문화적인 맥락을 강조하기보다 메시지의 내용을 강조하면서 가능한 한 효과적으로 정확하게 메시지를 번역하는 방법이다. 과학 관련 전문 서적, 공문서, 사용설명서, 지시, 설명 등의 번역에 유용하게 쓸 수 있다.

'미학적-시적 번역'은 시와 관련된 문학 텍스트의 번역에서 가능한 한 원저자가 사용한 표현과 문체의 특징을 유지하도록 번역하는 방법이다. 시, 소설과 같은 문학 텍스트를 번역할 때에는 원문의 문학적 효과를 그대로 유지할 것인지에 대한 결정이 필요하다. 운율이나 은유와 같은 시적이고 미학적인 표현들은 원저자 개인의 독특한 특성을 나타내는 언어 표현이므로 번역하기에 가장 어려운 부분이다. 계획하기 단계에서 이러한 부분을 최대한 살려서 번역할 것인지 운율과 같은 리듬적 요소나 문체 등을 배제하고 번역할 것인지를 결정해야 한다. 목적에 따라 번역의 방법이 달리 적용되기 때문이다. 시를 번역할 때 운율을 비롯한 형식적 요소를 배제하고 의미 중심의 번역을 한다거나 소설을 번역할 때 문학적인 표현이나 문체는 배제하고 줄거리 위주의 번역을 하기로 결정되면 캐사그란데의 '미학적-시적 번역' 방법은 불필요할 것이다.

피터 뉴마크(Peter Newmark 1998: 45-47)가 분류한 번역의 방법 가운데 '번안(adaptation)'도 번역의 목적에 관계된다. '번안'은 주제라든가 인물, 줄거리는 대개 유지하면서, 어떠한 제약도 없이 원천 언어권의 문화를 목표 언어권의 문화로 전환하면서 텍스트를 다시 쓰는 방법이다. '번안'의 방법은 노래의 번역에 특히 많이 사용된다. '번안'의 방법이 성공한 대표적인 예로 「클레멘타인」을 들 수 있다.

"In a cavern, in a canyon Excavating for a mine Lived a miner forty-niner And his daughter Clementine …"으로 시작하는 「클레멘타인」은 1849년 금광을 찾아 일확천금을 꿈꾸며 서부의 캘리포니아로 몰려왔던 포티나이너(forty-niner)[10]들이 열악한 환경에서 가혹한 노동에 시달리면서 그들의 비참한 처지와 삶의 애환을 담아 부르던 노래이다. 이 노래가 한국에 전해진 시기는 1919년 3·1운동 직후였다고 한다. 미국의 서부 개척 시대의 골드러시(gold rush)를 배경으로 한 광부와 어린 딸의 비가(悲歌)를 소설가 박태원이 우리의 정서에 맞게 "넓고 넓은 바닷가에 오막살이 집 한 채 고기 잡는 아버지와 철 모르는 딸 있네…"로 노랫말을 고친 것이 지금까지 불린다[11].

결국 번역문이 기능과 목적에서 반드시 원문과 동일해야 한다는 제약은 없으며, 번역의 의도와 목적, 도착어 담화 공동체에서 번역문의 기능에 따라 번역의 방법이 결정되므로 계획하기 단계에서 번역의 목적을 분명히 해야 한다.

나. 예상 독자의 지식, 태도, 요구 등을 분석하라

번역의 목적이 결정되었다면 다음으로 할 일은 예상 독자를 분석하는 일이다. 번역은 번역문을 완성하는 것으로만 끝나는 작업이 아니다. 번역의

---

[10] '포티나이너'란 골드러시가 극에 달했던 1840년대 후반에 일확천금의 꿈을 안고 캘리포니아로 몰려든 사람들을 말한다.
[11] 두산백과사전(http://100.naver.com/100.nhn?docid=763985)

목적은 인쇄, 출판, 게재 등을 통해 독자에게 전달하여 독자가 읽게끔 하는 것이다. 따라서 모든 글쓰기가 그렇듯이 번역을 할 때도 예상 독자를 염두에 두고 번역문을 써야 한다. 즉, 번역문을 누가 읽을 것인지 예상 독자를 설정하고, 예상 독자의 지식 수준과 요구에 맞는 번역문을 써야 한다.

번역에서 예상 독자를 고려하는 일은 원문을 읽고 이해하는 단계가 아니라 도착어로 표현할 때 필요하다. 그래서 표현하기 단계에 들어가기 전에 예상 독자에 대한 분석이 끝나야 한다. 번역자가 임의로 번역할 텍스트를 선택하여 번역하는 경우에는 먼저 원문을 초벌읽기 한 후에 번역의 목적과 예상 독자를 생각하게 되지만, 특정 텍스트를 의뢰 받아 번역을 하게 될 때에는 발주자가 이미 번역의 목적과 예상 독자를 설정한 경우가 대부분이므로 발주자가 기획한 번역의 목적과 발주자가 예상하는 독자의 범위를 확인한 다음[12], 예상 독자의 지식 수준과 태도, 요구 등을 분석함으로써 표현 단계에서 이를 고려할 수 있도록 준비한다.

다. 번역 대상 텍스트의 특성을 분석하라

다음으로 할 일은 번역 대상 텍스트의 특성을 분석하는 일이다. 발주자에게서 의뢰 받은 번역이 아니라 번역자가 직접 발주하는 번역이라면 번역 대상 텍스트의 특성을 분석하는 일이 번역의 목적과 예상 독자의 범위를 정하는 일에 우선할 것이다.

모든 유형의 텍스트를 동일한 방법으로 번역해서는 원저자의 의도나 원문의 효과를 제대로 전달할 수가 없다. 기능주의 번역 이론에서 라이스

---

[12] 듀리애(최정화 편 1997: 41)는 전문 번역사의 전문 번역은 전문 번역사와 번역 의뢰인의 관계에서 행해지므로, 전문 번역의 목적은 텍스트의 경제적 역할을 완벽하게 충족시킬 수 있는 번역을 하는 것이고, 번역 의뢰인의 요구를 최대한도로 만족시키는 것이라고 했다.

(Reiss 1977/1989)는 텍스트 유형을 정보적(informative) 텍스트, 표현적(expressive) 텍스트, 작용적(operative) 텍스트, 시청각 미디어(audio medial) 텍스트의 네 가지로 분류하고, 각 유형의 기능적 특징에 따라 번역 방법을 달리 할 것을 제안하였다(Jeremy Munday, 정연일·남원준 역 2006: 98)[13]. 라이스가 분류한 텍스트의 유형별 특징은 다음과 같다.

① **정보적 텍스트** : 단순한 사실을 전달하는 텍스트이다. 정보, 지식, 의견 등을 전달하며, 정보 전달을 위해 사용한 언어가 논리적이거나 지시적이고, 그 내용 혹은 '주제(topic)'는 의사 소통 행위 중심이다.
② **표현적 텍스트** : 창조적 작문 텍스트이다. 원전의 저자는 언어의 미학적 차원을 활용한다. 저자 혹은 '발신자(sender)'뿐만 아니라 그 메시지의 형식이 가장 두드러진다.
③ **작용적 텍스트** : 행위적 반응을 유발하는 텍스트이다. 텍스트의 독자 혹은 '수신자(receiver)'에게 소구(訴求)하거나 이들이 어떤 행동을 하게끔 설득하는 것이다. 대화적인 언어 형식을 취한다.
④ **시청각 미디어 텍스트** : 영화와 광고 등에 나타나는 텍스트이다. 시각적 이미지, 음악 등을 통해 위의 세 가지 기능을 보완한다.

---

[13] <표2> 텍스트 타입에 따른 기능적 특징과 번역 방법(Reiss 1971)

텍스트 타입	정보적(informative)	표현적(expressive)	작용적(operative)
언어 기능 (language function)	정보적 (사물(object)과 사실 존중)	표현적 (발신자(sender)의 태도 존중)	소구적(appellative) (수신자(receiver)에 호소)
언어 차원 (language dimension)	논리적	미학적(aesthetic)	대화적(dialogic)
텍스트의 초점 (text focus)	내용 중심(content-focused)	형식 중심(form-focused)	소구 중심 (appellative-focused)
TT의 역할	지식적 내용(referential content)을 전달해야 함	미학적 형식(aesthetic form)을 전달해야 함	원하는 반응(desired response)을 유도해야 함
번역 방법 (translation method)	평이한 산문체(plain prose), 필요에 따라 명시화(explicitation)	저자와 동일시 전략(identifying method), ST 저자의 관점에서 번역	적응성(adaptive), 효과의 등가(equivalent effect)

Reiss(1976: 20)는 정보적 텍스트, 표현적 텍스트, 작용적 텍스트의 세 가지 유형에 따른 텍스트의 구체적 장르 예를 제시했는데, 이를 체스터만(Chesterman 1989: 105)이 다음 그림과 같이 도식화하였다(Jeremy Munday, 정연일·남원준 역 2006: 99)

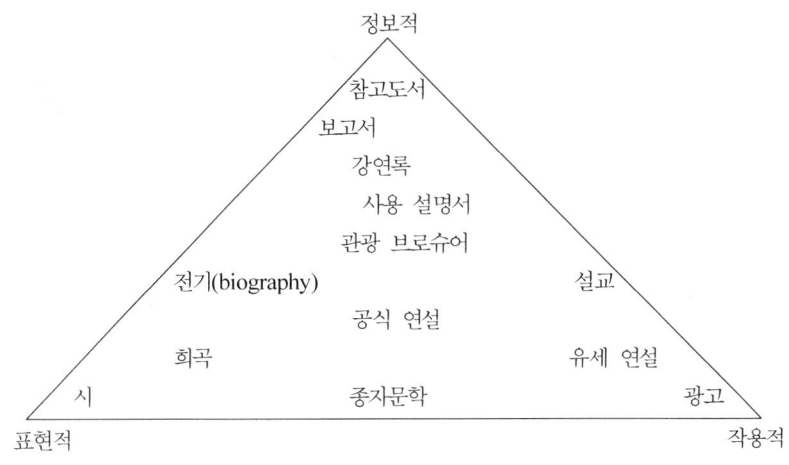

<그림1> 라이스의 텍스트 유형

위 그림에 따르면 참고 도서는 가장 정보적인 텍스트 유형에 속하고, 시는 가장 표현적인 텍스트 유형이며, 광고는 가장 작용적인 텍스트 유형이다. 전기는 한 인물에 관한 정보를 제공하는 동시에 문학 작품에서 볼 수 있는 표현적 기능을 구사하므로 정보적 타입과 표현적 타입의 중간 지점에 위치한다. 이와 마찬가지로 설교는 정보를 제공하면서 동시에 신도들이 어떤 행동을 하게끔 설득하는 작용적 기능도 가진다. 이렇게 혼성된 텍스트 유형이 존재하지만 라이스(Reiss 1977/89: 109)는 원문의 가장 두드러진 기능을 제대로 전달했는지의 여부를 번역문의 평가 기준으로 보았다(Jeremy Munday, 정연일·남원준 역 2006: 100).

물론 번역자가 번역의 방법을 결정할 때 단순히 텍스트 유형이라는 하나의 요소만을 기준으로 판단하지는 않으며, 그래서도 안 되지만, 번역 대상 텍스트의 유형과 각 유형의 특성을 파악한다면 원문이 갖는 여러 특성 가운데 어디에 초점을 맞추어 번역할 것인지를 결정하고 번역의 방법과 전략을 선택하는 데에 도움이 될 것이다.

라. 번역과 관련된 제반 권리를 확인하라

번역 상황의 분석에서 또 한 가지 필요한 작업은 번역 저작권과 관련된 제반 권리 사항을 확인하는 일이다. 전문 번역사는 주로 이미 원문의 소유권자와 번역과 관련한 권리를 협정 체결한 발주자의 의뢰를 받아 작업을 하게 되지만, 번역자가 직접 발주를 하는 경우 원문의 소유권자와 번역에 관한 권리를 체결해야 한다.

(3) 전략 수립

가. 번역의 원칙과 기법을 정하라

번역 환경의 분석이 끝나면 번역 전략을 수립하도록 한다. 번역할 텍스트와 번역의 목적이 정해지면 번역문을 완성하기까지 일정하게 유지하고자 하는 번역의 원칙을 세워야 한다. 넓게는 원문 텍스트의 형식을 변형할 것인가, 유지할 것인가, 변형한다면 그 범위와 수준은 어느 정도로 할 것인가에서부터 좁게는 대응어가 없는 어휘는 어떻게 번역할 것인가, 역주의 범위와 방식은 어떻게 할 것인가 등에 이르기까지, 처음부터 번역에 필요한 원칙과 기법을 정하지 않으면 번역을 하는 과정에서 번역 방법에 일관성이 없어져 결국 번역문이 통일성을 갖추지 못하게 될 수도 있기 때문이다. 그러므로 계획하기 단계에서 원칙을 정한 다음 일관되게 유지하도록 한다. 번역에 필요한 원칙을 세우는 일은 완성된 결과물로서의 번역문 텍스트가 통일성을 갖추는 데에 도움이 된다.

그러나 대원칙과 전략은 '이해하기' 전의 계획하기 단계에서 정할 수 있지만, 세부적인 번역 방법과 기법은 초벌 읽기를 마친 후 혹은 작업 읽기 과정에서 텍스트의 특성과 상황에 따라 확정하고 수정하게 된다. 그래서 번역의 전략과 방법을 정하는 데에도 번역 글쓰기의 순환성 원리가 작용한다. 번역문의 통일성과 일관성을 위해 이해하기 전 계획하기 단계에서 번역의 대원칙과 전략을 수립하되, 초벌 읽기 후, 작업 읽기 과정, 표현하기 과정에서 필요에 따라 계획하기 단계로 회귀하여 세부적인 번역 방법과 기법을 구체적으로 정하고 수정할 수 있다. 또한 수정하기 단계에서도 번역 방법과 관련한 문제를 발견하게 되면 순환성 원리에 따라 이를 수정하고 조정함으로써 다시 표현할 수 있다.

나. 과정에 따라 단계별로 시간을 안배하라

계획하기 단계에서 마지막으로 할 일은 번역의 과정에 따라 단계별로 시간을 안배하는 것이다. 전문 번역사는 주로 발주자 혹은 의뢰자에게서 번역을 의뢰 받아 번역을 하게 되므로 번역을 완성해서 원고를 제출해야 하는 날짜가 정해지는 것이 대부분이다. 그러므로 번역에 소요되는 시간을 각 단계별로 적당히 안배할 필요가 있다. 마감일을 앞두고 시간에 쫓겨 번역자 스스로 감수하고 교정을 하는 '수정하기' 단계를 허술하게 하는 일은 비일비재하다. '수정하기' 단계가 번역문의 완성도에 결정적인 역할을 하므로, 계획하기 단계에서 번역에 소요되는 시간을 적절하게 안배하여 계획한 일정대로 작업을 진행함으로써 검토의 시간을 충분히 가지면 번역문이 하나의 텍스트로서 완성도를 갖추는 데에 도움이 될 수 있다.

4.2.2. 이해하기와 표현하기

4.2.2.1. 이해하기

'이해하기'는 원문을 읽고 분석함으로써 이해하는 과정이다. '이해하기' 단계에는 원문을 문장 단위로 읽으면서 도착어로 표현하는 실제적인 번역 행위에 앞서 원문과 관련된 정보를 수집하는 자료 조사 과정과 원문 전체를 통독하는 초벌 읽기 과정, 그리고 실제 번역 과정에서 원문을 문장 단위로 읽으면서 의미를 분석하는 작업 읽기 과정이 포함된다. 이 단계에서는 다음의 전략을 제안한다.

(1) 관련 정보 수집
　　가. 원저자 정보를 수집하라.
　　나. 번역 대상 텍스트의 주제 지식을 획득하라.
　　다. 어느 과정에서라도 부족한 자료를 보충하라.
(2) 초벌 읽기(통독)
　　가. 원저자의 의도 및 원문의 전체적인 내용과 형식적 특성을 파악하라.
　　나. 자료 조사의 보충이 필요한지 확인하라.
(3) 작업 읽기(정독)
　　가. 원문의 담화 공동체에 참여하여 담화의 의미와 원문의 기능을 파악하라.
　　나. 꼼꼼하게 읽고 문장의 구조를 정확하게 분석하라.
　　다. 사전을 창의적으로 활용하라.

(1) 관련 정보 수집

일반 글쓰기에서 이루어지는 자료 조사는 글을 쓰기 위한 글감을 찾는 과정이다. 반면, 번역에서 자료 조사는 번역 대상 텍스트를 이해하기 위해 필요한 정보를 수집하고 배경 지식을 획득하는 과정이다. 관련 정보 수집에서는 번역 글쓰기의 원리 가운데 '학문 협업의 원리'가 작용한다. 번역자가 알고 있는 제분야의 지식을 총동원해야 하며, 자료 조사를 통해 해당 전문 분야의 주제 지식을 익혀야 한다.

가. 원저자 정보를 수집하라

자료 조사에서 맨 처음 할 일은 원저자에 대한 정보를 수집하는 일이다. 전문 학술 서적은 원저자의 학문적 배경을 아는 일이 중요하다. 때로는 번역문에 역자 서문을 쓰거나 해설을 덧붙이기도 하므로 원저자에 대한 지식이 필요하다. 그가 그동안 어떠한 종류와 내용의 글들을 썼는지 안다면 번역할 텍스트를 이해하는 데에도 많은 도움이 된다.

그러나 번역 글쓰기에서 원저자 정보가 반드시 필요한 것은 아니다. 예를 들어 여행지를 소개한 책, 건강 관리법이나 요리법, 외국의 풍습 등을 설명한 책, 동물이나 식물을 관찰하여 기록한 책 등 정보 전달 목적의 일반 교양 텍스트나 동화 같은 유아동 텍스트는 원저자에 대한 정보가 불필요한 경우다.

나. 번역 대상 텍스트의 주제 지식을 획득하라

자료 조사에서 가장 중요한 일은 번역할 텍스트의 내용에 대한 지식을 습득하는 것이다. 번역을 할 때는 무작정 원문을 읽는 것보다 번역할 텍스트의 내용에 대한 사전 정보를 조사하여 주제 지식을 획득하는 것이 번역에 도움이 된다.

전문 학술 서적이라면 전문 용어를 비롯한 해당 전문 영역에 대한 배경 지식을 충분히 갖추어야 한다. 다음 예를 보자.

(1)
[ST] Freud assumes that love is the manifestation of <u>libido</u>, and that the libido is either turned toward others—love; or toward oneself—self-love.

[TT1] 프로이트는 사랑을 <u>리비도</u>의 나타남이라고 보고 리비도는 다른 사람을 향하거나(사랑), 또는 자신을 향한다(자기애)고 가정한다. (사랑a, 70)

[TT2] 프로이트는 사랑은 <u>성욕</u>의 표현이며 성욕이 타인을 향하고 있는 경우는 사랑이고, 자신을 향하고 있는 경우는 자기애라고 가정한다. (사랑b, 85)

[TT2]는 'libido'를 '성욕'으로 번역하였는데, 'libido'는 심리학 전문 용어로서, '성욕'의 일반적인 의미와 다르다. 국내 학계에서는 이를 음차한 '리비도'가 통용되며, '리비도'는 전문 용어로 국어사전에도 등재된 어휘이므로 [TT1]의 '리비도'가 정확한 번역 술어이다. [TT1]의 번역자는 해당 분야의 전문 학술가인 반면, [TT2]의 번역자는 해당 분야에 대한 주제 지식을 갖추지 않은 직업 번역사라는 두 번역문의 배경 차이가 드러난다.

전문 학술 서적이 아니더라도 번역할 텍스트가 다루는 내용과 관련하여 사전 조사를 할 필요가 있다. 다음 예를 보자.

(2)

[ST] It was the winter of 1963, and Plath had been living with her husband, Ted Hughes, in Devon, several hours outside London in the English countryside. Hughes had insisted that they move there so he could have his solitude. She had just published her autobiographical novel, *The Bell Jar*, under a pseudonym. (Jeffrey A. Kottler 9-10)

[TT1] 1963년 겨울 실비아는 남편 테드 휴즈와 영국 런던에서 몇 시간 떨어진 데본에서 살고 있었다. 휴즈는 호젓한 곳에서 살고 싶다며 이곳으로 이사 오자고 했다. 실비아가 그녀의 자전 소설 『벨자(*The Bell Jar*)』를 가명으로 출간했을 때였다.

[TT2] 그 때가 1963년 겨울이었다. 원래 실비아는 남편 테드 휴즈와 영국 런던에서 몇 시간 떨어진 데본에서 살았다. 휴즈가 혼자 살겠다며 실비아에게 아이들과 함께 떠날 것을 강요하여 실비아는 아이들을 데리고 런던으로 와서 살고 있었다. 실비아는 자전 소설 『벨자(*The Bell Jar*)』를 필명으로 바로 얼마 전 출간했다.

위 예문의 [ST]는 코틀러(Jeffrey A. Kottler)가 광기를 지녔던 10인의 천재적 예술가를 소재로 쓴 책 *Divine Madness* 가운데 실비아 플라스(Sylvia Plath)에 관한 이야기의 일부이고, [TT1]은 [ST]를 익명의 번역사가 번역한 것이다.[14] [TT1]에서 번역자는 1963년에 실비아가 남편과 함께 데본에서 살고 있었다고 번역했는데, 이는 오역이다. 실비아의 일생을 보면, 실비

---

[14] 한 출판사에서 Jeffrey A. Kottler의 Divine Madness를 번역 출판하기 위해 몇 명의 번역사에게 샘플 번역을 의뢰하여 그 가운데 한 명을 이 책의 번역자로 선정하였는데, [TT1]은 이 책의 번역자로 최종 선정된 번역사의 번역 샘플이다.

아는 남편 휴즈와 결혼해서 데본에서 살다가 1962년에 이혼하고 아이들과 함께 런던으로 이사를 했으며, 1963년 초에 『벨자』를 출판하고 그해 2월에 자살했다. 이 단락의 윗단락 내용이 실비아가 자살하기 전에 마지막으로 아이들이 잠자는 모습을 바라보면서 눈물을 흘리는 장면을 그린 것인데, 바로 윗단락의 이야기가 1963년의 일이고, 휴즈와 데본에서 살았던 것은 그 전, 그러니까 1962년의 일이다. 1962년에 휴즈가 혼자 살겠다며 실비아에게 아이들을 데리고 떠나라고 한 것이다(사실 휴즈는 새 애인과 동거를 하려고 했다). 그래서 본고는 [TT2]를 대안으로 제시한다.

이러한 오역은 번역자가 원문의 시제 변화를 꼼꼼하게 분석하지 않은 탓도 있지만, 실비아에 대한 정보를 조사하지 않은 탓도 있다. 만약 번역자가 사전 조사를 통해 실비아의 일생에 대해 알고 있었다면, 과거 시제와 과거 완료 시제의 변화를 간파하여 이런 오역을 피할 수 있었을 것이다. 이 책이 광기를 지녔던 10인의 천재적 예술가를 소재로 하였으므로 번역하기 전에 최소한 이들 10인에 대해 사전 조사를 하면 원문의 내용을 보다 더 쉽게 파악할 수 있을 것이다.

다. 어느 과정에서라도 부족한 자료를 보충하라

자료 조사는 한 번에 이루어지기가 어렵다. 최소한 원문 텍스트를 읽기 전에 원저자와 텍스트 내용에 대한 주제 지식 정보를 수집하는 1차 조사 단계를 거치고, 초벌 읽기를 한 다음 2차 조사를 통해 부족한 자료를 보완하는 단계를 거치도록 한다. '1차 자료 조사'는 원문을 읽기 전에 원문에 대한 이해를 돕기 위해 필요한 자료를 수집하는 과정이다. 이 단계에서 해야 할 일은 번역할 대상 텍스트의 내용과 관련한 주제 지식과 원저자에 관한 전반적인 정보를 수집하는 것이다. '2차 자료 조사'는 원문을 처음부터 끝까지 '초벌 읽기' 한 후에, 원문에 대한 정확한 이해를 위해 '1차 자료 조사'에서 부족했던 자료를 보완하는 과정이다. '표현하기' 단계 이전에 어느 정도 자료를 보완하고, 필요하다면 '표현하기' 단계 중에도 보완함으로써 원문을 정확하게 이해하도록 힘쓴다.

일반적인 글쓰기와 마찬가지로 자료 조사의 단계는 번역 과정에서 그 특정한 시기가 정해져 있지 않다. 초벌 읽기 전, 초벌 읽기를 한 후, 출발어를 도착어로 옮겨 쓰는 본격적인 집필 단계, 초고를 완성한 다음 감수하고 고쳐 쓰는 수정 단계 어느 과정에서든지 자료 보충이 필요하다고 판단되면 언제라도 자료 조사를 실시하도록 한다. 초벌 읽기 전이나 초벌 읽기를 한 다음에는 원저자 및 원문 텍스트의 유형과 배경, 원문의 전반적인 내용과 관련한 전문 지식 등에 대한 자료를 조사하고, 작업 읽기 단계에서는 세부적인 내용과 구체적인 전문 용어 등에 대한 자료 조사를 보충할 수 있다. 순환성 원리에 따라 번역 글쓰기의 과정 중 어느 단계에서라도 필요하다면 관련 정보를 수집한다.

(2) 초벌 읽기

'초벌 읽기'는 원문 텍스트를 읽으면서 대략적인 전체 내용을 파악하고 자료 조사의 보충이 필요한지 확인하는 단계이다. 정호정(2004: 125-126)은 번역에서 읽기 전략으로 세 가지를 소개하였다. '텍스트 정보 처리를 위한 연속적 읽기 전략(successive processing strategy)'과 '정보처리 부담을 덜기 위한 번역 전(前) 읽기 전략(pre-translation relief strategy)' 및 '발췌식으로 대충 읽기(skimming technique)'이다. '텍스트 정보 처리를 위한 연속적 읽기 전략'을 구사하는 번역사는 텍스트의 전반적/거시적 의미(global/macro meaning)를 파악하기 위해 텍스트를 우선 읽은 다음, 실제 번역 과정을 시작한다. 이때 부딪히게 되는 번역의 문제는 텍스트를 연속적/순차적으로 읽어 나가면서 해결하고, 이 해결 결과가 번역 텍스트로 재구성된다. 반면, '정보처리 부담을 덜기 위한 번역 전(前) 읽기 전략'을 구사하는 번역사는 실제 번역에 임하기 이전, 즉 번역의 1차 단계에서 텍스트를 읽으면서 번역시 문제가 될 수 있는 번역의 문제들을 사전에 파악하고 해결하며, 텍스트에 나타나 있는 정보를 완벽히 이해한 다음에야 실제 번역 단계를 시작한다. 둘 중 어느 전략을 사용하든 실제 번역에 임하기 전에 초벌 읽기 단계를 거침을 알 수 있다. '발췌식으로 대충 읽기'는 초벌 읽기 단계에서 사용하는 전략이다. 번역자가 항상 텍스트 전체를 모두 숙독하거나 정독하는 것이 아니라 경우에 따라서는 필요한 부분만을 발췌하여 읽어 나가는 전략도 자주 구사한다는 것이다.

초벌 읽기 단계는 번역자에 따라 생략을 하기도 한다. 정호정(2004)는 전문 번역사의 심층 면접 조사 결과에서 초벌 읽기 단계가 선행되지 않은 채 곧바로 실제 번역에 드러나는 경우도 있음을 보였다. 초벌 읽기 전략에 영향을 미치는 요소로는 (1) 주제 분야의 친숙도 (2) 텍스트 전체 길이 (3) 해당 주제 분야 텍스트의 번역 경험 (4) 번역 결과물 납기, 즉 시간적 여유 (5) 번역 텍스트의 전문성 및 난이도 (6) 번역료 수준 등을 꼽았는데, 번역할 텍스트의 전문성 및 난이도가 상대적으로 높고 해당 텍스트의 주제 분야에 대한 친숙도가 낮을수록 초벌 읽기 과정을 반드시 수행할 뿐 아니라 경우에 따라서는 반복적으로 읽기도 하는 반면, 전문성 및 난이도가 낮고 주제 분야에 대한 친숙도는 높으면서 납기까지의 시간적 여유가 적은 경우에는 초벌 읽기 과정을 생략하고 전혀 하지 않는 경우도 있다고 하였다. '초벌 읽기' 단계를 생략할 때에는 다음 단계인 '작업 읽기' 단계에서 '초벌 읽기' 단계의 전략을 염두에 두어야 할 것이다.

가. 원저자의 의도 및 원문의 전체적인 내용과 형식적 특성을 파악하라

원문을 읽어가면서 도착어로 옮기는 본격적인 번역 행위에 앞서 초벌 읽기를 하는 이유는 초벌 읽기를 통해서 원저자의 의도 및 원문의 전체적인 내용과 주제, 그리고 문체와 같은 형식적인 특성을 파악하기 위함이다. 초벌 읽기에서 해야 할 가장 중요한 일은 원문을 정확하게 이해하는 것이다. 전체적인 내용에 대한 이해 없이 문장 단위나 문단 단위로 번역을 하게 되면, 문장의 의미를 잘못 이해하여 원문의 의미와 다르게 번역하는 일이 생긴다. 하나의 어휘나 문장이 내포한 참된 의미는 그보다 더 큰 담화의 단위 속에서 정확하게 파악할 수 있으므로 전체의 내용 속에서 부분의 의미를 이해하는 일이 중요하다.

원문을 정확하게 이해한다는 것은 내용뿐 아니라 형식적인 면에 대한 이해도 포함한다. 특히 문학 텍스트를 번역할 때에는 원문이 전달하고자 하는 주제 의식과 아울러, 문체와 시점 등을 파악하고 원문의 형식적인 특성을 유지할 것인지 아닌지 결정하는 일이 중요하다. 문학 텍스트는 표현적 특성이 그 문학성에 큰 영향을 미치기 때문이다. 원문의 표현적 특성을 살리지 못하면 번역문은 줄거리를 옮긴 것에 지나지 않으므로 원문의 문학적 효과를 온전하게 전달할 수 없다. 문장의 길이는 만연체인지, 간결체인지, 어휘는 쉽고 일상적인 용어를 사용하는지, 어렵고 현학적인 용어를 사용하는지, 은유적 방법을 많이 쓰는지, 속담이나 관용구를 활용한 비유적 표현을 많이 쓰는지, 글을 전개해 나가는 화자의 시점은 어떠한지 등은 한두 문단 읽는 정도로는 파악하기 힘들다. 저자가 등장인물의 현학적인 태도를 드러내기 위해 의도적으로 어려운 어휘와 고어체에 긴 문장을 사용한 것인데, 표현하기에 앞서 원문 텍스트 전체를 읽어 보지 않으면 저자의 이러한 의도와 표현의 특성을 파악할 수가 없어서 번역자 임의로 문장을 쪼개고

쉬운 도착어 어휘로 번역하는 일이 생긴다.

대화문이 등장하는 글은 글 전체의 문체뿐 아니라 대화문의 문체와 대화 참여자의 성격을 분석할 필요가 있다. 담화 상황과 담화 참여자에 따라 대화문의 문체가 다르기 때문이다. 냉철하고 논리적인 남자에게 부드럽고 여성적인 말투는 어울리지 않는다. 군인들의 대화라면 해요체보다 격식체의 종결 어미가 어울리고, 건방지고 권위적인 상사가 부하 직원에게 지시를 하는 경우라면 반말이 어울릴 것이다. 천박한 거리의 여성에게는 번역자가 사용하는 고상한 어휘와 말투가 어울리지 않는다. 등장인물의 성격은 대화문에서 등장인물이 쓰는 말투로 드러나므로 초벌 읽기를 통해 원문의 대화문에 나타난 등장인물의 말투를 분석함으로써 등장인물의 성격을 파악한 다음 이를 도착어의 담화 관습에 비추어 어떤 문체로 표현할 것인지 미리 결정하여 번역에 임하면 번역문 텍스트의 문체가 일관성을 갖출 수 있을 것이다.

나. 자료 조사의 보충이 필요한지 확인하라

초벌 읽기에서는 자료 조사의 보충이 필요한지의 여부 또한 확인해야 한다. 전문 텍스트 유형의 글이라면 원문에 사용된 전문 용어를 모두 확인하고 자료 조사를 보충하는 일이 중요하다. 번역자의 전문 분야가 아니라면 해당 분야의 지식에 한계가 있으므로 초벌 읽기 전 자료 조사 단계에서 어느 정도 사전 지식을 습득하게 되지만, 구체적인 내용이나 용어에 대해 모두 조사하기는 어려우므로, 초벌 읽기를 통해 낯선 용어나 이론에 대한 언급이 발견되면 즉시 자료 조사를 보충하도록 한다. 특히 전문 용어는 어떤 번역 술어로 표현할 것인지가 중요하므로 해당 전문 분야의 담화 공동체에서 사용하는 기존 술어를 반드시 확인하여 번역자 임의로 전문 용어를 바꾸어 써서 독자에게 혼란을 야기하는 일이 없어야 할 것이다.

(3) 작업 읽기

'작업 읽기'는 실제 번역 단계에서 도착어로 옮기기 위해 문장 단위로 원문을 읽고 분석하는 과정이다. 작업 읽기에서 분석 전략의 핵심은 원저자의 의도와 목적, 원문의 의미를 정확하게 분석하는 것이다. 이를 위해 본고에서는 다음의 분석 전략을 제시한다.

가. 원문의 담화 공동체에 참여하여 담화의 의미와 원문의 기능을 파악하라

번역자는 번역문을 쓰는 필자임과 동시에 원문을 읽는 독자다. 그래서 담화 공동체 참여의 원리에 따라 원저자와 원문이 속한 담화 공동체에 독자로서 참여하여 원문의 의미와 기능을 파악해야 한다. 원문이 속한 담화 공동체에 참여하여 그 담화 관습을 익히지 못하면 문장의 의미는 분석할 수 있을지언정 담화의 의미는 분석해 내기 어렵다.

해석학적 번역 이론에서는 번역 혹은 번역자에게 필수적인 요건으로 원문의 언어에 대한 완벽한 이해는 물론, 출발어로 진술·표현된 것에 대한 본래의 의미를 이해하는 일이 더 중요하다고 보았다(Gadamer · Hans-Georg 1986; 이선관 2003: 24 재인용). 나이다(Nida 1996)는 원문의 의미를 확실히 이해한 번역가는 깊이 생각하지 않아도 저절로 번역문을 생성해 내게 된다고 설명한다. 단어의 품사나 어순, 문장의 길이에 대해 고심할 필요를 느끼지 않는다는 것이다(Marianne Lederer 2004: 22; 남성우 2006: 110 재인용). 이는 해석 이론의 '탈언어화' 개념과 상통한다. 탈언어화란 원문

의 내용을 일단 파악하고 나면 원문에 있던 단어들을 잊어버리고 관용어도 해체시켜 그 이해한 바를 도착어의 틀에서 재표현하는 것을 말한다(남성우 2006: 113). 이러한 논의들은 번역이 원문에 표현된 문장을 도착어의 문법에 맞게 단순 변형하는 작업이 아니며, 번역자가 원문의 내용과 의미를 이해하면 더 이상 원문의 언어적 형식에 얽매이지 않고 자유롭게 도착어로 표현할 수 있음을 의미한다. 따라서 번역자가 우선적으로 할 일은 원문의 의미를 정확하게 이해하는 것이다.

번역은 단어 대 단어, 문장 대 문장의 변환이 아니라 담화 대 담화, 텍스트 대 텍스트의 변환이다. 따라서 번역자는 단어에서부터 담화에 이르기까지 그 의미를 정확하게 분석해야 한다. 문장의 의미를 정확하게 파악하기 위해서는 문자화(spell-out)된 원문의 표면 구조에만 천착할 것이 아니라, 심층 구조를 고려하여 원문이 전하고자 하는 심층적 의미를 파악해야 한다. 문장의 의미는 문장을 구성하는 단어들이 가지는 의미의 합으로 제한되지 않으며, 그 이상이거나 단어들의 의미총화와는 다른 의미를 가질 수도 있다. 관용구가 대표적인 예이다. 나아가 문장에 드러난 표면적인 의미만 알아서는 안 되며, 화맥 속에서 담화의 의미를 분석해야 한다. 즉, 개별 어휘나 문장이 담화 속에서 가지는 담화상의 화용적 의미를 분석해야 한다. 또한 여러 문장으로 이루어진 텍스트 전체, 담화 전체가 가지는 의미를 분석해야 한다. 이 담화의 의미를 분석하기 위해서 번역자는 원저자와 원문이 속한 담화 공동체에 독자로서 참여하여 담화 관습과 문화를 익혀야 한다. 그래야 원저자가 원문에서 의미하고 의도하는 바를 온전하게 파악할 수 있기 때문이다.

나. 꼼꼼하게 읽고 문장의 구조를 정확하게 분석하라

오역은 단어의 의미나 문장의 구조를 제대로 파악하지 못한 데에 기인하는 경우가 대부분이다. 앞서 본 예문 (2)의 [TT1]은 [ST]의 "they move there"에서 'move' 다음에 전치사 'to'가 오지 않았음을 제대로 보지 못하여 "이곳으로 이사 오자고 했다"고 오역을 하고 말았다. 오역을 피하기 위해서는 문법적 요소에 대한 정확한 지식과 이해도 필요할 뿐더러 한 단어도 빠뜨리지 않고 꼼꼼하게 읽는 습관이 필요하다.

다. 사전을 창의적으로 활용하라

작업 읽기에서 가장 기초적인 방법은 사전의 활용이다. 모국어라 하더라도 모든 단어의 의미를 알기란 불가능한 일인 만큼 외국어는 더더욱 사전을 가까이 할 필요가 있다. 단어가 단의어인 경우는 극히 드물다. 한 단어는 문맥에 따라서 다양한 의미를 가지므로 해당 문맥에서 어떤 의미로 사용되었는지를 파악해 내는 일이 중요하다. 외국어의 경우 우리가 흔히 알고 있는 쉬운 단어일수록 특정 문맥에서 우리가 예상치 못한 의미로 사용되는 경우가 많다. 단어의 의미는 고정된 것이 아니라 문맥에 따라 다양하다는 점을 잊지 말아야 한다. 특히 단어 개개의 의미 합으로 해석할 수 없는 관용구에 유의한다. 단어 개개의 의미 합으로 해석했을 때 문맥상 어색하다면 관용구로 쓰인 것은 아닌지 사전을 확인할 필요가 있다.

그러나 사전에 제시된 번역어를 그대로 따르기에는 사전이 완벽하지 못하다. 이재호(2000)에서는 영한 사전의 문제점으로 순수한 우리말이 빠져 있는 경우, 실제로 쓰는 번역어가 빠져 있는 경우, 번역어를 제시하지 않고 뜻을 설명한 경우, 번역어 보충이 필요한 경우, 한자어가 한글로만 적혀 있어서 의미 전달이 어려운 경우, 일본식 번역어, 틀린 번역어와 설명, 혼란스러운 발음 표기 등을 지적하였다. 따라서 사전을 그대로 맹신하기보다 문맥과 담화 상황, 도착어권의 문화 등을 고려하여 사전에 제시된 번역어와 풀이를 창의적으로 활용하도록 한다.

4.2.2.2. 표현하기

'표현하기'는 출발어를 도착어로 옮기면서 번역문을 쓰는 단계이다. 이 단계에서 가장 유의할 사항은 예상 독자가 속한 담화 공동체의 담화 관습을 따르고 예상 독자의 입장을 반영하여 표현하는 것이다. 초보자라면 처음부터 도착어의 담화 관습까지 고려하는 완벽한 번역을 하려고 하기보다 일단 출발어에 중점을 두고 원문의 통사와 어휘에 충실하게 초고를 작성한 다음에 수정하기 단계에서 이를 도착어 텍스트답게 매끄럽고 자연스러운 문장으로 다듬는 방법을 쓸 수도 있다. 물론, 유능한 번역자는 처음부터 도착어 텍스트다운 자연스러운 문장으로 표현할 수 있을 것이다.

'표현하기' 단계에서 요구되는 상위 전략은 다음과 같다.

(1) 전달 정보의 총량을 결정하라.
(2) 예상 독자가 속한 담화 공동체의 담화 관습을 따르라.
(3) 예상 독자와의 내면적 대화를 통해 독자의 입장을 반영하라.
(4) 중간 점검을 하라.

위 전략 가운데 첫 번째는 의미 전달의 측면에서 전달할 정보의 범위를 어디까지로 할 것인지 결정하라는 것이다. 대부분 원문의 내용에 충실하게 번역하지만, 원문을 있는 그대로 도착어로 옮기지는 않는다. 그러므로 번역이 끊임없는 의사 결정 과정이라는 측면에서 내용의 흐름상 불필요한 단어나 문장은 생략하기도 하며, 전문 텍스트 유형은 독자의 이해를 돕기 위해 '명시화' 전략을 사용하여 번역자가 설명을 덧붙이기도 한다. 때로는 축역도 가능하므로 '표현하기'에서는 전달할 정보의 총량을 우선 결정한 다음 도착어로 쓰게 된다.

두 번째와 세 번째 전략은 표현의 측면에서 도착어에 충실하라는 것으로, 번역 글쓰기의 원리 가운데 담화 공동체 참여의 원리를 반영한 것이다. 원문을 읽는 '이해하기' 과정에서는 원저자와 원문이 속한 담화 공동체에 참여하여 원문을 이해하지만, 도착어로 글을 쓰는 '표현하기' 과정에서는 예상 독자가 속한 담화 공동체에 참여하여 담화 공동체의 담화 관습을 따르고 독자의 입장을 고려하여 독자가 쉽고 정확하게 이해하도록 표현해야 한다.

네 번째 전략으로는 중간 점검을 할 것을 제안하였는데, 이는 번역자가 계획하기 단계에서 정한 원칙과 번역 방법에 따라 전체 텍스트의 앞부분을 어느 정도 번역한 다음 중간 점검을 통해 번역에서 발견되는 문제점을 확인하여 처음에 세운 원칙과 그동안 적용해 온 번역 방법을 수정함으로써 이후의 번역에 효율성을 도모하려는 것이다. 중간 점검 과정을 거치지 않으면 애초에 정한 원칙과 번역 기법이 잘못되었을 경우 그 문제점이 초고가 완성될 때까지 이어지게 되므로 초고가 완료된 후에 수정하기 단계에서 그 문제점을 모두 해결하려면 많은 시간이 소요된다. 따라서 전체 텍스트 분량의 1/10이나 한두 장을 번역한 다음[15]에 중간 점검을 통해 문제점을 확인하고 수정한 다음, 이후에는 수정한 원칙과 번역 방법을 적용함으로써 표현하기 단계의 완료 후에 행하게 되는 수정의 단계를 줄이고 초벌 번역에서부터 번역에 좀 더 완벽성을 기할 수 있게 된다. 2장에서 제시한 번역 글쓰기의 순환성 원리를 적극 반영한 전략이다.

표현 전략의 핵심은 예상 독자가 속한 담화 공동체의 담화 관습을 반영

---

[15] 그 전에라도 문제점이 발견되면 즉각 원칙과 번역 기법을 수정하여 적용하도록 한다.

하여 독자가 쉽고 정확하게 이해하도록 표현하는 것이다. 여기에 국어 생활을 더 풍요롭게 하는 데 기여할 수 있다면 더할 나위 없을 것이다. 3장에서 우리는 비번역문과 대조되는 번역문의 언어적 특성을 살펴보았다. 비번역문을 기준으로 하여 비교·대조하여 분석해 낸 번역문의 특징 가운데 출발어의 언어적 특징이 반영된 상투적 번역은 우리말답지 않은 문장 표현의 원인이 되어 독자에게 거부감을 주고 독자가 글을 읽어 나가는 데에 걸림돌로 작용하며, 상투적 번역으로 구문이 획일화되면서 여기에서 비롯하는 어휘의 단순화는 텍스트를 단조롭게 만든다는 점에서 재고할 필요가 있다. 여기서는 번역자가 우리말의 담화 관습에 따라 독자에게 더 편안하고 나아가 다채로운 어휘와 문장을 구사하기 위한 방안으로 어휘 층위, 문장 층위, 담화 및 텍스트 층위로 나누어 다음의 세부적인 표현 전략을 제시한다.

1) 어휘 층위

프랑스 작가 플로베르는 말하고 싶은 것이 무엇이든 간에 그것을 적확하게 표현하는 말은 하나밖에 없다는 '일물일어설(一物一語說)'을 주장했다. '일물일어설'은 창작뿐 아니라 번역에서도 유효하다. 번역 글쓰기에서 가장 적확한 어휘란 원문의 의미와 효과, 즉 원문의 내용과 맥락에 알맞은 어휘임과 동시에 도착어의 담화 관습에도 알맞은 어휘이다.

본고에서는 어휘 층위의 표현에 필요한 전략으로 다음을 제시한다.

(1) 글의 내용과 맥락에 알맞은 어휘를 선택하라.
(2) 도착어의 담화 관습에 알맞은 어휘를 선택하라.
   가. 대명사의 남용을 경계하라.
   나. 문화소를 변환하라.
   다. 외래어 및 외국어의 사용에 유의하라.

(3) 다양한 어휘를 활용하라.

위에서 (1)은 원문의 의미를 정확하게 전달할 수 있는 어휘를 선택하라는 것이다. 이는 원저자와 원문이 속한 담화 공동체에 참여하여 그 담화 관습을 이해함으로써 이루어질 수 있다. (2)는 번역문의 특징 가운데 출발어의 언어적 특성에 따른 간섭을 최소화하기 위한 규범화 전략이다. 따라서 이들 전략에는 2장에서 제시한 번역 글쓰기의 원리에서 담화 공동체 참여의 원리가 적용된다. (3)은 번역문의 특징에서 지적한 어휘의 단순화를 극복하기 위한 전략이다.

(1) 글의 내용과 맥락에 알맞은 어휘를 선택하라

하나의 어휘는 하나의 뜻만 가지고 있지 않으며, 문맥에 따라 다양한 의미로 사용된다. 따라서 어휘를 번역할 때에는 원문의 의미를 정확하게 분석하여 도착어 가운데 해당 문맥에 사용된 의미를 가장 정확하게 표현하는 어휘를 선택해서 번역해야 한다.

앞서 본 예문 (2)에서 'pseudonym'의 번역을 예로 들어 보자. 영한사전을 찾아보면 'pseudonym'의 뜻은 '가명, 아호, (작가의) 필명, 익명' 등으로 풀이되어 있다. 예문 (2)의 [TT1]에서 번역자는 이를 '가명'으로 표현하였는데, 실비아가 작가이고, 그녀의 소설 『벨자』를 'pseudonym'으로 출판하였다고 했으므로, 원저자는 'pseudonym'를 '필명'의 뜻으로 사용했을 것이다. 그러므로 '필명'으로 번역하는 것이 원문의 의미에 가장 부합한다.

또 다른 예를 보자.

(3)

[ST] The basic condition for neurotic love lies in the fact that one or both of the "lovers" have remained attached to the figure of a parent, and transfer the feelings, expectations and fears one once had toward father or mother to the loved person in adult life;

[TT] 신경증적 사랑의 기본적 조건은 <u>애인</u> 중의 한 사람 또는 두 사람이 모두 어버이의 상에 애착을 느끼고 있고, 어른임에도 불구하고 일찍이 아버지 또는 어머니에 대해 품고 있던 감정, 기대, 공포를 애인에게 전이시킨다는 사실에 있다. (사랑a, 110)

위 예에서 밑줄 그은 '애인'은 'lovers'의 번역이다. '사랑하는 사람'을 뜻하는 어휘로는 '애인' 외에 '연인'도 있다. '애인'과 '연인'은 '사랑하는 사람'이라는 공통된 의미를 가지지만, '애인'과 달리 '연인'은 '서로 사랑하는 관계에 있는 남녀'의 의미도 가진다. '애인'과 '연인'은 다음 문맥에서 그 의미 차이가 확연히 드러난다.

(4) 강가에서 사랑을 속삭이는 연인(*애인)을 자주 볼 수 있다.

위 (3)의 'lovers'는 다수의 애인을 가리키는 것이 아니라 서로 사랑하는 관계에 있는 한 쌍의 남녀를 뜻하므로 '애인'이 아니라 '연인'이 문맥의 의미상 정확한 표현이다.

(2) 도착어의 담화 관습에 알맞은 어휘를 선택하라

가. 대명사의 남용을 경계하라

어휘적인 측면에서 번역문의 가장 큰 특징은 대명사의 사용 빈도가 높다는 점이다. 이러한 특징은 3장에서 비번역문 코퍼스와의 비교를 통해 확인해 보았다.

우리말의 대명사는 다음과 같이 분류된다.

<표 3> 대명사의 분류

갈래	인칭	대상	대우 등급	보기		
정칭 대명사	1인칭	말하는이	예사말	나, 내, 우리		
			겸사말	저, 제, 저희		
	2인칭	말듣는이	아주 낮춤	너, 네, 너희		
			예사 낮춤	자네		
			아주 높임	당신, 임자, 그대, 여러분		
	3인칭	제3의 인물	아주 낮춤	얘	걔	쟤
			예사 낮춤		그, 그녀	
			예사 높임	이이	그이	저이
			아주 높임	이분	그분	저분
		사물		이것, 이	그것, 그	저것
		처소		여기, 이곳, 이쪽	거기, 그곳, 그쪽	저기, 저곳, 저쪽
재귀 대명사	각 인칭	사람		저, 자기, 당신		
부정칭 대명사	3인칭	사람		누구, 아무		
		사물		무엇, 어디, 언제		
의문 대명사	3인칭	사람		누구		
		사물		무엇, 어디, 언제		

위 표에 제시한 대명사의 분류는 서정수(1996)의 체계를 기본으로 하되, 일부 예를 보완하였다. 서정수(1996: 500)는 3인칭 대명사의 아주 낮춤 표현으로 '이애, 그애, 저애'를, 아주 높임으로 '이양반, 그양반, 저양반'을 들었는데, 이들은『표준국어대사전』에 단어로 등재되어 있지 않기 때문에 본고의 분류표에서 제외하였다. 본고의 분류표에서는 '이애, 그애, 저애' 대신 '얘, 걔, 쟤'를 제시하였고, 서정수(1996: 500)에서 예사 높임으로 분류된 '이분, 그분, 저분'을 본고에서는 아주 높임으로 분류하였다. 아내가 남편을

지칭할 때 '이이, 그이'라고는 하지만 '그분'이라고 하지는 않으며, 연세 높으신 어르신이나 지위가 높은 사람을 지칭할 때 '이분, 그분, 저분'이라고는 하지만 '이이, 그이, 저이'라고는 하지 않는 점을 미루어 볼 때, '이분, 그분, 저분'이 '이이, 그이, 저이'보다 대우의 정도가 높은 것으로 판단된다. 또한, 서정수(1996: 500)는 사람에 대한 재귀 대명사로 '저, 자기, 자신, 당신, 서로'를, 사물에 대한 재귀 대명사로 '자체'를 들었는데, 『표준국어대사전』에 '자신'과 '자체'는 명사로, '서로'는 부사로 등재되어 있고, 이에 근거하여 본 연구의 형태 분석에서도 이들은 각각 명사와 부사로 분석하였기 때문에 본고의 분류표에서는 이들을 제외하였다.

3장에서 본 바와 같이 번역문은 비번역문에 비해 대명사가 많이 쓰이는데, 그 중에서도 특히 3인칭 대명사의 쓰임이 많다. 형태별로는 2인칭 대명사 '당신', 3인칭 대명사 '그'가 특히 높은 빈도로 나타난다. 원문에 쓰인 대명사를 국어의 대명사로 충실하게 번역한 탓이다. 이 가운데 지시 대상이 명확한 주어 위치의 대명사는 생략하고 일반 명사나 한정 명사구, 혹은 재귀 대명사로 변환할 수 있는 것은 변환하도록 한다.

주어 성분이 필수적인 영어와 달리 한국어는 주어의 생략이 빈번하고 자유롭다는 특징이 있다. 그러나 번역문에서는 출발어에 구속되어 불필요한 주어를 그대로 옮기는 경우가 많다. 필자나 화자를 지칭하는 1인칭 대명사 주어, 필자가 독자를 가리키거나 대화문에서 화자가 청자를 지칭하는 2인칭 대명사 주어는 담화 문맥에서 지시 대상이 명확하게 드러나므로 생략할 수 있다.

먼저 1인칭 대명사 주어부터 살펴보자. 3장에서 번역문이 비번역문보다 1인칭 대명사의 빈도가 낮지만, 전문 텍스트 유형만큼은 번역문이 비번역문보다 1인칭 대명사의 빈도가 높았고, 특히 '나/내'의 빈도는 3배 가까이 높게 나타났다. 이는 필자를 지칭하는 '나'의 쓰임이 많기 때문이다. 다음 예를 보자.

(5)

[ST] I have discussed the difference between Aristotelian and paradoxical logic in order to prepare the ground for an important difference in the concept of the love of God.

[TT1] 신에 대한 사랑의 개념에서 볼 수 있는 중요한 차이점의 근거를 밝히기 위해 나는 지금까지 아리스토텔레스의 논리학과 역설적 논리학의 차이점을 검토해 왔다. (사랑a, 92)

[TT2] 신에 대한 사랑이라는 개념에 나타나 있는 중요한 차이점의 근거를 밝히기 위해 아리스토텔레스 논리학과 역설 논리학의 차이점을 살펴보았다. (사랑b, 106)

(6)

[ST] Thus far I have discussed what is needed for the practice of any art. Now I shall discuss those qualities which anre of specific significance for the ability to love.

[TT1] 지금까지 나는 어떤 기술의 실용에 필요한 것이 무엇인지를 검토해 왔다. 이제 우리는 사랑의 능력에 각별히 중요한 성질을 검토할 차례이다. (사랑a, 136)

[TT2] 지금까지 어떤 기술의 실천에 필요한 것들에 대해 논의해 왔다. 이제는 사랑할 수 있는 능력에서 특히 중요한 자질에 대해 논의해 보겠다. (사랑b, 155)

위 두 예문에서 [TT1]은 원문의 1인칭 주어를 '나'와 '우리'로 번역하였지만, [TT2]는 생략하였다. 필자를 지칭하는 1인칭 주어 '나'는 지시 대상이 분명하므로 생략하도록 한다.

다음으로 2인칭 대명사를 살펴보자. 3장에서 살펴보았듯이 2인칭 대명사 가운데 번역문에 특히 많이 쓰이는 형태는 '당신'이다. '당신'은 대화문에서 청자를 지칭할 때도 쓰이지만, 필자의 서술체에서 독자를 지칭할 때도 쓰인다. 번역문에는 후자의 상황에 쓰인 '당신'의 예가 많이 발견된다. 다음 예를 보자.

(7)
  a. [TT1] <u>당신은</u> 콜럼부스가 어떻게 해서 달걀을 세워 놓았는지 알고 있는가? (A.셧클리프_이야기과학사.txt)
  b. [TT1] <u>당신이</u> 만약 일기가 확실치 않은 날 아이들을 피크닉에 데리고 가면 아이들은 날씨가 좋을까 비가 올까 하며 분명한 답을 졸라댈 것이다. (버트런드러셀_일반인을위한철학.txt)

위 예문은 필자가 독자에게 묻는 말이다. 지시 대상이 독자임이 명확하므로 주어 '당신은'은 생략할 수 있다. 그래서 본고는 다음의 [TT2]를 대안으로 제시한다.

(7)'
  a. [TT2] 콜럼부스가 어떻게 해서 달걀을 세워 놓았는지 알고 있는가? (A.셧클리프_이야기과학사.txt)
  b. [TT2] 만약 일기가 확실치 않은 날 아이들을 피크닉에 데리고 가면 아이들은 날씨가 좋을까 비가 올까 하며 분명한 답을 졸라댈 것이다. (버트런드러셀_일반인을위한철학.txt)

한 문단에서 각 문장의 주어가 동일한 경우에도 이를 반복하여 쓰지 않는 것이 좋다. 그런데 영어에서는 문장이 주어를 반드시 필요로 하기 때문에 번역문에도 이러한 동일 주어의 반복이 자주 나타난다. 다음 예를 보자.

(8)

[ST] Thou hast had pity on the gourd for the which thou hast not labored neither madest it grow; which camp up in a night, and perished in a night.

[TT1] 네가 수고도 아니하였고, 배양도 아니하였고, 하룻밤에 났다가 하룻밤에 망한 이 박덩굴을 네가 아꼈거늘 … (사랑a, 35)

[TT2] 너는 이 아주까리가 자라는 데 아무 한 일도 없으면서 그것이 하루 사이에 자랐다가 밤 사이에 죽었다고 해서 그토록 아까워하느냐? (사랑b, 47)

위 예는 문맥상 선행절이 양보의 종속절이다. 국어에서는 복합문에서 동일 주어를 생략하는 것이 일반적이다. [TT1]은 주어 '네가'가 종속절과 주절에 모두 쓰인 데다, 양보의 문맥에 연결어미 '-고'를 사용하여 양보의 의미를 제대로 전달하지도 않았다.

3인칭 대명사는 일반 명사나 한정 명사구를 써야 할 자리, 혹은 재귀 대명사를 써야 할 자리에 원문의 3인칭 대명사를 직역하여 '그'나 '그녀'로 쓰인 경우가 많다.

먼저 일반 명사를 써야 할 자리에 인칭 대명사를 쓴 예를 보자.

(9)

[ST] … mother's love is unconditional. All I have to do is to be-to be her child.

[TT1] … 어머니의 사랑은 무조건적인 것이다. 내가 해야 할 일은 오직 「현재의 상태」, 곧 그녀의 자식으로 남아 있는 것뿐이다. (사랑a, 49)

[TT2] … 어머니의 사랑은 무조건적이기 때문이다. 내가 할 일이라고는 존재하는 것, 어머니의 자식이 되는 것뿐이다. (사랑b, 63)

위 예의 [TT1]에 쓰인 '그녀의'는 원문의 'her'를 상투적으로 번역한 것이다. 위 번역문에서는 [TT2]와 같이 대명사 대신 '어머니'로 표현하는 것이 더 자연스럽다.

다음은 지시 표현으로 한정 명사구가 더 적합한 예이다.

(10)

[ST] She upped and oped[16] it, and what should she see but a small little black thing with a long tail. That looked up at her right curious, and that said:

[TT] 왕비가 일어나 문을 열어보니 꼬리가 긴 괴상하게 생긴 검은 새가 서 있었습니다. 그는 호기심어린 눈초리로 왕비를 올려다보며 물었습니다. (영국, 17)

위 번역문에서는 '검은 새'를 지시하는 표현으로 '그'를 사용하였다. '검은 새'가 사람처럼 말도 하는 존재로 나오기 때문에 의인화하여 '그'를 썼으리라 추측은 되지만, 아무리 의인화된 존재라 할지라도 국어의 어법상 사람이 아닌 동물에는 인물 대명사를 쓰지 않으므로 '그'보다는 '그 새'가 더 어울린다. 원문에서도 'he'가 아닌 'that'으로 표현하였다.

다음은 재귀 대명사로 변환해야 하는 예이다.

---

[16] 원문에 'oped'로 표기되어 있는데, 'opened'의 일부가 누락된 것으로 보인다.

(11)

[ST] How should a man caught in this net of routine not forget that <u>he</u> is a man, a unique individual, one who is given only this one chance of living, with hopes and disappointments, with sorrow and fear, with the longing for love and the dread of the nothing and of separateness?

[TT1] 이러한 상투적 생활의 그물에 걸린 인간*i*이 어떻게 <u>그</u>*i*는 인간이고, 특이한 개인이고, 희망과 절망, 슬픔과 두려움, 사랑에 대한 갈망, 무와 분리에 대한 두려움을 갖고 단 한 번 살아갈 기회를 갖게 된 자임을 잊지 않을 것인가? (사랑a, 24)

[TT2] 이러한 일상의 그물에 매인 인간*i*이 <u>자기</u>*i*는 독특한 개인이며 희망과 실망, 슬픔과 공포, 사랑에 대한 동경과 소외에 대한 두려움을 지니고 살아갈 기회밖에는 갖고 있지 않다는 것을 어떻게 잊지 않겠는가? (사랑b, 35)

국어의 재귀 대명사에는 '저, 자기, 당신' 등이 있다. 번역문에서는 대체로 재귀 대명사가 놓여야 할 자리에 인칭 대명사 '그'나 '그녀'가 많이 나타난다. 번역문에서 재귀 대명사가 쓰여야 할 자리에 인칭 대명사가 많이 나타나는 것은 영어와 국어가 재귀 대명사의 통사적 기능이 다르기 때문이다. 영어에서는 재귀 대명사가 동사와 전치사의 목적어로 쓰이는 반면, 국어의 재귀 대명사는 결합할 수 있는 격조사에 제한이 없기 때문에 다양한 문장 성분으로 쓰일 수 있다. 위 [TT1]의 '그는'은 'he'의 번역이다. 'he'가 쓰인 자리는 통사 구조상 주격 위치기 때문에 'himself'가 올 수 없다. 그러나 국어에서는 재귀 대명사가 격에 제한을 받지 않으므로 선행사와 동일 지표 표시(co-indexed)가 된다면 어떤 문장 성분으로도 쓰일 수 있다. 따라서 위 예의 'he'는 재귀 대명사로 번역하는 것이 더 자연스럽다.

그런데 영어에서는 의미상으로는 재귀적 의미여도 재귀 대명사가 올 수 없고 반드시 대명사가 와야 하는 경우가 있다. 다음 예를 보자.

(12)
[ST] Mother loves the newborn infant because it is <u>her</u> child, not because the child has fulfilled any specific condition, or lived up to any specific expectation.

[TT1] 어머니가 갓난애를 사랑하는 것은 이 애가 어떤 특수한 조건을 만족시켜 주었거나 특별한 기대를 충족시켜 주었기 때문이 아니라, 이 애가 <u>그녀</u>의 애이기 때문이다. (사랑a, 51)
[TT2] … <u>자기</u>의 아기이기 때문에 사랑한다. (사랑b, 65)

위 예의 'her'는 소유격 위치기 때문에 'herself'가 올 수 없다. 그렇다면 'her child'를 'the child of herself'로 바꿀 수 있을까? 그렇지 않다. 영어의 재귀사는 재귀사를 포함한 최소의 명사구 또는 절 내에 동일 지시(coreference) 선행사가 있어야 사용할 수 있다. 만약 그 범주 안에 동일 지시 선행사가 없다면 대명사로 대치하게 된다[17]. 위 예문의 [ST]에서 'her child'를 'the child of herself'로 바꾼다면 재귀사를 포함한 최소의 명사구 또는 절은 'it is the child of herself'가 된다. 재귀사는 이 범주 안에 동일 지시 선행사가 있어야 하는데, 'it is the child of herself'에는 'herself'의 동일 지시 선행사 'mother'가 없기 때문에 'herself'를 쓸 수 없다. 그래서 대명사를 사용하여 it is her child로 표현해야 하는데, 이러한

---

[17] 촘스키(Chomsky 1981)는 재귀사(anaphor), 대명사(pronominal), 그 외 지시 표현 명사구(R-expression)가 분포하는 조건을 결속 이론(Binding theory)으로 설명하였다.

경우에 쓰인 대명사를 국어로 번역할 때는 재귀 대명사로 번역해야 재귀적 의미를 정확하게 드러낼 수 있다. 그러므로 영어에서 재귀 대명사로 쓰이지 못하고 대명사로 쓰였다 하더라도 선행사와 동일 지시적이라면 재귀 대명사로 번역하는 것이 좋다. 물론 다른 선행사와 동지표될 가능성이 없는 상황에서만이다. 다음의 예도 마찬가지다.

(13)
[ST] She gives herself to the growing child within <u>her</u>, she gives <u>her</u> milk to the infant, she gives <u>her</u> bodily warmth.

[TT1] 여자i는 <u>그녀</u>i 안에서 자라나고 있는 어린애에게 자기 자신i을 주고 어린애에게 <u>그녀</u>i의 젖과 <u>그녀</u>i의 체온을 준다. (사랑a, 31)
[TT2] 어머니i는 <u>자기</u>i 안에서 자라고 있는 태아에게 자신i을 내어주며 유아에게 젖을 먹이고 체온을 준다. (사랑b, 43)

언어마다 통사적 구조와 문법이 다르므로 출발어의 문법 요소를 그대로 국어에 옮기려고 해서는 안 되며, 출발어의 문법은 텍스트의 의미를 정확하게 파악하도록 돕는 것으로 그 역할을 마쳐야 한다. 번역 글쓰기의 핵심은 원문의 정확한 의미를 도착어의 담화 관습에 맞게 도착어로 표현하는 것이다. 출발어의 문법에 근거하여 파악해 낸 의미를 도착어로 옮길 때에는 더 이상 출발어의 문법에 구속되지 말고 독자들이 쉽게 이해할 수 있도록 도착어의 문법과 담화 관습에 맞는 자연스러운 문장으로 표현해야 한다. 원문에 인칭 대명사로 표현되었다고 해서 이를 모두 국어의 인칭 대명사로 옮기는 것은 의미 전달을 우선으로 하는 태도가 아니다. 원문의 인칭 대명사가 선행사와 동일 지시적이라면 중의적 의미를 만들지 않는 범위 내에서 재귀 대명사로 표현하도록 한다.

원문의 인칭 대명사를 번역할 때에 상투적으로 1인칭은 '나', 2인칭은 '당신', 3인칭은 '그, 그녀, 그것' 등을 사용하는 경향이 있는데, 이들 표현은 우리말의 담화 관습에 어울리지 않을 때가 많다. 지시 대상이 명확한 주어 위치의 인칭 대명사는 생략하도록 한다. 특히 3인칭은 선행사가 사람일 경우에 이름이나 직함, 친족어 등을 이용하고, 사람이 아닐 경우에는 한정 명사구를 이용하여 지시 표현을 다양하게 사용하며, 선행사와 동일 지시적이라면 국어의 결속 조건을 고려하여 재귀 대명사로 변환한다.

나. 문화소를 변환하라

문화 관련 어휘란 '출발어를 사용하는 사회 공동체의 역사 · 사회 · 경제 · 정치 · 언어관습 등을 둘러싼 고유한 특정 문화에서 비롯된 어휘'이다(이근희 2008: 248). 문화 관련 어휘, 즉 문화소의 번역에 대해서는 이근희(2003, 2008)에서 고유명사, 특정 문화와 관련된 어휘, 특정 사건이나 인물과 관련된 어휘, 관용어, 도량형의 단위, 언어 사용 관습에서 비롯되는 표현의 6가지에 관해 번역 방법을 제시하였다.

번역사 인증시험 기본모형 개발을 위해 한국문학번역원에서 실시한 모의시험 가운데 번역중재능력 평가시험에는 이러한 문화소의 변환에 대한 평가 항목들이 다수 포함되어 있다[18]. 영문 홈페이지에 실린 '800 toll free number'를 한국 자회사의 한국어 홈페이지에 싣기 위해 번역할 때 어떻게 번역할 것인가의 문제라든가 날짜 표기에서 영국, 미국, 한국의 차이를 묻는 문제 등이 그러한 예이다[19].

---

[18] 박혜주(2006: 140-143) 참조
[19] 우리나라에서 무료 전화번호는 080이므로 '800 toll free number'는 '080 무료 전화'로 번역하면 무난할 것이다. 날짜 표기는 영국이 '일/월/년'의 순인 반면, 미국은 '월/일/년'의 순으로, 우리나라의 '년/월/일'의 순서와 다르므로 우리말의 순서에 맞게 변환해야

도량형의 번역에 대해서는 이미 여러 연구에서 지적되었지만 번역문에서 여전히 그 문제가 발견된다. 본고의 분석 대상 자료인 100만 어절 규모의 번역문 코퍼스에서 파운드(pound)는 113회, 마일(mile) 111회, 피트(feet) 40회 등으로 나타났다. 이들은 우리의 담화 관습을 따라 킬로그램, 그램, 킬로미터, 미터, 센티미터 등의 도량형에 맞게 계산하여 변환하도록 한다. 그러나 달러와 같은 화폐 단위는 환율이 고정적이지 않으므로 원화로 변환하기보다는 괄호 안에 원화 가격을 삽입하여 병기하는 것이 좋겠다.

문화소의 변환에서 또 한 가지 주의할 것이 고유명사의 번역이다. 얼마 전에 국방부가 일본 방위백서를 번역하면서 독도를 '다케시마'로 적어 국민에 사과한 일이 있었다. 다음은 관련 기사의 전문이다.

(14)
[CBS정치부 임미현 기자] 국방부는 지난해 일본 방위백서를 번역하면서 독도를 '다케시마'로 적고, 있지도 않은 일본 레이다 기지가 있는 것처럼 표기한 것에 대해 사과했다. 원태재 국방부 대변인은 22일 정례 브리핑에서 "일본 방위백서를 번역하는 과정에서 실무자가 실수했다"며 "이에 대해 사과한다"고 말했다. 이에 앞서 국방부는 일본 방위성이 지난해 발간한 '2007 일본 방위백서'를 번역하면서 독도를 '다케시마'란 명칭으로 일본 영토인 것처럼 표기했다. 또 일본 방위백서에는 없는 일본 자위대 소속 항공경계관제부대(레이다기지)가 독도에 주둔해 있는 것처럼 표시해 물의를 빚었다.

marial@cbs.co.kr

독도가 한국 국민에게는 매우 민감한 사안이라, 일본에서 독도를 자기네 영토로 주장하면서 사용하는 '다케시마'라는 명칭을 번역 과정에서 '독도'

한다.

로 수정하지 않고 그대로 옮김으로써 국방부가 사과를 하는 지경에까지 이른 것이다. 만약 번역의 목적이 일본 방위백서에 기록된 내용을 있는 그대로 전달하는 것이었다면 노드(1991)의 기록적 번역 방법을 사용하여 원문에 사용된 지명을 따라 '다케시마'로 표현한 것이 옳은 번역일 것이다. 그러나 일본 방위백서에서 어떠한 지명을 사용하고 있는지를 사실 그대로 기록하는 것이 이 번역의 목적이 아니었다면, 도구적 번역 방법을 사용하여 '독도'로 번역하는 것이 바람직하다. 여기서는 예상 독자가 속한 담화 공동체의 담화 관습을 따르지 않았기에 독자에게 거부감을 주었다.

  어휘를 번역할 때 대응어를 찾기 어려운 가장 큰 이유는 바로 각 언어 간에 의미장(semantic field)이 다르기 때문이다. 의미장이란 하나의 상위어 아래 의미상 밀접하게 연관된 낱말들의 집단을 말한다[20](A. Lehrer 1974: 1; 임지룡 1992: 76 재인용). 언어마다 그 언어를 사용하는 담화 공동체의 사회·문화 및 언어 관습의 차이로 말미암아 어휘의 의미장에 얼마간의 차이가 존재한다. 에스키모인들의 언어에서는 눈의 종류와 색깔을 다른 언어에서보다 더 자세하게 구분을 하는 것이나, 대가족 중심의 유교 사회의 전통을 가진 한국어에서 친족 관계어가 발달한 것이 그 대표적인 예이다. 이러한 의미장의 차이로 인해 번역에서 대응어를 선택하는 데에 어려움이 생긴다. 이때 유효한 번역 방법이 변환(shift)이며, 그 중에서도 상위어(hypernym)로의 대체(substitution)와 하위어(hyponym)로의 대체 방법이 효과적이다[21].

---

[20] 예를 들면, '색채어'라는 상위어 아래에는 '빨강, 주황, 노랑, 초록, 파랑, 남색, 보라' 등이 모여 의미장을 이룬다(임지룡 1992: 76).
[21] 장민호(2004)는 언어의 경제적 측면에서 영화 번역의 전략을 분석하면서 '일반개념화(chunking up)'와 '구체개념화(chunking down)', '유사개념화(chunking sideway)'의 방법을 언급하였다. 이 가운데 일반개념화와 구체개념화가 각각 상위어로의 변환과 하위어로의 변환에 해당한다. '일반개념화'는 많은 정보가 제공될 때 전체를 묶을 수 있는 상위어로 요약하는 방법이며, '구체개념화'는 출발어의 개념이 어렵거나 너무 광범위해서

한 어휘군의 의미장이 더 세분화된 언어를 덜 세분화된 언어로 번역하는 데에는 큰 어려움이 없으나 덜 세분화된 언어를 더 세분화된 언어로 번역할 때에는 세심한 주의가 필요하다. 의미장의 차이로 원문에 쓰인 어휘에 번역 가능한 대응어가 복수일 때는 도착어의 담화 관습을 고려하여 번역어를 결정하도록 한다. 다음 예를 보자.

(15)
[ST] In the morning Jack arose and <u>put on his invisible coat and magic cap and shoes</u>, and prepared himself for the fray.

[TT1] 아침에 일어나자 잭은 보이지 않는 <u>외투와 요술모자와 신발을 신고</u> 싸울 태세를 갖추었습니다. (영국, 131)
[TT2] 아침에 일어나자 잭은 보이지 않는 <u>외투와 요술모자, 신발을 갖추</u>고 싸울 준비를 하였습니다.

위 예의 [TT1]에서는 서술어 '신다'의 작용역이 '외투와 요술모자'에까지 미쳐 '외투를 신고, 요술모자를 신는' 꼴이 되어 버렸다. 이는 영어와 한국어 간에 착용 동사의 의미장이 서로 달라 생긴 결과이다. 영어에서는 'put on'을 '옷, 신발, 모자' 등에 모두 쓰지만 한국어에서는 '옷'에는 '입다', '신발'에는 '신다', '모자'에는 '쓰다'의 동사를 각각 사용한다. 따라서 위 예문에서 '외투'에는 '입다'를, '요술모자'에는 '쓰다'를 서술어로 붙여야 한다. 그러나 '외투'와 '요술모자' 각각에 서술어 '입다'와 '쓰다'를 붙이게 되면 문장이 산만하게 길어지므로 이들 동사의 상위어라 할 수 있는 '착용

모호할 경우 구체적인 예시를 통해 의미를 확정하는 방법이다. 그리고 유사개념화는 출발어와 같은 의미를 전달하기 위해 동일 범주의 다른 어휘로 대체하는 방법이다. 이들은 문화소와 관련한 의미장의 차이를 극복하기 위한 방법에 해당한다.

하다'나 '갖추다' 하나의 동사만 붙여서 문장 성분 간의 호응을 맞추는 것도 하나의 방법이다.

앞서 언급하였듯이, 의미장과 관련한 한국어 어휘의 가장 큰 특징은 대가족 중심의 유교 사회 전통에 따른 친족 관계어의 발달이다. 친족 관계어는 호칭어로 쓰여 대우법과 밀접하게 관련된다. 영어에서는 여동생이나 누나, 언니를 모두 'sister'로 표현하지만 국어에서는 기준이 되는 사람의 성별과 나이 관계 및 친·인척 관계에 따라 '여동생, 누나, 언니, 시누이, 올케, 처제, 처형, 형수, 계수' 등으로 구분되고, 영어의 'brother' 역시 '남동생, 형, 오빠'로 구분된다. 'aunt'는 '큰어머니, 작은어머니, 고모, 이모' 등으로 구분되고, 'uncle'은 '삼촌, 외삼촌, 큰아버지, 작은아버지, 고모부, 이모부' 등으로 구분된다. 물론, 'aunt'와 'uncle'은 친족 관계가 아닌 '아주머니', '아저씨'에도 쓸 수 있다. 따라서 영어의 'sister, brother, aunt, uncle' 등을 국어로 번역할 때는 등장인물 간의 관계를 파악하고 담화 상황에 따라 적절한 하위어로 대체하도록 한다.

다. 외래어 및 외국어의 사용에 유의하라

흔히 외래어와 외국어를 혼동하여 사용하지만, 외래어와 외국어는 그 개념이 다르다. 『표준국어대사전』에 따르면, 외국어는 다른 나라의 말이고, 외래어는 외국에서 들어온 말로 국어처럼 쓰이는 단어다. 그래서 외국어와 달리 외래어는 국어사전에도 등재되어 있다. 학술 번역이나 기술 번역과 같은 전문 번역에는 전문 용어가 많아 특히 주의가 요구된다.

번역에서 외국어를 그대로 차용하여 쓰는 이유는 대체로 그에 대응하는 우리말이 없기 때문이다. 번역자는 우선 해당 분야의 전문용어집이나 관련 학술 서적들을 참고하여 번역 술어를 확인하고, 기존의 번역 술어가 있다면 이를 따라서 독자의 혼란을 야기하지 않도록 한다. 앞서 살펴본 예문 (1)에서 'libido'를 '성욕'으로 번역한 예가 바로 전문 용어를 확인하지 않은 대표적인 사례라 하겠다.

문제는 기존의 번역 술어가 없는 경우인데, 이때 선택할 수 있는 방안은 두 가지, 즉 외국어를 차용하느냐, 아니면 새로운 번역 술어를 만들어 쓰느냐이다. 번역자가 해당 분야의 전문 학술인이라면 학계에서 통용될 수 있는 적절한 번역 술어를 만드는 노력이 필요하다. 새로운 이론이나 학술 연구가 들어오면, 처음 그것을 전한 논문이나 서적에서 사용한 용어를 따르는 것이 보통이다. 이미 특정 술어로 알려진 것을 임의로 다른 술어를 사용하게 되면 담화 공동체의 담화 관습을 깨뜨리게 되어 혼란을 일으키므로 처음 사용된 술어를 그대로 따르기 마련이다. 그래서 국내에 알려지지 않은 새로운 용어를 번역할 때에는 내가 사용한 술어가 앞으로 학계에 통용될 것이라는 점을 염두에 두어 편의상 외국어를 그대로 차용하기보다 적절한 번역 술어를 고민하는 것이 바람직한 학자의 자세일 것이다.

외국어와 달리 외래어는 엄연히 우리말로 자리 잡은 어휘이기 때문에 외국어를 그대로 차용하는 것보다는 덜 조심하게 된다. 하지만 외래어라 하더라도 대응하는 순화어가 있다면 순화된 우리말을 사용하는 것이 바람직하다. 그러나 외국어를 우리말로 번역하고, 외래어를 순화어로 바꾸어 쓰는 것이 반드시 좋은 방법이라고 말하기는 어렵다. 외국어나 외래어를 사용하는 데에 무엇보다 중요하게 고려해야 할 것은 담화 맥락과 담화 공동체의 담화 관습이다. 다음 예를 보자.

(16)
 a. [ST] ⋯ they showed off their lifelong dedication to gymwork in finely ribbed turtlenecks and tight leather pants.

[TT] …가는 스트라이프 터틀넥과 피트되는 가죽바지를 입은 몸은 …
(악마1, 22)

b. [ST] I finally decided on a light blue sweater and a knee-length black skirt, with my knee-high black boots. I already knew that a briefcase wouldn't fly there, so I was left with no choice but to use my black canvas purse.
[TT] 연파랑 스웨터와 무릎 길이의 검정 스커트를 입고 무릎까지 오는 검정 부츠를 신기로 마음먹었다. … 서류가방 같은 건 절대 사절이니, 대신 검정 캔버스 백을 들고 가는 수밖에 없었다. (악마1, 66)

위 예문은 『악마는 프라다를 입는다』의 일부로, 이 소설은 뉴욕에 있는 세계적인 패션 잡지 편집장의 보조 비서 업무를 하는 주인공 앤디의 생활을 담고 있는 만큼, 패션업계에 종사하는 사람들의 일과 대화가 주를 이룬다. 위 예문에 쓰인 외국어와 외래어를 순화어로 바꾸어 보겠다.

(16)'
a. [TT2] 가는 줄무늬로 된 접어 입는 긴 목의 상의와 달라붙는 가죽바지를 입은 몸은 …
b. [TT2] 연파랑 털옷과 무릎 길이의 검정 치마를 입고 무릎까지 오는 검정 목구두를 신기로 마음먹었다. … 서류가방 같은 건 절대 사절이니, 대신 검정 화포 가방을 들고 가는 수밖에 없었다.

순화하기 전의 예문과 순화한 후의 예문을 비교해 보자. 순화한 후의 예문은 패션업계의 사람들이 하는 말이 아닐뿐더러, 현대 한국의 젊은 여성들이 쓰는 말도 아니다. 순화하지 않은 원래의 번역문이 앤디가 20대 중반에 패션업계에 종사하는 여성이라는 점을 훨씬 효과적으로 드러냄은 두말할 필요도 없다.

한편, 위 번역서에서 '치마'를 항상 '스커트'로 표현하지는 않았다.

(17)
[ST] The day I found her crying alone in the cafeteria was the day her grandmother had forced her to chop off her dirty dreadlocks and wear a dress, and Lily was not happy about it.

[TT] … 억지로 치마를 입힌 바람에 그게 싫어 울고 있었다. (악마1, 155)

주인공 앤디는 어렸을 때의 일을 회상하며 '스커트'나 '드레스' 대신 '치마'라는 고유어를 썼다. 패션과 아무런 관련도 없는 상황에서 어린 여자 아이의 옷차림에 '스커트'는 어울리지 않는 표현이다. '한복 스커트, 주름 스커트, 플리츠 치마, A-라인 치마, 웨딩 치마'가 어색하고 '한복 치마, 주름치마, 플리츠스커트, A-라인스커트, 웨딩드레스'가 자연스러운 것처럼 단어 간의 결합 관계도 고려 대상이 된다.

외국어는 적절한 우리말로 바꾸어 쓰고, 외래어도 가능하면 순화어로 고쳐 쓰는 것이 좋겠지만 담화 상황에 따라서는 외래어와 외국어를 사용하는 것이 더 효과적일 때가 있다. 일반 글쓰기에서도 마찬가지지만 번역 글쓰기에서도 담화 공동체의 담화 관습을 고려하여 담화 상황에 맞게 외국어와 외래어를 적절히 사용하는 전략이 필요하다.

(2) 다양한 어휘를 활용하라

번역문이 비번역문보다 어휘적 다양성이 낮은 것은 번역 보편적 특성으로 언급되어 왔으며, 3장에서 국어 번역문에도 이러한 특징이 나타남을 보았다. 특히 번역문에 고빈도로 나타난 어휘들은 대부분 출발어의 언어적 특성이 반영된 상투적 번역 표현에 기인한 것으로 번역문의 어휘적 단순화가 출발어의 간섭과 무관한 것도 아니었다. 어휘적 단순화가 번역 보편소라 하더라도 어휘 사용 범주가 좁은 번역문이 좋은 번역문이라고 말할 수는 없다. 특정 어휘를 지나치게 빈번하게 사용하는 대신 동일한 의미를 가진 다른 어휘로 표현하면 어휘의 다양성을 높일 수 있다.

3장에서 비번역문에 비해 번역문에 고빈도로 나타난 어휘는 대명사 '그', 의존 명사 '것/거, 때문', 동사 '만들다, 가지다, 의하다, 있다, 되다, 대하다', 보조 용언 '있다, 지다', 접속 부사 '그러나, 그리고' 등이었다. '것/거'는 '-ㄴ 것이다', '-ㄹ 것이다'의 꼴로 많이 쓰이고, '때문'은 '-기 때문에', '-기 때문이다'의 꼴로 많이 쓰인다. '가지다'는 'have'의 번역에, '대하다'는 '-에 대한', '-에 대해'의 꼴로 전치사 'for'와 'to' 번역에, '있다'는 '-수 있다'의 꼴로 'can'의 번역에 쓰인다. '만들다'는 '-게/도록 만들다'의 꼴로 사동문에, '의하다'와 '되다', 보조 용언 '지다'는 각각 '-에 의해'와 '-게 되다', '-아/어지다'의 꼴로 피동문에 쓰이며, 보조 용언 '있다'는 '-아/어 있다'의 꼴로 완료형에 쓰인다. 이 가운데 의존명사가 결합한 복합 형식과 피사동 및 완료형은 문장 층위에서 다시 논의하도록 하고, 여기서는 동사 '가지다', '대하다'와 접속 부사 '그러나, 그리고', 의존명사 '때문'만 살피겠다.

'가지다'는 'have'의 번역체이다. 이근희(2008: 128-9)는 'have'가 소유의 개념을 나타내는 '-을 가지다'라는 1차적인 의미 외에도, '있다, 보내다, 개최하다(열다), 하다, 끼고 있다, 지니다' 등의 다양한 표현으로 번역이 가능함을 지적했다. 특히 '관심'과 결합될 때는 관심이 정도의 개념이므로 '관심을 가지다'라는 표현 대신 '관심을 쏟다, 관심을 두다, 관심이 있다,

관심이 높다, 관심이 적다, 관심을 끌다'와 같이 번역할 것을 제안했다. 'have'를 '가지다'로 번역할 때 또 하나 주의해야 할 요소는 주체의 [생명성]이다. 영어에서는 'have'가 무생물 주어와도 결합하지만, 국어에서 '가지다'는 무생물 주어를 선택하지 않는다. 다음은 무생물 주어에 '가지다'를 사용한 예이다.

(18)
   a. [TT1] 벡터가 동일한 방향을 <u>가진</u> 특별한 경우에는 더욱 그러하다. (A.아인슈타인,L.인펠트_물리이야기.txt)
   b. [TT1] 열차의 객실 창가에 서 있는 사람과, 보도에 서 있는 사람이 똑같은 구조를 <u>가진</u> 두 개의 시계를 하나씩 나누어 가진다고 하자. (A.아인슈타인_상대성이론.txt)
   c. [TT1] 모든 항성은 이 좌표계를 기준으로 1천문일(天文日, astronomical)이 경과하는 동안 엄청난 크기의 반지름을 <u>가진</u> 원을 그리게 된다. (A.아인슈타인_상대성이론.txt)
   d. [TT1] 16세기에 와서 이슬람의 술탄국들은 오랜 역사를 <u>가진</u> 힌두교 또는 불교국가와 나란히 존재하고 있었다. (프랭크기브니_일어서는나라주저앉는나라.txt)

위 예문은 아래와 같이 수정하면 된다.

(18)'
   a. [TT2] 벡터가 동일한 방향일 때에는 더욱 그러하다.
   b. [TT2] 열차의 객실 창가에 서 있는 사람과, 보도에 서 있는 사람이 똑같은 구조의 두 시계를 하나씩 나누어 가진다고 하자.
   c. [TT2] 모든 항성은 이 좌표계를 기준으로 1천문일(天文日, astronomical)

이 경과하는 동안 반지름이 엄청나게 긴 원을 그리게 된다.
d. [TT2] 16세기에 와서 이슬람의 술탄국들은 역사가 오래된 힌두교 또는 불교국가와 나란히 존재하고 있었다.

다음은 '대하다'가 '-에 대한'의 꼴로 'for'의 번역에 사용된 예이다.

(19)
[ST] … and this ability is precisely <u>a condition for the ability to love</u>.
[TT1] 이런 능력은 <u>사랑할 수 있는 능력에 대한</u> 귀중한 조건이 된다. (사랑b, 149)
[TT2] 이런 능력은 <u>사랑할 수 있는 능력을 가늠하는</u> 귀중한 조건이 된다

위 예문에서 '-에 대한'은 'for'의 번역이다. 여기서는 '-에 대한' 대신에 문맥의 의미를 살려서 '가늠하다'라는 동사를 활용할 수 있다.

접속 부사 '그리고'는 각각 'and'의 번역에 쓰인다. 문장 접속에서는 '그리고'를 쓰는 것이 보통이지만, 단어 접속에서는 접속 조사와 접속 부사 '및'을 사용할 수도 있다. 3.2.1에 제시한 병렬 접속소의 주요 형태별 빈도에서 번역문이 비번역문에 비해 '그리고'의 빈도가 높은 반면, '및'의 빈도는 절반에도 못 미침을 보았다. 병렬 접속소로 '그리고'만 사용하기보다 단어와 구 접속에서는 접속 조사와 '및'을 활용하고, 문장은 연결어미를 이용하여 다양한 방법으로 표현하면 어휘 사용의 단순화를 피할 수 있다.

마찬가지로 '그러나'는 'but'의 번역에 쓰이는데, 3.2.1에 제시한 대조 접속소의 주요 형태별 빈도에서 '그러나'의 상대 빈도는 번역문이 비번역문보다 8%가 높은 반면, 연결어미의 상대 빈도는 12%가 낮아 큰 차이를 보였다. 그러므로 대조 접속의 번역에서는 연결어미도 적극 활용하도록 한다.

'때문'은 주로 '-기 때문'의 꼴로 나타난다. 3.2.1에서 '-기 때문에'는 번

역문이 비번역문보다 많이 쓰이는 데 반해, 인과 관계의 연결어미는 번역문이 비번역문보다 적게 쓰임을 보았다. '-기 때문에'가 인과 관계 연결어미 자리에 쓰여 인과 접속의 기능을 담당하는 것이다. 따라서 인과 접속에서 '-아서/어서, -니(까), -(으)므로, -느라(고), -기에, -길래' 등의 연결어미를 다채롭게 활용하면 어휘 사용의 단순화를 피할 수 있을 것이다.

2) 문장 층위

정희모·이재성(2005)는 좋은 글의 요건으로 지식, 구성력, 문장력 세 가지를 들었다. 지식은 무엇을 어떻게 써야 할까를 결정하는 발상 과정에 관여하는 요소로, 글의 내용과 수준, 그 깊이를 결정한다. 지식은 번역에서 자료 조사 단계와 관계된다. 구성력은 하나의 의미로부터 다른 의미를 논리적으로 만들어 가는 과정, 의미를 점차 확장시키고 발전시키는 과정에 관여하는 요소로, 단락과 단락을 연결시키고 결론을 유추해 내는 능력, 인용과 예시를 주제에 연결시키는 능력이다. 축소 번역이나 번안, 개작 등이 아닌 한, 번역은 이미 구성된 글을 도착어로 옮겨 쓰는 것에 지나지 않으므로 번역 글쓰기에서 구성력은 그다지 중요한 요소가 아니다. 문장력은 말하고자 하는 바를 효과적으로 전달하는 수단이다. 이 세 요소 가운데 번역 글쓰기에서 가장 중요한 요소가 바로 문장력이며, 표현하기 단계에서 이 문장력이 발휘된다. 본고는 문장 층위에 필요한 표현 전략으로 다음을 제시한다.

(1) 원문의 표면 구조 및 심층 구조를 반영하라.
(2) 도착어다운 문장으로 표현하라.
　　가. 피동 표현의 남용을 경계하라.

　　　　나. 사동 표현의 남용을 경계하라.
　　　　다. 무리한 명사화를 경계하라.
　　　　라. 대화문에는 구어체를 도입하라.
　　(3) 간결한 문장으로 표현하라.
　　　　가. 불필요한 복합 형식의 남용을 경계하라.
　　　　나. 잉여적인 표현을 경계하라.

이들은 3장에서 지적한, 출발어의 언어적 특성에 기인한 상투적 번역 구문에 대한 해결 전략이다. (1)은 원문의 심층 구조를 반영함으로써 표면 구조에 대한 상투적 번역을 피하라는 것이고, (2)는 문장 표현에서 도착어의 언어 규범과 담화 관습을 따르라는 것이며, (3)은 독자가 읽고 이해하기 편하도록 독자의 입장을 반영하여 가독성을 높이라는 것이므로, 이들 전략에는 번역 글쓰기의 원리에서 담화 공동체 참여의 원리가 작용한다.

(1) 원문의 표면 구조 및 심층 구조를 반영하라

　앞서 살핀 '작업 읽기'의 전략에서 문장의 의미를 분석할 때 심층구조를 고려할 것을 제안하였다. 성백환(2003)은 심층구조를 이용한 순차번역을 제안한 바 있다. 순차번역이란 원문의 순서대로 번역하는 것인데, 단어의 순서가 아니라 사고 단위의 순서로 번역하는 것을 의미한다. 성백환(2003: 121)의 예를 아래에 인용하였다.

　　(20)
　　[ST] This is arguably true, particularly in terms of the sheer number
　　　　of live entertainment productions staged daily.

[TT1] 이 말은 특히 매일 무대에 올려지는 라이브 쇼의 엄청난 숫자 면에서 볼 때에 반박의 여지는 있지만 사실이다.

[TT2] 이 말은 반박의 여지는 있지만 사실이다./ 특히 이라는 면에서 볼 때에/ 엄청난 숫자의 쇼가 무대에 올려진다.

[TT3] 이 말은 반박의 여지는 있지만 사실이다. 그런 가장 중요한 이유는 엄청나게 많은 쇼가 매일 무대에 올려지기 때문이다.

원문에는 주어인 'This'와 서술어인 'is arguably true'가 함께 붙어 있지만 전통적인 번역인 [TT1]의 번역을 보면 '이 말'과 '사실이다'라는 말 사이에 뒤에 있는 모든 문장이 통째로 들어가 있어 주어와 서술어의 관계가 훨씬 멀어지고 의미가 왜곡되었다. 그러나 이것을 영어의 순서대로 하면 [TT2]와 같이 말도 안 되는 문장이 된다. 그 원인은 'in terms of'가 영어를 한국어 순서대로 번역하는 데 방해가 되기 때문이다. 이때 'in terms of'가 의도하는 심층적인 의미를 알아보고 한국어의 어순에 맞는 표층구조로 번역을 한 것이 [TT3]이다. 'in terms of'가 이유를 나타낼 때 쓰이므로 'in terms of'를 '그 이유는'이라고 번역해도 원문의 의도를 벗어나는 것이 아니며, 'particularly'는 여러 가지 있는 것 중 가장 중요한 것을 지칭할 때 쓰이므로 'particularly in terms of'를 '가장 중요한 이유는'이라고 번역할 수 있다. 그래서 [TT3]은 원문의 순서를 충실히 따르면서도 의미를 정확하게 전달한다.(성백환 2003: 121-122)

아래에 또 다른 예를 인용하였다(성백환 2003: 122).

(21)
[ST] … guests tend to dress up a bit when they go to a show.

[TT1] 손님들은 쇼를 보러 갈 때에 정장을 하는 경향이 있다.

[TT2] 손님들은/ 경향이 있다/ 정장을 하다/ 쇼를 보러 갈 때에
[TT3] 손님들은 일반적으로 정장을 하고 쇼를 보러 간다.

위의 예문에서도 'tend to'는 심층적으로 들어가면 '일반적으로'라는 의미이기 때문에, [TT3]과 같이 심층구조를 이용하여 순차번역하면 더 자연스럽다(성백환 2003: 122).

성백환(2003)은 전통적인 번역 방법이 영어의 문장 요소간의 거리를 멀리 함으로써 의미의 왜곡을 가져온다고 하였다. 표면구조에서 표면구조로 단순 번역을 하는 것이 원인이므로 표면구조에서 순차적으로 번역이 되지 않는 구문은 심층구조로 들어가서 원문의 기저에 깔린 의미 구조를 확인하고 도착어의 표면구조로 다시 나옴으로써 자연스러운 순차번역을 할 수 있다고 주장했다. 하나의 심층적인 생각이 말하는 환경이나 의도에 따라서 수많은 표면구조로 발현될 수 있으므로 많은 표면구조 중에서 도착어의 문맥에 맞는 적당한 어구를 골라 선택하면 된다는 것이다. 이는 표면 구조에 나타난 어휘나 관용구에 대한 상투적인 번역을 극복할 수 있는 대안이 된다.

성백환(2003)의 심층구조를 이용한 순차번역 전략은 정보 전달을 목적으로 하는 정보적 텍스트(informative text)의 번역에 효과적인 방법이다. 그러나 원문의 미학적·예술적 형식(aesthetic and artistic form) 전달을 중시하는 표현적 텍스트(expressive text)는 심층구조에서 나올 수 있는 여러 표면구조 가운데 저자가 왜 하필 그러한 표면구조를 선택하여 표현하였냐가 중요하기 때문에 최대한 원문의 표면구조를 반영하는 것이 더 좋은 번역 방법일 것이다. 심지어 안정효(2002)는 문학 작품의 번역 전략을 제시하면서 문장을 구분하는 것까지 원문을 따를 것을 주장했다. 표현적 텍스트의 번역에서는 안정효(2002)의 주장이 일면 타당할 수도 있으나, 비문학 텍스트는 원문의 형식보다 내용 전달이 우선이고 저자의 문장력이 뛰어

나다고만은 볼 수 없기 때문에 반드시 원문의 표면구조를 따라야 할 필요는 없으며, 심층구조를 반영함으로써 원문이 의미하는 바를 도착어로 정확하게 표현해 내는 것을 우선으로 삼는다.

(2) 도착어다운 문장으로 표현하라

가. 피동 표현의 남용을 경계하라

3.1.2에서 비번역문에 비해 번역문에서 고빈도를 보이는 어휘로 동사 '되다'와 보조 용언 '지다'를 들었다. 이들은 각각 '-게 되다'와 '-어 지다'의 꼴로 피동문에 쓰이는데, 'be + p·p'의 구성으로 쓰이는 수동태 문장의 번역에서 흔히 나타난다. 문맥상 대상역에 초점을 주어야만 하는 경우가 아니라면 능동문으로 표현하는 것이 더 우리말다운 문장이다. 이들 피동문에 피동사와 함께 나타나는 표현으로 행동주에 결합하는 '-에 의해'가 있다. '의하다' 역시 3.1.2에서 번역문에 고빈도로 나타나는 어휘 중 하나였다. 3.2.4에서는 '-에 의해'가 번역문에서 비번역문보다 2배가량 많이 나남을 보았다. 이는 영어 수동태에 쓰이는 'by'를 상투적으로 '-에 의해'로 번역하기 때문에 나타난 결과이다. 원문의 수동태는 능동문으로 변환하여 번역할 수도 있고, 구조의 변형 없이 어휘적 피동법을 사용하여 서술어만 변환하여 번역하는 방법도 있다. 수동태를 우리말 구조에 맞게 변환하는 다양한 방법을 살펴보자.

첫 번째 방법은 가장 널리 이용되는 방법으로, 'by + 행동주'를 '행동주 + 주격조사'로 변환하고, 'be + p·p'를 능동형의 서술어로 변환하는 방법이다.

(22)

[ST] This thought has been beautifully expressed by Marx: "…

[TT1] 이 사상은 <u>마르크스에 의해</u> 아름답게 <u>표현되었다</u>. 「… (황문수2
역, 33)

[TT2] 이러한 생각은 특별히 <u>마르크스가</u> 아름답게 <u>표현하였다</u>. '… (사랑
b, 45)

위 예에서 [TT1]은 원문의 수동태를 그대로 국어의 피동문에 대응시켜 직역하였고, [TT2]는 능동문으로 표현하였다. 주어와 목적어의 어순을 바꾸어 [TT2]를 '마르크스가 이러한 생각을 아름답게 표현하였다'로 바꿀 수도 있겠지만, 이렇게 어순을 바꾸게 되면 'this thought'를 주제로 제시하고 'Marx'에 초점을 부여한 원문의 담화 기능을 살릴 수가 없게 된다. 따라서 [TT2]와 같이 능동문으로 바꾸되, 목적어 '이러한 생각'에는 목적격 조사 '-을' 대신 주제 표시의 보조사 '-은'을 붙이고 문두에 두는 것이 원문의 주제와 초점의 담화 기능을 유지하는 방법이다. 다음의 예도 마찬가지다.

(23)

[ST] … because it is a way shared by all, <u>approved and demanded by</u> the medicine men or priests;

[TT1] 이것은 모든 사람이 참여하는 방법이고 <u>무당이나 사제에 의해 인정되고 요구되는</u> 방법이기 때문이다. (사랑a, 18)

[TT2] 왜냐하면 그것은 모든 사람들이 공유하는 방법이며 <u>무당이나 사제가 인정하고 요구하는</u> 방법이기 때문이다. (사랑b, 29)

두 번째 방법은 수단의 의미로 쓰인 'by'를 '-에 의해' 대신 '-<u>으로</u>'로 변환하고, 'be + p·p'를 능동형의 서술어로 변환하는 방법이다.

(24)
[ST] The Question <u>can be answered</u> <u>by</u> animal worship, <u>by</u> human sacrifice or military conquest, <u>by</u> indulgence in luxury, <u>by</u> ascetic renunciation, <u>by</u> obsessional work, <u>by</u> artistic creation, <u>by</u> the love of God, and <u>by</u> the love of Man.

[TT1] 이 문제는 동물숭배<u>에 의해</u>, 인간의 희생 또는 군사적 정복<u>에 의해</u>, 사치에의 탐닉<u>에 의해</u>, 금욕적인 단념<u>에 의해</u>, 강제노동<u>에 의해</u>, 예술적 창조<u>에 의해</u>, 신의 사랑<u>에 의해</u>, 인간의 사랑<u>에 의해</u> <u>대답될 수 있다</u>. (사랑a, 16)

[TT2] 그 문제는 동물 숭배<u>에 의해</u>, 인간의 희생이나 군사적 정복<u>에 의해</u>, 사치에의 탐닉<u>에 의해</u>, 금욕적인 포기<u>에 의해</u>, 강제 노동<u>에 의해</u>, 예술적 창조<u>에 의해</u>, 신에 대한 사랑<u>에 의해</u> 그리고 인간에 대한 사랑<u>에 의해</u> <u>대답될 수 있다</u>. (사랑b, 26)

위 예에서는 두 번역문 모두 '-에 의해'를 이용하여 피동문으로 표현하였다. 그러나 수단을 나타내는 대표적인 조사는 '-으로'이다. 위 번역문은 아래와 같이 '-에 의해'를 '-으로'로 바꾸고 서술어 '대답될 수 있다'를 '대답할 수 있다'로 바꿈으로써 능동문으로 표현할 수 있다.

(24)'
[TT3] 이 문제는 동물숭배, 인간의 희생이나 군사적 정복, 사치에의 탐닉, 금욕적인 단념, 강제 노동, 예술적 창조, 신에 대한 사랑, 인간에 대한 사랑<u>으로</u> <u>대답할 수 있다</u>.

세 번째 방법은 서술어만 능동형<u>으로</u> 변환하는 방법이다.

(25)

[ST] So he huffed, and he puffed, and he puffed, and he huffed, and at last he blew the house down, and he ate up the little pig.

[TT1] 입김을 계속하여 분 늑대는 결국 덤불로 <u>지어진</u> 집을 쓰르뜨린 후 아기돼지를 잡아먹었습니다. (영국, 89)

[TT2] 입김을 계속하여 분 늑대는 결국 덤불로 <u>지은</u> 집을 쓰르뜨린 후 아기돼지를 잡아먹었습니다.

위 예문의 '지어진'은 원문에도 없는 피동형을 삽입한 것이다. 여기서는 피동형 '지어진'을 능동형 '지은'으로 바꿈으로써 간편하게 능동문으로 표현할 수 있다.

네 번째 방법은 어휘적 피동을 이용하여 변환하는 방법이다. 국어에서 피동의 의미를 표현하는 방법에는 명사나 동사에 피동 접미사를 결합시키는 파생적 피동(단형 피동)이나 동사에 '-어지다'나 '-게 되다'를 결합시키는 통사적 피동(장형 피동) 외에, '당하다, 받다, -게 만들다' 등과 같이 피동의 의미를 가지는 동사를 사용하는 어휘적 피동도 있다[22]. 다음 예를 보자.

(26)

[ST] ⋯ he <u>is</u> united in big labor unions, also <u>led by</u> a powerful bureaucracy which represents him vis-à-vis the industrial colossi.

[TT1] 노동자는 거대한 노동조합을 통해 결합되고 또한 산업적 거상과 맞서서 노동자를 대변하고 있는 강력한 관료적 <u>기구에 의해 지도된다</u>. (사랑a, 100)

---

[22] 국어 문법론에서는 대체로 어휘적 피동을 피동법으로 인정하지 않는다.

> [TT2] 노동자는 대규모의 노동 조합에 결속되어 있고, 산업적 거상에 맞서서 자기를 대표하는 강력한 관료 <u>기구에 의해 지도된다</u>. (사랑b, 117)

위 번역문의 구조는 둘 다 '-에 의해 + 파생 피동사'의 단형 피동이다. 대상역(Theme)인 '노동자'를 주어로 해야 한다면 다음과 같이 어휘적 피동으로 표현해 볼 수 있다.

> (26)'
> [TT3] 노동자는 대규모의 노동조합에 결속되어 있고, 산업적 거상에 맞서서 자기를 대표하는 강력한 관료 <u>기구의 지도를 받는다</u>.

[TT3]은 '받다'라는 동사 자체가 피동의 의미를 가질 뿐, 문장 구조는 피동법의 구조가 아니다. 어휘적 피동을 이용한 표현은 대당 능동문으로 바꾸기 어려운 원문의 수동태를 피동법을 사용하지 않고 번역할 수 있는 좋은 방법이다.

 그런데 수동태를 반드시 능동문으로 번역해야 하는 것은 아니다. '영희가 철수에게 차였다', '옷이 못에 걸렸다'와 같이 피동주(Patient)나 대상역의 관점에서 표현해야 하는 경우라면 피동문으로 표현하는 것이 효과적이다. 다만, 피동문으로 표현하더라도 행동주에 여격 조사 '-에게'나 처격 조사 '-에'를 붙일 수 있는 문맥에서는 '-에 의해' 대신 '-에게'나 '-에'를 쓰면 'by'의 상투적 번역을 피할 수 있다. 아래에 그 예를 제시하였다.

> (27)
> [TT1] 대부분의 원자론자들은 무어<u>에 의해</u> 충분히 교화되었기 때문에, 그들은 윤리적 명제들을 자연주의적으로 해석할 수 있다고 믿지는

않았다. (J.O.엄슨_분석철학.txt)

[TT2] 대부분의 원자론자들은 무어<u>에게</u> 충분히 교화되었기 때문에, …

(28)

[TT1] 설사 결정<u>에 의해</u> 영향받을 사람들이 결정에 대해 역행적인 반응을 보일지라도 그들의 태도나 감정을 무시해서는 안된다. (리차드A.고튼_최신학교행정과장학론.txt)

[TT2] 설사 결정<u>에</u> 영향 받을 사람들이 결정에 대해 역행적인 반응을 보일지라도 …

행동주를 명시하는 수동문은 두 가지 담화 기능, 즉 피동주를 주제로 하는 주제화 기능과 주제에 관한 정보 가운데 행동주를 초점으로 하는 초점화 기능이 있다. 이러한 수동문을 어순을 바꾸어 능동문으로 번역하게 되면, 원문이 갖는 담화 기능을 재현할 수가 없다. 따라서 능동문으로 번역하더라도 어순은 '목적어+주어' 그대로 두어 주제와 초점이 바뀌지 않도록 한다. 능동문으로 표현하는 방법으로는 행동주에 주격 조사를 붙이고 동사를 능동형으로 변환하는 방법, 'by'가 수단·도구의 의미일 경우에 어순의 교체 없이 '-에 의해' 대신 도구격 조사 '-으로'를 붙이고 동사를 능동형으로 변환하는 방법, 어순의 교체 없이 동사만 능동형으로 변환하는 방법, 어휘적 피동으로 변환하는 방법 등을 쓸 수 있다. 그리고 피동주(Patient)나 대상역의 관점에서 표현하기 위해 피동문을 사용해야 하는 경우라면 행동주에 '-에 의해'를 상투적으로 붙이기보다 상황에 따라 여격 조사 '-에게'와 처소격 조사 '-에'를 활용한다.

나. 사동 표현의 남용을 경계하라

3.2.5에서 비번역문에 비해 번역문에 '-게 만들다, -게 하다' 꼴의 사동 표현이 다소 많이 나타남을 보았다. 이는 'make'의 번역과 관계된다. 흔히 'make'를 사동 표현으로 번역하지만, 다음의 예에서처럼 조금만 주의를 기울이면 상투적인 사동형의 번역을 피할 수 있다.

(29)

[ST] Although it sould transcend the scope of this bool to give a more detailed description of the difference between Aristotelian and paradoxical logic, I shall mention a few illustrations <u>in order to make the principle more understandable</u>.

[TT1] 아리스토텔레스 논리학과 역설적 논리학의 차이를 좀더 상세하게 설명하는 것은 이 책의 범위를 넘어서는 일이기는 하지만 <u>이 원리를 좀더 알기 쉽게 만들기 위해</u> 몇 가지 설명을 덧붙이겠다. (사랑a, 88)

[TT2] 아리스토텔레스 논리학과 역설 논리학의 차이를 좀더 상세히 다루는 것은 이 책의 범위를 벗어난 것이기는 하지만, <u>그 원리를 이해할 수 있도록 하기 위해서</u> 몇 가지 예를 들겠다. (사랑b, 103)

[TT3] … <u>이 원리를 좀 더 쉽게 이해할 수 있도록</u> 몇 가지 예를 들겠다.

[TT4] … <u>이 원리를 좀 더 이해하기 쉽도록</u>

[TT5] … <u>이해의 편의를 위해/이해를 돕기 위해/이해를 도울 수 있도록</u>

위 예에서 [TT1]은 원문의 'make'를 사역 동사 '만들다'에 대응시켜 번역하였고, [TT2]는 '-도록 하다'의 장형 사동으로 번역하였다. 그러나 위 예는 굳이 사동 표현을 쓸 필요가 없다. [TT3]이나 [TT4]처럼 'in order to'를 '-기 위해서' 대신 연결어미 '-도록'을 사용해서 번역하면 간단히 해결

된다23). [TT3]에는 '-수 있다'라는 군더더기 표현이 붙었으므로 [TT4]로 번역하면 더 간결한 표현이 되고, '이 원리를'을 생략하여 [TT5]와 같이 번역하면 가장 간결한 표현이 된다. 원문의 표면 구조에 천착하지 않고 심층의 의미를 파악하면 상투적인 번역으로 인한 불필요한 사동 표현을 피할 수 있을 것이다.

다. 무리한 명사화를 경계하라

3장에서 명사화와 관련하여 번역문의 특징으로 지적한 것은 원문의 명사구나 동명사구를 그에 대응하는 국어의 품사로 번역해 내려는 데서 관형격 조사 '-의'와 명사형 어미가 많이 쓰인다는 점이었다. 3.1.4에서 전문 텍스트에 '-의'가 상대적으로 많이 사용됨을 확인하였다. 이는 논리적인 글일수록 수식 구조의 긴 명사구가 많이 쓰인다는 것을 의미한다. 먼저 관형격 조사 '-의'를 대신할 수 있는 표현 방법을 모색해 보자.

관형격 조사 '-의'의 기능은 매우 다양하다. 『표준국어대사전』에서는 '-의'의 의미를 22가지로 제시하고 있다. 그러나 '-의'가 이렇게 다양한 용법을 갖는다는 것이 이러한 문맥에서 꼭 '-의'를 사용해야 함을 뜻하지는 않는다. '-의'가 쓰일 수 있는 자리라 하더라도 선행 명사와 후행 명사 간의 의미를 더욱 더 분명하게 드러낼 수 있는 요소가 있다면 그것으로 표현하는 것이 의미 전달의 측면에서 더 효과적이다. 이를 염두에 두고 번역문에 나타나는 관형격 조사의 쓰임과 오류를 살펴보자.

(30)

[ST] The question can be answered by animal worship, by human

---

[23] 김정우(1994b, 2006b)에서는 영어의 부정사 용법을 국어의 연결어미에 대응시켜 번역하는 방법을 제안하였다.

sacrifice or military conquest, by indulgence in luxury, by ascetic renunciation, by obsessional work, by artistic creation, by the love of God, and by the love of Man.

[TT1] 이 문제는 동물숭배에 의해, 인간의 희생 또는 군사적 정복에 의해, 사치에의 탐닉에 의해, 금욕적인 단념에 의해, 강제노동에 의해, 예술적 창조에 의해, <u>신의 사랑</u>에 의해, <u>인간의 사랑</u>에 의해 대답될 수 있다. (사랑a, 16)

[TT2] 그 문제는 동물 숭배에 의해, 인간의 희생이나 군사적 정복에 의해, 사치에의 탐닉에 의해, 금욕적인 포기에 의해, 강제 노동에 의해, 예술적 창조에 의해, <u>신에 대한 사랑</u>에 의해, <u>인간에 대한 사랑</u>에 의해 대답될 수 있다. (사랑b, 26)

위 예의 [TT1]은 '…에 의해'라는 동일 어구의 반복과 수동 표현의 문제점도 있지만 여기서는 관형격 조사 '-의'에 대해서만 논하도록 한다.

[TT1]에 나타난 '신의 사랑'과 '인간의 사랑'에서 관형격 조사 '-의'의 기능은 무엇일까? '-의'는 '술의 제조'에서처럼 앞 체언이 뒤 체언이 나타내는 행동의 대상임을 나타낼 수도 있지만 '나의 생각'에서처럼 앞 체언이 뒤 체언이 나타내는 행동의 주체임을 나타낼 수도 있다. 영어의 'of'도 마찬가지다. '신의 사랑'과 '인간의 사랑'은 특별한 전제가 없는 한 후자로 해석된다. 즉, 일반적인 문맥에서는 '신'과 '인간'을 '사랑'이라는 행위의 주체로 해석하게 된다. 그러나 'the love of God', 'the love of Man'은 문맥상 전자로 해석해야 한다. [ST]는 인간이 어떻게 분리 상태를 극복하는가, 어떻게 합일을 성취하는가에 대한 답을 제시한 문장이다. 'the love of God', 'the love of Man'은 인간이 분리 상태를 극복하고 합일을 이루는 방법, 수단으로 제시된 것이므로 각각 '종교를 통한 신과의 합일', '대인간

적인 합일'을 뜻하는 것으로 풀이된다. 따라서 이러한 의미를 분명히 드러내기 위해서는 '신의 사랑', '인간의 사랑'으로 번역하는 것보다 [TT2]와 같이 '신에 대한 사랑'과 '인간에 대한 사랑'으로 번역하는 것이 효과적이다.
　다음 예를 하나 더 보자.

(31)

[ST] His end-suicide among general destruction-is as characteristic as was <u>his dream of success-total domination</u>.

[TT1] 그의 최후-전반적인 파멸에 직면해서 자살한 것-는 <u>그의 성공의 몽상-전세계의 지배</u>-과 마찬가지로 특징적이다. (사랑a, 28)
[TT2] 전반적인 파멸에 직면하여 자살한 그의 최후는 <u>전체적인 지배라는 그의 목표</u>만큼 특징적이다. (사랑b, 39)

[ST]의 'his dream of success'를 [TT1]에서는 '그의 성공의 몽상'으로 번역한 반면, [TT2]에서는 'success'를 생략하고 후행하는 부연 명사구 'total domination'를 'of'에 연결하여 간접 인용 형식 '전체적인 지배라는'으로 번역하였다. '그의 성공의 몽상'은 관형격 조사 '-의'가 중복된다는 점에서 매끄러운 문장으로 느껴지지 않는다. 이를 '그의 성공에 대한 몽상'으로 바꾸어 표현한다면 '-의'의 중복에 따른 어색함도 없어질 뿐 아니라 '성공'이 '몽상'의 대상이라는 의미도 부각된다. 한편, '그의 성공의 몽상'은 그 내부 구성이 [그의 [성공의 몽상]]과 [[그의 성공]의 몽상]의 두 가지로 분석될 수 있다. '그의 성공에 대한 몽상'도 [그의 [성공에 대한 몽상]]과 [[그의 성공]에 대한 몽상]의 두 가지 분석이 가능하므로 중의적이다. 여기서는 '그가 성공을 꿈꾸다'의 뜻이므로 '성공에 대한 그의 몽상'으로 어순을 재

배치하면 이러한 중의성이 사라지므로 문장의 의미가 빠르고 명확하게 전달될 수 있다.

[A의 B의 C의 D]와 같이 관형격 조사가 반복되는 구조는 관형격 조사를 사용하는 대신 명사구를 적당한 서술어로 풀어서 기술하는 방법이 의미 전달에 효과적이어서 가독성(readability)을 높일 수 있다. 다음 예를 보자.

(32)
[ST] … and this ability is precisely a condition for the ability to love.

[TT1] 그리고 이러한 능력은 사랑의 능력의 불가결의 조건이다. (사랑a, 129)
[TT2] 이런 능력은 사랑할 수 있는 능력에 대한 귀중한 조건이 된다. (사랑b, 149)
[TT3] 이런 능력은 사랑할 수 있는 능력을 가능하는 귀중한 조건이 된다.

위 밑줄 그은 부분은 'a condition for the ability to love'를 번역한 것이다. [TT1]은 원문의 전치사 'for'와 'to'를 단순하게 국어의 관형격 조사 '의'에 대응시켜 번역하였다. 그러나 영어의 전치사는 문법적 관계를 나타내 주는 국어의 격조사보다 상대적으로 더 많은 의미 기능을 담당한다. 관형격 조사에 대한 『표준국어대사전』의 뜻풀이에서 보듯이 '-의'가 상당히 다양한 용법을 가지긴 하지만, [TT1]과 같이 [A의 B의 C의 D]와 같은 구조로 관형격 조사를 남발하여 사용하는 것은 매끄럽지 못한 문장일 뿐 아니라 독자가 앞 명사와 뒤 명사가 어떤 의미 관계를 가지는지, 다시 말해 '사랑', '능력', '불가결', '조건'이라는 네 명사의 의미가 서로의 의미에 어떤 영향을 가지는지 분석하여 문장의 의미를 파악해 내는 수고를 해야 한다. 그러므로 가독성을 위해서는 적절한 서술어를 이용하여 명사 간의 의미 관계를 쉽게 풀어서 기술하는 것이 좋다. 본고에서는 [TT3]을 대안으로 제시한다. 아래의 예도 마찬가지다.

 (33)

  [ST] ⋯ in fact, they take the intensity of the infatuation, this being "crazy" about each other, for <u>proof of the intensity of their love</u>, ⋯

  [TT1] 사실상 그들은 강렬한 열중, 곧 서로「미쳐 버리는」것을 <u>사랑의 열도의 증거</u>로 생각하지만, ⋯ (사랑a, 11)

  [TT2] 그들은 심취, 즉 서로에게 '미쳐 있다'는 것을 그들의 <u>사랑의 강도를 나타내는 증거</u>로 여기지만, ⋯ (사랑b, 17)

  [TT3] 사실상 그들은 강렬한 열중, 곧 서로 '미쳐버리는' 것을 <u>열정적인 사랑의 증거</u>로 생각하지만, ⋯ (사랑c, 17)

원문에 모두 'of'로 표현한 것을 [TT1]에서는 둘다 관형격 조사 '-의'로 번역한 반면, [TT2]와 [TT3]은 하나만 '-의'로 번역하고 나머지 하나는 관형형의 서술어로 번역하였다.

 3장에서 언급하였듯이, 번역문에서 관형격 조사를 포함한 명사구 구조의 어색한 표현은 원문의 명사구나 동명사구를 그에 대응하는 국어의 품사로 번역해 내려는 데에 따른 것이다. 다음 예를 보자.

 (34)

  [ST] When the scientist succeeds in gathering enough data, or in <u>working out a mathematical formulation to make his original</u>

vision highly plausible, he may be said to have arrived at a tentative hypothesis.

[TT1] 과학자가 충분한 자료를 수집하거나 <u>그의 원래의 비전의 매우 확실한 수학적 정식화의 완성</u>에 성공할 때, 그는 잠정적 가설에 도달했다고 말할 수 있다. (사랑a, 141)
[TT2] 과학자가 충분한 자료를 모으거나 <u>자기가 애초에 지녔던 생각을 더욱 신뢰할 수 있게 해 주는 수학 공식을 찾아내는 데</u> 성공했을 때, 그는 임시적인 가설에 도달했다고 말할 수 있다. (사랑b, 160)

위 [TT1]에 나타난 '그의 원래의 비전의 매우 확실한 수학적 정식화의 완성'이라는 긴 명사구는 원문의 동명사구 'working out a mathematical formulation to make his original vision highly plausible'을 국어의 명사구에 대응시켜 번역함으로써 일반적인 국어의 명사구 쓰임과 달리 기형적으로 길어져 버렸다. 이에 반해 [TT2]는 명사의 관형격 형태인 '원래의' 대신에 '애초에 지녔던'이라는 동사의 관형형으로 표현하였고, '수학적 정식화의 완성'이라는 명사구 대신 '수학 공식을 찾아내다'라는 동사구를 사용하여 서술하였다. 기형적으로 길어진 [TT1]의 명사구 표현보다, 동사를 삽입하여 관형절이 내포된 문장으로 자연스럽게 서술해 낸 [TT2]의 번역이 더 좋은 것임은 두말할 나위가 없다. 정희모·이재성(2005: 324-326)에서도 '-의' 대신에 원래 의미를 나타내는 조사와 서술어를 사용하면 훨씬 이해하기 쉬운 글이 되며, '-의'를 동작이나 상태의 의미를 가지는 한자어와 쓸 때에는 '주어-서술어'로 풀어 쓸 수 있는가를 늘 점검해 보아야 한다고 했다.

관형격 조사 '-의'의 남용은 아래에 제시한 것처럼 문학 번역에서도 그 예를 어렵지 않게 찾을 수 있다.

(35)
a. [TT1] 이 친구들의 굉장한 매일 밤의 모임(그녀는 이 모임을 스스로 이렇게 말하고 있었다)의 자욱한 담배 연기 속에 앉아 있는 것이 그녀는 좋았다. (d.h.로렌스_채털리부인의사랑(3판).txt)
b. [TT1] 처형실에는 20명 정도의 사내가 있었다. 그들의 형무소의 관리, 신문기자, 입회인 등이었다. (O.헨리_꼭두각시인형.txt)
c. [TT1] 마레이는 희미하게 미소를 띄고 작은 테이블 위의 두세 권의 책과 펜을 똑바로 정돈했다.(O.헨리_꼭두각시인형.txt)
d. [TT1] 당신은 여태까지의 당신의 환경과 깨끗이 손을 끊었다는 뜻입니까? (S.브론테_제인에어(상).txt)

(35)'
a. [TT2] 이 친구들이 매일 밤 여는 굉장한 모임에서 자욱한 담배 연기 속에 앉아 있는 것이 그녀는 좋았다.
b. [TT2] 처형실에는 20명 정도의 사내가 있었다. 형무소의 관리, 신문기자, 입회인 등이었다.
c. [TT2] 마레이는 희미하게 미소를 띄고 작은 테이블 위에 놓인 두세 권의 책과 펜을 똑바로 정돈했다.
d. [TT2] 당신은 여태까지의 환경과 깨끗이 손을 끊었다는 뜻입니까?

'of'가 포함된 명사구를 번역할 때 관형격 조사 '-의'를 사용하면 문장이 간결해지는 장점은 있지만, 의미의 명확한 전달의 측면에서는 효용성이 떨어진다. 번역 글쓰기의 목적은 독자가 읽고 이해하는 것이므로 문장의 간결성보다는 문장의 명확성을 우선으로 삼아야 할 것이다.

한편, 번역문에서 특히 관형격 조사가 자주 나타나는 환경으로 앞 체언이 뒤 체언의 수량을 한정하는 경우를 들 수 있다. 아래에 그 예를 제시하였다.

> (36)
> a. [TT] 지금 감방에는 그 외에 <u>7명의 사형수</u>가 있다. (O.헨리_꼭두각시인형.txt)
> b. [TT] 마레이는 희미하게 미소를 띠고 작은 테이블 위의 <u>두세 권의 책</u>과 펜을 똑바로 정돈했다.(O.헨리_꼭두각시인형.txt)
> c. [TT] 아침마다 <u>여섯 마리의 소</u>와 <u>40마리의 양</u> 그리고 그 밖에 나에게 필요한 음식물을 바치라는 것이었다. (조나단스위프트_걸리버여행기.txt)
> d. [TT] 소녀는 나에게 <u>일곱 개의 셔츠</u>를 만들어 주었다. (조나단스위프트_걸리버여행기.txt)

이러한 예는 '수사+명사'의 영어 명사구 어순을 그대로 따른 데에 기인한다. 그러나 국어의 전통적인 어순은 '명사+수량사'이다. 위 예의 밑줄 그은 부분은 각각 '사형수 7명, 책 두세 권, 소 여섯 마리, 양 40마리, 셔츠 일곱 장'으로 수정할 수 있다. 이는 서술부가 뒤에 위치하는 국어의 문장 구조와 관계된다.

무리한 명사화의 또 다른 예는 3.2.2-2)에서 살펴본 것처럼 원문의 명사나 동명사, to 부정사의 명사적 용법 등의 번역에서 대응하는 우리말 명사를 찾기 어려울 때 명사형 어미 '-(으)ㅁ'을 이용한 동사의 명사형으로 번역하는 경우이다.

3장에서 인용한 예를 다시 살펴보자.

(37)

a. [TT1] 멀리 계곡에서 <u>시냇물의 조잘거림</u>이 들려왔습니다. (칼릴지브란_떠도는자에게길은아름답다.txt)

b. [TT1] 콜럼버스가 첫 항해를 위해 출범하기 전에 <u>자침의 동쪽으로의 치우침</u>이 북서 유럽에서 이미 관찰된 바 있었음은 거의 확실했던 것이다. (A.섯클리프_에피소드과학사(물리이야기).txt)

(37)'

a. [TT2] 멀리 계곡에서 <u>조잘조잘 시냇물 소리</u>가 들려왔습니다.

b. [TT2] 콜럼버스가 첫 항해를 위해 출범하기 전에 <u>자침이 동쪽으로 치우쳤다는 사실</u>이 북서 유럽에서 이미 관찰된 바 있었음은 거의 확실했던 것이다.

위 예들은 관형격 조사의 남용에도 해당한다. 국어에서 용언이나 기저의 문장에 명사형 어미가 결합하여 명사의 역할을 하듯 영어에도 동명사와 to부정사 및 that절이 동일한 기능을 하지만 국어와 영어의 분포 환경이 일치하지 않아 원문의 동명사구나 명사절 구문을 국어에서 명사형 어미가 결합한 용언의 명사형이나 명사절에 일대일 대응시키기에는 무리가 있는데도 출발어의 간섭으로 원문의 구문 형식을 그대로 따라 국어로 옮기는 데에서 비롯한 것이다.

또 다른 예를 보자.

(38)

[ST] Freud assumes that love is <u>manifestation</u> of libido, and that the libido is either turned toward others—love; or toward oneself—self-love.

[TT1] 프로이트는 사랑을 리비도의 <u>나타남</u>이라고 보고 리비도는 다른 사람을 향하거나(사랑), 또는 자신을 향한다(자기애)고 가정한다. (사랑a, 70)

[TT2] 프로이트는 사랑을 리비도의 발현이라고 보고 리비도는 다른 사람을 향하거나(사랑), 자신을 향한다(자기애)고 가정한다.

위 예의 'manifestation'은 동사 'manifest'의 명사형이다. [TT1]에서 '나타나다'의 명사형 '나타남'으로 번역한 것은 원문의 명사형을 직역한 경우이다. '표현'이나 '발현'과 같은 적절한 명사가 있으므로 대응 명사로 번역하는 것이 의미를 더 명확하게 전달한다.

이상에서 살핀 바와 같이 번역자의 입장에서는 원문의 명사구를 손쉽게 번역하기 위해 관형격 조사 '-의'를 용이하게 사용할 수 있지만, '-의'의 남용이 독자의 입장에서는 가독성을 해친다는 단점이 있고 국어의 자연스러운 문장 구조에 어긋나는 경우도 있으므로, 문맥에 따라 적절한 서술어를 삽입하거나 어순을 바꾸는 전략이 필요하다. 이는 번역의 명시화 전략을 적극 반영한 것이다. 원문에 쓰인 어휘나 표면 구조를 일대일 대응으로 옮겨서 원문의 의미가 정확하게 전달되지 않을 때에는 원문에 나타나 있지 않은 어휘나 설명을 덧붙여 독자가 의미를 명확하게 이해할 수 있도록 도와 독자의 가독성을 높이도록 한다.

라. 대화문에는 구어체를 도입하라

번역에서 가장 까다로운 부분은 바로 대화문의 번역이다. 등장인물의 말투를 분석하고 번역해 내는 일이 결코 쉽지 않은 작업이기 때문이다. 대화문의 문체를 독자를 청자로 하여 말하는 필자의 서술체와 동일하게 번역해서는 대화의 현장성이 드러나지 않는다. 특히 소설이나 희곡과 같은 문학 텍스트의 대화문은 마치 실제의 대화를 보는 듯한 자연스러운 구어체로 표현해야 현장감 있는 생생한 표현이 된다. 여기서는 구어체에서 유의할 부분으로 종결 어미의 문체와 부정 표현, 인칭 대명사를 살펴보겠다.

다음 예를 보자.

(39)

[ST] Childe Rowland was just going to raise it to his lips, when he looked at his sister and remembered why he had come all that way. So he dashed the bowl to the ground, and said: 'Not a sup will I swallow, nor a bite will I bite, till Burd Ellen is set free.'

[TT1] 막내 로울랜드가 먹을 것을 막 집어들려는 순간 누나를 보고는 자신이 왜 그곳에 왔는지 기억해냈습니다. 그래서 그릇을 바닥에 집어던지며 외쳤습니다.
"버드 엘렌이 풀려날 때까지는 물 한 방울, 빵 한 조각 <u>먹지 않을 것이다</u>." (영국, 144-145)

[TT2] … "누나가 풀려날 때까지는 물 한 방울, 빵 한 조각 <u>안 먹을 거야</u>."

위 예문에서 따옴표 속의 문장은 막내 로울랜드가 혼잣말로 다짐하는 독백이다. [TT1]에서 서술부를 보면 '먹지 않을 것이다'로 번역하였는데, '-ㄹ 것이다'는 문어의 서술체이지, 공식적인 연설이나 발표 외에는 구어에 사용하지 않는 서술어이다. 또, 부정법으로는 장형 부정을 사용하였는데, 구어에서는 단형 부정이 일반적이다.

구어체를 구사할 때 특히 조심해야 할 요소는 인칭 대명사다. 우리말에서 사람을 가리키는 3인칭 대명사로 '그'나 '그녀'를 쓰는 것은 문어에서나 가능할 뿐, 일상 대화에서는 이들을 결코 사용하지 않는다. 다음은 대화문에 '그녀'를 쓴 예이다.

(40)

a. [ST] "Miranda is such a wonderful woman, editor, person, that she really takes care of her own girls. You'll skip years an years of working your way up the ladder by working just one year for her; if you're talented, she'll send you straight to the tip, and …"

[TT] " … 미란다는 정말 멋진 여성이자 에디터이고, 주변 사람을 정말로 아끼는 사람이에요. 그녀 밑에서 일하면 몇 년이 걸릴지 모르는 승진의 사다리를 단숨에 올라갈 수 있어요. 당신이 유능하다면, 그녀는 단숨에 당신을 가장 높은 곳으로 끌어올려줄 거예요. … " (악마1, 38)

b. [ST] "… I think it's time for you to meet Miranda. And if I may offer a piece of advice? Look her straight in the eye and sell yourself. Sell yourself hard and she'll respect it."

[TT] " … 이제 미란다를 만날 때가 된 것 같아요. 내가 충고 하나 하죠. 그녀의 눈을 똑바로 쳐다봐요. 그리고 당신을 파는 거예요. 값은 세게 불러요. 그래야만 그녀가 당신을 존중해줄 거예요." (악마1, 41)

위 예는 소설이므로 문어라고 할 수 있지만 지문이 아니라 대화문이기 때문에 '그녀'를 사용하는 것이 어색하다. '미란다'라는 이름을 계속해서 쓰는 것이 더 좋다. 그러나 화자보다 지위가 높은 사람을 지칭할 때 이름을 사용하는 것은 우리의 담화 관습에 어울리지 않으므로 선행사 '미란다'와 인물 대명사 '그녀' 모두 직함을 이용하여 '편집장님'으로 바꿀 수도 있다. 다만, 『악마는 프라다를 입는다』작품 자체가 칙릿(chik-lit) 소설이라는 점에서 번역자가 번역의 방법으로 이국화 전략을 택하였기 때문에 의도적으로 이름을 사용하여 영어권의 담화 관습을 표현한 것이라면 '편집장님'이라는 직함 대신 '미란다'라는 이름을 쓰는 것이 용인될 수 있다.

(3) 간결한 문장으로 표현하라

간결한 문장으로 표현하라는 전략은 일반적인 글쓰기의 전략에서도 유효하다. 다만, 일반적인 글쓰기에서는 문장의 길이를 필자의 의지대로 조절할 수 있고, 필자가 원하는 위치에서 문장을 나눌 수도 있지만, 번역에서는 도착어로 옮길 때 군더더기 표현, 잉여적인 표현을 삽입하지 않는 소극적인 태도를 취해야 한다. 번역문의 간결성은 복원가능성에 근거한 최소한의 간결성이어야 한다. 원저자가 의도를 가지고 표현한 문장을 번역자가 임의로 칼질을 하는 것은 원문을 훼손하는 일이기 때문이다. 물론, 간결화 전략은 독자가 이해하기 쉽도록 원문의 의미를 명확하게 전달하기 위해 의미의 세부사항을 덧붙이는 명시화 전략을 부정하는 것이 아니다. 의미의 전달에 영향을 미치지 않는 불필요한 요소들의 삽입을 피하고, 동일한 의미에 대해 가능하다면 더 간결한 문장으로 표현하라는 뜻이다. 출발어의 간섭에 따른 기능어들의 과도한 삽입이 간결화 전략의 대상이 된다.

가. 불필요한 복합 형식의 남용을 경계하라

3.1.1에서 비번역문에 비해 번역문에 많이 등장하는 의존명사로 '것'을

들었는데, '것'은 '-ㄴ 것이다', '-ㄹ 것이다'의 꼴로 많이 쓰인다. 3.1.1에서 '-ㄴ 것이다', '-ㄹ 것이다'의 빈도는 번역문이 비번역문보다 2배 가까이 높게 나타나는 것으로 확인되었다. 3.1.2에서는 번역문에 고빈도로 나타나는 동사 가운데 하나로 '있다'를 들고, '있다'가 '-수 있다'의 꼴로 많이 쓰임을 보았다. '-ㄴ 것이다', '-ㄹ 것이다' 및 '-수 있다'와 같이 의존 명사가 결합한 복합 형식의 남용은 문장을 길게 늘여 쓰는 습관에서 비롯한 문제다. 아래에 그러한 예를 제시하였다.

(41)
a. [TT1] 중국인들이 만들어낸 이런 개념은 양심의 빛과 그리스도교의 진리와 꼭 <u>일치하는 것이다</u>. (프랭크기브니_일어서는나라주저앉는나라.txt)

b. [TT1] 아편무역이 합법화되면 그날부터 아편은 더 이상 이익이 많이 남는 상품이 <u>아닌 것이다</u>.

c. [TT1] 그것은 환상 속에 사라진, 로체스타 씨의 신부 것이 되어야 <u>마땅할 것이다</u>. (S.브론테_제인에어(상).txt)

d. [TT1] 보다 정확하게 말하면, 이 경우 [우연놀이에 대한] 그러한 배척의 이유가 무엇인지 나로서는 잘 <u>알 수 없지만</u>, 그 대신 그렇게 된 동기는 쉽게 <u>추측할 수 있다</u>. (로베카미와_형법의근대성과대화.txt)

e. [TT1] 이 운동은 역학의 기초 원리들로써 충분히 <u>설명될 수 있다</u>. (A.아인슈타인, L.인펠트_물리이야기.txt)

f. [TT1] 잠시 쉴 것을 요구하면, 상대방에게 당신이 협상의 열기를 감당하지 못할 만큼 나약하다거나 우유부단하다는 인상을 주게 되지 않을까 <u>걱정할 수도 있을 것이다</u>. (윌리엄유리_No를극복하는협상법.txt)

위 예문은 아래와 같이 수정하면 한층 간결해진다.

(41)'
- a. [TT2] 중국인들이 만들어낸 이런 개념은 양심의 빛과 그리스도교의 진리와 꼭 일치한다.
- b. [TT2] 아편무역이 합법화되면 그날부터 아편은 더 이상 이익이 많이 남는 상품이 아니다.
- c. [TT2] 그것은 환상 속에 사라진, 로체스타 씨의 신부 것이 되어야 마땅하다.
- d. [TT2] 보다 정확하게 말하면, 이 경우 [우연놀이에 대한] 그러한 배척의 이유가 무엇인지 나로서는 잘 모르겠지만, 그 대신 그렇게 된 동기는 쉽게 추측된다.
- e. [TT2] 이 운동은 역학의 기초 원리들로써 충분히 설명된다.
- f. [TT2] 잠시 쉴 것을 요구하면, 상대방에게 당신이 협상의 열기를 감당하지 못할 만큼 나약하다거나 우유부단하다는 인상을 주게 되지 않을까 걱정할지도 모른다.

시간 표현에서도 '-었-', '-더-', '-ㄴ/는-', '-겠-'과 같은 시제 선어말어미로도 충분히 표현해 낼 수 있는 의미를 '-고 있다'의 진행상과 '-아/어 있다' 및 '-아/어 왔다'의 완료상과 같이 동작상을 나타내는 복합 형식으로 표현하는 경우가 많다. 3.2.3에서 현재 시간 표현은 번역문이 비번역문보다 선어말 어미 '-ㄴ/는-'의 빈도가 낮은 대신 '-고 있다'의 빈도가 높고, 미래 시간 표현은 선어말 어미 '-겠-'의 빈도가 낮은 대신 '-ㄹ 것이다'의 빈도가 높음을 보았다. 그러나 원문이 진행상이나 완료상이 아닌데도 이들 동작상을 나타내는 복합 형식으로 번역한 예가 많은 것으로 보아 단순히 원문의 시제에 기인한 번역의 특수성 문제로만 볼 수는 없다.

동작상의 복합 형식은 적절한 문맥에서 다음과 같은 시제 선어말 어미를 사용하여 간결하게 표현하자.

<표 4> 동작상의 복합 형식과 시제 선어말 어미의 대응

동작상의 복합 형식	시제 선어말 어미
-고 있-	-ㄴ/는-
-고 있었-	-았/었-
-아/어 왔-	-았/었-
-ㄴ 적이 있-	-았/었-
-ㄹ 것이-	-ㄴ/는-, -겠-, -리-

먼저 진행상 표현인 '-고 있-'의 예를 보자. 진행상 표현은 'be ~ing'나 현재 완료의 진행 용법을 번역할 때에 나타날 것으로 예상되지만 실제로는 원문의 현재 시제를 번역한 경우가 많이 발견되었다.

(42)

[ST] Just as modern mass production requires the standardization of commodities, so the social process <u>requires</u> standardization of man, and this standardization <u>is called</u> "equality."

[TT1] 현대의 대량생산이 상품의 규격화를 요구하는 것처럼 사회적 과정은 인간의 표준화를 <u>요구하고</u> 이러한 표준화를 「평등」이라고 <u>부른다</u>. (사랑a, 22)

[TT2] 마치 현대의 대량 생산을 위해서는 상품의 표준화가 필요한 것처럼, 사회적 과정은 인간의 표준화를 <u>요구하고 있고</u> 이 표준화를 '평등'이라고 <u>부르고 있는</u> 것이다. (정성호, 34)

위 예의 [TT2]에서 '요구하고 있고', '부르고 있는'으로 번역한 부분은 모두 원문에 현재 시제로 쓰였다. 이들은 굳이 진행상 표현으로 나타낼 이유가 없다. 그래서 [TT1]에서는 현재 시제로 번역하였다. 아래의 예도 마찬가지다.

(43)

[ST] By equality one <u>refers</u> to the equality of automatons; of men who have lost their individuality. Equality today <u>means</u> "sameness," rather than "oneness." It <u>is</u> the sameness of abstractions, of the men who work in the same jobs, who have the same amusements, who read the same newspapers, who have the same feeling and the same ideas. … Contemporary society <u>preaches</u> this ideal of unindividualized equality ….

[TT1] 이 사회에서는 우리들은 평등이라는 말로 자동인형의 평등, 개성을 상실한 인간들의 평등을 <u>말하고 있다</u>. 오늘날 평등은 일체성보다는 오히려 동일성을 <u>의미하고 있다</u>. 평등은 추상적 동일성, 곧 같은 일터에서 일하고, 같은 오락을 갖고, 같은 신문을 읽고, 같은 감정과 같은 생각을 갖고 있는 사람들의 동일성을 <u>의미하고 있다</u>. … 현대 사회는 이러한 비개성화된 평등이라는 이상을 <u>설교하고 있다</u>. (사랑a, 22)

[TT2] 이 사회에서 말하는 평등이란 자동 인형의 평등, 즉 자신의 개성을 상실해 버린 사람들의 평등을 <u>의미한다</u>. 오늘날 평등은 '일체성'보다는 '동일성'을 <u>의미한다</u>. 즉 평등은 추상적인 동일성, 곧 똑같은 일을 하고 똑같은 오락을 즐기며 똑같은 신문을 읽고 똑같은 느낌, 똑같은 생각을 갖는 사람들의 동일성을 <u>의미한다</u>. … 현대 사회는 개성화되지 않은 평등의 이상을 <u>가르친다</u>. (사랑b, 33-34)

[TT2]에서 현재 시제로 번역한 부분이 [TT1]에는 모두 '-고 있다'의 진행상으로 나타난다. 이 부분의 원문은 모두 현재 시제 'refers, means, is, preaches'이다. '철수가 옷을 입는다'에서처럼 현재 시제 선어말어미가 진행의 의미도 나타내므로 진행상을 강조하려는 의도가 아니라면 굳이 '-고 있다'와 같은 복합 형식을 쓸 필요가 없다.

(44)
   a. [TT1] 로마의 사학자 플리니우스는 가나안을 페니키아(Phoe-nicia)라고 부르고 있다. (A.셧클리프외_에피소드과학사(화학이야기).txt)
   b. [TT1] 이 점에 대해서도 애덤 스미스와 칼 마르크스는 견해가 일치하고 있다. (앨빈토플러_제3의 물결.txt)
   c. [TT1] 이집트 사람들은 또, 시체를 미이라로 보존하는 데도 방부제로써 천연소다를 사용하고 있었다. (A.셧클리프외_에피소드과학사(화학이야기).txt)
   d. [TT1] 그는 이것을 아직 모르고 있었다. (단프랑크_이별.txt)
   e. [TT1] 양파요법을 실시한 20명의 환자는 원래 모두가 20퍼센트 이하의 HDL치를 보이고 있었다. (진카퍼_약이되는먹거리.txt)
   f. [TT1] 그들은 예외적으로 낮은 혈중 콜레스테롤치를 누리고 있었다. (진카퍼_약이되는먹거리.txt)

(44)'
   a. [TT2] 로마의 사학자 플리니우스는 가나안을 페니키아(Phoe-nicia)라고 부른다.
   b. [TT2] 이 점에 대해서도 애덤 스미스와 칼 마르크스는 견해가 일치한다.
   c. [TT2] 이집트 사람들은 또, 시체를 미이라로 보존하는 데도 방부제로써 천연소다를 사용했다.
   d. [TT2] 그는 이것을 아직 몰랐다.

e. [TT2] 양파요법을 실시한 20명의 환자는 원래 모두가 20퍼센트 이하의 HDL치를 <u>보였다</u>.
f. [TT2] 그들은 예외적으로 혈중 콜레스테롤치가 <u>낮았다</u>.

위 [TT1]의 '부르고 있다'와 '일치하고 있다' 역시 현재 시제 선어말어미를 사용하여 '부른다', '일치한다'로 바꿀 수 있다. '사용하고 있었다, 모르고 있었다, 보이고 있었다'는 과거 진행상 표현인데, 문맥상 진행의 의미를 강조할 필요가 없으므로 '사용했다, 몰랐다, 보였다'와 같이 과거 시제 선어말어미를 사용하면 더 간결하다.

물론 진행상을 항상 시제 선어말 어미를 사용하여 바꿀 수는 없다. 아래와 같이 진행의 의미가 강조되는 경우에는 시제 선어말 어미로 바꿀 경우 진행의 의미가 약해지기 때문이다.

(45)
a. [TT1] 그러나 구레비치 박사는 완벽한 의학적 신임을 <u>얻고 있었다</u>. (진카퍼_약이되는먹거리.txt)
b. [TT1] 그는 안전유리를 만드는 방법을 <u>고안하고 있었던</u> 것이다. (A.셧클리프외_에피소드과학사(화학이야기).txt)

(45)'
a. [TT2] 그러나 구레비치 박사는 완벽한 의학적 신임을 <u>얻었다</u>.
b. [TT2] 그는 안전유리를 만드는 방법을 <u>고안하였던</u> 것이다.

특히 (45b)의 경우, '고안하고 있었다'는 아직 완성되지 않은 상태지만 '고안하였다'는 완성된 상태를 나타내기 때문에 의미의 변화를 일으킨다. 이렇게 진행의 의미가 강조되는 문맥에서는 진행상의 복합 형식을 시제 선어말 어미로 바꾸어서는 안 된다.

'-아/어 왔다'의 완료상은 과거 시제 선어말 어미 '-았/었-'을 사용하여 간결하게 표현할 수 있다. '-아/어 왔다'의 형식은 주로 원문의 현재 완료 시제를 번역할 때 나타나는 표현이다.

(46)
[ST] I have discussed the difference between Aristotelian and paradoxical logic in order to prepare the ground for an important difference in the concept of the love of God.

[TT1] 신에 대한 사랑의 개념에서 볼 수 있는 중요한 차이점의 근거를 밝히기 위해 나는 지금까지 아리스토텔레스의 논리학과 역설적 논리학의 차이점을 검토해 왔다. (사랑a, 92)

[TT2] 신에 대한 사랑이라는 개념에 나타나 있는 중요한 차이점의 근거를 밝히기 위해 아리스토텔레스 논리학과 역설 논리학의 차이점을 살펴보았다. (사랑b, 106)

[TT1]의 '검토해 왔다'는 현재 완료의 완료 용법 'have discussed'의 번역이다. [TT2]에서는 과거 시제 선어말어미를 붙여서 '살펴보았다'로 번역하였다. 과거 시제 선어말어미 '-었-'도 '여름이 왔다'에서처럼 완료를 나타내는 기능을 가지므로 현재 완료의 완료 용법을 반드시 '-아/어 왔다'와 같은 완료상의 형태로 번역할 필요는 없다. 위 예문에서는 오히려 과거 시제로 표현한 '살펴보았다'가 더 간결하고 자연스럽다. 다음의 예도 마찬가지다.

(47)
[ST] ⋯ which thus far has been mentioned only implicitly, ⋯

[TT1] 지금까지는 오직 함축적으로만 말해 왔으나 … (사랑a, 147)

[TT2] 지금까지 위에서 은연중에 언급했던 것이지만 … (사랑b, 167)

[TT1]의 '말해 왔다'는 'has been mentioned'의 번역이다. 이 역시 [TT2] 처럼 과거 시제를 사용하는 것이 더 간결하다.

(48)
[ST] Thus far I have discussed what is needed for the practice of any art.

[TT1] 지금까지 나는 어떤 기술의 실용에 필요한 것이 무엇인지를 검토해 왔다. (사랑a, 136)

[TT2] 지금까지 어떤 기술의 실천에 필요한 것들에 대해 논의해 왔다. (사랑b, 155)

위 두 번역문에 쓰인 '검토해 왔다'와 '논의해 왔다'도 'have discussed'의 번역이다. 이들도 아래와 같이 과거 시제를 사용하여 '검토하였다, 논의하였다' 등으로 수정하면 원문에 쓰인 현재 완료 시제의 의미를 훼손하지 않으면서 더 간결한 표현이 된다.

(48)'
[TT3] 지금까지 어떤 기술의 실용에 필요한 것이 무엇인지를 검토하였다.
[TT4] 지금까지 어떤 기술의 실천에 필요한 것들에 대해 논의하였다.

'-ㄴ 적이 있다'는 아래와 같이 경험의 의미를 강조할 때 쓰이므로 단순히 과거 시제로 바꾸기 어려운 경우가 많다. 과거 시제 선어말 어미로는 경험의 의미를 살릴 수 없기 때문이다.

(49)

[TT1] 2년 앞서, 그는 담배를 <u>끊은 적이 있다</u>. 첫날, 그녀는 아무것도 알아차리지 못했다. 둘째 날도 역시. 또한 세 번째 날도 마찬가지였다. (단프랑크_이별.txt)

[TT1] 필자도 그 같은 파티에 <u>참석한 적이 있었다</u>. 사람들은 그저 떠들기만 하고 제대로 듣지는 않는 곳이었다. (도널드월튼_당신은의사전달을어떻게하고계십니까?.txt)

(49)'

[TT2] 2년 앞서, 그는 담배를 <u>끊었다</u>. 첫날, 그녀는 아무것도 알아차리지 못했다. 둘째 날도 역시. 또한 세 번째 날도 마찬가지였다.

[TT2] 필자도 그 같은 파티에 <u>참석하였(었)</u>다. 사람들은 그저 떠들기만 하고 제대로 듣지는 않는 곳이었다.

위 예문에서 '-ㄴ 적이 있-'을 과거 시제 선어말 어미 '-었-'으로 바꾼 [TT2]에서는 경험의 의미가 약하다. 따라서 경험의 의미가 강조되는 문맥에서는 복합 형식 '-ㄴ 적이 있-'을 시제 선어말 어미 '-었-'으로 바꾸지 않는 것이 좋다. 그러나 다음과 같은 문맥에서는 '-었-'으로 바꾸어도 의미에 큰 차이가 없다.

(50)

a. [TT1] 치통을 <u>앓아 본 적이 있는</u> 사람은 충치가 간단히 웃어넘길 일이 아니라는 사실에 동의할 것이다. (아이작아시모프_아시모프의생물학2.txt)

b. [TT1] 사람들을 일렬로 세워놓고, 어떤 문장을 속삭여서 다음 사람에게 전달하는 게임을 <u>해 본 적이 있는가</u>? (도널드월튼_당신은의사전

달을어떻게하고계십니까?.txt)
c. [TT1] 1년 후에 영주의 군대는 플래시에서 참패를 당하고 영주는 변장을 하여 용케 도망쳤으나, 후에 영주로부터 몹시 잔혹한 형벌을 <u>받았던 적이 있는</u> 어떤 사나이한테 살해되었다고 한다. (A.셧클리프외_에피소드 과학사(생물 의학이야기).txt)

위 예문에는 경험, 시도의 의미를 나타내는 복합 형식 '-아/어 보다'와 과거의 경험을 회상하는 선어말 어미 '-더-'가 결합하여 '-ㄴ 적이 있-'을 '-았/었'으로 바꾸어도 경험의 의미가 사라지지 않는다. 그러므로 경험의 의미를 나타내는 다른 성분이 결합된 경우에는 아래와 같이 '-ㄴ 적이 있-'을 과거 시제 선어말 어미 '-았/었-'으로 바꾸어 간결하게 표현하도록 한다.

(50)'
a. [TT2] 치통을 <u>앓아 본</u> 사람은 충치가 간단히 웃어넘길 일이 아니라는 사실에 동의할 것이다.
b. [TT2] 사람들을 일렬로 세워놓고, 어떤 문장을 속삭여서 다음 사람에게 전달하는 게임을 <u>해 보았는가</u>?
c. [TT2] 1년 후에 영주의 군대는 플래시에서 참패를 당하고 영주는 변장을 하여 용케 도망쳤으나, 후에 영주로부터 몹시 잔혹한 형벌을 <u>받았던</u> 어떤 사나이한테 살해되었다고 한다.

미래 시간 표현인 '-ㄹ 것이다'는 현대 국어의 대표적인 미정법 표현이다. 사실을 기술하는 텍스트에서는 '-ㄹ 것이다'가 좀 더 객관성을 띠는 표현으로 선호될 수 있지만 아래와 같이 대화체나 독백체가 많은 문학 텍스트에는 '-ㄹ 것이다' 대신 미래 시제 선어말 어미 '-겠-'과 '-리-'를 사용하면 간결할 뿐 아니라 문체에 변화를 주는 효과도 생긴다.

(51)

a. [TT1] "난 기혼자가 아니라고 말하면서도 왜 그 이유를 말하지 않았던 걸까? 내가 모든 사실을 설명하면 제인은 이해해 <u>줄 것이다</u>. 자아, 그 손을 잡게 해줘요. …" (S.브론테_제인에어(하).txt)

b. [TT1] 집을 나온 것을 아무도 모르니만큼 지금이라면 아직 이별의 상처는 남기지 않을 수 <u>있을 것이다</u>. (S.브론테_제인에어(하).txt)

(51)'

a. [TT2] "난 기혼자가 아니라고 말하면서도 왜 그 이유를 말하지 않았던 걸까? 내가 모든 사실을 설명하면 제인은 이해해 <u>주겠지</u>. 자아, 그 손을 잡게 해줘요. …"

b. [TT2] 집을 나온 것을 아무도 모르니만큼 지금이라면 아직 이별의 상처는 남기지 않을 수 <u>있으리라</u>.

'-ㄹ 것이다'는 문맥에 따라 현재 시제로도 변환이 가능하다.

(52)

a. [TT1] 그러면 오늘날 그렇게 많은 부모들이 TV에 대해 걱정하고 있는 문제점을 일소시킬 수 <u>있을 것인가</u>? (메리원_TV를끄자.txt)

b. [TT1] 만일 강제적 처치가 악이라면 불소 처리만 가지고 싸울 것이 아니라 염소 처리와 요오드 처리 그리고 이와 비슷하게 수도에 대한 예방 접종 등, 현재 선진국에서 시행되고 있는 모든 처치들이 강제적인 것이므로 이들에 대해서도 투쟁하여야 <u>할 것이다</u>. (아이작아시모프_아시모프의생물학2.txt)

(52)'

a. [TT2] 그러면 오늘날 그렇게 많은 부모들이 TV에 대해 걱정하고 있는

문제점을 일소시킬 수 있을까?
b. [TT2] 만일 강제적 처치가 악이라면 불소 처리만 가지고 싸울 것이 아니라 염소 처리와 요오드 처리 그리고 이와 비슷하게 수도에 대한 예방 접종 등, 현재 선진국에서 시행되고 있는 모든 처치들이 강제적인 것이므로 이들에 대해서도 투쟁하여야 한다.

위 예문의 [TT1]은 각각 '일소시킬 수 있다'와 '투쟁하여야 한다'로 표현할 것을 단정적인 표현 대신 '일소시킬 수 있을 것이다'와 '투쟁하여야 할 것이다'와 같은 미정법 표현을 붙여 두루뭉실하게 에둘러 표현함으로써 발언에 대한 책임을 회피하려는 심리를 반영한 것으로 해석된다. 이는 번역이라는 특수성에서 기인하는 문제가 아니다. '-ㄹ 수 있을 것이다', '-아/어야 할 것이다' 같은 표현은 '-ㄴ 것 같다'와 더불어 명제의 단언성(斷言性)을 완화시키는 기제로 선택되며, 이러한 미정적 표현은 현대 한국인들의 언어 습관을 반영한다. 하지만 번역자의 생각이나 견해가 아니라 원저자의 진술을 단지 도착어로 옮기는 번역에서 이러한 미정적 표현을 사용하는 것은 바람직하지 않다.

나. 잉여적인 표현을 경계하라

3장에서 기능어 가운데 비번역문에 비해 상대적으로 번역문에 많이 나타나는 성분의 하나로 접속사를 언급하였다. 접속 구조에서는 접속소의 중첩에 따른 잉여적 표현이 많이 쓰인다. 이는 영어의 접속소가 접속사에 한정되는 데 반해, 국어의 접속소는 접속사(접속 부사), 접속 조사, 연결 어미 등 여러 유형의 문법 요소로 실현되는 데에서 비롯한 현상이다. 중첩된 접속소 가운데 하나는 생략하여 문장을 간결하게 표현하자.

다음은 대등 접속 구조의 예이다.

(53)
a. [TT1] 어머니는 여신이<u>고</u> <u>또한</u> 가족과 사회의 권위자이다. (사랑a, 78)
b. [TT1] 아무리 좋은 일이라도 신을 움직이지는 못하<u>며, 또한</u> 가톨릭 교리가 주장하는 바와 같이 신이 우리들을 사랑하게 만들지도 못한다. (사랑a, 80)
c. [TT1] 갑자기 사건이 일어났<u>고 그리고</u> 끝이 났다. (S.브론테_제인에어(상).txt)
d. [TT1] 재미있고 어렵지 않으<u>며, 그리고</u> 오랜 동안 읽을 수 있는 책을 고른다.(메리윈_TV를 끄자.txt)
e. [TT1] 프라이데이<u>와 그리고</u> 이전에 말했던 젊은 성직자를 데리고 해안으로 곧장 다가갔다. (다니엘디포_로빈슨크루소(하).txt)
f. [TT1] 이에 못지 않게 그는 우리들<u>과 또한</u> 미래의 다음 세대에게도 어떻게 그리고 오직 어떠한 바탕에 의해서만이 헤겔을 이해할 수 있는가 하는 그 길을 제시해 주고 있다. (니콜라이하르트만_헤겔철학개념과정신현상학.txt)
g. [TT1] <u>그리고 또한</u> 당국자 스스로도 우스꽝스럽게 느끼고 있었고 게다가 우스꽝스러운 짓도 했다. (d.h.로렌스_채털리부인의사랑(3판).txt)

(53)'
a. [TT2] 어머니는 여신이<u>며</u> 가족과 사회의 권위자이다.
b. [TT2] 아무리 좋은 일이라도 신을 움직이지는 못하<u>며</u>, …
c. [TT2] 갑자기 사건이 일어났<u>고(/다가)</u> 끝이 났다.
d. [TT2] 재미있고 어렵지 않으<u>며</u>, 오랜 동안 읽을 수 있는 책을 고른다.
e. [TT2] 프라이데이<u>와</u> 이전에 말했던 젊은 성직자를 데리고 …

f. [TT2] 이에 못지 않게 그는 우리들과 미래의 다음 세대에게도 …
g. [TT2] <u>또한</u> 당국자 스스로도 우스꽝스럽게 느끼고 있었고…

병렬 접속소의 중첩 양상은 크게 연결어미와 접속사의 중첩, 접속 조사와 접속사의 중첩, 접속사와 접속사의 중첩 세 가지 유형으로 나타난다. 이러한 잉여적 표현은 번역문만이 아니라 일반 글쓰기에서도 흔히 발견된다. 병렬 접속소를 중첩하여 사용하는 것이 첨가의 의미를 강조하기 위함인지는 명확하게 판단하기 힘들지만, 동일한 기능을 하는 두 접속소를 함께 사용하는 것은 분명히 문장의 간결성을 해친다. 연결어미나 접속 조사를 붙일 때는 접속사를 생략하도록 하고, 접속사로 연결할 때에는 접속사를 하나만 써서 문장을 간결하게 표현하자.

 병렬 접속과 마찬가지로 선택 접속에서도 접속소의 중첩이 많이 나타난다. 선택 접속소의 중첩 양상은 아래와 같이 연결어미와 접속사의 중첩, 접속 조사와 접속사의 중첩 두 가지 유형으로 나타난다.

(54)
 a. [TT1] 여기서 다른 양의 효과는 무시하<u>거나</u> <u>또는</u> 간단하게 숫자로 대신키로 한다. (스티븐호킹_시간의역사.txt)
 b. [TT1] 우리는 언젠가 한낮에 녹색<u>이나</u> <u>또는</u> 갈색의 하늘을 보게 될 것이다. (도널에이부리스_상식속의상식.txt)
 c. [TT1] 다른 부류의 사람들은 타락해서 무절제한 생활<u>이나</u> <u>혹은</u> 공허한 쾌락으로 삶을 낭비하였다. (다니엘디포_로빈슨크루소(하).txt)

(54)'
 a. [TT2] 여기서 다른 양의 효과는 무시하<u>거나</u> 간단하게 숫자로 대신키로 한다.

b. [TT2] 우리는 언젠가 한낮에 녹색<u>이나</u> 갈색의 하늘을 보게 될 것이다.
c. [TT2] 다른 부류의 사람들은 타락해서 무절제한 생활<u>이나</u> 공허한 쾌락으로 삶을 낭비하였다.

대조 접속은 접속 조사가 없어서 다음과 같이 연결어미와 접속사의 중첩 유형만 나타난다.

(55)
a. [TT1] 물론 가면을 쓴 자도 처음부터 제정신이 아닌 것은 아니<u>지만</u> <u>그러나</u> 자신을 흥분시키는 도취에 곧 몸을 맡긴다. (로베카미와_형법의근대성과대화.txt)
b. [TT1] 피상적이고 막연하긴 하<u>지만</u> <u>그러나</u> 영속적이며 집요하고 보편적인 이 동일시는 민주주의사회의 본질적인 보상장치의 하나를 이룬다. (로베카미와_형법의근대성과대화.txt)
c. [TT1] 그래요, 정말 악몽이라구요. 뭐라고 할까, 누구나 도와주고는 싶겠<u>지만</u> <u>그러나</u> 실제로…… 사람이 할 수 있는 일에는 한도가 있는 거잖아요. (헬렌필딩_셀레브와의사랑.txt)

(55)'
a. [TT2] 물론 가면을 쓴 자도 처음부터 제정신이 아닌 것은 아니<u>지만</u> 자신을 …
b. [TT2] 피상적이고 막연하긴 하<u>지만</u> 영속적이며 …
c. [TT2] … 누구나 도와주고는 싶겠<u>지만</u> 실제로 …

동일한 기능을 하는 두 접속소를 중첩하여 사용하는 것은 잉여적이므로 연결어미나 접속조사 뒤에 오는 접속사는 생략하여 간결하게 표현하자.
종속 접속 구조에 자주 등장하는 잉여적인 접속사는 까닭절의 '왜냐하면'과 조건절의 '만약, 만일'이다. 3.2.1에서 '왜냐하면'의 빈도가 번역문이 비번역문보다 3배 이상 높게 나타남을 확인하였다. 다른 까닭 접속사들은 앞 문장이 까닭이 되고 뒤 문장이 결과가 되지만, '왜냐하면'은 그 반대다. 즉, 앞 문장에 결과가 먼저 제시되고 '왜냐하면'이 이끄는 뒤 문장에 그 까닭이 연결된다.

(56)
   a. [TT] <u>왜냐하면</u>, 이 분석은 무엇이 이들 개념 속에 포함 되어 있는가를 보여줄 뿐이며, 어떻게 하여 우리가 선천적으로 이러한 개념에 도달하고, 마침내는 모든 인식일반의 대상에 대한 이들 개념의 타당한 사용을 규정할 수 있는가를 보여주는 것이 아니기 <u>때문이다</u>. (칸트_순수이성비판.txt)
   b. [TT] 오빠가 좀 덜 똑똑했으면 하고 바라기도 하였다. <u>왜냐하면</u> 그가 예견한 많은 일들은 소름 끼치도록 무서운 일들이었기 <u>때문이었다</u>. (코넬리아덴붐_비밀의방.txt)

'왜냐하면 …기 때문이다'의 구문은 'because, as, since' 등에 대한 상투적인 번역에 기인한다. 대체로 원문에서 까닭절이 앞에 올 때에는 '…기 때문에 …하다'와 같이 번역하지만, [결과, because + 이유]와 같이 까닭절이 뒤에 올 때에는 문장을 끊어서 원문의 종속 접속사를 '왜냐하면 …기 때문이다'로 번역하는 경향이 있다. 그러나 뒤에 '…기 때문이다'가 따르므로 '왜냐하면'을 삽입하게 되면 잉여적인 문장이 된다. 그리고 까닭절의 길이가 길지 않다면 굳이 원문의 어순을 그대로 따를 필요는 없다. 까닭을 나타내는 다양한 연결어미를 사용하여 [까닭절+결과절]의 구성으로 번역하면 상투적인 번역체 표현을 피할 수 있다.

번역문에 쓰이는 조건절의 일반적인 구조는 '만약(만일) …ㄴ다면(라면)'의 형태이다. 이는 '왜냐하면 …기 때문이다'와 더불어 대표적인 상투적 번역 표현에 속한다.

    (57)
    a. [TT] <u>만약</u>에 참여한 사람들이 결정을 내리는 것이 아닌, 다만 조언만을 위한 위원회<u>라면</u>, 행정가는 처음부터 이 사실을 참여자들에게 알려야 한다. (리차드A.고튼_최신학교행정과장학론.txt)
    b. [TT] <u>만약</u> 내가 항해에 실패를 해서 다시 돌아올 수 없게 된<u>다면</u>, 아저씨는 그 당시와 똑같은 처지가 될지도 모릅니다. (다니엘디포_로빈슨크루소.txt)
    c. [TT] 그러니, <u>만일</u>에 저 넓고 거친 해협이 우리 사이에 가로 놓이게 된<u>다면</u> 이 매어져 있는 끈은 그만 끊어져 버리고 마는 게 아닐까? (S.브론테_제인에어(하).txt)
    d. [TT] <u>만일</u> 그 북쪽으로 향했<u>다면</u>……, 하고 생각하니 지금도 오싹합니다. (파브르_파브르 곤충기 2(용감한 사냥벌.txt)

'왜냐하면'과 마찬가지로 조건 부사 '만약, 만일' 역시 잉여적인 어휘다[24]. 3.2.1에서 조건 연결 어미의 출현 빈도는 번역문이 비번역문보다 약간 낮은 데 반해 조건 부사의 출현 빈도는 번역문이 비번역문보다 2배가량 높음을 확인하였다. 이는 번역문에서 원문의 'if'를 상투적으로 번역한 데에 기인한다.

대등 접속 구문의 번역에서는 동일한 기능을 하는 두 접속소를 중첩하여 쓰지 않도록 하고, 종속 접속 구문에서는 까닭절의 '왜냐하면 …기 때문이다', 양보절의 '비록 …라도', 조건절의 '만약(만일) …ㄴ다면(라면)' 등에

---
[24] 남풍현(1971)은 15세기 불경 언해류에서 '若, 如'의 번역어로 'ᄒᆞ다가'가 많이 쓰인 것 역시 중국어의 번역과 수용 과정에서 오는 잉여성으로 보았다.

쓰이는 잉여적인 접속사를 생략하여 문장의 간결성을 살리도록 한다.

3) 담화 및 텍스트 층위

글은 하나의 유기적인 조직체이다. 하나의 어휘, 하나의 문장은 홀로 제 기능을 발휘할 수 없고, 다른 어휘와의 관계, 다른 문장과의 관계 속에서만 온전한 의미를 가지게 된다. 번역 역시 어휘 대 어휘, 문장 대 문장의 번역으로 생각해서는 안 되며, 그 기본 단위는 담화, 텍스트로 삼아야 한다. 본고는 번역을 할 때 담화 및 텍스트 층위에서 유념해야 할 전략으로 다음을 제시한다.

(1) '-은/는'과 '-이/가'는 주제와 초점을 고려하여 사용하라.
(2) 담화 상황에 적합한 화계와 호칭을 선택하라.
(3) 문맥에 적합한 접속소를 사용하라.
(4) 용어와 문체의 일관성을 지키라.

(1), (2), (3)은 3장에서 국어 번역문의 구문상의 특성으로 언급한 획일화와 여기에서 비롯한 어휘적 단순화를 해결하기 위한 전략이다. 도착어의 담화 관습과 언어 규범을 따르라는 것이므로 담화 공동체 참여의 원리가 작용한다. (4)는 하나의 완결된 텍스트로서 번역문의 응결성과 통일성을 높이기 위한 전략이다.

(1) '-은/는'과 '-이/가'는 주제와 초점을 고려하여 사용하라

김정우(1994b)는 신정보의 전달에 관여하는 '-이/가'의 초점 표시 기능과 구정보의 전달에 관여하는 '-은/는'의 주제 표시 기능을 대조하면서 주

어 자리에 보조사 '-은/는'이 남용되는 경향이 있음을 지적한 바 있다. 3.3.1에서는 텍스트 유형별로 주격 조사 '-이/가'와 보조사 '-은/는'의 빈도를 비교하여 번역문이 비번역문보다 주격 조사의 쓰임이 적고 보조사 '-은/는'의 쓰임이 더 많음을 확인하였고, 특히 전문 텍스트 유형의 번역문에 보조사 '-은/는'의 사용이 두드러짐을 보았다.

흔히 '-은/는'과 '-이/가'에 대해 전자가 이미 알려진 구정보에, 후자가 새로운 정보에 쓰이는 것으로 기능의 차이를 구분하기도 한다. 이러한 차이는 영어의 정관사 'the'와 부정관사 'a'의 쓰임과 유사하다. [a+명사]와 [the+명사]를 항상 [명사+-가], [명사+-는]에 대응시킬 수 있는 것은 아니지만 국어 조사의 이러한 구분은 번역에 어느 정도 도움이 된다. 다음 예를 보자.

(58)

[ST] For the man an attractive girl-and for the woman an attractive man-are the prizes they are after.

[TT1] 남자에게는 매력있는 여자-여자에게는 매력있는 남자는 탐나는 경품이다. (사랑a, 9)

[TT2] 남자에게는 매력적인 여자, 여자에게는 매력적인 남자가 그들이 얻고자 하는 상품이다. (사랑b, 15)

위 예에서 [ST]의 주어는 "an attractive girl(and an attractive man)"이다. [TT1]에서는 주어 자리에 보조사 '-는'을 사용한 반면, [TT2]에서는 주격 조사 '-가'를 사용하였다. 물론 여기서는 '-가'로 번역하는 것이 더 좋다. "매력있는 여자(매력있는 남자)"가 처음 등장하는 신정보로서 초점을 받는 대상이기 때문이다. "A dog is faithful"과 같이 부정 관사가 총칭적으로 사용된 경우가 아니라면 주어 위치에서 가산 명사의 단수형 앞에 쓰인 "a/an"은 후행 명사가 신정보임을 나타내므로 규칙적으로 주격 조사 '-가'에 대응시킬 수 있다. 그러나 'the'는 구정보뿐 아니라 "the girl in blue"와 같이 한정 어구가 따를 경우에는 신정보에도 사용되므로 'the'를 보조사 '-는'에 대응시킬 때에는 주의를 요한다.

구정보라 하더라도 다른 성분과의 관계에 따라 주격 조사 '-이/가'를 쓰는 것이 더 좋을 때도 있다. 다음 예를 보자.

(59)

[ST] In contemporary capitalistic society the meaning of equality has been transformed.

[TT1] 현대 자본주의 사회에서는 평등의 의미는 달라졌다. (사랑a, 22)
[TT2] 현대 자본주의 사회에서 평등의 의미는 계속 변화되어 왔다. (사랑 b, 33)
[TT3] 현대 자본주의 사회에서는 평등의 의미가 …

위 문장은 종교적 맥락에서 평등의 의미를 기술한 앞 단락에 이어 현대 자본주의 사회에서의 평등의 의미를 기술하는 단락의 서두이므로 '평등의 의미'는 구정보라 할 수 있다. 그러나 '평등의 의미'에 '-는'을 붙인 [TT1]의 문장은 어색하다. 우리는 그 원인을 앞에 놓인 부사구 '현대 자본주의 사회에서는'에서 찾을 수 있다. 위 문장은 종교적 맥락에서 평등의 의미를 기술한 앞 단락에 이어 현대 자본주의 사회에서의 평등의 의미를 기술하는 단락의 서두이다. 과거 종교적 맥락(이 책에서는 기독교, 유태교, 계몽주의 철학을 예로 들고 있다)에서는 평등이 독자성을 존중하는 일체성의 의미였으나 현대 자본주의 사회에서는 평등이 개성을 상실한 사람들의 동일성, 표준화의 의미를 가진다는 것이 두 단락의 내용이다. 즉 평등의 의미에 대해 앞 단락에서는 종교적 맥락에서의 의미를, 뒤 단락에서는 현대 자본주의 사회에서의 의미를 대조적으로 서술하고 있다. '평등의 의미'가 구정보라 할지라도 평등의 의미에 대해 앞 단락에서는 종교적 맥락에서의 의미를, 뒤 단락에서는 현대 자본주의 사회에서의 의미를 대조적으로 서술하고 있기 때문에 보조사 '-는'은 대조가 되는 부사구 '현대 자본주의 사회에서'에만 붙이고 '평등의 의미'에는 주격 조사를 붙이는 것이 평등의 의미가 종교적 맥락과 현대 자본주의 사회에서 각기 다르다는 본문의 내용을 더 효과적으로 드러낼 수 있다. 이때 부사구 '현대 자본주의 사회에서'에 결합하는 보조사 '-는'은 대조 표시의 기능을 한다.

　이익섭·임홍빈(1983)은 보조사 '-은/는'이 구정보에 쓰인다는 점과 아울러 '-은/는'의 대표적인 의미 기능으로 배타·대조의 의미 표시와 주제의 표시 두 가지를 언급하였다. 다음 예를 통해 대조의 의미 기능을 좀 더 살펴보자.

(60)

[ST] This responsibility, in the case of the mother and her infant, refers mainly to the care for physical needs. In the love between adults it refers mainly to the psychic needs of the other person.

[TT1] 어머니와 어린애의 관계에서는 이러한 책임은 주로 신체적 욕구에 대한 배려와 관련된다. 어른 사이의 사랑에서는 책임은 주로 상대방의 정신적 요구와 관련된다. (사랑a, 36)

[TT2] 어머니와 아기의 경우에 이러한 책임은 주로 신체적인 욕구에 대한 보살핌을 말한다. 성인들 사이의 사랑에서 책임은 상대방의 심리적

　　　　　욕구와 관련된다. (사랑b, 48)
[TT3] 어머니와 어린아이의 관계에서는 이러한 책임이 주로 신체적 욕구
　　　에 대한 배려와 관련되어 있고 성인간의 사랑에서는 (책임이) 주로
　　　상대방의 정신적 욕구와 관련된다.

위 [TT1]의 두 문장은 의미상 대구를 이룬다. 두 문장에서 보조사 '-은/는'은 총 네 번, 전절과 후절의 주어인 '책임은'과 부사어 '어머니와 어린아이의 관계에서는' 및 '성인간의 사랑에서는'에 쓰였다. [TT2]에서는 주어에만 보조사를 붙였다. 위 예문은 동일 주어에 대해 '어머니와 어린아이의 관계'와 '성인간의 사랑'을 대조하였으므로 이 두 명사구에 대조의 기능을 가지는 보조사 '-은/는'을 붙이고 주어가 되는 명사 '책임'에 주격 조사 '-이'를 붙이면 '책임'이 어머니와 어린아이의 사랑, 성인간의 사랑에서 서로 다른 양상을 띤다는 사실을 대조적으로 나타낼 수 있다. 그리고 전절과 후절의 주어가 동일하므로 후절의 주어를 생략하여 더 간결한 문장으로 나타낼 수도 있다. 본고에서는 이렇게 수정한 문장 [TT3]을 대안으로 제시한다.

다음으로 주제 표시와 관련된 번역문의 예를 살펴보도록 하겠다.

(61)

[ST] Equality had meant, in a religious context, that we are all God's children, that we all share in the same human-divine substance, that we are all one.

[TT1] 평등은 종교적 맥락에서는 우리들은 모두 하느님의 자식이며 우리들은 모두 인간으로서 똑같은 신성한 천품을 갖고 있고 우리들은 일체라는 뜻을 갖고 있다. (사랑a, 21)
[TT2] 종교적인 맥락에서의 평등이란, 우리 모두는 하느님의 자식이며 우

리들은 모두 사람으로서 신성한 자질을 나누어 가졌으며 우리는 모두 하나라는 것을 의미한다. (사랑b, 32)
[TT3] 종교적 맥락에서의 평등은 우리들의 …

[TT1]은 '평등은 종교적 맥락에서는 우리들은…'에서 '-은/는'이 세 번 연달아 등장하여 조사 때문에 매끄럽지 못한 문장이 되었다. [TT1]은 문장 구성이 [평등은 종교적 맥락에서는 [우리들은 …]라는 뜻을 갖고 있다]와 같이 분석된다. 여기서 '-은/는'은 상위문의 주어, 상위문의 부사어, 내포문의 주어에 각각 결합하였다. 위 문장은 평등이 종교적 맥락에서 어떠한 의미를 갖는가를 내용으로 담고 있으므로 '종교적 맥락에서의 평등'을 주제어로 볼 수 있다. 이러한 점에서 '종교적인 맥락에서의 평등이란'으로 주제를 제시한 [TT2]가 주제의 효과적인 전달 면에서 더 우수한 것으로 판단된다.

[TT1]에서 '평등은 종교적 맥락에서는 우리들은'이라는 구절은 원문의 'Equality had meant, in a religious context, that we are …'를 어순 그대로 번역한 결과이다. 'in a religious context'와 같은 수식어구가 문장의 중간에 쉼표를 두고 삽입될 때에는 원문의 어순을 그대로 따르지 않고 어순을 재배치하는 방법을 생각해 볼 수 있다. 본고는 [TT3]에서 상위문의 주어인 '평등은'과 부사어인 '종교적 맥락에서'의 어순을 바꾸고 '평등'에만 보조사 '-은'을 붙인 다음 내포문의 주어는 주격 조사를 사용하여 '우리들이'로 수정해 보았다. '-는'은 보다 큰 문장을 이끄는 데 적절하여 내포문의 주어 자리에는 '-는'보다 '-이/가'가 더 적절하다는 지적(이익섭·임홍빈 1983: 168)을 반영한 것이다. 이렇게 하여 '종교적 맥락에서의 평등'이라는 문장의 주제를 좀 더 효과적으로 드러낼 수 있다.

영어를 외국어로 하는 사람들이 영작에서 가장 어려워하는 부분이 부정관사 'a'와 정관사 'the'의 쓰임이라고 한다. 마찬가지로 국어에서는 '-이/

가'와 보조사 '-은/는'을 문맥에 맞게 선택하는 것이 고난이도의 문제가 된다. 주격 조사 '-이/가'와 보조사 '-은/는'을 선택할 때에는 이들의 어느 한 가지 의미 기능만을 고려해서는 안 되며, 다른 문장 성분과의 관계 속에서 이들 조사의 여러 의미 기능을 복합적으로 고려하도록 한다.

(2) 담화 상황에 적합한 화계와 호칭을 선택하라

화자와 청자라는 대화 참여자 간의 대우 관계를 나타내는 상대 대우에서는 해당 대화문의 담화 상황에서 화자와 청자의 관계를 파악하는 일이 중요하다. 상대 대우에 관한 국어학적 연구의 주된 논의 대상은 대우와 관련하여 청자를 대상으로 하는 화자의 문체상의 등급, 즉 화계(話階)였다. 화계(話階)란 대우와 관련하여 청자를 상대로 하는 화자의 문체상의 등급, 즉 화자의 문체에서 실현되는 상대 대우의 등급이다. 화계는 서술체에서 독자를 청자로 하는 필자의 화계와 대화체에서 등장인물의 화계 두 가지 유형으로 구분된다.

번역 과정에서 번역자는 독자를 청자로 하는 필자의 화계를 우선 결정하게 된다. 국내 출판 서적을 살펴본 결과, 비번역 텍스트 가운데 영유아를 대상으로 하는 텍스트는 해요체가 대부분이었다. 본격적으로 대우법을 배우게 되는 유치부와 초등학교 저학년 학생을 대상으로 하는 텍스트에는 '-습니다'로 대표되는 하십시오체도 많이 쓰이는데, 고정적이지 않고 해요체와 하십시오체를 넘나든다. 그리고 초등학교 고학년부터는 하라체[25]가 주로 쓰인다. 따라서 아동을 대상으로 하는 텍스트의 번역에서 독자의 연령에 따른 이러한 분류를 적용하는 것도 하나의 방법이 될 수 있다. 성인을

---

[25] 하라체는 청자가 특정 개인이 아닐 때 낮춤과 높임이 중화된 느낌을 주는 종결형의 말체이다. 독자를 청자로 하는 글말의 문체로 쓰인다.

독자로 하는 텍스트는 텍스트의 유형에 따라 서술체의 화계가 달리 사용된다. 전문 텍스트 유형에는 하라체가 쓰이지만, 문학 텍스트나 일반 교양 텍스트는 작가의 의도에 따라 다른 화계가 선택되는데, 어른을 위한 동화나 독백체의 글, 편지 형식의 글에서는 하십시오체도 나타난다. 따라서 성인 대상의 텍스트라고 해서 하라체로만 번역하기보다 텍스트의 유형과 성격에 따라 서술체의 화계를 달리 설정할 필요가 있다.

3.3.3에서 언급하였듯이, 대화체에서 화계를 선택할 때는 화자와 청자의 연령, 성별, 사회적 지위, 힘(power), 친밀도, 제3자의 성격과 참여 여부 등을 고려하게 된다. 다음 예를 보자.

(62)
[ST] … who said: 'Good morrow, fair maiden, whither away so fast?'
'Aged father,' says she, 'I am going to seek my fortune.'

[TT] 노인은 공주를 보자 말을 걸어왔습니다.
"안녕, 아름다운 처녀여? 어디를 그렇게 부지런히 가는 길인가?"
"할아버지, 저는 성공의 길을 찾아 집을 나왔답니다." (영국, 254)

위 예는 공주와 노인 간의 대화다. 노인이 연장자임을 고려하여 공주의 발화를 하십시오체로 표현했다. 노인의 발화는 하게체로 표현하였는데, 상대가 공주라는 사실을 알지 못한 채 처음 만나 대화를 나누는 장면이므로 노인보다 나이가 훨씬 어린 처녀에게 낮추어 말하되, 어느 정도 격식을 갖추고 대우하는 하게체를 선택한 것이다. 화자와 청자의 나이를 고려하면 노인이 공주에게 "안녕, 아름다운 아가씨? 어디를 그렇게 부지런히 가는 길이지?"와 같이 두루 낮춤의 해체로 표현할 수도 있다. 해체가 쓰일 수 있는 위와 같은 담화 상황에서 해체가 아닌 하게체가 쓰인 것은 2장에서 본 바와 같이 상대 대우 표현에서 예사 낮춤 이상의 화계, 즉 상대를 대우하여 높이는 화계의 종결 어미가 많이 쓰인다는 번역문의 특징을 반영한다. 특히, 3.3.3의 <표83>에서는 번역문이 비번역문보다 예사 낮춤의 하게체 종결 어미의 상대 빈도가 5배나 높게 나타났다.

다음 예도 마찬가지다.

   (63)

     [ST] With these she went the same road as her sister; and coming near the cave, the old man said; 'Young woman, whither so fast?' 'What's that to you?' said she.

     [TT] 꼽추 공주는 이렇게 많은 짐을 갖추고 이복 자매가 갔던 길을 갔습니다. 동굴 근처에 이르자 노인이 말을 걸어왔습니다.
        "젊은 아가씨, 어디를 그렇게 급히 가는 길이오?"
        "당신이 알아서 뭐 하려고?" (영국, 256-257)

위 예도 화자와 청자의 연령상 노인이 꼽추 공주에게 해체를 쓸 수 있는 상황이지만, 예사 높임인 하오체가 쓰였다. 이 예문 역시 3.3.3의 <표83>에서 번역문이 비번역문보다 예사 높임의 하오체 종결 어미의 상대 빈도가 4배 높게 나타난 번역문의 특성을 반영한다.

    대화 참가자의 연령이나 사회적 지위가 대화체의 화계를 결정하는 데에 중요한 고려 사항이 되지만, 화계의 결정에서 그보다 더 우선하는 요소는 높임에 대한 화자의 의도이다. 위 예문의 텍스트에서 꼽추 공주는 버릇없고 이기적인 아가씨다. 그래서 번역자는 꼽추 공주에게 말을 거는 할아버지에 대한 꼽추 공주의 대답에 '해체'를 썼다. 버릇없고 건방진 꼽추 공주의 성격을 반영한 것이다.

상대 대우의 등급을 선택하는 데에 높임의 의도에 우선하는 요소는 친밀감이다. 다음은 화계의 결정에 친밀도가 영향을 미친 예이다.

(64)
a. [ST] … my worried mother tucked me into the backseat of her car and clucked the entire way home.
[TT] 근심에 찬 <u>엄마는</u> 나를 자동차 뒷좌석에 잘 <u>앉히고는</u> 집으로 오는 내내 혀를 <u>찼다</u>. (악마1, 25)

b. [ST] "Thanks, Mom. Does that mean you're proud enough of me to buy me an apartment, furniture, and a whole new wardrobe?"
[TT] "<u>고마워, 엄마</u>. 나한테 아파트랑 가구랑 새 옷장을 사줘도 될 만큼 내가 자랑스러운 <u>거지</u>?" (악마1, 59)

c. [ST] "Um, Dad? Hi, it's Andy. Guess where I am now? Yes, of course I'm at work, …"
[TT] "아, <u>아빠</u>? 저 <u>앤디예요</u>. 제가 어디 있는지 <u>아세요</u>? 네, 물론 <u>근무중이죠</u>. …" (악마1, 91)

위 예에서 주인공 앤디는 어머니에게는 해체를, 아버지에게는 해요체를 쓴다. 이는 오늘날 젊은 세대들의 언어 관습을 잘 반영한 예이다. 최근에는 유아동 시기에 부모님께 해체를 쓰다가 사춘기를 지나고 성인이 되면서 어머니에게는 해체를 유지하는 반면 아버지에게는 높임말을 쓰는 경향이 짙다26). 성인이 되면서 아버지에 대한 화계에 변화를 주는 이유는 가장으로

---

26) 이경우(2001, 2003, 2004)는 드라마 대본의 발화 내용 조사에 근거하여 가까운 가족일

서 아버지의 권위를 인정하고 대우하는 데에서 비롯한 것으로 여겨진다. 그렇다고 아버지와 달리 어머니를 대우하지 않는다는 것은 아니다. 해체는 친밀감의 표현이다. 아버지보다 어머니에게 더 강한 친밀감을 느끼기 때문에 어머니에게 해체를 사용하는 것이다. 동년배나 선후배 관계에서도 마찬가지다. 화자보다 연장자라도 허물없이 친한 사이에서는 해체를 쓰고, 나이가 어리더라도 친밀한 관계가 아니거나 격식을 갖추어야 하는 상황에서는 높임말을 쓴다. 그러므로 위 (64b)에서 앤디가 엄마에게 해체를 사용하는 이유는 (63)에서 꼽추 공주가 노인에게 해체를 사용하는 이유와 다르다. (64b)에서 앤디가 엄마에게 해체를 사용하는 것은 높임의 의도가 없어서, 즉 높이고 싶지 않아서가 아니라 엄마에 대한 친밀감의 표현이라 할 수 있으며, 이러한 번역은 대우 표현과 관련한 오늘날 젊은 세대들의 담화 관습을 적절히 반영한 좋은 예라 하겠다.

  이제 번역의 과정에서 화계를 잘못 선택한 예를 살펴보자.

>(65)
>
>>[ST] Once upon a time there was a farmer and his wife who had one daughter, and she was courted by a gentleman.
>>
>>…
>>
>>"Whatever are you three doing, sitting there crying, and letting the beer run all over the doing, sitting there crying, and letting the beer run all over the floor?'
>>
>>…
>>
>>'I've travelled many miles, and I never met three such big sillies as you three before; and now I shall start out on my travels again,

---

경우에 일반적으로는 높은 사람에게 쓸 수 없는 '해/해라체'가 가능하다는 점을 밝혔다.

and when I can find three bigger sillies than you three, then I'll come back and marry your daughter.'

[TT] 옛날 옛적에 한 농부 부부가 있었는데 그들의 외동딸이 어느 신사로부터 청혼을 받았습니다.

…

"아니 거기 앉아서 뭐하고 있는 겁니까? 맥주는 이렇게 온 사방으로 흘러 넘치게 둔 채 왜 울고 있는 거죠?"

…

"이제까지 수많은 곳을 돌아다녔지만 당신들처럼 어리석은 사람들은 보지 못했소. 나는 이제부터 여행을 시작하겠소. 당신들보다 더 멍청한 바보를 셋이나 발견한다면 그때 다시 돌아와 당신 딸과 결혼하겠소." (영국, 23-25)

위 번역문의 첫 번째 대화에서 신사는 장차 장인, 장모가 될 사람들에게 하십시오체와 해요체를 썼지만, 두 번째 대화에서는 하오체를 쓰고 있다. 예비 장인, 장모라면 아주 높임의 담화 상황이다. 신사와 농부라는 계층의 차이가 있다 하더라도 예비 장인 장모에게 하오체를 쓰는 것은 우리의 문화와 담화 관습에 맞지 않다.

일반적으로 화계는 고정적인 것이 아니며 상황에 따라 그 등급이 위아래로 넘나드는 스위칭(switching)의 특성을 보인다27). 위 예에서 신사는 하십시오체, 해요체, 하오체의 세 가지를 사용하고 있다. 해요체는 비격식체의 두루 높이는 등급이므로 우리말 대화에서 흔히 다른 화계와 함께 사용

---

27) 화계 변동 양상에 대한 연구로는 유송영(1996), 이정복(1996), 김의수(2002), 최석재(2008) 등이 있다. 특히 최석재(2008: 79)는 드라마 대본을 분석하여 단일 화계를 사용하는 경우와 이중 화계를 사용하는 경우가 3:7의 비율로 나타남을 보였다.

하지만[28]), 하십시오체와 하오체는 격식체로서 그 대우 등급에 따른 대상이 다르므로 함께 사용하지 않는다.

다음은 화계 변동의 전략이 효과적으로 사용된 예이다.

(66)

[ST] "… I know you've had such a long week, and, knowing you, I figured you hadn't bothered to eat yet, so I brought the food to you."

…

"You did not! How'd you know that I was sitting here this very second, wondering how I was going to motivate to find food? I was about to give up."

"So come here and eat!" He looked pleased and pulled open the bag.

[TT] "… 일주일 동안 많이 힘들었지? 내가 널 잘 알지. 아직 식사도 못했을 거야. 그래서 먹을 걸 좀 가져왔어."

…

"웬일이니! 그렇잖아도 먹을 걸 좀 사러 가야 하는데 왜 이렇게 몸이 말을 안 들을까 하며 앉아 있었어. 에라 관두자, 하던 참이었는데."

"그럼 어서 드시지요!"

그는 뿌듯해하면서 봉투를 열었다. (악마1, 129-130)

위 예는 주인공인 앤디와 남자친구와의 대화로, 남자친구가 바쁜 회사 생

---

[28]) 최석재(2008: 75-78)가 드라마 대본에 나타난 화계 변동 양상을 분석한 바에 따르면 해요체는 해라체에서부터 하십시오체에 이르기까지 모든 화계와 변동하여 나타난다.

활로 힘들어하는 앤디를 위해 먹을거리를 사 온 장면이다. 해체를 쓰다가 앤디가 기뻐하며 반기자 "그럼 어서 드시지요"와 같이 하십시오체[29]로 바꾸었다. 화계의 변화 없이 "그럼 어서 먹어"로 표현하는 것에 비해, 장난스러우면서도 연인에 대한 사랑과 배려가 묻어나서 더 정감이 간다.

(67)
[ST] "Mrs. Myers was picking Erika up from the same train, so she just dropped me off. When are we eating? I'm satrving."
"Now. Do you want to clean up? We can wait. You look a little ragged from the train. You know, it's fine if-"
"Mother!" I shot her a warning look.

[TT] "에리카랑 같은 기차를 <u>탔어요</u>. 마이어 부인이 에리카를 데리러 나와서 그 차를 같이 타고 <u>왔어요</u>. 엄마, 밥은 언제 <u>먹어요</u>? 나 배고파 죽겠는데."
"지금 줄게. 일단 좀 씻을래? 기다릴 수 있어? 기차 타고 와서 그런지 지쳐 보이는구나. 씻고 싶으면……"
"엄마 그만 좀 <u>해</u>!" (악마1, 134)

위 예는 뉴욕에서 직장을 다니는 앤디가 오랜만에 시골집에 가서 엄마와 대화하는 상황이다. 배고파 죽겠다고 밥을 찾는 앤디에게 엄마가 씻으라고 하자 그동안 높임말을 쓰던 앤디가 해체로 화계를 바꿈으로써 해요체를 쓰

---

[29] 하십시오체에서 명령형 어미 '-십시오'는 '-시지요'로 대치되는 수가 있다. 명령은 아무리 정중하게 말하여도 일단 명령이므로 이를 권유로 바꾸는 것이다. 이는 청유형에서도 마찬가지다. 형태상으로는 '-ㅂ시다'나 '-십시다'가 하십시오체 어미로 보이지만 이 어미들은 대개 하오체나 해요체가 쓰일 자리에 어울리며, 하십시오체를 써야 할 사람에게는 '-시지요'가 더 적합하다.(이익섭·임홍빈 1983: 233)

는 것보다 엄마에게 짜증을 내는 모습이 더 생생하게 그려진다.

(68)

[ST] So he hummed and ha'd and at last, 'Come, my good man,' said he, 'You see what poor folk we are; how can we manage to pay you fifty pounds? Will you not take twenty? When all is said and done, 'twill be good pay for the trouble you've taken.'
'Fifty pounds was what I bargained for,' said the Piper shortly; 'and if I were you I'd pay it quickly. For I can pipe many kinds of tunes, as folk sometimes find to their cost.'
'Would you threaten us, you strolling vagabond?'

[TT] 결국 시장은 몇 번 헛기침을 한 후 사나이에게 말했습니다.
"이보게, 젊은이! 자네도 알다시피 우리 마을은 가난하다네. 그러니 우리가 어떻게 자네에게 50파운드씩 줄 수 있겠나? 20파운드 정도면 충분하지 않을까? 모두 그렇게 얘기하고 있으니 자네가 한 일에 비하면 20파운드도 잘 받는 걸세."
"내가 계약한 금액은 정확히 50파운드였소. 내가 당신이라면 지금 빨리 지불할 것이오. 나는 다양한 곡조를 피리로 불 수 있으므로 내게 약속한 돈을 주지 않으면 당신들은 그 대가를 치를 것이오."
"뭐라고, 지금 우리를 협박하는 거야? 떠돌이 부랑아 주제에?" (영국, 262-263)

위 예는 피리 부는 사나이에게 마을의 쥐를 없애 주면 50파운드를 사례하겠다던 시장이 막상 마을의 쥐가 모두 없어지자 태도가 돌변하는 상황이다. 시장이 처음에는 피리 부는 젊은이에게 하게체를 쓰다가 나중에는 태도가 돌변하여 해체를 쓴다. 하게체로 존대를 하는 것보다 해체로 화계를 바꿈으로 해서 시장의 이중적이며 얄팍하고 이기적인 속내가 효과적으로 전달된다. 이렇게 담화 상황에 따라 화계를 적절히 바꾸는 것은 정서적 의미(affective meaning)[30]를 효과적으로 전달하는 데 도움이 된다.

다음은 김정우(2006b: 173)에 인용된 예이다.

(69)
 a. [TT] 자, 가요. 이런 데 하루 종일 앉아 있어 봐야 소용이 없어. 밖은 쨍쨍 해가 빛나고, 오늘밤은 파티가 있잖아.
 b. [TT] 그럼, 꼭 와 주게. 자네는 내 친구이고 똑같은 사제끼리니까, 자네를 제일 먼저 생각해냈어.

김정우(2006b: 173)는 위 두 예문에 대해 (69a)는 해요체 어미와 해체 어미가 혼용되어 자연스럽지 못하고, (69b)는 하게체 어미와 해체 어미가 혼용되어 자연스럽지 못하다고 했다. 그러나 위 예문은 서술문이 아니라 대화문이다. 현대 국어의 일상 대화에서 스위칭은 극히 자연스러운 현상이므로 번역문에서도 구어의 특성을 반영하여 담화 상황에 따라 화계를 적절히 변화시키면 보다 자연스러운 대화문이 될 것이다. 다만, 시대적 배경이 현대가 아니라면 대화 참여자 간의 관계에 따라 격식체의 단일 화계를 유지하는 것이 의고적 표현으로 더 적합할 것이다.

한편, 상대 대우는 문법적 요소인 종결어미뿐 아니라 호칭과 인칭 대명사와 같은 어휘 요소로도 실현이 된다. 인칭 대명사를 비롯한 호칭의 사용은 비단 상대 대우만의 문제가 아니라 주체 대우 및 객체 대우 모두에 걸치

---

[30] 리치(G. N. Leech, 1974/1981: 9-23)의 7가지 의미 분류 가운데 하나로, 청자 및 화제에 대한 태도 등이 포함된 화자의 개인적 감정이 반영되는 것을 말한다.

는 문제다.

다음 예를 보자.

(70)

[ST] Childe Rowland was just going to raise it to his lips, when he looked at his sister and remembered why he had come all that way. So he dashed the bowl to the ground, and said: 'Not a sup will I swallow, nor a bite will I bite, till <u>Burd Ellen</u> is set free.'

[TT1] 막내 로울랜드가 먹을 것을 막 집어들려는 순간 누나를 보고는 자신이 왜 그곳에 왔는지 기억해냈습니다. 그래서 그릇을 바닥에 집어던지며 외쳤습니다.
"버드 엘렌이 풀려날 때까지는 물 한 방울, 빵 한 조각 먹지 않을 것이다." (영국, 144-145)

[TT2] … "<u>누나</u>가 풀려날 때까지는 물 한 방울, 빵 한 조각 안 먹을 거야."

위 예문은 문장 층위의 표현 전략에서 대화문의 구어체 도입과 관련하여 인용한 예문인데, 위 예문에서 또 한 가지 문제가 되는 것이 호칭이다. 인칭 대명사를 포함하여 사람을 지칭할 때 쓰는 여러 호칭들은 대우를 실현하는 어휘들이다. 국어의 호칭으로는 언니, 오빠, 형, 누나, 아저씨, 아주머니, 할머니, 할아버지 등과 같이 친족 관계어에서 파생된 어휘나 선생님, 사장님, 과장님과 같은 직함이 주로 쓰인다. 위 예에서 버드 엘렌은 로울랜드의 누나이다. 우리말에서는 손위 형제를 가리킬 때 이름을 말하지 않고 친족관계어인 '형, 누나, 오빠, 언니' 등을 사용하므로 위 예문의 '버드 엘렌'은 '누나'로 표현하는 것이 우리의 담화 관습에 맞는 표현이다. 영어에서는 화자보다 높은 사람이거나 낮은 사람이거나 간에 고유명사를 쓸 수 있지만 국어에서 화자보다 높은 사람에게 고유명사를 사용하는 것은 대우법에 어긋난다.

인칭대명사도 마찬가지다. 2인칭 대명사는 아주 높임의 어휘가 없으므로 청자가 아주 높임의 대상일 때는 대명사 대신 호칭어를 사용한다. 다음 예를 보자.

(71)
a. [TT1] 나는 어느 전국적 조직의 사업가 단체의 모임에서 강연을 했는데, 그 모임이 시작되기 전에 나는 의욕으로 충만한 한 젊은 강연가와 잡담을 하였다. 그는 나에게 "<u>당신은</u> 강연가로서의 일을 몇 해쯤 계속하고 계십니까"하고 물었다. (노만V.필_삶의꿈이렇게실현하라.txt)

b. [TT1] 사랑하는 어머니.
이 편지를 쓰기 위해 새로 편지지를 샀습니다.
…
그러면 내일 다시 쓰겠습니다. 키스를 보냅니다.
사랑하는 <u>당신의</u> 아들
앙트완 (생텍쥐페리_어머니에게사랑을.txt)

(71)'
a. [TT2] … "<u>선생님께서는</u> 강연가로서의 일을 몇 해쯤 계속하고 계십니까"하고 물었다.
b. [TT1] … 사랑하는 <u>어머니</u>의 아들 …

위 (71a)에서 대화의 담화 상황을 분석하면, 화자는 젊은 강연자이고 청자는 화자보다 나이도 많고 경력도 많은 전문 강연자이며, 두 사람은 강연이라는 공식적인 자리에 참석한 초면의 관계이므로 화자가 청자에게 아주 높임의 대우를 해야 하는 상황이다. 그러므로 예사 높임 표현인 '당신'이라고 부르는 것은 대우법과 관련한 우리의 담화 관습에 맞지 않다. 문장의 주어가 청자라는 것이 분명하기 때문에 주어를 생략해도 되고, 주어를 쓰려고 한다면 청자가 강연자이므로 '선생님께서는'으로 표현할 수도 있다[31]. (71b)는 어머니에게 보내는 편지글의 일부이다. 이 편지 모음집에는 보내는 이에 '사랑하는 당신의 아들 앙트완' 외에도 '사랑스러운 당신의 아들 앙트완', '당신의 사랑스러운 아들 앙트완', '당신을 사랑하는 아들 앙트완', '어머니를 사랑하는 아들 앙트완' '사랑스러운 아들 앙트완', '어머니를 사랑하는 앙트완' 등이 쓰였다. 부모 역시 아주 높임의 대우를 해야 하는 대상이므로, 2인칭 대명사를 쓰지 않고 친족관계어인 '아버지', '어머니'를 사용한다. 그래서 여기서는 '어머니'가 적합하다.

위 예에서 알 수 있듯이 인칭 대명사는 대우의 등급에 따라 놓이는 환경에 제한을 받는다. 다음은 대우의 등급에 따른 인물 대명사의 분류표이다.

<표 5> 인물 대명사의 분류[32]

인칭	대우 등급	단수			복수		
1인칭	예사말	나, 내			우리(들)		
	겸사말	저, 제			저희(들)		
2인칭	아주 낮춤	너, 네			너희(들)		
	예사 낮춤	자네			자네들		
	예사 높임	당신, 임자, 그대			당신들, 임자들, 그대들, 여러분		
3인칭 인물	아주 낮춤	애	걔	쟤	애네(들)	걔네(들)	쟤네(들)
	예사 낮춤		그, 그녀		이들	그들	저들
	예사 높임	이이	그이	저이	이이들	그이들	저이들
	아주 높임	이분	그분	저분	이분들	그분들	저분들

---

[31] '선생님'은 '남자 어른을 높여 부르는 말'(『표준국어대사전』)로도 쓰인다.
[32] 4.2.2.2의 <표3>에 제시한 대명사의 분류표 참조

위 표에서 1인칭 대명사는 겸양법과 관계되며, 2인칭 대명사는 상대 대우법과, 3인칭 대명사는 주체 대우 및 객체 대우와 관계된다. 이들 인칭 대명사 가운데 특히 주의가 요구되는 것은 2인칭 대명사 '당신'과 3인칭 대명사이다.

2인칭 대명사 '당신'은 화자가 청자를 가리켜 말할 때 사용하는 표현이다. 번역문에서는 'you'의 상투적인 번역에 나타난다. 필자가 독자를 가리켜 말할 때도 '당신'으로 번역하며, 대화문에서 예사 높임 이상의 화계를 써야 하는 상황일 때 흔히 '당신'으로 번역한다. 3장에서 우리는 번역문이 비번역문보다 '당신'의 쓰임이 더 많은 것을 보았다. 2인칭 대명사 '당신'은 부부 사이나 약간의 손위 사람, 혹은 그리 가깝지 않은 동년배의 사람에게 쓰는 표현이며, 앞의 예에서 보았듯이 선생, 부모, 상사와 같은 아주 높은 분에게는 쓰지 않는다(서정수 1996: 498).

화계를 선택할 때에는 대화 참가자의 연령과 사회적 지위 등을 기본적으로 고려하되, 성별, 힘(power), 제3자의 성격과 참여 여부, 화자의 성격과 화·청자 간의 친밀도와 같은 화용론적 요소들을 통합적으로 고려하고 담화 상황에 맞게 화계를 적절히 변화시켜 정서적 의미를 효과적으로 전달하도록 한다. 그리고 인칭대명사나 호칭과 같은 인물에 대한 지시 표현을 선택할 때에는 화계를 고려하여 대명사와 고유명사, 친족어, 직함 등을 담화 상황에 맞게 선택하고 국어의 담화 관습을 최대한 반영하도록 한다.

(3) 문맥에 적합한 접속소를 사용하라

낱말이나 구, 절 등의 접속은 문장 층위에서 다루어야 할 부분이지만, 독립된 문장 사이에 쓰이는 접속사는 텍스트 층위의 문제다. 접속사가 뒤에 오는 문장의 첫머리에 놓이긴 하지만, 그 문장의 내용만으로는 접속사의 용법을 알 수 없고 앞에 위치한 문장과의 관계 속에서만 그 용법을 확인할 수 있기 때문이다.

번역을 할 때에는 번역자가 접속사를 임의로 사용하는 것이 아니라 원문에 쓰인 접속사를 도착어로 옮기기만 하므로 접속사를 문맥에 맞지 않게 잘못 사용하는 경우는 많지 않다. 그러나 언어마다 접속사의 용법이 일치하는 것은 아니어서 때로 문맥에 맞지 않는 접속사를 잘못 선택하는 경우가 생긴다. 대표적인 예가 대조 접속사이다. 3장에서 접속사 중에서도 대조 접속사의 빈도가 번역문에 특히 높게 나타났던 원인이다.

대조 접속사는 앞에 서술한 사실과 서로 반대되는 사태나 그와 일치하지 않는 사태를 이끌 때 사용하는 접속사로서, '그러나, 그렇지만, 하지만' 등이 있다. 접속사 가운데 번역문에서 그 쓰임의 오류가 가장 빈번하게 나타나는 유형이다. 다음 예를 보자.

(72)

[ST] 'Now that,' said she, stopping to look at it, 'would be just the very thing for me if I had anything to put into it! But who can have left it here?'

[TT] 할머니는 멈춰 서서 단지를 바라보며 중얼거렸습니다. "내게 뭔가 넣을 것이 있다면 저것이 아주 요긴한 것이 될텐데! 하지만 도대체 누가 이것을 이런 곳에 내버려 두었지?" (영국, 315)

위 예문에서 '하지만'의 앞 문장과 뒤 문장은 역접 관계가 아니라 전환 관계이므로 전환 관계의 접속사 '그런데'가 적합하다. 문맥상 전환 관계인 것을 대조 접속사 '그러나, 하지만' 등으로 잘못 번역하는 것은 영어의 접속사 but을 번역하는 과정에서 나타나는 오류이다. 'but'이 흔히 대조 접속사로 알려져 있기 때문에 이를 쉽게 '그러나' 혹은 하지만'으로 번역해 버리는데, 'but'이 가지는 전환의 기능은 역접에 버금갈 정도로 자주 쓰인다. 전환 관계에 쓰인 'but'은 '그러나'나 '하지만'이 아닌 '그런데'로 번역해야 전환의 의미가 명확하게 전달된다. 굳이 번역하지 않고 생략할 수도 있다. 아래 예도 화제를 전환하는 상황에 쓴 'but'을 대조 접속사 '그러나'로 잘못 번역한 예이다.

(73)

[ST] The other man was a very pleasant fellow, and they got very friendly together; <u>but</u> in the morning, when they were both getting up, the gentleman was surprised to see the other hang his trousers on the knobs of chest of drawers and run across the room and try to jump into them, …

[TT] 그 여행객은 성격이 매우 활달했으므로 신사와 금세 친해졌습니다. <u>그러나</u> 아침이 되어 두 사람 모두 자리에서 일어났을 때, 신사는 깜짝 놀랐습니다. … (영국, 27)

이러한 오류는 전환의 의미로 사용된 'but'을 전후 문장의 의미 관계를 따지지 않고 상투적으로 대조 접속사에 대응시켜 번역하기 때문에 나타난 결과이다. 영어의 접속사 'but'은 대조의 문맥에서뿐 아니라 전환의 문맥에서도 쓰이지만, 국어의 '그러나, 하지만' 등은 두 문장의 내용이 상반되는 대조의 문맥에만 쓰인다. 'but'을 국어의 연결어미나 접속사로 옮길 때에는 그 의미 환경을 분석하여, 기계적으로 대조 접속소를 사용하여 번역하는 일이 없도록 유의한다.

다음으로 인과 관계를 나타내는 연결어미의 예를 살펴보자. 인과 관계의 연결어미에는 '-아/어(서), -으니(까), -으므로, -으매, -이라(서), 다(고), -느라고, -은지라, -을새, -기에, 기로(서니)' 등이 있다(이익섭·임홍빈 1983: 261). 그러나 이들 연결어미는 그것이 쓰이는 문맥에 약간의 차이가 있다. 위 예에 인용한 번역문에는 인과 관계를 나타내는 어미로 '-으므로'가 특히 많이 나타나는데, 그 용례를 살펴보면 다소 어색하거나 부적절하게 사용된 예도 다수 발견된다.

다음은 전절과 후절의 내용이 인과 관계가 아닌데 인과 관계의 연결어미를 잘못 사용한 예이다.

(74)

[ST] … all the folk made bonfires for joy, and if Tom was respected before, he was much nuch more so now.

[TT1] 모든 사람들이 기뻐서 축하의 큰 횃불을 피웠으므로 톰이 전에도 사람들로부터 존경을 받았지만 이제는 더욱 더 많은 존경을 받게 되었습니다. (영국, 313)

[TT2] 모든 사람들이 기뻐서 축하의 큰 횃불을 피웠습니다. 톰은 전에도 사람들로부터 존경을 받았지만 이제는 더욱 더 많은 존경을 받게 되었습니다.

횃불을 피운 사실이 톰이 존경을 받게 된 이유나 원인은 아니다. 위 예의 [TT1]은 [TT2]와 같이 연결어를 사용하지 않고 문장을 나누어 수정하는 것이 더 자연스럽다.

다음 예는 인과 관계는 맞지만 '-으므로'의 사용이 어색한 예이다.

(75)

[ST] The old wife had washed till she was tired, and the she set her daughter at it, <u>and</u> both washed, and the washed, and they sashed, in hopes of getting the young knight;

[TT1] 늙은 세탁부는 지칠 때까지 기사의 옷을 빨았고, 딸에게도 빨라고 <u>시켰으므로</u> 두 모녀는 젊은 기사를 얻고 싶은 생각에 열심히 빨고 또 빨았습니다. (영국, 285)

[TT2] 늙은 세탁부는 지칠 때까지 기사의 옷을 빨았고, 딸에게도 빨라고 시켰습니다. 두 모녀는 젊은 기사를 얻고 싶은 생각에 열심히 빨고 또 빨았습니다.

늙은 세탁부가 옷을 빨면서 딸에게도 시켰기 때문에 두 사람이 옷을 빤 것은 맞다. 그러나 '-으므로'의 앞절이 두 모녀가 '열심히' 빤 직접적인 이유나 원인은 아니다. 열심히 빨았다는 결과의 이유는 두 모녀가 젊은 기사를 얻고 싶었다는 것이다. 위 예의 [TT1]에는 '-으므로'의 결과절에 또 다른 원인·이유절이 삽입되어 '-<u>으므로</u>'의 사용을 어색하게 만들었다. 이 역시 [TT2]와 같이 연결어를 쓰지 않고 문장을 구분하면 '-으므로'의 사용에 따른 어색함이 없어진다.

(4) 용어와 문체의 일관성을 지키라

하나의 텍스트가 통일성을 갖추려면 내용에서는 각 문장과 각 문단이 하나의 주제로 긴밀하게 연결되어야 하고 형식에서는 용어와 문체가 일관되어야 한다. 번역은 새로운 글의 창작이 아니라 이미 쓰인 글을 다른 언어로 옮기는 작업이다. 그래서 대체로 내용면에서 통일성을 갖춘 글을 번역하게 되므로 번역자가 내용을 바꾸지 않는 한 내용의 통일성은 고려 대상에서 제외된다. 따라서 번역자가 주의를 기울여야 할 부분은 형식면의 일관성이다.

용어는 주로 전문 텍스트의 전문 용어 번역에서 문제가 되지만, 다음과 같이 전문 텍스트가 아니더라도 동일한 지시체를 지시하는 어휘를 선택할 때에 주의가 요구된다.

(76)
[ST] I weird ye to be a Laidly Worm,
...

So Lady Margaret went to bed a beauteous maiden, and rose up a Laidly Worm. And when her maidens came in to dress her in the morning they found coiled up on the bed a dreadful dragon, which uncoiled itself and came towards them. But they ran away shrieking, and the Laidly Worm crawled and crept, and crept and crawled till it reached the Heugh or rock of the Spindleston round which it coiled itself, and lay there basking with its terrible snout in the air.

[TT1] 마법사인 내가 너를 징그러운 구렁이로 만드나니,
...

그래서 잠들 때는 아름다운 처녀였던 마거릿 공주가 잠에서 깨어보니 흉측한 괴물로 변해 있었습니다. 아침이 되어 공주의 몸단장을 위해 방에 들어왔던 하녀들은 침대 위에 똬리를 틀고 있는 무시무시한 용을 발견했습니다. 용은 똬리를 풀더니 하녀들을 향해 다가왔습니다. 그러나 하녀들이 비명을 지르며 도망치자 징그러운 구렁이는 슬금슬금 기어 나갔습니다. 계속 기어가 방추형 암석에 도

착하자 그곳을 칭칭 감더니 끔찍한 주둥이를 허공에 뻗은 채 누워서 햇볕을 쬐었습니다. (영국, 212)

[TT2] 마법사인 내가 너를 징그러운 <u>용</u>으로 만드나니,

...

그래서 잠들 때는 아름다운 처녀였던 마거릿 공주가 잠에서 깨어 보니 <u>흉측한 괴물</u>로 변해 있었습니다. ··· 무시무시한 <u>용</u>을 발견했습니다. <u>용</u>은 똬리를 풀더니 하녀들을 향해 다가왔습니다. 그러나 하녀들이 비명을 지르며 도망치자 징그러운 <u>용</u>은 슬금슬금 기어 나갔습니다. ···

위 예의 원문에서 'a Laidly Worm'은 'dragon'을 의미한다. [TT1]에서는 이를 '흉측한 괴물'과 '구렁이', '용'으로 표현하였다. 그러나 '구렁이'와 '용'은 의미적으로 상하 관계에 있지 않고 그 지시적 의미가 대립되므로 동일한 지시체를 표현하는 용어로 함께 사용할 수 없다.

용어와 더불어 문체를 일관되게 유지하는 일도 형식면의 통일성을 갖추는 데에 중요한 역할을 한다. 다음 예를 보자.

(77)

a. [ST] So she did what the old woman told her, <u>and</u> at last arrived at the Well of the World's End.

[TT] 그래서 소녀는 할머니가 알려 준 대로 <u>했으므로</u> 마침내 세상 끝의 우물에 도착했습니다. (영국, 246)

b. [ST] ··· naturally they began to look shy on him, and they wouldn't speak or come nigh him, and they carried tales to the master <u>and so</u> things went from bad to worse.

[TT] 당연히 일꾼들은 톰을 의심하며 말을 걸거나 가까이 다가오려고 하지 않았으며 주인에게 <u>일러바쳤으므로</u> 상황은 점점 더 꼬이기만 했습니다. (영국, 293)

c. [ST] … whenever she began, the stains came out pure <u>and</u> clean, …

[TT] 그런데 처녀가 빨기 시작하자 놀랍게도 모든 얼룩이 <u>빠졌으므로</u> 옷이 말끔해졌습니다. (영국, 285)

위 번역문의 문체상의 특징 가운데 하나는 인과 관계를 나타내는 연결어미로 '-(으)므로'가 많이 쓰인다는 점이다. 위 예에 인용한 번역 텍스트는 어린이들에게 옛날 이야기를 들려주는 형식으로 구성되어 있다. 이는 텍스트 마지막에 "조용 조용 조용히! 영국 옛이야기는 다 끝났으니 어린이 여러분, 이제 그만 나가 주세요."라는 문장에서 명확하게 드러난다. 따라서 이야기를 들려주는 필자의 문체는 어린이를 청자로 말하는 대화체가 자연스럽다. '-습니다'로 끝나는 종결어미가 이러한 대화체의 특성을 반영한다. 그러나 일상적인 말에는 잘 쓰이지 않고 논리적인 글말에 주로 쓰이는 '-으므로'는 어린이에게 이야기를 들려주는 대화체에 어울리지 않는 연결어미이다. 이희자·이종희(1999: 321)는 '-으므로'에 대해 일상적인 말에는 잘 쓰이지 않고 논리적인 글말에 주로 쓰인다고 지적하였다. 또한 '-아/어서'와 같이 단순한 원인 제시가 아니므로 최초의 발화에는 쓸 수 없다고 하였다. 따라서 '-으므로'를 다음과 같이 '-아/어서'로 수정하면 대화체의 동화에 어울리는 문장이 된다.

(77)'

a. [TT2] 그래서 소녀는 할머니가 알려 준 대로 <u>하여(해서)</u> 마침내 세상

끝의 우물에 도착했습니다.
- b. [TT2] 당연히 일꾼들은 톰을 의심하며 말을 걸거나 가까이 다가오려고 하지 않았으며 주인에게 <u>일러바쳐(서)</u> 상황은 점점 더 꼬이기만 했습니다.
- c. [TT2] 그런데 처녀가 빨기 시작하자 놀랍게도 모든 얼룩이 <u>빠져(서)</u> 옷이 말끔해졌습니다.

문체는 상대 높임 등급에 따른 종결체뿐 아니라 어휘의 선택에서도 조화가 이루어지도록 유의한다.

4.2.3. 수정하기

본고는 표현하기 단계에서 중간 점검 과정을 거칠 것을 제안하였다. '수정하기' 단계는 번역 과정의 마지막 단계로 번역문의 초고 쓰기가 끝난 후 초고를 수정·보완하고 텍스트를 편집하는 단계이다. 수정하기 단계에서는 번역자 스스로 감수하는 자가 수정을 거친 후 교정과 편집으로 번역 글쓰기의 전체 과정을 마무리하고 번역문을 완성하게 된다. 본고는 '수정하기' 단계의 전략으로 다음을 제안한다.

(1) 자가 수정
    가. 번역의 목적을 재검토하라.
    나. 정보의 등가성을 확인하라.
    다. 도착어 표현의 적절성 여부를 점검하라.
(2) 편집
    가. 어문 규범의 준수 여부를 점검하라.
    나. 일관성 있게 편집하라.

위에 제시한 전략에서 편집의 일관성은 초고를 완성한 다음 편집 단계에서 고려할 사항이지만, 다른 전략은 모두 번역 글쓰기의 전체 과정에서 수정하기 이전 단계의 전략들이 충실하게 이행되었는지 확인하는 것으로, 이들 전략에는 번역 글쓰기의 원리 가운데 순환성 원리가 작용한다. 표현하기 단계에서 중간 점검 과정을 여러 번 거치면서 완벽하게 번역 글쓰기를 수행하였다면 수정하기 단계가 불필요하겠지만, 사실상 100%의 완벽이란 어려우므로 수정하기 단계를 통해 초고의 오류와 실수를 보완하도록 한다.

(1) 자가 수정

이향(2003; 2007)은 번역물 감수가 번역의 품질을 제고하기 위한 중요한 실무적 행위임에도 번역학 내에서 깊이 있는 연구 대상이 되지 못하고 있음에 주목하고, 번역물 감수의 중요성을 강조하였다. 번역물 감수란 번역물을 고객에게 인도하기 전에 번역 텍스트의 품질을 향상시키기 위해 번역문 전체를 원문과 대조하면서 검토, 수정하는 행위로, 번역 텍스트가 완성된 후에 이루어지는 품질 평가, 품질 관리, 품질 보증 등과는 구분된다(이향 2007: 55). 번역물 감수는 다시 번역자가 번역 텍스트를 완성하기 전에 하는 자기 감수와 번역자가 번역 텍스트를 완성한 후 별도의 감수자가 하는 행위로 구분된다. 본고에서는 자기 감수를 번역 과정에서 도착어로 표현한 초고를 수정하는 과정에 필요한 하나의 단계로 설정한다[33].

---

[33] 박여성(2003: 262)은 번역의 이론과 실제를 조화하는 방안으로서 번역 파라디그마(TP)를 제안하였다. 번역의 완성본에 이르기까지 산출한 n개의 중간과정물의 집합을 '동질적 번역 파라디그마'로 규정하고, 번역자 자신이 행한 교정 작업의 코퍼스인 번역 파라디그마를 통해 어휘, 문장 및 텍스트 제반 층위에서 자신의 번역과정을 관찰하는 재귀 관찰을 강조하였다. 번역이 불완전한 인지활동이라는 점을 감안할 때, 번역자 자신이 산출한 중간결과물은 폐기처분의 대상이 아니라 자신의 번역수업에 재투입해야 하는 훌륭한 교재라는 것이다. 이는 번역자 스스로 반성 작용을 통해 자신의 번역을 관찰함으

번역문의 문제점은 크게 원문의 의미와 도착어 표현상의 문제로 나눌 수 있다. 이향(2007: 68-70)은 번역물 감수의 기준으로 전달, 언어규범, 가독성, 기능적 적합성의 네 가지를 들었다. 여기서 전달은 원문의 메시지가 왜곡되거나 누락되지 않고 정확히 전달되었는지의 여부를 확인하는 기준이고, 언어규범, 가독성, 기능적 적합성은 도착어 표현이 적절한지를 확인하는 기준이다. 손지봉(2008)은 수정하기에 해당하는 번역의 과정을 '출발어 텍스트의 의미가 잘 전달되었는지 검토', '도착어 텍스트로 어색하지 않게 교정', '뜻이 통하는지 검토', '전체적으로 일관성 있게 내용이 잘 연결되도록 교감'의 4단계로 나누었다. 여기서 첫 번째 단계는 원문의 내용에 대한 전달의 측면을 검토하는 과정이고, 나머지 세 단계는 도착어 표현의 적절성을 검토하는 과정이다. 따라서 '수정하기'에서는 크게 내용 면에서 원문의 의미가 왜곡되지 않고 제대로 전달되었는지를 확인하는 정보의 등가성 확인과 형식 면에서 도착어 표현이 예상 독자의 입장을 충분히 반영하였는지를 확인하는 도착어 표현의 적절성 여부 점검이 이루어져야 한다.

가. 번역의 목적을 재검토하라

번역문의 목적과 기능은 원문의 그것과 다르게 설정될 수 있다. 그래서 애초에 기획한 번역의 목적과 의도가 번역문에 적절하게 반영되었는지의 여부를 확인하는 일이 필요하다. 이는 이향(2007)이 제시한 감수 기준 가운데 번역 텍스트의 용도, 독자 등을 감안하여 적절한 문체, 서식, 용어들을 사용함으로써 텍스트가 제대로 기능할 수 있도록 번역하였는지의 여부를 평가하는 기능적 적합성과 관련된다. 예를 들어 전문 텍스트 유형의 글을

로써 번역 능력을 향상하도록 노력할 것을 강조하는 것으로, 자가 수정의 연속성과 순환성을 피력한 것으로 이해된다.

정보 전달을 목적으로 번역하였다면, 예상 독자의 수준에 맞게 정보 전달의 기능을 제대로 실현하는가를 검토하는 것이다.

나. 정보의 등가성을 확인하라

정보의 등가성 확인에서는 번역문을 원문과 비교·대조하여 원문의 메시지가 왜곡되거나 누락되지 않고 정확히 전달되었는지 확인한다. 주로 오역의 여부를 확인하게 되는데, 모든 문장을 원문과 대조하기는 어려우므로 독자의 입장에서 번역문을 읽으면서 의미가 명확하게 전달되지 않는 부분이나 문장 간의 연결이 매끄럽지 못한 부분을 원문과 대조하는 방법이 효과적이다. 여기서 말하는 오역이란 문장의 의미뿐 아니라, 담화·화용상의 의미에 대한 오역까지 포괄한다.

다. 도착어 표현의 적절성 여부를 점검하라

도착어 표현의 적절성 여부 점검에서는 표현하기 단계에서 제시한 전략들이 제대로 실현되었는지 확인하고, 독자의 입장에서 번역문을 읽으면서 가독성과 경제성, 통일성의 측면에서 텍스트 차원에서의 논리적 전개와 도착어 표현의 적절성을 확인하고 수정한다. 이때는 어휘, 문법, 담화·화용상의 문제, 문체 등의 문제를 한 번에 확인하는 것보다 어휘 조율 단계, 문법 조율 단계, 화용 조율 단계, 문체 조율 단계 등으로 나누어 어휘적 문제, 문법적 문제, 화용적 문제를 각기 따로 확인하는 것이 효과적이다. 각 문장마다 어휘, 문법, 화용, 문체 등을 한꺼번에 확인할 경우 텍스트 전체의 통일성이나 일관성을 확인하기에 어려움이 있기 때문이다.

어휘와 문법적 문제는 처음부터 순서대로 문장을 읽으면서 문장 단위로 확인할 수 있지만, 텍스트 차원의 논리적 전개나 문체상의 문제는 문장 단위로 읽어서는 확인이 불가능하므로, 어휘와 문법 조율 단계를 거친 후 담화나 텍스트 단위로 확인하도록 한다. 예를 들어, 대화문의 대화체를 확인하기 위해 각 등장인물의 대화를 선택적으로 읽으면서 말투가 일관되게 표현되었는지 확인하는 것이다. 어휘에 있어서도 고유명사의 표기나 용어의 번역 술어에 통일성을 기하는 작업이 중요하므로 이를 위해 텍스트 전체에서 해당 용어만을 찾아 선택적으로 읽으면서 확인을 거치도록 한다.

(2) 편집

편집은 번역 과정의 마지막 단계로, 원문과의 대조를 통한 감수 작업 후에 원문과의 대조 없이 번역문만을 읽으면서 오탈자를 수정하고 편집상의 일관성을 검토하는 단계이다. 본고는 편집 단계에 필요한 전략으로 다음을 제시한다.

가. 어문 규범의 준수 여부를 점검하라

자가 수정 단계에서 문법 조율 단계를 설정하였으나, 마지막으로 번역문 전체를 처음부터 끝까지 다시 한 번 읽으면서 문장의 문법성을 확인하고 어문 규정에 맞게 맞춤법과 띄어쓰기를 수정한다. 국어의 어문 규정은 한글 맞춤법, 표준어 규정, 외래어 표기법, 로마자 표기법으로 구성되어 있다. 국어 번역 글쓰기는 외국어를 우리말로 번역하는 것이므로 일반 글쓰기보다 고유명사나 전문 용어에서 잠재적 외래어[34]의 비중이 크다. 그러므로

---

[34] 김정우(2008b)는 이홍식(2001)을 따라 외국의 인명과 지명 등의 고유명사에 대해 잠재적 외래어라는 용어를 사용하고 외래어 표기법을 따를 것을 논의하였다.

한글 맞춤법과 표준어 규정 외에도 외래어를 우리글로 표기하는 규정인 외래어 표기법에 특히 유의하도록 한다.

　나. 일관성 있게 편집하라

　편집의 일관성에서는 글자의 모양, 크기, 글자 간격, 줄 간격, 문단의 형식과 배열, 그림이나 표 등의 편집 양식에 일관성을 기한다. 번역자가 완성한 번역문을 출판사로 넘기게 되면 출판사에서 다시 교정과 편집 과정을 거치기 때문에 교정과 편집은 번역자의 실제 번역 작업에서 가장 소홀하기 쉬운 부분이다. 번역문의 품질에 대한 책임은 일차적으로 번역자에게 있다. 편집자의 역할은 번역자가 혹시 범했을지도 모르는 실수를 확인하고 출판 용도에 맞게 심미성을 고려하여 텍스트를 재편집하는 것일 뿐, 번역문에 대한 일차적인 책임은 번역자의 몫이다. 따라서 번역자는 번역문에 대해 책임감을 가지고 교정과 편집을 마지막으로 하여 번역문을 완성하도록 한다.

5 번역 글쓰기의 교수-학습 설계

 5장에서는 국내 번역 교육의 현황을 살펴보고 국어 번역 글쓰기 교육의 필요성을 언급한 다음, 4장에서 제시한 번역 글쓰기의 단계별 전략을 반영하여 국어 번역 글쓰기의 교과 운영 방안과 교수-학습 과정안 및 그 활용 방안을 설계하겠다. 졸고(2008a)와 손지봉(2008)이 쓰기 이론을 토대로 번역 글쓰기의 과정과 단계를 논의하였다면, 본고는 쓰기 이론이 쓰기 교육의 측면에서 이루어진 논의임을 미루어, 인지주의 및 사회 인지주의 쓰기 이론으로 대표되는 과정 중심 쓰기 이론의 교육 방법론을 차용하여 과정 중심의 번역 글쓰기 교육 방안을 모색하고자 한다.

5.1. 번역 글쓰기 교육의 현황과 필요성

5.1.1. 국내 번역 교육의 현황

 우리나라에서 전문적으로 통번역 교육이 실시된 것은 1979년 한국외국어대학교 내에 통역대학원이 설립되면서부터였다(박혜주 2005: 125). 지금은 국제회의 동시 통역사와 전문 번역사 배출을 목표로 하는 통번역 전문

대학원 외에도 여러 대학에서 학부 통번역학 전공을 설치하여 통번역의 전반적인 기초 지식을 가르치고 있다.

대학원 과정의 통번역 교육 기관에는 한국외대 통역번역대학원을 비롯한 12개의 대학원이 있다. 아래에 각 대학원의 교과 과정을 정리하였다[1].

<표 1> 국내 통번역대학원의 교과 과정(2008년 12월 현재)

교육기관	전공언어	과목구분	개설과목명
계명대 통번역 대학원	영어	전공	영어숙달1/2/3/4, 영어통역의이론과실제, 영어번역의이론과실제, 영어번역입문, 영어일반번역·문장시역1/2, 영어전문번역1/2, 영어통역입문, 영어순차통역1/2, 영어모의회의1/2, 미국지역사정1/2, 영어번역세미나, 영어통역세미나, 영어동시통역1/2, 영어문학번역, 영어실무번역1/2, 전문영어순차통역1/2, 국제정치법률번역1/2, 산업경제번역1/2, 주제별영어시사토론, 영어전문용어1/2, 영어노트테이킹1/2, 영어번역프랙티컴, 영어통역프랙티컴
	일본어	전공	한일번역1/2, 일한번역1/2, 일한문장시역, 한일순차통역1/2, 일한순차통역1/2, 한일동시통역1/2, 일한동시통역1/2, 전문용어연구1/2, 일본어통역입문, 일본어번역입문, 일본어통역의이론과실제, 일본어번역의이론과실제, 한일전문번역, 일한전문번역, 한일전문순차통역, 일한전문순차통역, 한일전문동시통역1/2, 일한전문동시통역1/2, 한일번역세미나1/2, 일한번역세미나1/2, 일본어숙달, 일본지역사정, 일본어노트테이킹, 주제별일본어시사토론1/2, 일본어모의회의1/2, 한일영상번역, 일한영상번역
	중국어	전공	한중번역, 한중번역연습, 중한번역, 중한번역연습, 한중순차통역, 한중순차통역연습, 중한순차통역, 중한순차통역연습, 한중동시통역, 한중동시통역연습, 중한동시통역, 중한동시통역연습, 중국어통역의이론과실제, 중국어번역의이론과실제, 고급중국어작문1/2, 시사중국어, 시사중국1/2, 중국학세미나1/2, 한중문장시역1/2, 중한문장시역1/2, 중국어번역입문, 중국어통역입문, 중국어노트테이킹, 중국학전문용어1/2, 중국어모의회의, 중국학전문번역1/2, 중국어미디어번역, 주제별중국어시사토론, 중국문학작품번역, 한국어미디어번역
고려대 인문정보 대학원	영어	전공	번역입문, 언어숙달특강, 통역입문, 문학작품번역연습1/2, 대중매체물번역연습1/2, 동시통역연습1/2, 순차통역, 영미문화, 전문용어, 영어문장구역연습, 영역연습1/2, 번역이론, 일반번역1/2, 한영언어비교, 아동문학번역, 번역의이론과실제, 한국어숙달, 영어내용기록연습, 기초영역연습1/2, 광고번역, 기초번역연습, 산업경제번역, 멀티미디어번역, 문법활용론, 문화예술번역, 애니메이션번역, 인터넷번역, 과학기술번역, 정치법률번역, 영어청해연습, 영문강독, 실용영

[1] 각 대학원의 홈페이지에 소개된 교과 과정을 참고하여 정리하였다.

	중국어	선수	문법, 논문지도
			중국문학사, 중국현대문학사, 중국어학개론
		전공	번역입문, 문학작품번역연습1/2, 대중매체번역연습1/2, 통역입문, 동시통역실습1/2, 중한순차번역, 중국문화사, 중국경제무역정보언어, 중국정치법률정보언어, 중국문헌정보언어, 중국시사정보언어1/2, 중국고대한자정보, 중국역사문화언어, 현대중국어구조론, 중국컴퓨터정보언어, 중국문화특수과제1/2, 중국경제사상정보, 현대중국사회현장연구, 중국지역정보연구1/2, 한중교류관계연구, 한중언어비교론, 중국문예사조론, 중국통속문학론, 중국공연문화론, 중국조선족사회연구, 중국조선족문예연구, 재중한국문화유산연구, 중국당대문예정책론, 중국부녀문화사론, 논문지도
동국대 국제정보 대학원	영어	전공필수 공통	통역입문, 문장구역입문, 번역입문, 지역입문
		전공선택 공통	주제별토론1/2/3, 문장구역1/2,
		전공선택	한영순차통역1/2/3, 한영순차통역1/2/3, 한영동시통역1/2/3, 영한동시통역1/2, Mock Conference 1/2/3, 통역 Practicum 1/2, 한영일반번역1/2/3, 영한전문번역1/2/3, 문학/미디어번역1/2/3, 번역 Practicum 1/2/3, 영한일반번역1/2, 한영전문번역1/2, 번역세미나1/2, 모의회의 1/2/3
부산외대 통역번역 대학원	한영/한일/ 한중/한영 일/한영중	교양 (공통필수)	통번역입문, 시사특강1/2, 전문용어토론1/2, 통역번역이론강독, 컨벤션산업, 통역실습1/2
		교양선택	경제학개론, 정치학개론, 경영학개론, 국제외교론
	한영/한일/ 한중	전공필수	영어(일본어, 중국어)숙달1/2, 영어(일본어, 중국어)변론1/2, 한영(한일, 한중)순차통역1/2, 영한(일한, 중한)순차통역1/2, 영한(일한, 중한)일반번역, 한영(한일, 한중)일반번역, 영어(일본어, 중국어)시사토론1/2, 영한(일한, 중한)전문번역, 영한(일한, 중한)문장구역, 한영(한일, 한중)동시통역1/2, 영한(일한, 중한)동시통역1/2, 한영(한일, 한중)전문번역, 한영(한일, 한중)문장구역, 한영(한일, 한중)번역이론과실습, 논문연구
	한영일/한 영중	전공필수	영일(영중)문장구역, 일영(중영)문장구역, 영일(영중)동시통역, 일영(중영)동시통역, 영일(영중)일반번역, 일영(중영)일반번역, 영일(영중)순차통역, 일영(중영)순차통역, 논문연구
서울외대 통역번역 대학원	한영/한일/ 한중	공통필수	통역번역입문, 한국어1/2, 전공교양1/2/3, 모의회의1/2
		전공필수	AB언어숙달1/2/3/4, 순차 통역입문1(AB/BA), 순차통역1/2(AB/BA), 문장구역및전문순차통역1/2(AB/BA), AB언어숙달1/2, B지역입문1/2, Public Speech, Essay Writing1/2, 주제별시사토론1/2(B언어), 동시통역(AB/BA), 전문분야동시통역(AB/BA), 일반번역(AB/BA), 전문번역1/2/3(AB/BA), 논문지도
선문대 통역번역 대학원	한영/한중/ 한러/한일/ 한서	공통필수	통역번역입문, 모의회의
		전공필수	B언어토의1/2, 지역입문1/2, 순차통역1/2/3/4(AB/BA), 일반번역1/2/3/4(AB/BA), 문장구역1/2(AB, BA), 동시통역1/2(AB, BA), 논문지도

성균관대 번역TESOL대학원	영한	전공	번역입문, 한국어와영어, 번역학개론, 언어와문화, 문학번역실습1/2, 한영번역실습1/2, 번역사연구, 서양문학배경, 영미문화이해, 기술번역1/2, 장르별번역연구, 영문번역현황연구, 현대번역이론연구, 번역의이론과실제, 번역과언어학, 번역평가, 영미시번역, 영미소설번역, 영미희곡번역, 담화분석과화용론, 번역학세미나, 일반저술번역, 시사영어번역, 미디어/영상번역
이화여대 통역번역 대학원	번역학과 (영어/불어 /중국어/ 일본어)	공통	통번역입문, 지역입문(영어, 불어, 중국어, 일본어), 주제특강(Special Lecture Series 1/2)
		필수선택	한국어1/2, B언어숙달(영어, 불어, 중국어, 일본어), 외국어1/2(영어, 불어, 중국어, 일본어), 고급한국어1/2,
		일반선택	문장구역1/2, 토론, 작문, 실무통역1/2, 번역고급이론
		전공	전문번역1/2(AB/BA), 문학번역1/2(AB/BA), 기술번역1/2(AB/BA), 미디어번역(AB/BA), 번역실습평가, 번역현장교육
제주대 통역 대학원	한영	필수	번역입문, 통역입문, 청취론, 영어교육론, 지역사회문화, 한국어숙달, 동시통역입문, 담화분석, 연설, 모의회의1/2, 번역실습, 통역실습, 영미사회
		선택	순차통역AB1/2, 순차통역BA1/2, 번역AB1/2, 번역BA1/2/3, 문장구역BA1/2, 고급영어작문, 관용어법, 전문용어, 고급영어강독, 청취연습1/2, 동시통역AB1/2, 동시통역BA1/2, 청취연습1/2/3, 토론1/2, 전문순차통역AB1/2, 전문순차통역BA1/2, 영상번역AB/BA, 전문동시통역, 논문지도
	한독	필수	번역입문, 통역입문, B언어숙달1/2, 일반번역AB2, 일반번역BA2, 모의회의1/2, 동시통역AB1/2, 동시통역BA1/2
		선택	순차통역AB1/2, 순차통역BA1/2, 일반번역AB1, 일반번역BA1, 산업경제번역BA1/2, 고급독일어강독1/2, 문장구역BA1/2, 청취실습1/2, 독일사회문화1/2, 미디어청취1, 듣고적기및문서작성, 전문순차통역AB1/2, 전문순차통역BA1/2, 전문번역AB/BA, 영상번역BA, 독일어주제토론1/2, 지역사회문화1/2, 문학번역AB, 논문지도
	한중	필수	번역입문, 통역입문, 일반번역AB1/2, 일반번역BA1/2, 지역사회문화, 한국어숙달, 순차통역AB2, 순차통역BA2, 모의회의1/2, 동시통역AB1/2, 동시통역BA1/2
		선택	순차통역AB1, 순차통역BA1, 자료조사방법, 정치외교전문용어, 중국개황1/2, 중국어주제토론1/2, 청취실습1/2, 고급중국어강독1/2/3/4, 경제무역전문용어, 고급중국어작문1/2, 전문번역AB1/2, 전문번역BA1/2, 시역AB1/2, 시역BA1/2, 사회문화전문용어, 과학기술전문용어, 미디어번역1/2, 논문지도
	한일	필수	번역입문, 통역입문, 일본사회1/2, 지역사회문화, 한국어숙달, 일반번역AB2, 일반번역BA2, 모의회의1/2, 동시통역AB1/2, 동시통역BA1/2
		선택	순차통역AB1/2, 순차통역BA1/2, 일반번역AB1, 일반번역BA1, 전문용어1/2, 문장구역BA1/2, 청취실습1/2, 듣고적기, 일어숙달, 연설1, 고급일본어작문1/2/3, 전문순차통역AB1/2, 전문순차통역BA1/2, 전문번역AB/BA, 영상번역AB/BA, 일본어주제토론1/2, 문장구역

중앙대 국제대학원	영어/ 중국어/ 일본어	전공	AB1/2, 지역사회문화2, 논문지도 통번역입문, 고급B언어숙달, 기초번역, 경제및무역번역, 국제정치및 법률번역, 과학및기술번역, 문화및예술번역/미디어번역, 번역세미나, 번역Practicum, 순차통역입문, 실전순차통역, 전문순차통역, 동시통역입문, 국제회의통역, 모의회의, 통역Practicum
한국외대 통역번역 대학원	영어/불어/ 독어/노어/ 서어/중어/ 일어/ 아랍어	공동필수	통역번역입문, 주제특강
		선택	B언어숙달1/2, 한국어숙달1/2, 동시통역입문, 실무번역
		전공필수	일반번역AB, 일반번역·문장구역BA/CA, 산업경제번역AB/BA/CA, 과학기술번역AB/BA/CA, 정치법률번역AB/BA/CA, 번역세미나 1/2, 번역Practicum, 순차통역AB/BA입문, 순차통역AB1/2/3, 순차통역·문장구역BA/CA1/2/3, 동시통역AB/BA1/2, 전문동시통역 AB/BA, 전문순차통역AB/BA, 모의회의1/2, 순차통역모의회의, 주제별시사토론1/2
한동대 통역번역 대학원	한영	전공필수	통역번역입문, 한국어숙달1/2, Public Speaking, 영한순차통역 1/2/3/4, 한영순차통역1/2/3/4, 작문1/2, 번역연습1/2, Debate in Current Attairs1/2, 문장구역, 성경용어및강독, 영한동시통역1/2, 한영동시통역1/2, 문학번역, 미디어번역, 기독번역, 설교통역, 영한전문번역, 한영전문번역, 번역Project, 통역Practicum

위 표에 제시된 교과명에서 알 수 있듯이, 대부분의 대학원에서 번역과 통역을 함께 가르치고 있다. 번역학과에 통역 과목이 개설되어 있기도 하고, 통역학과에 번역 과목이 개설되어 있기도 해서 번역만을 가르치는 경우는 드물다. 번역학과에서 통역 관련 교과를 두지 않고 번역 교과만 가르치는 학교는 성균관대 번역 TESOL 대학원과 이화여대 통역번역대학원뿐이다.

한편, 이들 통번역대학원 가운데 고려대학교 인문정보대학원, 서울외대 통번역대학원, 성균관대 번역 TESOL 대학원, 이화여대 통역번역대학원, 제주대 통역대학원, 한국외대 통역번역대학원, 한동대 통역번역대학원 등 7곳에는 도착어로서 한국어의 언어학적 측면을 다루는 교과가 개설되어 있다.

고려대학교 인문정보대학원의 영어번역과에 개설된 '한영언어비교' 교과는 한국어와 영어의 특성을 밝히고 각 언어의 유사점과 차이점을 비교·분석하는 과목이다. 그리고 '한국어 숙달' 교과에서는 소홀하기 쉬운 국어의 어법·표현력 등을 연마·숙달한다[2].

서울외대 통번역대학원에 개설된 '한국어Ⅰ, Ⅱ'는 모국어 구사력을 향상시키고, 효과적인 발표 능력, 화법, 언어 예절의 함양과 더불어 문장 전환 훈련, 문장의 이해, 요약 훈련 및 발표 등을 통해 분석력과 생산 능력을 배양하는 과목이다. 특히 청중 앞에서 정확한 발음과 언어구사력을 바탕으로 능숙하게 연설할 수 있는 능력 함양에 중점을 둔다[3].

이화여대 통역번역대학원의 번역학과에 개설된 '한국어Ⅰ, Ⅱ'는 한국어 구사력 교육을 집중적으로 실시하여 다양한 분야에 대해 최고 수준의 구두 발표 및 작문 능력을 함양하는 과목으로, 자주 인용되는 속담, 격언, 고사성어 등도 강의된다[4].

제주대 통역대학원에는 한영과와 한중과, 한일과에 '한국어숙달'이 필수 과목으로 개설되어 있다. 한영과와 한일과에서는 교과목에 대해 "전공언어의 한 축인 한국어를 여러 가지 문체로 세련되고 정확하게 구사할 수 있는 능력을 쌓는다. 특히 한국어가 외국어인 학습자들에게는 기초적인 화법이나 작문력을 배양할 수 있게 한다."고 설명하였고, 한중과에서는 "한국어의 발표 능력, 화법, 언어 예절과 함께 텍스트의 분석적 이해 능력 및 작문 능력을 배양한다. 한국어가 모국어인 학생조차도 한국어 구사능력이 수준에 미달하는 경우가 많아 이를 보강하기 위해 개설되는 과목이다. 학생들은 분야별 한국어 텍스트의 문장 전환 훈련과 요약 훈련 및 발표 등을 통하여 한국어로 생산되는 다양한 현대적 텍스트의 이해와 생산 능력을 배양한다."고 설명했다[5].

---

[2] 고려대학교 인문정보대학원 홈페이지 참조
[3] 서울외대 통역번역대학원 홈페이지 참조
[4] 이화여대 통역번역대학원 홈페이지 참조. 참고로, '고급한국어' 교과는 한국어가 모국어가 아닌 학생들을 대상으로 하는 과목이고, '토론'과 '작문'은 외국어 토론과 외국어 작문이다.
[5] 제주대 통역대학원 홈페이지 참조

한국외대 통역번역대학원에 개설된 '한국어숙달Ⅰ, Ⅱ'는 한국어가 모국어가 아니거나, 모국어 수준에 미달하는 학생들만을 위해 개설한 과목이다. 학생들은 분야별 한국어 텍스트의 문장 전환 훈련과 요약 훈련 및 발표 등을 통하여 한국어로 생산되는 다양한 현대적 텍스트의 이해와 생산 능력을 배양한다. 1학기에는 언어적 측면에 중점을 두며, 2학기에는 사회 문화적 측면으로 강의 내용을 확대한다[6].

한국외대 통역번역대학원의 '한국어숙달Ⅰ, Ⅱ'는 한국어가 모국어가 아닌 학생들을 위해 개설한 과목이므로, 한국어를 모국어로 하는 학생들을 대상으로 도착어로서의 한국어 표현력을 향상시키려는 목적으로 한국어 관련 교과를 개설한 학교는 전체의 절반인 6곳에 지나지 않는다. 제주대 통역대학원에 '한국어숙달' 교과가 개설된 것이 2005년 이후의 일임을 고려하면[7], 도착어로서의 한국어 표현력 교육의 필요성에 대한 인식이 점차 확대되고 있는 듯하다.

학부에 통번역학 전공이 개설된 학교로는 건양대학교, 경희대학교, 계명대학교, 금강대학교, 대구외국어대학교, 동국대학교, 동덕여자대학교, 동양대학교, 동해대학교, 부산외국어대학교, 선문대학교, 영남대학교, 한국외국어대학교, 한동대학교, 한양대학교, 홍익대학교 등이 있다. 금강대학교, 대구외국어대학교를 비롯한 일부 학교를 제외하면 대부분의 학교에서 통번역학부나 통번역학과가 따로 존재하지 않고, 영어학부 및 영어영문학부 아래 세부 전공으로 영어 통번역 전공을 두고 있는 형편이다.

학부 통번역학 전공은 번역 관련 교과가 10개 내외로 비교적 과목 수도 적고, 통번역대학원에 비해 상대적으로 각 교과의 전문성도 떨어진다[8]. 또

---

[6] 한국외대 통역번역대학원 홈페이지 참조
[7] 박혜주(2005: 129-132)에 제시된 '<표3> 국내 대학원 과정 통번역 교육기관 개설 과목'에는 제주대에 '한국어숙달' 교과가 표기되어 있지 않다.

한, 학부 통번역학 전공 교과 과정에는 번역을 위해 도착어로서의 한국어 표현력을 학습하는 교과가 포함되어 있지 않다. 한국어 표현력과 관련된 교과는 전공에 관계없이 1학년 때 공통 교양 과목으로 수강하는 '글쓰기'나 '말하기' 관련 교과가 유일하다.

전문 번역사가 갖추어야 할 능력은 언어, 이론, 번역 기술, 주제 지식, 자료 조사 방법, 컴퓨터 활용 등으로 나눌 수 있으므로[9], 교과 과정 역시 이러한 능력을 키울 수 있는 강좌들로 고르게 구성될 필요가 있다. 그러나 국내 번역 교육 기관의 교과 과정에는 언어(모국어), 자료 조사 방법, 컴퓨터 활용 등에 대한 교과가 상대적으로 부족한 편이다. 번역 언어의 방향에 있어서는 모국어를 외국어로 번역하는 AB 번역뿐 아니라 외국어를 모국어로 번역하는 BA 번역을 함께 교육하면서도, 언어 관련 교과는 외국어에 편중되어 있고, 도착어로의 표현력과 관련한 글쓰기 교과는 학교에 따라 외국어 작문만 개설되어 있을 뿐, 국어 작문은 별도로 개설되어 있지 않다.

5.1.2. 번역 글쓰기 교육의 필요성

번역 능력으로는 외국어 능력과 번역 원문에 대한 이해력 외에도 글쓰기 능력에 해당하는 표현 능력이 지적된다. Gile(1995)는 이해(comprehension)와 재표현(reformulation)으로 구성된 번역 모델을 제시하면서 제대로 된 번역을 위해서는 원문에 대한 완벽한 이해를 전제로 동등한 효과를 이룰 수 있는 번역문상의 재표현이 중요함을 지적하였고, Tytler는 "훌륭한 번역이란 원문이 가지고 있는 장점이 번역되어 언어 속으로 완전히 주입되고 스며들어, 번역된 언어의 원어민 화자가 마치 원문 언어 사용자가 느끼듯

---

[8] 각 대학교 홈페이지의 교과 과정 참조.
[9] Neubert(2000)는 번역 능력으로 언어 능력, 텍스트 능력, 주제 능력, 문화 능력, 전달 능력을 제시하였다(김순영 2008: 90-91).

이 그렇게 분명하게 이해하고 강력하게 느낄 수 있어야 한다"(이석규 외 2002: 22 재인용)고 했다. 해석 이론에서도 번역문은 번역자가 속한 언어공동체에서 이해되어야 하며 내용의 동일성 및 형태의 등가 측면에서 정당성을 확보해야 함을 강조한다. 해석 이론에서는 번역의 과정 중 마지막 단계인 재표현(또는 재언어화)을 번역사가 원문에 대한 이해 및 의미 도출 과정을 거쳐 독자에게 이를 이해시키기 위해 도착어로 표현하는 단계라고 설명하며, 이때 번역자는 글쓰기의 주체가 되어 도착어가 지닌 아름다움과 독특한 언어적 특성을 발휘해야 한다고 지적한다(오미형 2007: 110).

번역에서 도착어 표현 능력의 중요성은 우리나라를 비롯한 세계 각국의 번역전문자격시험에도 반영이 되어, 표현력이 주요 평가 항목으로 제시되어 있다. 박혜주(2005)는 중국, 캐나다, 호주의 번역인증시험을 소개한 바 있다. 이들 시험에서 제시하는 표현력의 평가 항목을 살펴보자.

먼저, 중국의 국가 공인 직업 자격 시험인 중국 전국번역전문자격(수준)고시(China Aptitude Test for Translators and Interpreters)는 번역종합능력 시험과 번역 실무 시험 두 가지 시험으로 구성되어 있는데, 이 가운데 번역종합능력 시험은 '어휘와 문법 능력(Vocabulary and Grammer)', '독해 능력(Reading Comprehension)', '추리와 의미해석의 능력(Cloze Test)'의 세 가지 분야로 나뉘어 도착어의 표현력 중에서도 가장 기본이 되는 어휘와 문법 항목을 별도의 문제로 출제하여 평가한다. '어휘와 문법 능력' 부분은 '적절한 어휘 선택(Vocabulary Selection)', '어휘 교체(Vocabulary Replacement)', '문법적 오류 수정(Correcting Grammatical Errors)'으로 구성되어 있다.

캐나다의 번역·용어·통역사협의회 공인 표준번역인증시험(Canadian Translators, Terminologist and Interpreters Council National Standard Certification Exam)[10]은 번역시험 배점 가이드라인에서 원문에 대한 이해

도 부족이라 할 수 있는 번역 오류와 도착어의 문법 사용법을 어긴 표현력 부족의 언어 오류 두 가지 항목으로 나누어 제시함으로써 원문에 대한 이해력과 도착어로의 표현력을 대등하게 평가하고 있다. 언어(표현력)에서 감점 10점에 해당하는 심각한 오류로는 '횡설수설만 늘어놓은 번역, 문장 구조가 엉망인 번역' 등을 제시하였으며, 감점 5점에 해당하는 사소한 오류로는 '구문 오류 문법 오류, 모호성, 불필요한 반복, 뒤엉킨 문장 구조, 관용적이지 못한 구조, 맞지 않는 차용어' 등을 제시하였고, 감점 3점에 해당하는 사소한 오류로는 '철자 오류, 구두법 오류, 오타' 등을 제시하였다.

호주의 이민성 산하 기관에서 주관하는 국가 공인 통번역인증시험(National Accreditation Authority for Translation and Interpretation)은 오역, 부적절한 단어 사용, 부정확한 문장 부호 사용, 잘못된 문법, 철자 오류, 의미 왜곡, 부적절한 숙어 사용, 문체의 불일치 등을 주된 감점 대상으로 삼는다.

국내 시험으로는 한국번역가협회에서 주관하는 번역능력인정시험(Translation Competence Test)이 있는데, 협회에서 공개한 평가 기준은 다음과 같다.

- 원문 이해력, 표현력, 문장력에 큰 비중을 둔다. 초보적인 수준의 번역이나 직역으로는 원문의 의미를 전달하기 어려운 경우가 많으므로 좋은 번역이라 볼 수 없다.
- 번역가로서의 소양, 즉 번역 기술, 번역문의 구성력, 낱말의 응용력을 평가한다.
- 단어의 풀어쓰기나 전체 문장의 균형을 중시하며 원문이 의도하는 바를 어느 정도 수용했는지 평가한다.

---

10) 캐나다 번역국의 번역인증시험(번역국에서 번역사로 일하기 위한 채용 시험)과 더불어 캐나다에서 가장 신뢰받는 번역인증시험이다.

- 번역문의 띄어쓰기, 맞춤법 등 번역가가 갖추어야 하는 기본적인 우리말 표기법

이렇듯 국내를 비롯하여 여러 나라에서 실시하는 번역인증시험에서 도착어의 어휘력과 문장력을 아우르는 표현력, 즉 글쓰기 능력을 주요한 평가 기준으로 삼아, 번역에서 글쓰기 능력의 중요성을 강조하고 있다.

그러나 우리나라 번역물의 품질에 대한 평가 조사에서는 여전히 만족도가 떨어지며, 도착어로의 표현력에서 문제점이 지적된다. 한국외대 통역번역대학원에서 2000년에 실시한 국내 공공기관의 번역 현황 조사에 따르면, 우리나라 번역 수준의 발전 정도에 대해 '다소 발전했다'는 응답이 74.9%, '매우 발전했다'는 응답이 13.5%로 긍정적인 견해를 보였으나, 우리나라 번역물의 전반적인 수준에 대해서는 '불만족'스럽거나 '매우 불만족'스럽다(57.3)로 평가했다(이승재 외 2001).

한편, 2007년에 실시한 국내 공공기관의 번역 현황 조사에 따르면, 공공기관에서 외부 번역사나 번역 회사에 번역을 의뢰했을 때의 결과물에 대한 만족도는 '보통'이라는 응답이 52.8%, '만족한다'가 25%, '매우 만족한다'가 2.8%, '불만스럽다'가 19.5%로 전체 가운데 만족하는 비율은 30%가 채 못 되었다(신지선 2007). 그리고 외부에 의뢰한 번역물에 만족하지 못한 이유에 대해서는 '원문의 목적과 부합되지 않는다'는 응답이 30.4%, '도착어답게 번역되지 않음'이 26.1%, '용어나 표현의 부적절함'이 21.4%, '원문의 내용이 누락 및 변경됨'이 13%, '용어나 표기에 일관성이 없음'이 4.4%, 기타 의견이 4.4%로, 전체의 51.9%가 도착어로의 표현 문제를 지적하였다. 이는 번역자의 글쓰기 능력이 미흡함을 말해 주는 결과이며, 번역 교육에 도착어로의 표현력을 학습하는 교육이 필요함을 의미한다.

실제로 외국의 많은 번역 교육 기관에서 도착어의 언어 및 글쓰기에 관

한 교과를 운영하고 있다. 이향(2007)이 소개한 캐나다 몬트리올 대학교의 번역 교육 교과과정에는 영불 번역 전공에 '현대불어의 함정', '일반 작문 및 전문 작문'이 있고, 불영 번역 전공에 '고급영어작문' '영어의 역사', '영어의 사회지역적 변화'가 있다. 이 가운데 영불 번역 전공의 '현대불어의 함정'과 '일반 작문 및 전문 작문', 불영 번역 전공의 '고급영어작문'은 필수과목이다.

박혜주(2005)는 파리 통번역대학원, 캐나다 오타와 통번역대학원, 벨기에 통번역대학원의 교과과정을 소개하였는데, 그에 따르면 도착어의 언어 및 글쓰기와 관련하여 파리 통번역대학원(ESIT)[11])에 개설된 교과로는 '언어숙달'과 '언어학', '문체론/수사론' 등이 있다. 이 가운데 프랑스어와 영어, 중국어로만 개설된 '언어숙달'은 요즘 학생들의 언어구사 능력이 인터넷, 미디어의 발달로 점점 더 떨어지는 실정이므로 일정 수준을 유지할 수 있도록 마련한 강의이다. 한편, 파리통번역대학원에서 계획 중인 문학번역 교육과정에서는 '문체론 및 서술학(narratologie)'과 '읽기 및 글쓰기'를 교과 과정에 포함하고 있다.

캐나다 오타와 통번역대학원[12])은 도착어로의 표현 교육에 더 적극적이어서 '번역의 관점에서 바라본 언어적 문제'와 '번역사와 작가를 위한 글쓰기 기술', '비교문체론', '번역을 위한 감수 테크닉' 등의 여러 교과를 운영하고 있다. '번역의 관점에서 바라본 언어적 문제' 교과는 번역 시 부딪히게 되는 단어, 문법, 문체에 관한 문제를 살펴보고 작문 및 서신, 요약 등의 다양한 형식의 글을 쓰는 강좌이다. '번역사와 작가를 위한 글쓰기 기술'

---

[11]) 1957년에 개교하였으며, 번역은 번역문 메시지를 이해하고 출발어에서 벗어나 도착어로 표현하는 과정이라는 해석 이론을 기본적인 입장으로 견지한다.
[12]) 오타와 대학은 북미 이중언어권 대학 중 전통이 가장 오래된 학교로, 1963년 캐나다 최초로 전문 번역 교육 과정을 개설하였으며, 1971년부터 통번역대학원이 번역 교육을 담당하고 있다.

교과는 표현 능력을 심화하기 위한 과목으로, 여러 가지 자료를 가지고 전문적인 글쓰기 연습을 하도록 한다. '비교문체론'은 영불 비교문체론 입문 수업으로, 특히 번역에 활용할 수 있는 요소를 습득하도록 하며, '번역을 위한 감수 테크닉'은 전문적인 감수의 기준을 소개하고 감수와 교정의 원칙 및 테크닉을 학습하는 강좌이다.

벨기에통번역대학원의 문학번역 교육과정에서는 이론 과목으로 '문학 텍스트를 위한 언어학적 요소', '번역사를 위한 프랑스어 심화문법', '장르별 비교문체론' 등을, 공통 실기 과목으로 '글쓰기 입문'을, 실기 선택 과목으로 '희곡의 글쓰기와 시의 글쓰기', '대조 언어학 및 문체론' 등의 교과를 개설하고 있다. 입학 자격이 프랑스어를 도착어로 하는 자 가운데 대학에서 번역, 언어, 언어학, 철학, 문학을 전공한 자로 석사 학위 소지자에 한정되는데도[13] 도착어의 언어 및 글쓰기 관련 교과를 다양하게 운영하는 것은 이러한 교과목이 거의 개설되어 있지 않은 국내 번역 교육 기관과 상당히 대조적이다.

우리나라에서 글쓰기 교육에 소홀한 것은 비단 번역 교육 기관뿐 아니다. 대학에서는 '교양국어' 교과를 최근에 글쓰기 관련 교과로 바꾸어 1학년 때 한 학기 정도 주당 두세 시간 가르치는 것이 전부인데, 그것도 '말하기'와 통합 교과인 경우가 많다.

글쓰기 교육이 제대로 이루어지지 않는 것은 중·고등학교도 마찬가지다. 7차 교육과정에서 고등학교 국어과 과목은 1학년 과정인 국민 공통 기본 과목 '국어'와 2-3학년 과정인 선택 과목 '국어 생활, 화법, 독서, 작문, 문법, 문학'으로 이루어져 있다. '작문'은 필수 과목이 아닌 선택 과목이므로, 인문계 고등학교의 인문 계열이 선택 과목 중 3과목을 선택하고, 자연

---

[13] 벨기에는 네덜란드어와 프랑스어가 공용어이다.

계열은 2과목을 선택함을 고려할 때, 고교 과정에서 '작문' 교육이 전혀 이루어지지 않을 가능성이 농후함을 쉽사리 짐작할 수 있다14). 설상가상으로 '작문'을 선택 과목으로 선택한 학교에서조차 해당 교과 시간에 교과 교육이 아니라 수능을 대비한 언어 영역 문제집 풀이를 하는 실정이다15).

   고교 과정의 글쓰기 교육은 대학 진학을 위한 사교육 시장에서의 논술 교육이 주도하고 있고, 대학 입시의 논술 시험마저 일부 상위권 대학에 한정되어 대다수의 학생들은 고교 과정에서 글쓰기 교육을 받은 경험이 없다. 필자가 세종대 화학환경학부 학생 40명과 전자정보통신학부 학생 33명을 대상으로 고교 과정에서의 글쓰기 교육 경험을 조사한 결과, '작문' 교과를 이수한 학생은 단 한 명도 없었고, 사교육을 통해서 논술 교육을 받은 학생이 2명이었다. 결국, 고교 과정에 '작문' 교과가 있다 하더라도 허울뿐이고, 대체적으로 고교 과정에서 글쓰기 교육이 거의 이루어지지 않는다고 할 수 있다.

   고교 과정 동안 글쓰기 교육을 거의 받지 않고 대학 과정에서 한 학기

---

14) 다음은 2004년부터 2006년까지의 고등학교 국어과 일반·심화 선택 과목 이수 현황을 비교한 표이다(박순경 2006: 330; 박미영 2008: 7-8). 아래 표에서 '작문' 과목의 이수 비율이 '문학'이나 '독서'에 비해 낮음을 알 수 있다.

<표2> 고등학교 국어과 일반·심화 선택 과목 이수 현황(2004-2006)

		모집단 대비 이수 비율			교과 내 이수 비율			이수 학생 수		
		2004년	2005년	2006년	2004년	2005년	2006년	2004년	2005년	2006년
일선	국어생활	30.3	31.3	33.9	20.0	20.2	20.9	245,147	257,582	274,721
심선	문학	49.4	50.4	51.2	32.5	32.5	31.6	399,313	414,096	415,065
	독서	32.7	33.3	34.9	21.5	21.3	21.6	264,018	271,576	282,959
	작문	24.7	25.2	26.2	16.3	16.3	16.2	199,855	207,157	212,800
	문법	7.5	8.2	8.8	4.9	5.3	5.4	60,502	67,325	71,217
	화법	7.3	6.7	6.8	4.8	4.4	4.2	58,672	55,157	54,986
합계		151.9	154.8	161.8	100.0	100.0	100.0	1,227,507	1,219,681	1,311,748

15) 송현정(2006: 11)에 따르면, '작문' 시간에 '교육과정 및 교과서 내용에 충실하게 지도한다'는 응답이 36.1%에 지나지 않고, 23.6%는 '해당 시간을 다른 국어 과목의 지도에 활용한다'고 응답했다.

정도 글쓰기 교육을 받는 것이 전부인 현 상황에서, 학부 번역학과나 통번역대학원에서조차 도착어의 언어 및 글쓰기 관련 교과가 마련되어 있지 않으므로, 도착어 표현과 관련하여 번역문의 품질이 기대에 못 미치는 것은 어찌 보면 당연한 일일 것이다. 따라서 번역자의 도착어 표현력을 향상시키고 번역문의 품질을 높이기 위해서는 번역 교육 기관에서 글쓰기 관련 교과를 개설하여 운영하는 일이 시급하다. 이상원(2002)에서 이미 외국어로부터 한국어로의 번역 교육에 출발 외국어 이해 분석 능력, 한국어 텍스트 재구성 능력, 자료 검색 능력, 자유로운 도구 활용 능력, 협력 작업 능력, 전문 직업인 능력의 제고라는 목표가 설정되어야 함을 제안한 바 있다.

번역 교육에서는 도착어의 언어적 특성과 글쓰기의 기본 지식을 학습하고 작문 실습을 하는 글쓰기 입문 단계도 필요할 뿐더러, 더 나아가 번역에서 겪게 되는 출발어와 도착어 간의 언어적 차이에 대한 교육과 출발어의 간섭에서 벗어나 자연스러운 도착어 어휘와 문장으로 표현해 낼 수 있는 번역 글쓰기 전문 교육 과정이 필요하다. 외국어에 오래 노출되고 외국어에 익숙한 사람일수록 모국어로 글을 쓸 때 외국어의 간섭을 받기가 쉽다. 그러므로 번역 교육에서는 단순한 글쓰기 입문 단계의 교육에서 벗어나, 번역 시 외국어와 모국어 간의 언어적 차이로 인해 부딪히게 되는 단어, 문법, 문체에 관한 전반적인 문제를 살펴보고 자연스러운 우리말 표현을 익힘으로써 다양한 형식의 글을 쓰는 훈련이 요구된다. 앞서 언급한 캐나다 오타와 통번역대학원의 '번역의 관점에서 바라본 언어적 문제'와 '번역사와 작가를 위한 글쓰기 기술' 교과 및 벨기에통번역대학원의 문학번역 교육과정에 포함된 다양한 언어·문체·글쓰기 관련 교과가 그 좋은 예이다.

5.2. 교과 운영 방안

국내에서는 번역을 하는 데에 어떤 특정한 자격이 공식적으로 요구되지 않는다. 1994년부터 시행된 번역능력인정시험이 있긴 하나, 민간 단체인 한국번역가협회가 주관하므로 공적인 자격 시험이 아니다. 그래서 어느 정도의 외국어 지식을 갖춘 사람이라면 누구나 번역가로 활동할 수 있다. 번역업에 종사하는 인력들은 대개 외국어 관련 학력이나 경력, 그리고 번역 관련 경력을 근거로 번역을 수행하게 되는데, 실제로 번역을 담당하는 인력은 외국어문학 전공자인 경우가 대부분이다(박혜주 2005: 6).

신지선(2007)은 국내 공공기관의 번역 현황 설문조사를 분석하면서, 번역 업무를 담당하는 주체에 대해 번역 회사가 27.8%, 해당 부서 직원이 26.8%, 기타 외부 용역이 23.8%, 번역 전담 직원이 21.7%라고 밝혔다. 번역 회사는 번역 에이전시를 통해 전문 번역사에게 의뢰하는 경우이고, 기타 외부 용역 역시 해당 부서의 담당자가 개인적으로 번역사에게 의뢰하는 경우가 대부분이므로 결국 공공기관의 번역을 수행하는 주체는 해당 기관의 직원과 번역사의 비율이 절반씩 차지한다. 그리고 각 기관에서 번역 관련 업무를 담당하는 직원의 전공과 관련해서는 외국어 전공자가 32.4%, 외국 유학 경력자가 30.9%, 비외국어 전공자가 16.2%, 통번역 전공자가 8.8%를 차지한다고 했다. 이러한 결과는 실제 번역을 수행하는 번역자의 상당수가 번역을 전공하지 않은 사람임을 의미한다.

이는 비단 공공기관에만 국한된 문제는 아닐 것이다. 일반 기업체에서도 번역 업무는 번역 에이전시를 통해, 혹은 개인적인 인맥을 통해 번역사에게 의뢰하거나 해당 부서의 직원이 직접 수행하는데, 자금 사정이 좋지 않은 소규모의 회사일수록 자체 내에서 해결하는 경우가 많다. 따라서 현실적으로 번역은 번역을 전공한 전문 번역사만의 몫이 아니다. 어느 정도의 외국어 지식을 갖춘 사람이면 누구나 직장에서 번역 업무를 수행하게 된다. 다시 말해, 번역을 전공하지 않은 사람도 전문 번역사로 활동할 수 있을 뿐 아니라[16], 번역사가 아니더라도 직장에서 번역 업무를 수행하게 되는 것이다. 이는 장차 취업을 준비하는 대학생이라면 누구나 잠재적인 번역자임을 의미한다.

전공을 불문하고 대학생은 잠재적인 번역자라는 점에서 대학에서 번역 관련 교과의 필요성이 요구된다. 그러나 실제로 번역 관련 교육은 번역학 전공에서만 이루어지고 있어서 외국어 지식을 제외한 최소한의 번역 교육을 받지 못한 번역자들의 번역 결과물은 상대적으로 그 품질이 떨어질 수밖에 없다. 따라서 본고에서는 번역 관련 교과를 대학교에서 다양한 형태로 운영할 것을 제안하며, 그 중에서 특히 도착어로의 재표현에 초점을 맞춘 '번역 글쓰기' 교과의 운영 방안을 제시하고자 한다[17]. 대학의 교과 과정에는 대부분 공통 교양 과목으로 '글쓰기' 교과가 개설되어 있지만 이는 글쓰기 입문 단계 수준에 지나지 않으므로, 번역을 위해서는 번역과 관련한 좀 더 전문적인 글쓰기 교육이 필요하다.

5.2.1. 번역 글쓰기 교육 프로그램의 체계

대학에서의 국어 번역 글쓰기 교과는 크게 번역학과의 전공(혹은 교양) 교과, 외국어문학과의 전공(혹은 교양) 교과, 국어국문학과(문예창작학과

---

[16] 국내 번역자격시험은 민간 단체에서 주관하는 것이고 번역사가 되기 위한 필수적인 자격 시험이 아니라서, 전공이나 자격증에 관계없이 번역 에이전시의 번역 테스트를 거쳐 번역사로 활동하는 경우가 대부분이다.
[17] 우리말을 도착어로 하는 국어 번역 글쓰기로 한정한다.

포함)의 전공(혹은 교양) 교과, 전체 교양 과목으로서의 교과 등 네 가지 유형으로 나누어 생각해 볼 수 있다. 먼저 전체 교양 과목으로서 번역 글쓰기 교과의 운영 방안을 세운 다음, 그 외 전공학과의 전공 선택 교과로 활용하는 방안을 모색해 보겠다.

1) 전체 교양 교과

전체 교양 과목으로서의 번역 글쓰기 교과는 전공에 관계없이 전문 번역가가 되거나 번역자의 역할을 수행하게 되는 국내 번역업계의 현실을 반영하여 원하는 학생에 한해 선택적으로 수강할 수 있도록 교양 선택 과목으로 운영한다[18]. 번역 시 외국어와 모국어 간의 언어적 차이로 인해 부딪히게 되는 단어, 문법, 문체에 관한 전반적인 문제를 살펴보고 자연스러운 우리말 표현을 익힘으로써 다양한 유형의 번역 텍스트를 대상으로 문장 전환 연습을 하고, 번역의 단계별 전략을 익혀 번역 실습을 한다. 더 나아가 각 학생들의 전공을 살려 각 분야별 전문 텍스트의 번역에 필요한 훈련을 할 수 있도록 각 전문 분야별로 교과를 세분하여 개설할 수도 있다. 출발어는 수요가 가장 많은 영어를 기본으로 하되, 학생들의 요구도에 따라 주요 외국어를 각 출발어로 하여 교과를 나누어 운영할 수도 있다.

본고에서는 대학 교양 과목으로서 번역 글쓰기의 교육 프로그램을 다음 3단계의 체계로 구성할 것을 제안한다[19].

---

[18] 김정우(2004a)에서 이미 대학의 교양 교육 과정에 번역 과목이 개설되어야 할 필요성을 논의하고 영-한 번역 과목을 중심으로 교과 내용의 설계 방안과 학습 내용을 소개한 바 있다.
[19] 국어학 및 번역학 연구자로서, 그리고 대학 글쓰기 교육자로서 필자의 글쓰기 교육 경험과 번역 경험에 비추어 초보 번역자의 오류를 최소화할 수 있는 번역 글쓰기의 교육 방안을 모색해 보고자 하였다.

<표 3> 대학 교양 과목으로서 번역 글쓰기 교육 프로그램

단계		교과 운영 형식	교과 내용
1	입문	공통 교양 과목인 기존의 '글쓰기' 교과에 1-2주차 정도의 시간을 배당.	• '글쓰기' 교과에서 다루는 여러 글쓰기 유형 가운데 하나로 번역 글쓰기를 교육. - 번역 글쓰기 학습의 필요성 - 번역 글쓰기의 일반론 - 번역 글쓰기의 과정 - 번역투 문장의 유형별 학습 - 번역문의 문장 전환 연습
2	기본	교양 선택 과목	• 번역 글쓰기의 일반 이론과 단계별 실습 - 번역 글쓰기 학습의 필요성 - 번역 글쓰기의 일반론 - 번역 글쓰기의 과정 - 영한 대조 문법 - 국어 문법과 어문 규범 - 번역투 문장의 유형별 학습 - 번역문의 문장 전환 연습 - 번역 글쓰기의 단계별 실습
3	심화	교양 선택 과목 (장르별 교과 개설)	• 장르별 번역 글쓰기 이론과 실습 - 장르별 텍스트의 특성 - 장르별 담화 관습 - 장르별 번역 방법 - 장르별 오류 유형 학습 - 장르별 문장 전환 연습 - 장르별 번역 글쓰기의 실습

(1) 1단계 - 입문

1단계는 번역 글쓰기의 입문 과정이다. 대부분의 대학에서 1학년 1학기 과정에 공통 교양 과목으로 '글쓰기' 관련 교과를 두고 있다. '글쓰기' 교과에서 국어의 어법을 포함하여 글쓰기의 과정 및 여러 장르의 글쓰기 교육을 실시하고 있으므로, 이 '글쓰기' 교과 안에 여러 유형의 글쓰기 가운데 하나로 번역 글쓰기를 포함하여 교육한다. 글쓰기 교과에서는 여러 유형의 글쓰기를 다루므로 번역 글쓰기에 대해서는 1-2주 정도의 시간을 할애하는 것이 적당하다.

번역 글쓰기의 입문 단계로서 글쓰기 교과의 교수-학습 내용의 하나로 번역 글쓰기를 다룰 경우에는 교과목의 주제가 '글쓰기'인 만큼, 출발어를 도착어로 옮기는 실제적인 번역 행위보다는 번역문의 도착어 표현에 초점을 맞추어 교수-학습 내용을 구성해야 한다. 학습자들이 졸업 후 진학이나 취업을 통해 직업 현장에서 실제로 어떠한 번역 작업을 수행하게 되는지에 대해 구체적으로 설명함으로써 번역 글쓰기 교육의 필요성을 강조하고, 번역 글쓰기의 개념 및 번역 글쓰기의 과정과 전략을 일반적인 글쓰기와 대조하여 강의한다. 또한 번역에서 문제가 되는 출발어와 한국어의 언어적 특성을 대조하고 번역투 문장을 유형별로 정리하여 강의한 후 학습자가 실제 번역 텍스트를 대상으로 문장 전환 연습을 하도록 한다. 외국어문학과의 수업에서는 해당 외국어를 출발어로 삼고, 그 외 학과는 영어를 출발어로 삼되 각 학과 전공 분야의 전문 텍스트를 대상으로 한다.

(2) 2단계 – 기본

2단계는 번역 글쓰기의 기본 과정이다. 교양 선택 과목으로 운영하여 원하는 학생에 한해 선택적으로 수강할 수 있도록 한다. 출발어는 영어를 기본으로 하되, 학습자의 수요에 따라 중국어, 일본어 등 주요 외국어를 출발어로 삼아 언어별로 교과를 개설할 수 있다.

2단계는 번역 글쓰기의 일반 이론 학습과 단계별 실습을 주된 내용으로 한다. 번역 시 외국어와 모국어 간의 언어적 차이로 인해 부딪히게 되는 단어, 문법, 문체에 관한 전반적인 문제를 살펴보고 국어 문법과 어문 규범을 학습하여 자연스러운 우리말 표현을 익힘으로써 다양한 유형의 번역문을 대상으로 문장 전환 연습을 한다. 나아가 번역의 과정과 단계별 전략을 학습하여 실제로 번역 글쓰기의 과정에 따라 짧은 텍스트를 번역하는 번역 글쓰기의 실습을 한다.

(3) 3단계 – 심화

3단계는 번역 글쓰기의 심화 과정이다. 각 학생들의 전공을 살려 각 분야별 전문 텍스트의 번역에 필요한 글쓰기 훈련을 할 수 있도록 '과학·기술 번역 글쓰기', '경제·무역 번역 글쓰기', '정치·외교 번역 글쓰기', '문학·예술 번역 글쓰기', '미디어·영상 번역 글쓰기' 등의 교과를 세분하여 개설한다. 출발어는 수요가 가장 많은 영어를 기본으로 하되, 학생들의 요구도에 따라 주요 외국어를 각 출발어로 하여 교과를 나누어 운영할 수도 있다.

3단계 전문 번역 글쓰기 교과의 이론 강의에서는 각 전문 분야에 해당하는 다양한 비번역문의 읽기 학습을 통해 장르별 텍스트의 유형적 특성과 담화 관습을 익히는 데에 주안점을 둔다. 이어서 해당 분야 텍스트의 번역 방법을 학습하고 그 분야의 번역문에 자주 나타나는 오류를 익혀 번역문을 대상으로 문장 전환 연습을 한다. 마지막으로 번역 글쓰기의 과정에 따라 해당 분야의 번역 글쓰기 실습을 한다.

2) 번역학과 및 외국어문학과의 전공 교과

번역학과나 외국어문학과의 학생은 타학과 학생에 비해 전문 번역사가 되거나 회사 내에서 번역자의 역할을 수행할 가능성이 높으므로 번역 글쓰기 교과를 전공 선택 과목으로 운영한다. 외국어의 언어와 작문 교과는 이미 전공 과목으로 충분히 개설되어 있으므로 국어를 도착어로 하는 국어 번역 글쓰기 교과를 개설하여 국어로 번역할 때에 도움이 될 수 있도록 한다.

번역 글쓰기 교육 프로그램은 전체 교양 과목으로서의 번역 글쓰기 교육 프로그램과 동일하게 운영하되, 2단계와 3단계를 전공 선택 과목으로 두고, 1단계와 2단계에서는 해당 학과의 전공 외국어를 출발어로 삼아 한국어와의 대조 문법과 언어별 담화 관습에 관한 강의를 보충한다. 번역학과라면 2단계는 전공 필수 교과로 둘 수 있다.

3) 국문학과의 전공 교과

국어국문학과나 문예창작학과의 학생들 가운데 외국어 실력이 뛰어난 학생들은 졸업 후 전문 번역가로 활동하기도 하지만, 대체로 전공과 무관하게 취업하거나 출판사에서 기획·감수·교정·편집 등의 업무를 담당하게 된다. 번역서는 원문이 존재한다는 점에서 일반 서적의 출판과는 차이가 있다. 번역문 또한 출발어로부터 자유로울 수 없기 때문에 번역 글쓰기 교육은 번역문만이 갖는 언어학적, 사회·문화적 특성을 고려해야 한다는 점에서 일반적인 글쓰기 교육과 차별성을 갖는다. 따라서 국어국문학과나 문예창작학과에서도 번역 글쓰기 교육이 별도로 이루어질 수 있다[20].

국어국문학과나 문예창작학과의 학생들은 장차 번역자의 역할보다는 기획자, 감수자, 편집자의 역할을 하게 된다는 점에서 번역 실습보다는 번역문의 감수와 편집에 초점을 맞추어 교과를 운영하는 것이 효율적이다. 그래서 번역 글쓰기 교육 프로그램은 2단계까지만 실시하고, 2단계를 전공 선택 과목으로 운영한다. 국어국문학과와 문예창작학과의 2단계 번역 글쓰기 교과에서는 전체 교양 과목으로서 번역 글쓰기 교육 프로그램의 2단계

---

[20] 경남대 인문학부 국어국문학 전공에서는 '번역과 모국어'라는 교과를 개설하여 영한 대조 문법과 더불어 국어 어문 규범을 비롯한 우리말 표현에 초점을 맞춘 번역 교육을 시행하고 있다.

교과 내용 가운데 번역 글쓰기의 단계별 실습을 제외하는 대신, 3단계 교과 내용에 포함된 장르별 번역 글쓰기의 이론을 보충한다. 그래서 2단계 번역 글쓰기 교과에서는 번역투 문장의 유형별 학습을 통해 번역문에 흔히 나타나는 우리말 표현의 오류를 익히고 장르별 텍스트의 특성 및 담화 관습을 익혀 다양한 장르의 번역문을 대상으로 문장 전환 연습을 강화한다.

지금까지 제시한 번역 글쓰기 교과의 운영 방안은 번역 글쓰기 교과의 개설을 전제로 한다는 점에서 현실적인 실현에 어려움이 있다. 새로운 교과의 개설에는 행정적, 제도적 뒷받침이 필요하기 때문이다. 그래서 본고에서는 1단계 번역 글쓰기의 입문 과정으로 기존의 글쓰기 교과를 활용하여, 교과 내용에 번역 글쓰기를 포함하는 방안을 제안하였다.

글쓰기 교과는 과거 '교양 국어', '대학 국어', '일반 국어' 등의 교과명으로 개설되었던 것이 오늘날 '논술과 표현', '작문', '글쓰기', '사고와 표현', '삶과 글', '말과 글', '쓰기와 말하기', '실용 국어' 등의 명칭으로 바뀌면서 내용 면에서도 읽기에서 쓰기 중심으로 변하였다[21]. 대부분의 대학에서 글쓰기 교과를 교양 필수 과목으로 두고 있기 때문에 글쓰기 교과의 수업 내용 속에 번역 글쓰기를 포함시키기는 용이하다.

그러나 글쓰기의 전반적인 교육 속에서 번역 글쓰기를 글쓰기의 한 유형으로 다루게 되므로, 번역 글쓰기에 많은 시간을 할애할 수 없어 번역 글쓰기만을 독립적으로 교육하는 것에 비해 번역 글쓰기의 집중적인 학습이 어렵다는 단점이 있다. 그렇다 하더라도 글쓰기 교과는 교양 필수 과목으로서 학과별로 반편성이 이루어져 있기 때문에 해당 학과의 각 전공에 따라

---

[21] 주경희(2005: 487-495)는 대학의 교양 국어가 언어, 작문, 문학 등 국어의 세 영역을 포함하는 매우 포괄적이고 막연한 범주를 지닌 과목에서 점차 '글쓰기' 중심으로 변화하고 있다고 하였다.

전문 영역의 텍스트를 대상으로 한 전문 기술 번역의 글쓰기 교육이 가능하다는 장점이 있다. 또한 기존의 글쓰기 교과 내용 속에 번역을 글쓰기의 한 유형으로 삼아 번역 글쓰기를 포함시키면 잠재적 번역자인 모든 학생들이 번역 글쓰기를 접할 기회를 갖게 된다는 점에서 번역 글쓰기의 입문 단계로 가치가 있다.

5.2.2. 번역 글쓰기 교과의 운영 원리

2장에서는 번역 글쓰기의 원리로 '담화 공동체 참여의 원리', '읽기-쓰기 통합의 원리', '순환성 원리', '학문 협업의 원리'를 제안하였다. 번역 글쓰기 교과는 번역 글쓰기를 교수-학습하는 과목이므로, 번역 글쓰기의 원리는 번역 글쓰기 교과의 운영에도 그대로 적용된다. 교수자는 번역 글쓰기 교과를 운용할 때 번역 글쓰기에 내재된 위 4가지의 원리를 구현해야 한다. 이 외에도 번역 글쓰기의 교육이 글쓰기 교육의 하나라는 점에서 일반 글쓰기 교육에서 요구되는 '이론과 실습의 균형성 원리', '점진적 책임 이양 원리', '다면적 피드백 원리'를 추가로 설정할 수 있다. 이 7가지 원리들은 교수자가 번역 글쓰기의 교과를 운영할 때 요구되는 원리이다. 이어질 5.3에서는 이 원리들을 반영하여 번역 글쓰기의 교수-학습 과정안을 제시하겠다.

1) 담화 공동체 참여의 원리

번역 글쓰기에서 담화 공동체 참여의 원리는 번역자가 담화 공동체 구성원들과의 상호 작용을 통한 의미 구성 과정으로서의 번역을 매개로 하여 담화 공동체에 참여하게 된다는 것으로, 번역자는 독자로서 원저자와 원문이 속한 담화 공동체에 참여하여 그 담화 관습을 이해해야 하며, 필자로서 예상 독자로 구성된 담화 공동체에 참여하여 그 담화 관습을 따라야 한다. 번역 글쓰기 교육에서 교수자는 학습자들이 양쪽의 담화 공동체에 성공적으로 참여할 수 있도록 돕는 역할을 하며, 나아가 토론 수업을 통해 강의실 환경을 공통된 주제를 함께 공유하는 또 하나의 담화 공동체로 구성하여 학습자들의 참여를 북돋운다.

2) 순환성 원리

번역 글쓰기에서 순환성 원리는 번역 글쓰기의 과정이 순차적이면서도 순환적이라는 것으로, 번역 글쓰기 과정에서 부딪히는 문제를 해결하기 위해 앞선 단계로 회귀할 것을 요구한다. 번역 글쓰기의 교육에서는 번역 글쓰기의 단계별 실습 과정에 이러한 순환성 원리를 적용한다. 교수자는 이론에 대한 교수 방법에서도 선수 학습을 회상시킴으로써 순환성 원리를 실천한다. 번역 글쓰기의 실습 과정에서는 학습자가 선수 학습한 이론을 회상하여 실습에 적용할 수 있도록 지원하며, 필요한 경우 재학습할 수 있다.

3) 읽기-쓰기 통합의 원리(읽기-쓰기 균형성의 원리)

번역 글쓰기에서 읽기-쓰기 통합의 원리는 원문을 읽고 번역문을 쓰는 행위가 통합되어 이루어진다는 것이다. 읽기-쓰기 통합의 원리는 번역 글쓰기 교육에서 '읽기-쓰기의 균형성 원리'로 발전할 수 있다. 번역 글쓰기 실습에서 학습자가 원문을 읽고 번역문을 쓰는 통합 학습에서도 '읽기-쓰기의 균형성 원리'가 작용하지만, 교수자는 이론의 교수-학습에서도 모범문을 읽거나 강의안의 예시문을 읽는 읽기 학습과 학습자의 실습을 통한 쓰기 학습이 균형을 이루도록 교과를 운영한다.

4) 학문 협업의 원리

번역 글쓰기에서 학문 협업의 원리는 번역자가 번역할 대상의 내용에 대한 사전 지식을 갖춘 다음 출발어에 대한 언어적 지식을 동원하여 원문을 읽고 이해함으로써 도착어에 대한 언어적 지식으로 표현하는 번역 글쓰기의 전체 과정에 작용한다. 그래서 번역 글쓰기 교육에서도 외국어, 국어, 주제 지식 등과 관련한 여러 전공 분야의 협력이 필요하다[22]. 번역 글쓰기 교과의 교수-학습에서 교수자는 자신의 전공 분야 지식에 치우치지 않고 번역 글쓰기에 필요한 제분야의 지식을 고루 전달하도록 한다.

5) 이론과 실습의 균형성 원리

번역 글쓰기는 글쓰기의 하나다. 여타 글쓰기 교육이 그러하듯, 번역 글쓰기 교육에도 학습자의 실습이 수반된다. 그래서 이론과 실습의 균형을 맞추는 것이 중요하다. 교수자의 이론 강의를 통해 학습자가 실습에 필요한 지식을 익힘으로써 능력을 연마하고 학습자의 실습을 통해 학습자가 학습한 이론 지식을 실천함에 균형을 유지하도록 한다.

6) 점진적 책임 이양의 원리[23]

점진적 책임 이양의 원리는 과정 중심의 쓰기 이론에서 강조하는 개념이다. 학습은 사회적인 수준에서 개인적인 수준으로 진행되는데, 사회적인 수준에서는 교사나 자신보다 유능한 동료 학습자의 도움을 받으면서 학습을 하므로, 이 단계에서는 주로 교수자의 설명과 시범이 학습 활동의 주류를

---

[22] 같은 맥락에서 김정우(2004a: 28)는 번역 과목의 특성으로 협동 교과의 성격을 언급하였다.
[23] 박태호(2000), 원진숙(2005) 등 참조.

이룬다. 이때 미숙한 학습자는 교수자의 시범을 관찰하면서 모방하게 된다. 교수-학습이 진행됨에 따라 교수자는 학습자에게 제공하던 설명과 시범을 점차 줄이면서 교수-학습의 주도권을 학습자에게로 점차 넘겨주게 된다. 학습 초기에는 수업의 주도권을 교수자가 쥐고 있다가 시간이 경과되면서 학습 정보의 안내나 촉진 등의 활동이 활발히 이루어지게 되면, 교수자는 수업 중에 사용하는 설명이나 시범 및 전략적인 단서나 문제 해결 방안 등의 양을 줄이고 학습자가 점차 학습의 주도권을 행사하게 된다. 이와 같이 교수자에서부터 학습자로 책임이 전이되는 과정을 '점진적 책임 이양'이라고 한다.

단계별 번역 글쓰기 실습을 포함하는 번역 글쓰기 교육에서는 특히 '점진적 책임 이양의 원리'가 요구된다. 이론과 실습의 균형성 원리가 양적인 측면의 원리라면, 점진적 책임 이양의 원리는 질적인 측면이라 할 수 있다. 수업의 전반부는 교수자의 이론 강의, 후반부는 학습자의 실습으로 교과 과정을 구성한다면 이론과 실습의 균형성 원리는 따르게 되지만, 점진적 책임 이양의 원리는 따르지 못한다. 교수자는 학습자가 성공적으로 학습의 주도권을 가질 수 있도록 자신의 역할을 점진적으로 줄여 나가야 한다.

7) 다면적 피드백 원리[24]

학습자는 실습한 내용에 대해 피드백을 통해서 자신의 문제점을 발견하고 수정하게 된다. 그러므로 번역 글쓰기 교육에서 학습자의 실습에는 반드시 피드백이 따라야 한다. 피드백은 교수자의 권한으로 한정하지 않으며, 토론과 상호 첨삭을 통해 학습자들 간에 상호 피드백을 주고받을 수 있다. 교수자의 피드백은 그 내용이 비교적 정확하고 객관성을 띤다는 점에서 긍

---

[24] 김정우(2004a), 원진숙(2005) 등 참조.

정적이지만, 권위성을 가진다는 점에서 학습자에게 두려움과 거부감을 주게 된다. 학습자들 간의 상호 피드백은 그 관계가 수직적이지 않고 수평적이라는 점에서 학습자가 부담 없이 받아들인다는 장점이 있다. 그러나 학습자의 수준에 따라 정확성과 객관성이 떨어진다는 점에서 문제가 되므로, 상호 피드백을 사용할 때에는 학습자들의 수준을 고려하도록 한다.

글쓰기 교육에서 가장 효과적인 피드백은 교수자의 첨삭이다. 학습자가 글을 완성해서 제출한 후에 피드백을 주게 되면 평가의 성격이 강해진다. 반면, 글쓰기 과정 동안 문제에 직면할 때마다 교수자가 피드백을 주게 되면 동일한 문제의 반복을 줄이고 글쓰기 과정 동안에 문제 해결 능력을 향상시킬 수 있다는 장점이 있다. 그러므로 실습 시간에 교수자는 끊임없이 학습자에게 피드백을 제공하며, 학습자의 발표, 이메일, 인터넷 까페나 블로그 개설 등을 통해 다면적 피드백을 제공하도록 한다.

5.3. 교수 - 학습 과정안

교수-학습 과정안은 실제 수업의 설계도로서, 교수요목, 강의 계획서, 수업 계획서 등으로도 일컫는다. 교수-학습 과정안에는 강의의 목표와 절차, 교수-학습의 내용과 방법, 학습자 과제 등이 포함된다. 본 장에서는 5.2.2에서 제시한 번역 글쓰기 교육의 7가지 원리를 바탕으로 하여, 대학의 교양과목으로서 번역 글쓰기 교육 프로그램 가운데 기본 단계인 2단계 번역 글쓰기 교과를 중심으로 교수-학습 과정안을 제시하고, 교과의 성격에 따라 그 활용 방안을 모색하고자 한다.

5.3.1. 번역 글쓰기 교과의 교수-학습 과정안

1) 전체 교양 교과

(1) 1단계(입문)

　번역 글쓰기 교육의 1단계 입문 과정은 기존의 글쓰기 교과에서 번역 글쓰기를 글쓰기의 한 유형으로 포함시키는 것이다. 글쓰기 교과에서는 여러 유형의 글쓰기를 다루므로 번역 글쓰기에 대해서는 1-2주 정도의 시간을 할애하는 것이 적당하다. 글쓰기 교과의 수업 시수는 학교에 따라 대체로 한 주에 한 차례, 주당 2시간씩이거나 한 주에 2차례, 주당 3시간씩이다. 여기서는 아래와 같이 2주차에 걸쳐 번역 글쓰기의 교수-학습을 계획한다.

　　1. 교수-학습 목표
　　　: 번역 글쓰기 교육의 필요성을 인지하고 번역 글쓰기의 전체 과정에 따른
　　　　단계별 전략과 한국어의 언어적 특성 및 번역투 문장의 유형을 습득하여
　　　　우리말답고 자연스러운 번역문을 쓸 수 있다.
　　2. 교수-학습 내용
　　가. 1주차 : 번역 글쓰기 교육의 필요성 및 번역 글쓰기의 이해
　　　　　　　－번역 글쓰기 교육의 필요성
　　　　　　　　(졸업 후 직업 현장에서 어떤 번역 작업을 수행하게 되는가)
　　　　　　　－번역 글쓰기의 일반론
　　　　　　　－번역 글쓰기의 과정과 단계별 전략
　　나. 2주차 : 출발어와 대조되는 한국어의 언어적 특성과 번역투 문장의 유
　　　　　　　　형 학습
　　　　　　　－출발어 대 한국어의 대조 문법
　　　　　　　－번역투 문장의 유형별 정리

- 번역문의 문장 전환 연습

1단계는 기존의 글쓰기 교과의 내용에 번역 글쓰기를 포함하는 것이므로, 번역 실습은 불가능하다. 외국어와 대조되는 한국어의 언어적 특성과 번역투 문장의 유형을 학습하고 문장 전환 연습을 통해 보다 우리말다운 문장을 쓸 수 있도록 돕는 데에 주목한다.

(2) 2단계(기본)

대학의 강의는 대체로 총 16주의 일정으로 이루어지므로, 여기서는 2단계 번역 글쓰기 교과를 주당 3시간 수업의 교양 선택 과목으로 가정하고 그에 따른 교수-학습의 전체 내용 구성을 다음과 같이 제안한다.

1. 도입 단계(1-2주차)
   : 강의 소개와 번역 글쓰기의 개괄
   - 번역 글쓰기 학습의 필요성
   - 번역 글쓰기의 일반론
2. 전개 단계(3-15주차)
   : 번역 글쓰기의 단계별 전략 및 이론 학습과 실습
   가. 3-10주차 : 번역 글쓰기의 단계별 전략 및 이론 학습
      - 번역 글쓰기의 과정과 단계별 전략
      - 출발어 대 한국어의 대조 문법
      - 국어 문법과 어문 규범
      - 번역투 문장의 유형별 학습
      - 번역문의 문장 전환 연습
   나. 11-15주차 : 번역 글쓰기의 단계별 실습
3. 마무리 단계(16주차) : 과제물 강평 및 정리

본고에서 제안하는 번역 글쓰기의 교수-학습 과정안의 특징은 번역의 전체 과정에 따라 단계별 전략을 강의하고 각 단계별로 학습자 실습을 병행함으로써 수업의 진행에 따라 학습자가 번역의 과정을 실제로 경험한다는 점이다. 이는 과정 중심 글쓰기 교육의 교수-학습 방법론을 적용한 것이다25). 다음에서는 위에 제시한 교수-학습의 전체 계획안에 따라 세부적인 교수-학습 과정안을 제시하고 교수-학습 내용과 방법 및 평가 방안을 설명하도록 한다.

　가. 도입 단계(1-2주차) : 강좌 소개와 번역 글쓰기의 개괄
　교양 과목으로서 2단계 기본 과정 번역 글쓰기 교과의 1-2주차 교수-학습 과정안은 다음과 같다.

<표 4> **도입 단계(1-2주차)의 교수-학습 과정안**

1-2주차	강의 소개와 번역 글쓰기의 개괄		
교수-학습 목표	번역 글쓰기 교육의 필요성을 인지하고 번역 글쓰기의 개념과 특성 및 번역자의 역할과 책임, 좋은 번역을 위해 갖추어야 할 조건을 이해한다.		
주	교수-학습 내용	수업 형태	과제
1	1. 강의 소개 2. 번역의 현황 3. 번역 글쓰기 교육의 필요성	교수자 강의	
2	1. 번역과 번역 글쓰기의 개념 2. 번역 글쓰기의 특성 3. 번역자의 역할과 책임 4. 좋은 번역의 조건	교수자 강의	

　1-2주차에는 번역 글쓰기의 과정과 그에 따른 전략을 학습하고 실습하기에 앞서, 번역의 현황과 학습자들이 졸업 후 진학이나 취업을 통해 직업

---
25) Kiraly(2000)에서 번역 교육에 사회 구성주의 교수법을 적용하는 시도를 하였고, 한미선(2007)이 Kiraly(2000)의 연구에 기반하여 이화여대 통번역대학원의 교과 과정 가운데 '번역실습' 교과의 개선 방안을 제안하기도 하였으나, 구체적인 교수-학습 과정안을 제시하지는 못했다.

현장에서 실제로 어떠한 번역 작업을 수행하게 되는지에 대해 구체적으로 설명함으로써 번역 글쓰기 교육의 필요성을 인지하도록 한다. 또한 번역 글쓰기에 대한 일반론으로 번역과 번역 글쓰기의 개념 및 번역 글쓰기의 특성, 번역자의 역할과 책임, 좋은 번역의 조건 등을 강의하고 학습자가 이를 이해함으로써 이후에 번역 글쓰기의 과정과 단계별 전략을 익히고 실제 번역 작업을 수행하기 위한 토대가 되도록 한다.

나. 전개 및 마무리 단계(3-16주차) : 번역 글쓰기의 단계별 전략 학습과 실습

교양 과목으로서 2단계 기본 과정 번역 글쓰기 교과의 3-16주차 교수-학습 과정안은 다음과 같다.

<표 5> 전개 및 마무리 단계(3-16주차)의 교수-학습 과정안

3-15주차	번역 글쓰기의 전체 과정에 따른 단계별 전략과 번역 글쓰기 실습		
교수-학습 목표	번역 글쓰기의 전체 과정에 따른 단계별 전략을 습득하고 실제 번역 글쓰기에 적용할 수 있다.		
주	교수-학습 내용	수업 형태	과제
3	번역 글쓰기의 전체 과정	교수자 강의	
4	계획하기 및 이해하기 단계의 전략 읽기 실습	교수자 강의 학습자 실습 (읽기, 발표)	
5	출발어대 한국어의 대조 문법	교수자 강의	
6	표현하기 단계의 전략	교수자 강의	
7	국어 문법과 어문 규범	교수자 강의 퀴즈	
8	번역투 문장의 유형별 학습 문장 전환 연습	교수자 강의 학습자 실습 (쓰기, 발표)	
9	문단 번역 실습	학습자 실습 (쓰기) 질의 응답	

10	수정하기 단계의 전략 수정 실습	교수자 강의 학습자 실습 (쓰기, 토론) 교수자 피드백	번역 대상 텍스트 선정 및 전체 계획 세우기
11	번역 글쓰기의 단계별 실습 - 계획 과제 발표	학습자 실습 (발표) 교수자 피드백	
12	번역 글쓰기의 단계별 실습 - 초벌 읽기와 발표	학습자 실습 (읽기, 발표) 교수자 피드백	자료 조사
13-14	번역 글쓰기의 단계별 실습 - 작업 읽기 및 표현하기 실습	학습자 실습 (읽기, 쓰기) 질의 응답	초고 완성
15	번역 글쓰기의 단계별 실습 - 수정하기 실습	학습자 실습 (상호 첨삭) 교수자 피드백	수정본 제출
16	과제물 강평 및 정리	질의 응답	완성본 제출

번역 글쓰기의 3주차 수업부터는 본고의 4장에서 제시한 번역 글쓰기의 과정에 따른 단계별 전략과 번역 기법을 강의하면서, 수업의 진행 과정에 따라 학습자들이 실제 번역 글쓰기 실습을 통해 각 단계별로 이를 적용하여 하나의 번역문을 완성할 수 있도록 한다.

3주차에서는 계획하기-이해하기(자료수집-초벌읽기)-표현하기-수정하기(감수-교정·편집)에 이르는 번역 글쓰기의 전체 과정을 개괄한다. 4주차부터는 번역 글쓰기의 과정에 따라 수업을 진행하되, 교수자가 각 단계별 전략과 번역 기법을 구체적인 예시와 함께 강의하고, 학습자는 수업 시간의 실습과 과제를 통해 이를 적용함으로써 실제 번역 글쓰기의 전 과정을 경험한다.

4주차에는 먼저 교수자가 번역 글쓰기 과정의 첫 단계인 계획하기와 이해하기 단계의 전략을 강의하되, 텍스트 유형별 특성과 텍스트 유형에 따른 번역 방법에 주목한다. 이어서 교수자가 한 페이지 정도의 짧은 원문을 읽고 텍스트의 특성과 필요한 자료의 조사 여부를 확인하는 초벌 읽기 시범을 보이고 학습자가 실습을 한다.

5주차에는 작업 읽기와 표현하기에 필요한 영한 대조 문법을 강의한다. 문장 성분, 문장의 구조, 문법 범주 및 담화 층위에 이르기까지 각 요소별로 두 언어 간의 차이를 설명하고 출발어의 체계를 국어의 체계에 맞게 변환하는 방법을 제시한다. 예를 들면, 대명사에서는 영어의 대명사 체계와 국어의 대명사 체계를 대조적으로 설명하고, 영어의 대명사를 국어의 대명사 체계에 맞게 변환하는 방법을 강의한다. 영어에 비해 국어는 인칭 대명사가 대우 등급에 따라 세분되어 있다는 점과 구어체에서는 인물에 대해 3인칭 대명사를 쓰지 않는다는 등의 국어 대명사 용법의 제약을 예를 통해 설명한다. 접속에서는 영어의 접속소가 접속사에 한정되는 데 반해 국어의 접속소에는 접속사(접속 부사)와 접속 조사, 연결 어미 등 다양한 유형이 있음을 설명하고, 어느 경우에 어느 접속소에 대응시켜 번역해야 하는지를 예를 들어 제시한다. 시제에서는 영어의 시제 체계와 국어의 시제 체계를 대조적으로 설명하고, 영어의 시제 요소들을 상황에 따라 국어의 시제 체계에 맞게 변환하는 방법과 주의 사항 등을 강의한다.

6-9주차에는 표현하기 단계를 교수-학습한다. 6주차에는 표현하기 단계의 전략을 강의하고 7주차에는 우리말로 표현하는 데에 도움이 될 수 있는 국어 문법과 어문 규범을 강의한다. 학습자가 쉽게 익힐 수 있도록 풍부한 예시를 통해 설명하고, 자칫 지루해지기 쉬운 주제이므로 미리 준비한 문제를 대상으로 퀴즈 대회를 진행하면 학생들의 관심과 흥미를 유발할 수 있을 것이다. 8주차에는 번역문에 주로 나타나는 문제점, 특히 번역투의 문제를 중심으로 유형화하여 구체적인 예시를 들어 강의하고 출발어와 도착어 모두에 능숙한 학습자라도 실제 번역에서 범하기 쉬운 문제의 유형별 예문을 준비하여 학습자가 문장 전환 연습을 하도록 한다. 3장에서 번역문

의 구문상의 특성에서 논의한 내용과 4장에서 제시한 표현 전략을 교육 내용으로 삼을 수 있을 것이다. 9주차에는 그동안 학습한 표현하기 단계의 전략과 이론 지식을 바탕으로 문단 번역 실습을 한다.

10주차에는 수정하기 단계의 전략을 강의하고 9주차에 실습한 번역문을 대상으로 수정하기 실습을 하되, 조별 토론을 통해 학습자 간 상호 첨삭을 실시하며, 교수자는 피드백을 제공한다. 그리고 11주차부터 본격적으로 번역 글쓰기 실습을 할 수 있도록 과제를 통해 번역할 대상 텍스트를 선정하고 전체 계획을 세우도록 한다.

11-15주차에는 번역 글쓰기의 전체 과정에 따라 본격적으로 번역 글쓰기를 실습한다. 먼저 11주차에는 학습자가 계획 과제를 발표하고 교수자는 발표에 대한 피드백을 제공한 다음 과제를 통해 자료 조사를 실시한다. 12주차에는 학습자가 선정한 번역 대상 텍스트의 초벌 읽기를 하고, 학습자가 초벌 읽기를 통해 파악한 전체 내용과 텍스트의 특성 및 자료 조사 보충의 여부를 발표한 다음, 과제를 통해 자료 조사를 보완하도록 한다. 13주차와 14주차에는 작업 읽기 및 표현하기 실습을 한다. 교수자와의 질의 응답을 통해서 학습자가 번역 과정에서 느낀 문제를 해결하는 시간을 충분히 가지도록 하고, 이를 토대로 하여 학습자 과제로 초고를 완성한다. 15주차에는 완성된 초고를 대상으로 수정하기 실습을 한다. 각자 수정한 원고를 가지고 조별로 상호 첨삭을 수행함으로써 점검의 기회로 삼고, 학습자 과제로 학습자 간에 상호 첨삭한 결과를 반영하여 수정본을 완성해서 교수자에게 제출하도록 한다.

마지막 수업인 16주차에는 교수자가 학습자의 수정본을 첨삭하여 나누어 주고 과제물에 대한 강평을 한다. 그동안의 교수-학습 내용을 정리하며, 학습자의 최종 과제로 교수자의 첨삭 결과를 반영하여 완성한 번역문을 제출하도록 한다. 학습자 간의 상호 첨삭과 교수자의 첨삭에서 원문과의 대조를 통한 오역을 지적하기는 현실적으로 어렵기 때문에 원문과의 대조를 통한 감수는 학습자 개인의 자기 감수에 한정하고[26], 학습자 간의 상호 첨삭과 교수자의 첨삭은 도착어 표현에 한하도록 한다.

학습자의 학습에 대한 교수자의 평가는 학습자가 제출한 완성본을 기본으로 하되, 강의한 번역 글쓰기의 전략이 충분히 반영되었는지 평가하고, 수정본과 완성본을 비교하여 첨삭 지도의 반영 여부를 평가에 포함한다.

한 가지 유의할 사항은 해당 교과가 학부 교양 과목이고, 외국어를 학습하는 과목이 아니라 우리말 표현에 초점을 맞춘 글쓰기로서의 번역을 학습하는 과목이라는 점에서, 외국어의 난이도가 높지 않은 텍스트를 번역 실습 대상 텍스트로 선정하여 학습자가 출발어인 외국어에 부담과 어려움을 느끼지 않도록 하는 것이다. 학생 수에 따라 번역 글쓰기 실습을 조별로 진행할 수도 있다.

3장에서 지적한 번역문의 도착어 표현상의 문제를 줄이기 위해서는 출발어 대 한국어의 대조 문법 및 국어의 언어적 특성과 어문 규범을 비롯하여 표현 전략을 강의하고 번역투 문장의 유형별 학습을 통해 문장 전환 연습을 하는 5-8주차의 교육 내용이 가장 중요하다. 대조 문법 및 표현 전략과 번역투 문장의 유형별 학습에서는 본고의 3장과 4장의 내용을 구체적인 교수-학습 내용으로 활용할 수 있으며, 코퍼스 자료를 강의에 필요한 예문으로 유용하게 이용할 수 있을 것이다.

(3) 3단계(심화)

---

[26] 상호 첨삭을 수업 시간에 한하여 실시하면 시간의 제약으로 원문과의 대조를 통한 감수가 어려우므로 미리 감수자를 지정하여 원문과의 대조를 통한 감수를 과제로 실시한 다음, 수업 시간에는 상호 첨삭에 대한 토론을 진행하는 방법도 있다.

전체 교양 과목으로서 3단계 전문 번역 글쓰기 교과는 2단계의 교수-학습 과정안에서 번역 글쓰기의 단계별 전략을 학습하는 전개 단계(1)을 장르별 번역 글쓰기의 이론 학습으로 대체한다. 각 전문 분야에 해당하는 다양한 비번역문을 읽고 분석하면서 장르별 텍스트의 유형적 특성과 담화 관습을 익힘으로써 해당 분야 텍스트의 번역 전략과 방법을 학습하고, 해당 분야의 번역문에 주로 나타나는 오류의 유형을 익혀 다양한 번역문을 대상으로 문장 전환 연습과 문단 번역 연습을 충분히 한다. 단계별 번역 글쓰기를 실습하는 전개 단계(2)는 해당 분야의 번역 글쓰기 실습으로 진행할 수 있다.

  1. 도입 단계(1-2주차)
     : 강의 소개와 전문 번역 글쓰기의 개괄
  2. 전개 단계 (3-15주차)
     : 전문 번역 글쓰기의 전략 및 이론 학습과 실습
     가. 3-10주차 : 전문 번역 글쓰기의 전략 및 이론 학습
           - 장르별 텍스트의 특성
           - 장르별 담화 관습
           - 장르별 번역 방법
           - 장르별 번역문의 오류 유형 학습
           - 장르별 번역문의 문장 전환 연습
           - 장르별 문단 번역 연습
     나. 11-15주차 : 전문 번역 글쓰기의 단계별 실습
  3. 마무리 단계(16주차) : 과제물 강평 및 정리

  3단계 번역 글쓰기 교육에서 핵심은 장르별 텍스트의 특성과 담화 관습 및 번역 방법을 익히는 것이다. 장르별 텍스트의 특성과 담화 관습을 익히

기 위해서는 교수자가 요약하여 정리하는 것도 중요하지만, 무엇보다 다양한 비번역문의 읽기 학습을 통해 학습자가 스스로 습득할 수 있도록 도와야 한다. 장르별 번역문의 오류 유형 학습에서는 코퍼스 자료를 적극 활용한다.

전문 텍스트에서는 서술체의 화자인 필자와 청자인 독자를 지칭하는 방법, 전문 용어의 번역 술어와 외래어 표기법 준수의 문제, 용어의 통일성, 독자의 이해를 돕기 위한 명시화 전략과 복잡한 문장의 간결화 표현 전략 등을 주요 내용으로 삼을 수 있고, 문학 텍스트에서는 대화문의 구어체 번역과 담화 상황 분석을 통한 화계와 호칭의 선택 문제 및 원문의 문체 번역, 문체의 통일성, 문화소의 변환 전략 등을 주요한 교육 내용으로 삼을 수 있을 것이다.

2) 번역학과 및 외국어문학과의 번역 글쓰기

번역학과의 전공 교과로서 2단계 번역 글쓰기 교과의 교수-학습 과정안은 전체 교양 교과의 2단계 과정안을 그대로 적용할 수 있고, 외국어문학과의 전공 교과에서는 출발어를 해당 전공의 외국어로 변환하여 활용할 수 있다. 5차시에서 영한 대조 문법 대신 해당 학과의 전공 외국어를 출발어로 삼아 한국어와의 대조 문법과 언어별 담화 관습에 관한 강의를 보충한다. 3단계 번역 글쓰기 또한 전체 교양 과목의 3단계 번역 글쓰기의 교수-학습 과정안을 그대로 적용한다. 단, 전공 교과인 만큼 출발어의 난이도 수준을 전체 교양 교과보다 한 수준 높이도록 한다.

3) 국어국문학과 및 문예창작학과의 번역 글쓰기

5.2.1에서 국어국문학과나 문예창작학과는 번역 글쓰기 교육 프로그램

을 2단계까지만 실시하고, 전체 교양 과목으로서 번역 글쓰기 교육 프로그램의 2단계 교과 내용 가운데 번역 글쓰기의 단계별 실습을 제외하는 대신, 3단계 교과 내용에 포함된 장르별 번역 글쓰기의 이론을 보충할 것을 제안했다. 그래서 국어국문학과와 문예창작학과의 2단계 번역 글쓰기 교과에서는 번역투 문장의 유형별 학습을 통해 번역문에 흔히 나타나는 우리말 표현의 오류를 익히고 장르별 텍스트의 특성 및 담화 관습을 익혀 다양한 장르의 번역문을 대상으로 문장 전환 연습을 강화한다.

1. 도입 단계(1-2주차)
 : 강의 소개와 번역 글쓰기의 개괄
  - 번역 글쓰기 학습의 필요성
  - 번역 글쓰기의 일반론
2. 전개 단계(3-15주차)
 : 한국어의 언어적 특성과 번역투 문장의 유형별 학습
 가. 3-9주차 : 한국어의 언어적 특성과 번역투 문장의 유형별 학습
  - 영한 대조 문법
  - 국어 문법과 어문 규범
  - 번역투 문장의 유형별 학습
  - 번역문의 문장 전환 연습
 나. 10-15주차 : 장르별 번역문의 특성과 오류 학습
  - 장르별 텍스트의 특성
  - 장르별 담화 관습
  - 장르별 번역문의 오류 유형 학습
  - 장르별 번역문의 문장 전환 연습
3. 마무리 단계(16주차) : 과제물 강평 및 정리

5.3.2. 번역 글쓰기 교수-학습 과정안의 활용

2단계와 3단계 번역 글쓰기 교과의 교수-학습 과정안은 새로운 교과의 개설을 전제로 한다는 점에서 현실적인 실현에 어려움이 있다. 그래서 5.2에서 번역 글쓰기 교과를 새로 개설하지 않고 번역 글쓰기 교육을 시행할 수 있는 방안으로, 기존의 '글쓰기' 교과를 활용하여 교과 내용에 번역 글쓰기를 포함하는 1단계 번역 글쓰기 교육 방안을 제시하였다. 기존 글쓰기 교과의 교수-학습 내용에 번역 글쓰기를 포함할 경우 번역 글쓰기에 많은 시간을 할애할 수 없어 번역 글쓰기에 대한 집중적인 교수-학습이 어렵다는 단점이 있지만, 글쓰기 교과가 교양 필수 과목으로서 학과별로 반편성이 이루어져 있기 때문에 해당 학과의 각 전공에 따라 전문 영역의 텍스트를 대상으로 한 전문 기술 번역의 글쓰기 교육이 가능하다는 점과, 번역을 글쓰기의 한 유형으로 삼아 잠재적 번역자인 모든 학생들이 번역 글쓰기를 접할 기회를 갖는다는 점에서 장점이 있음을 언급하였다. 여기서는 전체 학생의 교양 필수 과목인 기존의 글쓰기 교과를 이용하여 앞 절에서 제시한 1단계 번역 글쓰기의 교수-학습 과정안을 활용한 사례를 제시하고자 한다.

필자는 번역 글쓰기 교육의 효과를 살피기 위해 2008년 2학기에 세종대 화학환경학부 1개반(40명)과 전자정보통신공학부 1개반(33명)을 대상으로 하여 글쓰기 교과목에서 교수-학습 내용의 하나로 번역 글쓰기 교육을 포함하였다. 세종대에서는 '쓰기와 말하기'라는 교과명으로 한 학기에 주당 3시간씩 글쓰기와 말하기를 함께 교육하기 때문에 번역 글쓰기에 2주의 시간을 할애하기는 무리여서 1차시로 줄여서 계획하였다. 필자가 계획한 교수-학습 과정안은 다음과 같다.

1) 교수-학습 목표
　: 번역 글쓰기 교육의 필요성을 인지하고 번역투 문장의 유형을 습득하여 번역문에서 우리말답고 자연스러운 문장을 구사할 수 있다.
2) 교수-학습 내용
　- 번역 글쓰기 교육의 필요성
　　(졸업 후 직업 현장에서 어떤 번역 작업을 수행하게 되는가)
　- 국어의 언어적 특성과 어문 규범
　- 번역투 문장의 유형별 정리
　- 번역문의 문장 전환 연습

이공계열의 학생들은 인문계열의 학생보다 취업 후 직업 현장에서 직무의 하나로 해당 전문 분야의 기술 번역을 수행할 가능성이 높다. 자연과학 기술 분야가 인문 분야보다 외국의 선진 이론 및 기술에 대한 의존도가 높고 소프트웨어의 수입도 많기 때문이다. 따라서 각 전공 분야에 관련된 전문 기술 번역 텍스트를 대상으로 하여 본고 3장의 내용을 토대로 번역투 문장을 유형별로 정리하여 강의한 다음, 과제를 통해 학습자가 전공 관련 분야의 전문 번역 텍스트 문장을 보다 우리말답고 자연스러운 문장으로 전환하는 실습을 하는 것으로 교수-학습 내용을 구성하였다.

아래에 학습자들이 과제로 실습한 문장 전환의 예를 번역투의 유형별로 나누어 일부 제시하였다[27]. 전공 관련 텍스트를 실습 대상 텍스트로 삼았는데, 학습자들의 요구에 따라 『물리학의 기초』(Giambattista 저, 물리학교재편찬위원회 역 2005)와 『화학의 세계』(John W. Hill 저, 강종민 역 2007) 외에도 학습자가 임의로 선정할 수 있게 하였다.

---

[27] 학습자들에게 출처를 반드시 명기하도록 누차 강조하였음에도 대부분 수정 대상 텍스트의 출처를 기재하지 않아 아쉽게도 많은 예들을 인용하지 못하였다.

(1) 피동

a. [TT1] 단위의 미터법(metric system)은 과학 연구와 서양에서 오랫동안 사용되어 왔다. (물리학의 기초 中)

　[TT2] 과학 연구와 서양에서는 단위의 미터법(metric system)을 오랫동안 사용했다. (세종대 화학환경학부 1학년 하○○)

b. [TT1] 이러한 흡열 핵융합 반응은 별을 지속시키는 충분한 에너지를 공급하지 못하기 때문에 작고 고밀도의 백색 왜성(white dwarf)으로 식어지게 된다. (일반화학 中)

　[TT2] 이러한 흡열 핵융합 반응은 별을 지속시키는 충분한 에너지를 공급하지 못하기 때문에 작고 고밀도의 백색 왜성으로 식는다. (세종대 화학환경학부 1학년 이○○)

c. [TT1] 결국 이온론은 받아들여졌고, 아레니우스의 명성은 널리 퍼지게 되었다. 아울러 많은 영광이 아레니우스에게로 돌아가 결국은 1903년 노벨 화학상까지 수상하게 되었다. (일반화학 中)

　[TT1] 결국 이온론은 받아들여졌고, 아레니우스의 명성은 널리 퍼졌다. 아울러 많은 영광이 아레니우스에게로 돌아가 결국은 1903년 노벨 화학상까지 수상하였다. (세종대 화학환경학부 1학년 이○○)

(2) 3인칭 대명사

a. [TT1] 2,500년 전에 그리스 철학자가 아마도 처음으로 이론(물질의 거동에 대한 설명)을 만들어 냈다. 그러나 그들은 그들의 이론을 실험으로 시험하지는 않았다. (화학의 세계 中)

　[TT2] 2,500년 전에 그리스 철학자가 아마도 처음으로 이론(물질의 거동에 대한 설명)을 만들어 냈을 것이다. 그러나 그들은 그 이론

을 실험으로 시험하지는 않았다. (세종대 화학환경학부 1학년 표○○)

b. [TT1] 나일론은 강철만큼 강해서 방탄 조끼의 재료로도 쓰인다. 그런데도 불구하고, 그 섬유는 거미줄만큼 가늘다. 그리고 <u>그것은</u> 단지 석유와 천연가스와 물과 공기만으로 만들어진다. (화학이 화끈 화끈 中)

　[TT2] 나일론은 강철만큼 강하기 때문에 방탄조끼의 재료로도 쓰인다. 그런데도 불구하고, 그 섬유는 거미줄만큼 가늘다. 그리고 <u>나일론은</u> 석유와 천연가스와 물과 공기만으로 만들어진다. (세종대 화학환경학부 1학년 성○○)

(3) 접속사 '그리고'

a. [TT1] 먼저, 팔면체 구조를 갖는 착이온에 대해서 결정장 이론의 설명을 시작할 것이다. <u>그리고</u> 사면체와 사각 평면 착물에 적용시키는 방법을 알아보기로 하자. (일반화학 中)

　[TT2] 먼저, 팔면체 구조를 갖는 착이온에 대해서 결정장 이론을 설명<u>한 다음</u>, 사면체와 사각 평면 착물에 적용하는 방법을 알아보기로 하자. (세종대 화학환경학부 1학년 황○○)

(4) 동사 '가지다'

a. [TT1] 온도의 SI 단위는 켈빈이다. <u>켈빈은 섭씨온도와 같은 척도를 갖고 있다.</u> 즉, 1℃의 온도차이는 1K의 온도 차이와 같다. (물리학의 기초 中)

　[TT2] 온도의 SI 단위는 켈빈이다. <u>켈빈은 섭씨온도와 같은 척도이다.</u> 즉, 1℃의 온도차이는 1K의 온도 차이와 같다. (세종대 전자정보통신공학부 1학년 하○○)

(5) 수단의 복합 형식 '-에 의해'

a. [TT1] 늦은 봄 꽃샘추위에 의해 온도가 영하로 내려가면 결빙에 의해 그 해 사과 수확을 망칠 수도 있다. (물리학의 기초 中)

   [TT2] 늦은 봄 꽃샘추위로 온도가 영하로 내려가면 결빙으로 그 해 사과 수확을 망칠 수도 있다. (세종대 전자정보통신공학부 1학년 하○○)

(6) 목적의 복합 형식 '-기 위해'

a. [TT1] 반면에 다른 과학자들은 그녀를 지원하기 위해 결집했다. (화학의 세계 中)

   [TT2] 반면에 다른 과학자들은 그녀를 지원하려고 결집했다. (세종대 화학환경학부 1학년 표○○)

(7) 완료형

a. [TT1] 전이 금속 착물의 이들 현상을 설명하기 위하여 여러 가지 시도가 있어왔다. (일반화학 中)

   [TT2] 전이 금속 착물의 이들 현상을 설명하려는 여러 가지 시도가 있었다. (세종대 화학환경학부 1학년 황○○)

(8) 사동형

a. [TT1] 그의 탁월한 능력은 그로 하여금 병에 대항할 수 있는 혈청의 사용, 에너지 자원의 보존 및 생명의 기원을 연구할 수 있게 하였다. (일반화학 中)

   [TT2] 그는 탁월한 능력으로 병에 대항할 수 있는 혈청의 사용, 에너지 자원의 보존 및 생명의 기원을 연구할 수 있었다. (세종대 화학환경학부 1학년 이○○)

(9) 대화문에서 지시 대상이 명확한 청자
  a. [TT1] "회원 가입비를 2시클로 정했어. 배지를 구입하는 값이야. 그 수익금으로 전단 캠페인 기금을 마련하는 거지. 론, 회계는 네가 맡도록 해. 이따가 <u>너에게</u> 모금통을 줄게. …" (해리포터와 불의 잔(2) 中)
  [TT2] "… 이따가 모금통을 줄게.…" (전자정보통신공학부 1학년 김○○)

(10) 대우 표현
  a. [TT1] 또 다른 공고가 있을 때까지, 일몰 후 매일 밤 디멘터들이 거리를 순찰하게 될 것이라는 점을 <u>고객들에게</u> 알려드립니다. (해리포터와 아즈카반의 죄수 中)
  [TT2] 또 다른 공고가 있을 때까지, 일몰 후 매일 밤 디멘터들이 거리를 순찰하게 된다는 점을 <u>고객님들께</u> 알려드립니다. (전자정보통신공학부 1학년 ○○)

일부 학습자들은 과도하게 교정한 부분도 있었지만[28], 위 수정문에서 보는 바와 같이, 대체로 대표적인 번역투인 피동 표현 외에도 대명사와 접속사 '그리고'의 남용, 사동문의 직역, '-고 있다'나 '-아/어 오다', '-기 위해'와 같은 복합 형식의 남용을 통한 문장의 간결성 문제 및 담화 차원에서의 지시 표현과 대우 표현에 이르기까지 번역문에서 발견되는 여러 표현상의 문제점을 비교적 잘 파악하여 도착어 표현에 주목한 번역 글쓰기 교육에 효과가 있었다고 판단된다.

김정우(2003c)에서는 국어 교과서에 나타난 외국어 번역투를 유형별로 심도 있게 분석한 바 있다. 이는 번역투가 비단 번역문만의 문제가 아니라

---

[28] 대명사를 고유명사로 과도하게 교정한 예가 더러 있었다.

우리 글 전반에 깊숙이 자리 잡고 있는 문제임을 단적으로 보여주는 예이다. 그러므로 1단계 번역 글쓰기 교육은 번역 글쓰기뿐 아니라 일반 글쓰기에서도 학습자가 더 우리말답고 자연스러운 문장으로 표현할 수 있도록 도와 학습자의 문장력을 전반적으로 향상시키리라 기대한다.

6 향후 연구 과제

6.1. 요약 및 정리

본고에서는 국어로 번역 출판된 텍스트를 비번역 텍스트와 비교하여 그 언어적 특성과 문제점을 분석하고 이를 토대로 번역 글쓰기의 과정에 따른 전략을 제시함으로써 번역 글쓰기의 교육 방안을 모색하고자 하였다.

본고에서 다루는 번역 글쓰기란 번역문을 쓰는 과정과 행위를 말한다. 번역은 결과물로서의 번역문을 생산하는 일련의 과정이므로 하나의 글쓰기 과정이라 할 수 있다. 이에 본고는 번역을 글쓰기의 한 유형으로 파악하고, 쓰기 이론의 측면에서 번역을 다루고자 하였다.

2장에서는 사회 인지주의 쓰기 이론의 관점에서 번역과 번역 글쓰기의 개념을 정리하고, 번역 글쓰기의 원리를 설정하였다. 2.1에서 형식주의, 인지주의, 사회 구성주의, 사회 인지주의에 이르는 쓰기 이론을 고찰하고, 인지주의 쓰기 이론과 사회 구성주의 쓰기 이론의 상호 보완을 통해 쓰기를 담화 공동체 구성원들과의 상호 작용을 통한 의미 구성 과정으로 보는 사회 인지주의 쓰기 이론을 번역에 적용함으로써, 번역 역시 담화 공동체 구성원들과의 상호 작용을 통한 의미 구성 과정으로 파악하였다. 일반 글쓰기는 예상 독자가 속한 담화 공동체만이 고려 대상이 되지만, 번역 글쓰기는 그 특성상 예상 독자가 속한 담화 공동체뿐 아니라 원저자와 원문의 독자가 속한 담화 공동체까지 고려하게 된다. 번역 행위 이론에서 주장하듯, 번역 역시 담화 공동체 구성원들과의 상호 작용을 통한 의사소통 과정이고, 의미 구성 과정이기 때문에 쓰기를 담화 공동체 구성원들과의 상호 작용을 통한 의미 구성 과정으로 보는 사회 인지주의 쓰기 이론은 번역에도 그대로 적용된다. 하지만 담화 공동체와의 상호 작용을 중시하는 사회 인지주의 쓰기 이론은 기능주의 번역 이론과 달리 원저자 및 원문이 속한 담화 공동체까지 상정할 수 있는 근거를 마련함으로써 번역에서 원문과 수신자를 모두 고려할 수 있는 이론적 토대가 된다. 즉, 번역문의 수신자를 고려한다는 측면에서 기능주의 번역 이론과 사회 인지주의 쓰기 이론은 일맥상통하지만, 번역문의 기능과 목적을 중시하는 기능주의 번역 이론이 번역문의 수신자에게만 열려 있는 것인 반면, 담화 공동체를 중시하는 사회 인지주의 쓰기 이론은 예상 독자뿐 아니라 원저자와 원문의 독자가 속한 담화 공동체에게까지 열려 있다는 점에서 우위를 차지한다. 그래서 사회 인지주의 쓰기 이론은 번역 글쓰기에서 번역자를 둘러싸고 번역자와 상호 작용을 통하여 의미 구성 과정에 영향을 미치는 원저자 및 예상 독자들로 구성된 복수의 담화 공동체를 고려하면서 번역 과정에 필요한 단계별 번역 전략을 제시할 수 있는 이론적 근거가 된다.

  2.2에서는 번역학에서 정의하는 번역의 개념을 고찰하고, 쓰기를 담화 공동체 구성원들과의 상호 작용을 통한 의미 구성 과정으로 보는 사회 인지주의 쓰기 이론의 관점에서 번역을 '출발어로 쓰인 텍스트를 예상 독자와의 대화를 통해 담화 공동체의 사회 문화적 맥락을 고려하여 도착어로 해석함으로써 하나의 완성된 텍스트를 재생산, 재창조하는 의미 구성 과정이자 의사소통 과정'으로 정의하였다. 번역이 출발어를 도착어로 옮기는

행위와 과정에 초점을 둔 용어라면, 번역 글쓰기는 번역을 글쓰기의 한 유형으로 파악하고 도착어로의 재표현에 초점을 둔 용어이다. 이러한 번역과 번역 글쓰기의 개념을 토대로 번역 글쓰기의 원리를 '담화 공동체 중복 참여의 원리', '읽기-쓰기 통합의 원리', '순환성 원리', '학문 협업의 원리' 4가지로 설정하여 4장에서 번역 글쓰기의 단계별 전략을 세우는 데에 기본 원리로 삼았다.

3장에서는 100만 어절의 번역 텍스트 형태 분석 균형 코퍼스와 100만 어절의 비번역 텍스트 형태 분석 균형 코퍼스를 비교·대조하여 형태별 빈도에서 나타나는 국어 번역문의 특징을 어휘, 구문, 담화·화용적 특징으로 나누어 분석하고, 번역 보편소와 국어 번역문의 개별적인 특징을 추출하였다. 어휘적 특징에서는 체언, 용언, 수식언, 관계언에 이르는 문장의 요소를 각 품사별로 나누어 형태별 빈도를 비교함으로써 번역문에 나타나는 특징을 분석하였고, 구문적 특징과 담화·화용적 특징에서는 어휘적 특징으로 지적한 형태들이 구문 및 담화상에서 어떤 양상으로 실현되는지 그 특징적인 모습을 살폈다. 구문상의 특징으로는 접속과 내포 및 시제, 피동, 사동, 부정 등의 문법 범주에 걸쳐 고찰하고 담화·화용적 특징은 주제와 초점, 지시 표현, 대우 표현으로 나누어 살펴보았다.

본고에서 밝힌 국어 번역문의 보편소는 '단순화'와 '수렴화'이다. 국어 번역문에 나타난 '단순화'의 특성은 국어 번역문이 비번역문보다 정보성과 어휘적 다양성이 낮으며, 문장의 길이가 짧다는 것이다. 품사별 빈도에서 번역문은 비번역문보다 의미어에 비해 기능어의 비율이 높아서 정보성이 낮다. 어휘적 다양성은 토큰 대 타입 비율과 각 품사별로 고빈도 형태의 비율을 비교하여 검증했다. 번역문이 비번역문보다 주요 품사의 토큰 대 타입 비율이 낮고, 동사를 제외한 모든 품사에서 번역문이 비번역문보다 고빈도 형태의 비율이 높아서 어휘적 다양성이 낮음을 확인하였다[1]. 문장의 길이는 번역문이 비번역문보다 조금 짧지만, 모든 텍스트 유형에서 그러한 특성이 나타나는 것은 아니었다. 전문 텍스트 유형과 아동 텍스트 유형에서는 번역문이 비번역문보다 문장의 길이가 짧았지만, 문학 텍스트 유형과 일반 교양 텍스트 유형에서는 번역문의 문장 길이가 오히려 더 길었다[2].

번역 텍스트들이 비번역 텍스트들보다 서로 더 유사한 성질을 보인다는 '수렴화'의 보편소는 각 품사별로 텍스트 유형들 간 상대 빈도의 차이를 비교하여 검증했다. 관형사와 격조사를 제외한 모든 품사에서 번역문이 비번역문에 비해 텍스트 유형들 간의 상대 빈도가 더 유사하여 수렴화의 특성을 보였다. 부사는 품사의 빈도뿐 아니라 각 형태별 빈도에서도 비번역문보다 텍스트 유형들 간에 더 유사성을 보였다.

본고에서 밝힌 국어 번역문의 개별적 특성은 다음과 같다.

일반 명사의 상대 빈도는 번역문이 비번역문보다 낮은데, 그러한 특성은 사실적 텍스트 유형에서 두드러진다. 대명사의 상대 빈도는 모든 텍스트 유형에서 번역문이 비번역문보다 높은데, 특히 사실적 텍스트 유형에서 그 차이가 두드러진다. 번역문은 비번역문에 비해 1인칭 대명사의 빈도가 낮고, 2인칭과 3인칭 대명사의 빈도가 높다. 다만, 전문 텍스트 유형만큼은 번역문이 비번역문보다 1인칭 대명사의 쓰임이 더 많다. 번역문은 3인칭 대명사, 그 중에서도 '그, 이것/이거, 그것/그거'가 특히 많이 쓰인다. 2인칭 대명사에서는 번역문이 비번역문에 비해 평칭 대명사 '너/네/니, 너희'의 쓰임이 적고, 존칭인 '당신, 그대, 여러분'의 쓰임이 많았다. 의존 명사는

---

[1] 조사는 어휘 목록의 수가 극히 제한적이어서 고빈도의 비율에 따른 어휘적 다양성을 논하기에 무리가 있어 제외하였다.
[2] Laviosa(1998b)에서도 신문기사에서는 번역문의 문장 길이가 더 짧게 나타났지만, 설화 작품은 그렇지 않다고 했다.

번역문이 비번역문에 비해 '것/거'와 '때문'이 많이 쓰인다.

용언의 전체 빈도는 번역문과 비번역문 간에 차이가 거의 없다. 그러나 번역문이 비번역문에 비해 동사의 상대 빈도가 낮고, 보조 용언의 상대 빈도가 높다는 특징이 있다. 동사는 '만들다, 가지다, 의하다, 있다, 되다, 대하다' 등의 형태가 비번역문에 비해 많이 쓰인다. '만들다', '의하다, 되다'는 각각 사동 및 피동과 관계되며, '있다'는 'can'의 번역투로 가능의 양태 의미를 가지는 '-수 있다'의 쓰임과 관계되고, '가지다'는 'have'의 번역투에, '대하다'는 전치사 'to'의 번역투에 쓰인다. 보조 용언은 '있다'와 '지다'가 많이 쓰인다. '있다'는 모든 텍스트 유형에서 번역문이 비번역문보다 높게 나타나는데, '-고 있다'와 '-아/어 있다'의 꼴로 각각 진행과 상태의 양태를 나타내므로 번역문이 비번역문보다 진행과 상태의 양태를 나타내는 복합 형식이 더 많이 쓰인다고 할 수 있다. '지다'는 사실적 텍스트 유형의 번역문에 높은 빈도로 나타난다. '지다'는 '-아/어 지다'의 꼴로 통사적 피동에 쓰이는 형태이므로, 사실적 텍스트 유형에서 번역문이 비번역문보다 통사적 피동이 많이 쓰임을 알 수 있다.

수식언도 관형사와 부사 모두 전체 빈도는 비번역문과 번역문에 큰 차이가 없지만 세부적으로는 약간의 차이가 발견되었다. 대명사에서는 번역문이 비번역문보다 '그'의 빈도는 높고 '이'의 빈도는 낮지만, 관형사에서는 번역문이 비번역문보다 '그'의 빈도는 낮고 '이'의 빈도가 높다. 특히 사실적 텍스트 유형에서 번역문과 비번역문 간에 관형사 '그'와 '이'의 빈도 차가 두드러진다. 일반 부사는 번역문이 비번역문보다 부정 부사인 '안'과 '못'이 적게 쓰이고, 정도 부사인 '가장, 매우, 아주, 너무' 등이 많이 쓰인다. 접속 부사는 번역문이 비번역문에 비해 텍스트 유형 간에 형태별 빈도가 비슷한 분포를 보이며 특정 형태의 편중 현상이 나타난다. 형태별로는 대등 접속사 가운데 '및'과 '혹은', '그런데', '한편'이 비번역문보다 적게 쓰이고 '그리고', '그러나', '하지만', '왜냐하면'이 많이 쓰인다. 텍스트 유형별로는 전문 텍스트 유형에서 비번역문과 번역문 간에 빈도 차가 크다.

관계언인 조사는 번역문이 비번역문에 비해 격조사의 쓰임이 적고 보조사의 쓰임이 많다. 격조사에서는 번역문과 비번역문 간의 차이가 미미하지만, 그 중에서 주격 조사의 쓰임이 적고 관형격 조사와 부사격 조사의 쓰임이 많은 점이 특징적이다. 주격 조사의 빈도가 낮은 것은 보조사 '-은/는'의 쓰임이 많은 것과 관련된다. 관형격 조사는 사실적 텍스트 유형의 번역문에 많이 나타나는데, 이는 'of'의 직역 및 원문의 명사구나 동명사구를 그에 대응하는 품사로 번역해 내려는 데서 비롯한다. 부사격 조사의 전체 빈도는 번역문이 비번역문보다 높긴 하지만 형태별 빈도의 분포는 번역문과 비번역문이 유사하다. 보조사는 모든 텍스트 유형에서 번역문이 비번역문보다 상대 빈도가 높게 나타나며, 특히 전문 텍스트 유형의 번역문에 보조사가 더 많이 쓰인다. 보조사 형태에서는 비번역문에 비해 '-은/는'이 많이 쓰인다는 점이 번역문의 특징이다. 접속 조사는 번역문과 비번역문의 쓰임이 대동소이하다.

구문과 관련해서는 상투적인 번역 표현이 많다는 점이 번역문의 특징이다. 먼저, 대등 접속은 번역문이 비번역문에 비해 병렬 접속과 선택 접속의 쓰임이 적고 대조 접속의 쓰임이 많은데, 이는 'but'을 번역하는 과정에서 전환 관계에 쓰인 'but'을 상투적으로 대조 접속 부사로 번역하기 때문에 생긴 결과다. 병렬 접속에서는 비번역문에 비해 '그리고'가 많이 쓰인다. 이는 'and'의 번역에서 다양한 대등 접속소를 활용하지 않고 '그리고'에 대응시켜 번역하는 경향과, 병렬 접속소를 중첩하여 쓰는 습관에 기인한다. 종속 접속에서도 상투적인 번역 표현이 문제가 되는데, 인과 관계에서는 'because'를 번역하는 과정에서 접속 부사 '왜냐하면'이 특히 많이 쓰이고, 조건 접속에서는 'if'를 번역하는 과정에서 잉여적인 표현으로 조건 부사

'만약, 만일'이 많이 쓰이며, 양보 접속에서는 'in spite of'류를 번역하는 과정에서 '-불구하고'가 많이 쓰인다. 내포문에서는 번역문이 비번역문보다 명사구 보문을 필요로 하는 의존 명사 '-것/거'의 남용이 많아 관형사형 어미의 빈도가 높게 나타나며, 목적과 이유절을 상투적으로 각각 '-기 위해'와 '-기 때문'으로 번역함으로써 명사형 어미 '-기'의 빈도도 높고, 원문의 명사구나 동명사구를 그에 대응하는 품사로 번역하는 과정에서 '-(으)ㅁ'을 이용한 동사의 명사형의 쓰임이 많아 명사형 어미 '-(으)ㅁ'의 빈도도 높게 나타난다. 문법 범주에서는 비번역문에 비해 보조 용언이 결합한 양태의 시간 표현이 많이 쓰인다는 점, 피동 표현이 많고 특히 'by'의 번역투로 행동주가 '-에 의해(서)'로 실현되는 피동문이 많다는 점, 장형 부정문의 쓰임이 많으며, '못'과 '-지 못하다'로 실현되는 능력 부정문이 적은 대신 '-수 없다'로 실현되는 어휘적 능력 부정 표현이 'can not'의 번역투로 많이 쓰인다는 점이 번역문의 특징이다.

번역문의 담화·화용적 특징으로는 주격 조사 '-이/가'를 써야 할 자리에 보조사 '-은/는'을 잘못 사용하여 주제와 초점이 제대로 드러나지 못하는 점과 대우 표현에서 호칭과 화계를 우리말의 담화 관습에 맞지 않게 잘못 사용한 예가 많다는 점, 지시 표현에서 3인칭 대명사가 많이 쓰이고 특히 2인칭과 3인칭 대명사는 비번역문에 비해 평칭이 적게 쓰이는 대신 존칭이 많이 쓰인다는 점을 지적하였다.

구문, 의미, 형태의 측면에서 국어 번역문의 특성은 각각 획일화, 중립화, 단순화로 요약된다. 구문에서는 출발어의 언어적 특성이 반영된 상투적 번역으로 획일화의 특성이 나타난다. 어휘 의미에서는 언어 간의 불일치를 극복하는 과정에서 상위어를 선택하고 여러 대상에 두루 사용할 수 있는 존칭의 대명사와 화계를 선택함으로써 중립화의 특성이 나타난다. 형태에서는 어휘의 다양성과 정보성이 낮고 문장의 길이가 짧은 단순화의 특성이 나타난다. 우선, 구문의 획일화와 의미의 중립화에 기인하여 특정 어휘가 많이 쓰임으로써 어휘의 다양성이 낮게 나타난다. 또한 원문의 의미를 좀 더 명확하게 전달하려는 명시화의 과정에서 접속사, 수식어와 같은 기능 요소들을 첨가하면서 의미어보다 기능어의 비율이 높아져 정보성이 낮게 나타난다. 그리고 도착어의 규범에 맞게 더 읽기 쉬운 텍스트로 만드는 규범화의 과정에서 사용 빈도가 낮은 어휘보다는 사용 빈도가 높은 어휘를 선택함으로써 어휘적 다양성이 낮게 나타나며, 문장 길이 또한 짧아진다. 이렇게 번역문은 구문의 획일화, 의미의 중립화, 형태의 단순화에 기인하여 번역 텍스트들 간에 언어적 동질성을 띠게 됨으로써 번역문 전체가 수렴화의 특성을 띤다.

단순화와 수렴화가 번역 보편소, 즉 출발어를 도착어로 옮기는 번역 과정 자체에 내재된 특성으로 언급되어 왔으나, 국어 번역문을 분석한 결과 그것이 출발어의 간섭과 전혀 무관하지는 않았다. 앞에서 언급하였듯이 국어 번역문의 어휘적 단순화에서 특정 형태의 빈도가 높게 나타나는 데에는 출발어의 언어적 특성이 반영된 상투적 번역 표현의 영향도 크며, 번역 텍스트들 간에 높은 동질성을 보이는 수렴화 역시 상투적 번역으로 인한 획일화에 기인하는 바가 크기 때문이다. 물론, 문장 길이가 짧은 것이나 규범화와 명시화에서 비롯한 단순화의 특성들은 출발어와 도착어의 언어 간·문화 간 불일치를 중재하는 과정에서 생긴, 번역 과정 자체의 고유한 특성이겠지만, 출발어의 언어적 특성이 반영된 구문의 획일화에 따른 단순화의 특성들은 어느 정도 출발어의 간섭에서 비롯한다.

출발어의 간섭에 기인한 획일화를 극복하기 위해서는 원문에 나타난 출발어 고유의 텍스트 특성들을 도착어의 언어 및 문화의 형태와 규범에 따르도록 하는 규범화 전략이 필요하다. 번역 보편소로서 규범화가 언급되고 있지만, 국어 번역문에는 여전히 출발어의 언어적 특성이 반영된 상투적 구문이 많이 발견된다. 번역 방법으로 직역을 강조하는 입장이라면 번역투는 언어 간 접촉에 따른 필연적인 결과로서 결코 순화의 대상이 아니며, 외국어 문체의 유입은 국어의 문체를 더욱 세련되게 만드는 계기가 될 수도 있다. 본고는 번역투를 부정적인 시각으로 보지는 않지만, 번역 전략의 차원에서 볼 때, 독자를 고려하여 상대적으로 독자에게 익숙한 도착어 표현을 사용하는 것이 바람직하다고 생각한다. 그래서 4장에서는 3장의 분석 내용을 객관적인 자료로 삼아, 3장에서 분석한 번역문의 특징 가운데 비번역문과 비교할 때 출발어의 언어적 특성이 반영된 번역투에 기인하는 구문상의 획일화와 여기에서 비롯한 어휘의 단순화를 극복하고 좀 더 자연스러운 우리말 표현의 번역문을 쓸 수 있도록 돕는 데에 초점을 맞추어 번역 글쓰기의 전략을 세웠다. 번역 글쓰기 과정을 '계획하기-이해하기와 표현하기-수정하기'로 구분하고, 번역 글쓰기의 원리를 토대로 번역 글쓰기의 단계별 전략과 그에 따른 번역 기법을 제안하였다. 본고에서 제시한 번역 글쓰기의 단계별 전략의 체계를 요약하면 다음과 같다.

1. 계획하기 - 사전 준비 단계
   (1) 번역 대상 텍스트 선정
   (2) 번역 환경 분석 : 번역의 목적, 예상 독자, 텍스트 특성
   (3) 번역 전략 수립 :
      가. 번역 기법의 확정
      나. 시간 사용 계획의 확정

2. 이해하기와 표현하기 - 독해와 표현 단계
  1) 이해하기
   (1) 관련 정보 수집 : 원저자 및 텍스트 주제 지식
   (2) 초벌 읽기(통독)

: 원저자의 의도와 목적, 원문의 전체 내용과 형식 파악
    (3) 작업 읽기(정독) : 정확한 의미 분석
  2) 표현하기
    (1) 전달 정보의 총량 결정
    (2) 담화 공동체의 담화 관습 존중
    (3) 예상 독자의 입장 존중
    (4) 중간 점검

  3. 수정하기 - 퇴고 단계
    (1) 자가 수정
      가. 번역의 목적 재검토
      나. 정보의 등가성 확인
      다. 도착어 표현의 적절성 여부 점검
    (2) 편집
      가. 어문 규범 준수 여부 점검
      나. 편집의 일관성

　5장에서는 국어 번역 글쓰기 교육의 필요성을 언급하고 4장에서 제시한 번역 글쓰기의 단계별 전략을 반영하여 국어 번역 글쓰기의 교수-학습 방안을 설계하였다. 먼저 5.1에서 번역자의 도착어 표현력과 번역문의 품질 향상을 위해 국어 번역 글쓰기 교육이 필요함을 지적하였다. 5.2에서는 대학에서 번역학과의 전공 교과, 외국어문학과의 전공 교과, 국어국문학과의 전공 교과, 전체 교양 과목으로서의 교과 등 네 가지 유형으로 나누어 국어 번역 글쓰기 교과의 운영 방안을 제안하고, 번역 글쓰기의 교육 프로그램을 도입 단계, 기본 단계, 심화 단계의 3단계 체계로 구성할 것을 제안하였다. 도입 단계는 기존의 전체 교양 필수 과목인 '글쓰기' 교과 내용에 1-2

주차의 분량으로 번역 글쓰기 교육을 포함하는 방안을 제시하고, 번역투의 유형별 학습과 문장 전환 연습을 통해 문장력을 향상하는 데에 초점을 맞추었다. 기본 단계는 번역 글쓰기의 일반 이론 학습과 단계별 번역 글쓰기의 실습으로 구성하였고, 심화 단계는 장르별 번역 글쓰기 이론 학습과 실습으로 구성하였다. 5.3에서는 4장에서 제시한 번역 글쓰기의 단계별 전략을 반영하여 대학 교양 과목으로서 번역 글쓰기 교과의 교수-학습 과정안을 설계하고, 교과의 성격에 따라 그 활용 방안을 모색하였다. 본고에서 제안한 번역 글쓰기의 교수-학습 과정안은 과정 중심의 글쓰기 교육의 교수-학습 방법론을 적용하여 번역의 전체 과정에 따라 단계별 전략을 강의하고 각 단계별로 학습자 실습을 병행함으로써 수업의 진행에 따라 학습자가 번역의 과정을 실제로 경험하도록 설계하였다.

6.2. 남은 문제

본 연구는 형태 분석 비교 코퍼스를 통해 비번역문과의 비교에서 드러나는 번역문의 언어적 특성을 분석하고 번역문에 나타나는 표현상의 문제를 해결하기 위한 방안으로 번역 글쓰기의 과정에 따른 단계별 전략을 제시함으로써 번역 글쓰기의 교육 방안을 모색하고자 하였다. 이러한 본고의 논의는 초보 번역자의 도착어 표현력을 향상시키는 데 도움을 주어 번역문의 품질을 한층 더 높일 수 있으리라 생각한다.

본 연구에서는 대규모의 코퍼스를 이용하여 비번역문과 번역문의 언어 사용 양상을 비교함으로써 형태별 빈도의 통계에 근거하여 비번역문과 대조되는 번역문의 언어적 특성을 밝히고자 하였다. 일부 텍스트의 분석에 그치지 않고 대규모의 코퍼스를 대상으로 삼아 형태별 빈도를 분석해 낸 본 연구는 번역문의 언어적 특성과 문제점을 일반화할 수 있는 객관적인 자료가 된다는 점에서 의의가 있다. 그러나 출발어를 영어에 한정함으로써 본고에서 번역문의 언어적 특성으로 제시한 사항들이 영어의 간섭에 따른 문제에 국한된다는 한계를 가진다. 영어 이외의 외국어를 출발어로 하는 번역문에 대해서도 각 출발어별로 코퍼스를 구축하여 비번역문과 비교하면 각 외국어의 간섭적인 요소를 객관적으로 분석하여 유형화할 수 있을 것이다. 다만, 과거 우리나라의 번역 출판 관행상 번역서에 번역 대상으로 삼은 원문의 정보가 제대로 제공되지 않은 경우가 많아 영어나 일본어의 중역일 가능성을 배제할 수 없어3) 해당 번역문의 출발어 정보가 정확하지 않다는 점이 문제가 된다.

또한 본 연구에서는 비번역문과 번역문 코퍼스를 각각 100만 어절로 구축하고, 텍스트 유형별 분포는 문학 텍스트 30%, 일반 교양 텍스트 30%, 전문 텍스트 30%, 아동 텍스트 10%로 균형을 맞추었다. 텍스트 유형별 분포를 이렇게 세운 것은 번역문 전체의 특성을 분석하기 위함이었다. 즉, 비번역문과 번역문 간에 텍스트 유형별 분포의 차이에서 비롯하는 변인을 통제하기 위해 위와 같이 균형을 맞춘 것이다. 3.1 어휘적 특성에서는 각 텍스트 유형별로 번역문의 특성을 분석해 보았으나, 그 외 구문상의 특성과 담화·화용상의 특성에서는 그 근거 자료로 삼은 형태별 빈도의 절대적인 수치가 낮아서 각 텍스트 유형별로 나누어 분석하지는 못했다. 본 연구에서 나눈 텍스트 유형이 단순하고 거칠긴 하나, 3.1에서 텍스트 유형별로 언어적 특성에 약간씩 차이가 있음을 확인하였다. 따라서 텍스트 유형을 세

---

3) 실제로 우리나라 현대 번역사 초창기에는 외국 문학 작품의 일본어 중역이 많았고, 그 이후에는 영어 중역의 비중이 크게 늘었다. 번역서에 본격적으로 원문 정보가 실린 것은 저작권에 법적 제재가 가해진 2000년대의 일이다.

분화하고 각 텍스트 유형별로 대규모의 코퍼스를 구축하여 텍스트 유형별로 비번역문과 번역문을 비교하여 텍스트 유형별 번역문의 특성을 분석해 낸다면 각 텍스트 유형에 따른 번역 글쓰기 전략을 세우는 데에 도움이 될 것이다.

  4장에서 제시한 번역 글쓰기의 단계별 전략에서는 3장의 결과와 기존의 연구 성과를 최대한 반영하려고 노력하였으나, 다소 비체계적인 면도 있을뿐더러 부족한 부분도 많다. 번역 글쓰기의 단계별 전략을 세우기 위해 근거로 삼은 자료가 출판 번역물이라는 점에서 비교적 전문적인 번역가의 번역문이라 할 수 있으므로, 초보 번역자가 겪게 되는 문제를 충분히 반영하지 못하였다는 점에서도 한계가 있다. 인지주의 쓰기 이론에서는 유능한 필자가 글을 쓰는 동안에 경험하는 문제 해결 과정과 문제 해결을 위해 사용하는 전략을 분석하여 그 결과를 글쓰기 교육에 이용하고자 하였으나, 본고에서는 비번역문을 기준으로 삼아 기존의 번역문에서 발견되는 표현상의 문제점을 분석하고 그 문제를 해결하기 위한 방안으로 번역 글쓰기의 단계별 전략을 제시하였다. 본고에서 제안하는 번역 글쓰기의 단계별 전략은 초보 번역자의 도착어 표현력을 향상하기 위한 것이므로 본 연구의 취지가 제대로 실현되려면 유능한 필자가 쓴 비번역문을 기준으로 하여 초보 번역자의 번역문에서 발견되는 문제를 분석해야 한다. 그러나 대규모의 코퍼스를 구축하기 위한 초보 번역자의 번역문을 구하기가 어렵다는 현실적 문제로 출판된 번역문만을 분석 대상으로 삼았다. 번역 글쓰기를 교육하는 과정에서 초보 번역자의 번역문이 충분히 모아지면, 그 결과를 반영하여 본고에서 제시한 단계별 전략을 보완할 수 있을 것이다. 본고에서 제안한 번역 글쓰기의 단계별 전략은 언제든, 그리고 얼마든지 수정·보완이 가능하며, 지속적인 수정·보완이 필요함을 밝힌다.

  5장에서 설계한 번역 글쓰기 교육의 교수-학습 과정안 역시 번역 글쓰기의 단계별 전략 변화에 따라 수정·보완할 수 있고, 실제 교육에 적용하는 과정에서 얼마든지 다양한 형태로 수정해서 활용할 수 있다. 본 연구의 궁극적인 목적은 번역자의 도착어 표현력을 향상시켜 번역문의 품질을 높이는 데에 있으므로, 이를 위한 번역 글쓰기 교육 방안의 연구가 지속적으로 이루어지길 기대한다.

참고문헌

강경인 1987. "화제와 초점의 의미론."『언어연구』 4. 한국현대언어학회.
강명윤 2003.『언어와 세계: 초보 언어학 산책』. 서울: 한신문화사.
강명윤 역 1998.『촘스키 언어학 사전』. 서울: 한신문화사.
강범모 1999.『한국어의 텍스트 장르와 문체 특성』. 서울: 고려대학교출판부.
강범모 2003.『언어, 컴퓨터, 코퍼스 언어학』. 서울: 고려대학교출판부.
강지혜 2002. "번역문에서 나타나는 독자 참여 유도 양상."『번역학연구』 3-2. 한국번역학회.
강지혜 2003. "Audience Design in Translation: A Frame-Based Approach."『번역학연구』 4-1. 한국번역학회.
강지혜 2005. "번역텍스트 제작의 사회적 조건과 제도적 번역자의 역할."『번역학연구』 6-2. 한국번역학회.
강지혜 2006. "애니메이션 영화의 '다시쓰기': 자막 번역을 중심으로."『번역학연구』 7-2. 한국번역학회.
강지혜 2008. "번역기사의 제목에 관한 연구:『뉴스위크 한국판』의 북한 관련 번역기사를 중심으로."『번역학연구』 9-2. 한국번역학회.
강희숙 2002. "호칭어 사용에 대한 사회언어학적 분석-서비스업을 중심으로."『사회언어학』 10-1. 한국사회언어학회.
고영근 1974. "현대국어의 존비법에 대한 연구."『어학연구』 10-2. 서울대학교 어학연구소
고영근 1993.『표준국어문법론』 서울: 탑출판사.
고영근 1995.『단어 문장 텍스트』. 서울: 한국문화사.
고영근 2004.『한국어의 시제 동작 서법상』. 서울: 태학사.
곽성희 2000. "텍스트성과 번역전환."『번역학연구』 1. 한국번역학회.
곽성희 2001. "정보성과 번역전환."『번역학연구』 2-1. 한국번역학회.

곽성희 2002a. "영한 결속구조 비교 연구." 한국텍스트언어학회 봄철학술대회 발표집.

곽성희 2002b. "영한번역에 나타난 결속구조 전환양상."『번역학연구』3-1. 한국번역학회.

곽성희 2002c. "영한번역에 나타난 상호텍스트성의 역할."『번역학연구』3-2. 한국번역학회.

교육부 2001.『고등학교 교육과정 해설: 2. 국어』. 서울: 대한교과서.

국립국어연구원. 1999.『표준국어대사전』. 서울: 두산동아.

권재일 1994.『한국어통사론』. 서울: 민음사.

권재일 1998.『한국어 문법사』. 서울: 박이정.

권재일 2001.『한국어 문법사』. 2판. 서울: 박이정.

김광해 1995. "조망-국어에 대한 일본어의 간섭."『새국어생활』5-2. 국립국어연구원.

김귀순 2003. "외국어교육에 있어서의 번역의 문화 매개 기능."『통번역교육연구』창간호. 한국통번역교육학회.

김귀화 1994.『국어의 격연구』. 서울: 한국문화사.

김도훈 2008. "Colon(:)의 기능·용례 및 영한 번역시 번역전략."『번역학연구』9-1. 한국번역학회.

김랑혜윤 2003. "Scrambling and Minimalist Program."『생성문법연구』13. 한국생성문법학회.

김명랑 외 2007. "미국의 공과대학 교양교육과정에 대한 비교 연구."『공학교육연구』10-1. 한국공학교육학회.

김미형 1995.『한국어 대명사』. 서울: 한신문화사.

김민정 2007. "이공계생을 위한 '글쓰기' 교육의 방법론과 운영에 대한 연구."『한국문학이론과 비평』34. 한국문학이론과 비평학회.

김성수 외 2006.『모든 사람을 위한 과학 글쓰기』. 서울: 사이언스북스.

김세정 2003. "텍스트의 정보성-문학작품 속 어휘번역."『번역학연구』4-1. 한국번역학회.

김세정 2008. "영한 번역에 나타난 부정 표현의 변조."『번역학연구』9-2. 한국번역학회.

김순미 2002. "영한번역에서의 은유법 연구."『번역학연구』3-2. 한국번역학회.

김순영 2008. "국내 학부 번역교육과정에 대한 고찰-번역능력(translation competence)의 관점에서." 한국번역학회 가을 학술대회 발표논문집.

김신정 2007. "대학 글쓰기 교육에서 글쓰기 센터(Writing Center)의 역할."『작문연구』4. 한국작문학회.

김영덕 1969. "언해문체와 성서 번역체와의 관계 연구."『한국문화연구원논총』14. 이화여대.

김영덕 1971. "한국 초기성서 번역체 연구."『한국문화연구원논총』18. 이화여대.

김영신 2006. "영어연구논문의 인칭대명사 번역: 텍스트 언어학적 관점."『번역학연구』7-2. 한국번역학회.

김영희 1978. "겹주어론."『한글』162. 한글학회.

김용하 2005. "문법과 화용론의 관계를 생각한다-'한국어 어미 '-시-'의 문법(2000)'을 중심으로."『형태론』7-2. 서울: 박이정.

김유정 1996. "기계번역에서의 시제처리."『한국어학』4. 한국어학회.

김의수 2000. "대우 표시 어휘의 사적인 연구."『한국어학』11. 한국어학회.

김의수 2002. "청자 대우법 문말어미 교체의 허가 원리 연구."『언어학』31. 한국언어학회.

김일환 2008b. "텍스트 유형에 대한 코퍼스 언어학적 분석(1)-사실적 텍스트와 상상적 텍스트를 중심으로." 제2회 한국어학회 국제학술대회 발표집.

김재민 1998. "경어법 사용의 세대 간 차이에 관한 사회언어학적 연구."『언어학』6-2. 대한언어학회.

김정우 1990. "번역문에 나타난 국어의 모습."『국어생활』21. 국어연구소

김정우 1994a.『번역문체의 역사적 연구』. 국립국어연구원.

김정우 1994b.『영어-한국어 번역의 언어학적 연구』. 국립국어연구원.

김정우 1999. "번역 과정과 문맥의 단계."『교육이론과 실천』9. 경남대학교 교육문제연구소.
김정우 2000. "언어학 술어 번역의 체계화 문제."『번역학연구』1-2. 한국번역학회.
김정우 2001. "영한 번역과 비언어적 문맥의 처리."『번역학연구』2-2. 한국번역학회.
김정우 2002a. "번역의 관점에서 본 국어 외래어 표기법."『국제어문』25. 국제어문학회.
김정우 2002b. "영어의 강조 표현과 그 번역 기법."『번역학연구』3-2. 한국번역학회.
김정우 2003a. "자연 과학 텍스트의 번역 방법론 시론."『번역학연구』4-1. 한국번역학회.
김정우 2003b. "영한 번역과 국어의 몇 과제."『통번역교육연구』창간호. 한국통번역교육학회.
김정우 2003c. "국어 교과서의 외국어 번역투에 대한 종합적 고찰."『배달말』33. 배달말학회.
김정우 2004a. "대학 교양 영역으로서의 번역 과목의 의의-원격 교육 방법론을 중심으로."『번역학연구』5-1. 한국번역학회.
김정우 2004b. "번역 평가의 실제."『번역학연구』5-2. 한국번역학회.
김정우 2005. "한국 번역사 논의의 전제."『우리말연구』16. 우리말학회.
김정우 2006a. "1920-30년대 번역 소설의 어휘 양상."『번역학연구』7-1. 한국번역학회.
김정우 2006b.『영어 번역 AtoZ(아토즈)』. 서울: 동양문고.
김정우 2007. "번역투의 성격 규명을 위한 다차원적 접근: 진단에서 처방까지."『번역학연구』8-1. 한국번역학회.
김정우 2008a. "한국 번역사의 시대 구분."『번역학연구』9-1. 한국번역학회.
김정우 2008b. "번역의 관점에서 본 외래어 표기법과 로마자 표기법."『번역학연구』 9-2. 한국번역학회.

김종택 1981. "국어 대우법 체계를 재론함-청자 대우를 중심으로."『한글』172. 한글학회.

김종훈 1984.『국어경어법연구』서울: 집문당.

김종훈 2001. "존대말에 있어서의 높임의 등분에 대하여."『어문론집』21. 중앙어문학회.

김지원 2000. "번역 연구의 발전과 번역학의 현황."『번역학연구』창간호. 한국번역학회.

김지원 2004. "번역학의 어제와 오늘."『번역학연구』5-1. 한국번역학회.

김진아·도희진 역 2006.『번역학 비판: 응용 이론에서 순수 이론까지』. 한국외대출판부.(張南峰 2004.『中西譯學批評』. Beijing: Tsinghua University P.)

김차균 1990.『우리말 시제와 상의 연구』. 서울: 태학사.

김태엽 2005. "현대 국어의 대우법 체계-화자 대우법의 설정을 위해."『어문학』90. 한국어문학회.

김혜영 2000.『국어 의문사의 작용역 연구』. 고려대학교 석사학위논문.

김혜영 2003. "광고 언어와 광고 모델."『광고 언어 연구』. 서울: 박이정.

김혜영 2004. "통영 방언의 불규칙 활용 연구-ㅅ불규칙을 중심으로."『형태론』6-1. 서울: 박이정.

김혜영 2006. "후기 근대국어 의문법의 변천 연구."『후기 근대국어 통사의 연구』. 서울: 역락.

김혜영 2008a. "사회인지주의 쓰기 이론과 번역의 단계별 전략."『번역학연구』9-1. 한국번역학회.

김혜영 2008b. "영-한 번역문의 통사·의미론적 분석 연구." 제2회 한국어학회 국제학술대회 발표집.

김혜영 2008c. "형태 분석 코퍼스에 기반한 번역문의 높임 표현 연구."『번역학연구』9-4. 한국번역학회.

김효중 2000. "번역 등가의 개념과 유형 설정."『번역학연구』1-2. 한국번역학회.
김효중 2004. "해석학적 번역이론과 텍스트 기능."『번역학연구』5-1. 한국번역학회.
김흥규·강범모 2000.『한국어 형태소 및 어휘 사용 빈도의 분석 1』. 고려대 민족문화연구원.
송태효 역 2002.『언어간 의사소통의 사회언어학』. 서울: 고려대학교출판부.
나채운 1971. "국역성서에 대한 국어학적 고찰-성서국역의 변천과정을 중심으로."『교회와 신학』4. 장로회신학대학.
나채운 1985. "개역성서에 있어서의 국어학적인 문제점-오경의 문제를 중심으로."『한글성서와 겨레문화』. 서울: 기독교문사.
남기심 1985. "접속어미와 부사형 어미."『말』10. 연세대학교 한국어학당.
남기심·고영근 1993.『표준국어문법론(개정판)』. 서울: 탑출판사.
남성우 2006.『통번역의 이해와 수행』. 서울: 한국문화사.
남성우 2008. "전통적 번역과정 소고." 한국번역학회 봄 학술대회 발표논문집.
남풍현 1971. "ᄒᆞ다가 考."『어학연구』7-1. 서울대 어학연구소.
박경자·장영준 역 2000.『번역과 번역하기: 이론과 실제』. 서울: 고려대학교출판부.(Bell, Roger T. 1991. *Translation and Translating: Theory and Practice*. London and New York: Longman.)
류구상 1985. "주제개념에 대하여."『어문논집』24. 안암어문학회.
류현주 2006. "디지털 서사 담론 번역의 용어 문제."『번역학연구』7-2. 한국번역학회.
류현주 2007. "개조식 문체 번역에 대한 고찰."『번역학연구』8-2. 한국번역학회.
원진숙·황정현 역 1998.『글쓰기의 문제해결전략』. 서울: 동문선.(Flower. L. 1993. *Problem-Solving Strategies for Writing*. Fourth Edition. Harcourt Brace College.)
목정수 2003.『한국어 문법론』. 서울: 월인.
문 용 2000. "번역과 번역 문화."『국어생활』21. 국어연구소

문원립 2008. "DVD 영화의 자막 오역에 대한 조사연구."『번역학연구』9-2. 한국번역학회.

전자윤・김정희 역 2004.『통역과 번역 그리고 통역사와 번역사』. 서울: 한국문화사.

민난식 2005. "문체론적 번역방법론: *Le Petit Prince*의 영어・한국어 번역본 비교."『번역학연구』6-2. 한국번역학회.

박경일 2003. "영어/번역 어떻게 가르칠까/공부할까?(1)-영어/번역 전문가 양성을 위한 탈이론적 방법론 서설."『번역학연구』4-1. 한국번역학회.

박미영 2008.『학습자 중심의 대학 화법 교수・학습 방안 연구』. 고려대학교 박사학위논문.

박민미 2006. "대학의 글쓰기 교재 비교 연구."『인문논총』14. 경기대학교 인문과학연구소

박순경 2006.『국가 수준 교육과정 총론 개선 연구(2)』. 한국교육과정평가원.

박순함 1970. "격문법에 입각한 국어의 겹주어에 대한 고찰."『어학연구』6-2. 서울대 어학연구소

박여성 2002. "텍스트언어학의 입장에서 고찰한 '번역투'(飜譯套)의 규명을 위한 연구-연구시안 (2): 귄터 그라스의 "양철북"(Die Blechtrommel)과 한국어 번역본을 중심으로" 한국텍스트언어학회 봄철학술대회 발표집.

박여성 2003. "텍스트언어학의 입장에서 고찰한 번역투의 규명을 위한 연구."『텍스트언어학』14. 한국텍스트언어학회.

박연규 2006. "글쓰기 교재 구성 사례."『인문논총』14. 경기대학교 인문과학연구소

박영목 2005. "작문 연구의 동향과 과제."『작문연구』1. 한국작문학회.

박영민 2007. "작문 과목 교육 과정의 개정 중점과 작문 교육의 방향."『작문연구』4. 한국작문학회.

박영민 2008. "글쓰기 이론과 글쓰기 교육."『글쓰기 교육 전문가 과정 자료집』. 고려대학교 국어소통능력연구센터.

박영순 1976. "국어 경어법의 사회언어학적 연구."『국어국문학』72 · 73. 국어국문학회.
박영순 1985.『한국어 통사론』. 서울: 집문당.
박영순 2004.『한국어의 사회언어학』. 서울: 한국문화사.
박영순 2007.『한국어 화용론』. 서울: 박이정.
박옥수 2007. "소통 가능한 번역 전략: '칭찬 화행의 경우'." 한국동서비교문학학회 · 한국번역학회 가을 공동 학술대회 발표논문집.
박유경 2002. "최소주의가 통역전략에 미치는 영향."『번역학연구』3-1. 한국번역학회.
박윤철 2007. "영화자막에서 시각기호에 의한 축소번역: 영상번역 중심으로."『번역학연구』8-1. 한국번역학회.
박윤철 2008. "시각 요소에 의한 정중성 보존 연구-영화 자막 번역 중심으로."『번역학연구』9-1. 한국번역학회.
박정운 1997. "한국어 호칭어 체계."『사회언어학』. 5-2. 한국사회언어학회.
박철우 1998.『한국어 정보구조에서의 화제와 초점』. 서울대학교 박사학위논문.
박태호 2000.『장르 중심 작문 교육의 내용 체계와 교수학습 원리 연구』. 한국교원대학교 박사학위논문.
박혜주 2005.『번역사 인증제와 번역교육 프로그램 연구』. 한국문학번역원.
박혜주 2006.『번역사 인증제 기본모형 개발 연구』. 한국문학번역원.
배희임 1988.『국어피동연구』. 고려대학교 민족문화연구소.
백수진 2005. "동화 문체의 중한 번역."『번역학연구』6-1. 한국번역학회.
사고와 표현 편찬위원회 2005.『글쓰기의 기초』. 서울: 고려대학교 출판부.
사고와 표현 편찬위원회 2005.『사회과학과 글쓰기』. 서울: 고려대학교 출판부.
사고와 표현 편찬위원회 2005.『인문학과 글쓰기』. 서울: 고려대학교 출판부.
사고와 표현 편찬위원회 2005.『자연과학과 글쓰기』. 서울: 고려대학교 출판부.
서정수 1985. "초기 우리말 성경의 표기법과 대명사에 관하여-「성경직해」를 중심으로."『한글성서와 겨레문화』. 서울: 기독교문사.

서정수 1996. 『국어문법』. 서울: 한양대학교출판부.
서정혁 2006. "대학의 교양교육과 글쓰기 교육." 『독서연구』 15. 한국독서학회.
서 혁 2005. "국어과 교수・학습 방법 구성의 원리." 『국어교육학연구』 24. 국어교육학회.
서화진 1992. "한국어의 주제에 관한 화용론적 분석." 『언어연구』 6. 서울대학교언어연구회.
성광수 1998. 『격표현과 조사의 의미』. 서울: 월인.
성기철 1985. 『현대국어 대우법 연구』. 서울: 개문사.
성기철 1999. "20세기 청자대우법의 변천-화계의 사회언어학적 변천과 관련하여." 『한국어교육』 10-2. 국제한국어교육학회.
성백환 2000. "번역속도 제고와 순차번역." 『번역학연구』 창간호. 한국번역학회.
성백환 2003. "심층적 순차번역의 방법과 의의." 『번역학연구』 4-2. 한국번역학회.
성백환 2006. "무생물 주어로 시작되는 타동사 문장의 순차번역 전략." 『번역학연구』 7-1. 한국번역학회.
성초림 외 2001. "번역 교육 현장에서의 번역물 품질 평가-한국외대 통역번역대학원 교강사 설문을 중심으로." 『번역학연구』 2-2. 한국번역학회.
손지봉 2003. "학부에서의 통역번역교육." 『통번역교육연구』 창간호. 한국통번역교육학회.
손지봉 2005. "번역교육에서 텍스트의 이해에 대하여." 『통번역교육연구』 3-1. 통번역 교육학회.
손지봉 2008. "번역에서 글쓰기의 위상과 전략." 『번역학연구』 9-3. 한국번역학회.
송 민 1988. "국어에 대한 일본어의 간섭." 『국어생활』 14. 국립국어연구소.
송현정 2006. 『고등학교 국어과 선택 중심 교육과정 개선 방안 연구』. 한국교육과정평가원.
신지선 2005a. "아동문학 번역에서의 가화성." 『번역학연구』 6-1. 한국번역학회.
신지선 2005b. "아동문학 번역시 스코포스 이론의 적용." 『번역학연구』 6-2. 한국번역학회.

신지선 2007. "공공기관 번역현황 설문조사 결과 및 분석."『번역학연구』8-2. 한국번역학회.

신지선 2008. "통역의 Effort 모델을 적용한 번역과정 분석-번역시간의 경제적인 운용전략을 중심으로."『번역학연구』9-3. 한국번역학회.

신창순 1975. "국어의 주어문제 연구."『문법연구』2.

심보경 2006. "대학생의 글쓰기 실태조사와 효율적인 지도방안 연구."『국어교육연구』39. 국어교육학회.

안동환 역 2008.『코퍼스기반 번역학 : 이론, 연구결과, 응용』. 서울: 동인. (Laviosa, Sara. 2002. *Corpus-based Translaion Studies: Theory, Findings, Applications*. Radopi.)

안상철·최인철 2006.『영한 대조 분석』. 서울: 한국문화사.

안임수 2002. "학부제 하에서의 전공과 번역지도."『번역학연구』3-2. 한국번역학회.

안정효 2002.『번역의 공격과 수비』. 서울: 우석출판사.

안정효 2006.『안정효의 글쓰기 만보』. 서울: 모멘토.

양동휘 외 1991.『지배-결속 이론의 기초』. 서울: 한신문화사.

엄경옥 2002. "현대국어 청자대우법 화계에 대한 고찰."『어문론집』30. 중앙어문학회.

여찬영 2003. "조선조 언해서의 번역비평적 연구."『배달말』33. 배달말학회.

여찬영 2004. "언해서『여훈언해』의 번역학적 연구."『어문학』86. 한국어문학회.

영미문학연구회 번역평가사업단. 2005.『영미명작, 좋은 번역을 찾아서』. 서울: 창비.

오경순 2007. "일한번역의 번역투고찰-텍스트 번역실험결과를 중심으로."『일어일문학연구』61.

오미정 2005. "한국어의 존대 어휘 연구-고유어를 중심으로."『한국어학』27. 한국어학회.

오미형 2006. "해외 번역사 인증제도와 한국 번역 교육에의 함의: 호주의 통번역사 인증제도를 중심으로."『통번역교육연구』 4-1. 한국통번역교육학회.
오미형 2007. "영한 번역 도착어 텍스트 재구성 능력 제고를 위한 교육적 방안 연구."『통번역교육연구』 5-1. 한국통번역교육학회.
우인혜 1993. 『국어의 피동법과 피동 표현 연구』. 한양대학교 박사학위논문.
원영희 2000. "한글성경 번역상의 변화연구."『번역학연구』 1-2. 한국번역학회.
원영희 2002. "번역의 식민주의적 기능과 탈식민주의적 기능-영한번역에서 나타나는 대명사 '그' 사용."『번역학연구』 3-1. 한국번역학회.
원영희 2004. "의미의 선명화를 위한 번역담화상 잉여성의 문제."『번역학연구』 5-1. 한국번역학회.
원종화 2008. "자막번역에서의 유표적 주제구조"『번역학연구』 9-1. 한국번역학회.
원진숙 1999. "대학생들의 글쓰기 실태와 지도 방안."『새국어생활』 9-4. 국립국어연구원.
원진숙 2005. "대학생들의 학술적 글쓰기 능력 신장을 위한 작문 교육 방법". 『어문논집』 51. 민족어문학회.
유명우 2000. "한국의 번역과 번역학."『번역학연구』 창간호. 한국번역학회.
유명우 2004. "한국 번역사에서 본 조선조 언해(諺解) 번역."『번역학연구』 5-2. 한국번역학회.
유송영 1994. "국어 청자 대우법에서의 힘(power)과 유대(solidarity) (1)-불특정 청자 대우를 중심으로."『국어학』 24. 국어학회.
유송영 1996. 『국어 청자 대우 어미의 교체 사용(switching)과 청자 대우법 체계: 힘(power)과 유대(solidarity)의 정도성에 의한 담화 분석적 접근』. 고려대학교 박사학위논문.
유창균 1967. "국역성서가 국어의 발달에 끼친 영향-특히 어휘의 개신면을 중심으로."『동서문화』 창간호. 계명대학교 동서문화연구소
유현경 1986. "국어 접속문의 통사적 특질에 대하여."『한글』 191. 한글학회.
유혜원 2002. 『국어의 격 교체 구문의 연구』. 고려대학교 박사학위논문.

이경우 2001. "현대국어 경어법의 사회언어학적 연구 (2)."『국어교육』106. 한국어교육학회.

이경우 2003. "국어 경어법 변화에 대한 연구 (1)."『국어교육』110. 한국어교육학회.

이경우 2004. "현대국어 경어법의 사회언어학적 연구 (3)."『국어교육』113. 한국어교육학회.

이관규 1990.『국어 대등구성에 대한 연구』. 고려대학교 박사학위논문.

이관규 1994. "학교 문법에서의 내포문과 내포 연결소."『수련어문논집』21.

이관규 2002.『학교문법론(개정판)』. 서울: 월인.

이근달 1998.『(알고 하면 쉬운) 영문 번역의 노하우』. 서울: 시사영어사.

이근희 2003. "문화와 밀접한 상관어의 번역 전략",『번역학연구』4-2. 한국번역학회.

이근희 2004. "번역의 변환현상에 관한 소고."『번역학연구』5-2. 한국번역학회.

이근희 2005a. "말뭉치를 활용한 'by'의 번역투 연구."『동화와 번역』10. 건국대학교 동화와 번역연구소

이근희 2005b. "영한번역에서의 효율적인 번역교육을 위한 소고."『번역학연구』6-1. 한국번역학회.

이근희 2005c.『영한번역에서의 '번역투' 연구』. 세종대학교 박사학위논문.

이근희 2008.『번역의 이론과 실제(개정판)』. 서울: 한국문화사.

이난희. 1995. "번역에 있어서 텍스트 유형 구분의 문제."『텍스트언어학』3. 한국텍스트언어학회.

이남호 1996. "21세기 사회변화와 대학의 교양국어."『국어국문학』117. 국어국문학회.

이동혁 2001. "'만약'의 의미와 연결 구성에 대하여."『어문논집』44. 안암어문학회.

이동혁 2004. "한영기계번역을 위한 '있다' 구문의 처리 방법."『어학연구』40-1. 서울대학교 언어교육원.

이맹성 1975. "한국어 종결어미와 대인관계요소의 상관관계에 관한 연구 (1)." 『인문과학』 33·34. 연세대 인문과학연구소.

이병희 2001. 한/영 기계번역 시스템을 위한 시제 도우미의 설계와 구현.『인터넷정보학회논문지』 2-4. 한국인터넷정보학회.

이상원 2002. "외국어로부터 한국어로의 번역교육의 목표와 전략에 관해."『국제회의 통역과 번역』 4-1. 한국외국어대학교.

이상원 2006. "번역과 '독자 기대'."『통번역교육연구』 4-2. 한국통번역교육학회.

이상원·이항 2004. "출판 번역 현황에 대한 연구-편집자 면접 조사를 바탕으로."『번역학연구』 5-1. 한국번역학회.

이석규 외 2002.『우리말답게 번역하기』. 서울: 역락.

이선관 2003. "번역과 해석."『번역의 이론과 실제』. 강원대학교 인문과학연구소.

이승재 외 2001. "국내 공공기관의 번역 현황."『번역학연구』 2-2. 한국번역학회.

이영옥 2000. "한국어와 영어간 구조의 차이에 따른 번역의 문제-수동구문을 중심으로."『번역학연구』 1-2. 한국번역학회.

이영옥 2001. "무생물 주어 타동사구문의 영한 번역."『번역학연구』 2-1. 한국번역학회.

이영옥 2002. 한국어와 영어간 언어구조의 차이에 따른 번역의 문제-인용문의 번역을 중심으로. "『번역학연구』 3-1. 한국번역학회.

이영옥 2003. "한영간 장소이동구문 번역의 문제"『번역학연구』 4-1. 한국번역학회.

이영옥 2004. "영어관계절 구문 번역의 문제."『번역학연구』 5-1. 한국번역학회.

이영옥 2006. "비유구문의 번역: 언어행위의 비유를 중심으로."『번역학연구』 7-2. 한국번역학회.

이은숙 2008. "영어 수동문의 한국어 번역 연구: 현행 고등학교 영어교과서 번역사례 중심으로."『번역학연구』 9-2. 한국번역학회.

이익섭·임홍빈 1983.『국어문법론』. 서울: 학연사.

이일범 2003. "영상물 번역."『번역의 이론과 실제-그 실제와 문제점』. 강원대학교 인문과학연구소.
이재승 2005. "작문 교육의 현황과 발전 과제."『작문연구』1. 한국작문학회.
이재승 2006a. "국어 표현 교육의 방향."『어문학교육』33. 한국어문교육학회.
이재승 2006b.『글쓰기 교육의 원리와 방법-과정 중심 접근』. 서울: 교육과학사.
이재호 2000. "영한사전의 문제점." 국어문화학교 번역반 교재.
이재호 2005.『영한사전비판』. 서울: 궁리출판.
이정근 1976. "성서 '새번역'에 대한 국어학적 고찰."『선청어문』7. 서울대 사범대학 국어교육과.
이정복 1994. "제3자 경어법 사용에 나타나나 참여자 효과 연구."『국어학』24. 국어학회.
이정복 1996. "국어 경어법의 말 단계 변동 현상."『사회언어학』4-1. 한국사회언어학회.
이정복 2001.『국어 경어법 사용의 전략적 특성』. 서울: 태학사.
이정식 2002. "인지적 패턴에 기반한 번역의 이론화 시론." 한국텍스트언어학회 봄철학술대회 발표집.
이정택 1992. "용언 '되다'와 피동법."『한글』218. 한글학회.
이지연 2007. "TV 방송 뉴스 번역의 특성: 격식성과 정중성을 중심으로."『번역학연구』8-1. 한국번역학회.
이지연 2008. "소리와 이미지의 번역-TV 뉴스 번역 사례 연구를 중심으로."『번역학연구』9-2. 한국번역학회.
이 향 2004. "번역물 감수의 정의."『국제회의 통역과 번역』6-2.
이 향 2007.『번역물 감수와 번역 교육』. 파주: 한국학술정보(주).
이형래 2007. "직장에서 요구되는 국어능력에 관한 조사 연구."『국어교육』122. 한국어교육학회.
이황직 2006. "사회과학 글쓰기의 논리와 과제."『작문연구』2. 한국작문학회.
이희자・이종희 1999.『사전식 텍스트 분석적 국어 어미의 연구』. 서울: 한국문화사.

임지룡 1992. 『국어 의미론』. 서울: 탑출판사.

임홍빈 1972. "국어의 주제화 연구." 『국어연구』 28. 국어연구회.

임홍빈 1974. "주격 중출론을 찾아서." 『문법연구』 1. 서울: 탑출판사.

임홍빈 1986. "주격중출문을 찾아서." 『문법연구』 1. 서울: 탑출판사.

임홍빈 1998. 『국어 문법의 심층 1,2,3』 서울: 태학사.

장민호 2004. "영화번역전략과 언어의 경제." 『통번역교육연구』 2-2. 한국통번역교육학회.

장진한 1990. "번역과 우리말." 『국어생활』 21. 국어연구소

장현주 2006. "중한번역에서 번역투와 정보배열." 『중국학연구』 37. 중국학연구회.

전성기 2001. 『번역의 오늘』. 서울: 고려대학교출판부.

전성기 2002. 『의미번역문법』. 서울: 고려대학교출판부.

전은주 2005. "대학 작문 교재의 동향과 개선 방향'. 『새국어교육』 71. 한국국어교육학회.

전현주 2006. "번역 텍스트의 용인성: 번역 비평가의 관점을 중심으로." 『번역학연구』 7-2. 한국번역학회.

전현주 2008. "번역비평 텍스트의 패러다임." 『번역학연구』 9-1. 한국번역학회.

전혜영 1993a. "「성경전서 표준 새번역」에 대한 국어학적 고찰 1." 『기독교사상』 411.

전혜영 1993b. "「성경전서 표준 새번역」에 대한 국어학적 고찰 2." 『기독교사상』 412.

전혜영 2000. "한국어 성서 번역과 문화 수용의 문제." 『인문학논총』 2. 이화여대.

정 광 1995a. "일본어투 문장 표현." 『새국어생활』 5-2. 국립국어연구원.

정 광 1995b. "1920-30년대 문학작품에 보이는 일본어 구문의 영향." 『한국어학』 2. 한국어학회.

정 광 1995c. "국어사 자료의 전산화와 말모둠(corpus)." 『태릉어문연구』 5·6. 서울여대 국어국문학회.

정병기 2005.『사회과학 글쓰기-대학생을 위한 논문 작성법』. 서울: 서울대학교 출판부.
정인희 2006. "영한 영상번역 전략 연구."『번역학연구』 7-2. 한국번역학회.
정태구·김홍규·김정숙 2000. "한국어의 코퍼스 언어학 : 한·영 병렬 코퍼스의 설계·구축 및 응용 방안 연구."『한국어학』 11. 한국어학회.
정호정 2001. "How to Bridge Lexical Gaps As Reflective of Different Categorization Systems-Assessing Chunking-up and Chunking-down Tactics."『번역학연구』 2-2. 한국번역학회.
정호정 2003a. "코퍼스 중심의 번역학 연구."『번역학연구』 4-2. 한국번역학회.
정호정 2003b. "B언어로의 번역과 코퍼스를 이용한 교육방법."『통번역교육연구』 창간호. 한국통번역교육학회.
정호정 2004. "번역사의 텍스트 읽기."『통번역교육연구』 2-1. 한국통번역교육학회.
정희모 2004. "MIT 대학 글쓰기 교육 시스템에 관한 연구."『독서연구』 11. 한국독서학회.
정희모 2005. "대학글쓰기 교육의 현황과 방향."『작문연구』 창간호. 한국작문학회.
정희모 2006. "대학 글쓰기 교육과 과정 중심 방법의 적용."『현대문학의 연구』 29. 한국문학연구학회.
정희모·이재성 2005.『글쓰기의 전략』. 서울: 들녘.
정희자 1994. "주제의 담화 기능에 관하여."『언어』 19-2. 한국언어학회.
정희자 1999.『담화와 문법』. 서울: 한신문화사.
정연일·남원준 역 2006.『번역학 입문-이론과 적용』. 서울: 한국외국어대학교 출판부.(Jeremy Munday. 2000. *Introduction Translation Studies*. London: Routledge.)
조상은 2003. "일한번역에서의 번역조와 가독성의 문제."『국제회의 통역과 번역』 5-2. 한국외국어대학교.

조상은 2004. "TAP(Think-Aloud Protocol)에 나타난 일한번역학습자의 번역 성향."『통번역교육연구』2-1. 한국통번역교육학회.

조성은 2007. "학부 통번역학과의 교육과정 연구: 재학생 대상 실태분석 중심으로."『번역학연구』8-2. 한국번역학회.

조성은 2008. "Chik lit 작품의 번역 양상 연구." 한국번역학회 봄 학술대회 발표논문집.

조인정 2005. "영한 번역의 문제점: 수동태를 중심으로."『번역학연구』6-1. 한국번역학회.

조태성 2007. "'고쳐 쓰게 하기'를 통한 글쓰기 수업 모형."『겨레어문학』38. 겨레어문학회.

주경희 2005. "대학 교양국어 변천사."『국어교육학연구』24. 국어교육학회.

진실로 2003. "색채어 번역-'green'과 'blue' 범주를 중심으로."『번역학연구』4-2. 한국번역학회.

진실로 2007. "관계절 구문의 정보구조와 정보흐름 재현 전략."『번역학연구』8-2. 한국번역학회.

최병진 2008. "번역에서의 병렬 코퍼스의 활용." 한국번역비평학회 발표집.

최상민 2007. "대학 <글쓰기> 교과 운영 실태와 개선방안 -전남대의 경우를 중심으로."『한국언어문학』62. 한국언어문학회.

최석재 2007a. "현대국어 대우법의 화계구분에 대한 고찰-드라마 대본에 나타난 서울 지역 구어 환경을 대상으로."『한국어학』37. 한국어학회.

최석재 2007b. "호칭어의 사용 조건과 대우 등분 연구."『인문언어』9. 국제언어인문학회.

최석재 2008.『국어 대우법의 정보화 연구』. 고려대학교 박사학위논문.

최윤희 2005. "대학에서 사용하는 계열별 글쓰기 교재의 분석과 개선 방안."『순천향 인문과학논총』16. 순천향대 인문과학연구소.

최정아 2003. "병렬 말뭉치를 통한 한국어-영어의 번역 단어수 연구."『번역학연구』4-2. 한국번역학회.

최정화 편 1997.『통역과 번역을 제대로 하려면』. 서울: 신론사.
최호철 1993.『현대 국어 서술어의 의미 연구』. 고려대학교 박사학위논문.
최호철 2005. "국어의 다의 분석과 사전 기술."『국어연구와 의미정보』. 서울: 월인.
최호철·한정한 2003.『다국어 기계번역을 위한 중간언어 모형과 방법론 연구 (1)』. 고려대학교 민족문화연구원.
한동완 1996.『국어의 시제 연구』. 서울: 태학사.
한미선 2007. "사회구성주의에 기초한 교육과정으로서의 번역실습."『통번역교육연구』5-2. 한국통번역교육학회.
한성일 2002. "우리말다운 번역과 국어 교육."『한말연구』11. 한말연구학회.
한신일 외 2003. "미국대학의 교양교육과정 비교 분석: 2002년 미국 Top 10 National Universities를 중심으로."『비교교육연구』13-1. 한국비교교육학회.
한정한 2002 "내포절에서의 주제어 제약과 정보구조"『언어』27-3. 한국언어학회.
허금회 1994. "테마-레마 분절과 번역."『텍스트언어학』창간호. 한국텍스트언어학회.
홍종선 1980.『국어 부정법의 변천 연구』. 고려대학교 석사학위논문.
홍종선 1986.『국어 체언화 구문의 연구』. 고려대학교 박사학위논문.
홍종선 2000. "현대 국어 문체의 발달."『현대 국어의 형성과 변천 3』. 서울: 박이정.
홍종선 2003. "계량화에 기반한 국어의 연어 관계 연구."『계량언어학』2. 서울: 박이정.
홍종선 2007. "한국어 기계번역에서의 중의성 처리 연구."『국어학』50. 국어학회.
홍종선·강범모·최호철 2000.『한국어 연어 관계 연구』. 서울: 월인.
홍종선·황화상 1998. "한영 기계번역에서 선어말어미의 처리-시제·상을 중심으로."『한국어학』8. 한국어학회.

황미향 2007. "과정 중심 쓰기 교육에 대한 비판적 고찰."『국어교육』123. 한국어교육학회.

황세정 2004. "번역 텍스트의 언어 사용역 연구."『번역학연구』5-1. 한국번역학회.

황적륜 1976. "한국어 대우법의 사회언어학적 기술-그 형식화의 가능성."『언어와 언어학』4. 한국외국어대학교 언어연구소

황찬호 1988. "외국어식 구문."『국어생활』14. 국어연구소

Baker, M. 1993. "Corpus linguistics and Translation Studies: Implications and applications" in M. Baker, G. Francis and E. Tognini-Bonelli (eds.) 233-250.

Baker, M. 1995. "Corpora in Translation Studies: An overview and some suggestions for future research" in *Target* 7(2): 223-243.

Baker, M. 1996. "Corpus-based Translation Studies: The challenges that lie ahead" in H. Somers (ed.) *Terminology, LSP and Translation Studies in Languages Engineering: in Honour of Juan C. Sager*. Amsterdam and Philadelphia: John Benjamins. 175-186.

Baker, M. 1998. Réexplorer la langue de la traduction: Une approche par corpus" [To explore the language of translation: A corpus-based approach] in S. Laviosa (ed.) 480-485.

Bell, Roger T. 1991. *Translation and Translating: Theory and Practice*. London and New York: Longman.

Bizzel, P. 1986. "Composing process: an overview" in Petrosky Anthony & Bartholomae David (ed.). *The teaching of Writing*. U of Chicago P.

Bruffee, K. A. 1984. "Collaborative learning and the 'conversation of mankind'" in *College English* 46. 635-652.

Blum-Kulka, S. 1986. "Shifts of cohesion and coherence in translation" in J. House and S. Blum-Kulka (eds.) *Interlingual and Intercultural Communication: Discourse and Cognition in Translation and Second Language Acquisition Studies*. Tübingen: Gunter Narr. 17-35.

Blum-Kulka, S. and Levenston, E.A. 1983. "Universals of lexical simplification" in C. Faerch and G. Kasper (eds.) *Strategies in Interlanguage Communication*. London: Longman. 119-139.

Catford J. C. 1965. *A Linguistic Theory of Translation*. London: Oxford UP.

Chesterman, A. (ed.) 1989. *Readings in Translation Theory*. Helsinki: Finn Lectura.

Chomsky, N. 1981. *Lectures on Government and Binding*. Dordrecht: Foris.

Chomsky, N. 1982. *Some Concepts and Consequences of Theory of Government and Binding*. Cambridge, Mass.: MIT Press.

Chomsky, N. 1986. *Barriers*. Cambridge, MA: MIT Press.

Chomsky, N. 1995. *The minimalist program*. Cambridge, MA: MIT Press.

Delisle, Jean 1999. *Terminologie de la traduction=Translation Terminology*. Philadelphia: John Benjamins.

Emig, J. 1971. *The composing processes of twelfth graders*. Urbana, IL: NCTE.

Faigley, L. 1985. "Nonacademic writing: the social perspective" in L. Odell and D. Goswami (eds.) *Writing in Nonacademic Settings*. NY: Guilford.

Faigley, L. 1986. "Competing theories of process: a critique and a proposal" in *College Composition and Communication* 48. 527-542.

Flower, L. 1994. *The construction of negotiated meaning*. Southern Illinois UP.

Gadamer, Hans-George 1986. Wahrheit und Methode. Ergänzungen/Regester. GW Bd.2. Tübingen.

Gile, Daniel 1995. *Basic Concepts and Models for Interpreter and Translator Training*. Philadelphia: John Benjamins Publishing.

Holmes 1988/2000. "The name and nature of translation studies" in L. Venuti (ed.) 2000. 172-185.

Holz-Mänttäri 1984. *Translatorisches Handeln: Theorie und Methode*. Helsinki: Suomalainen Tiedeakatemia.

Jacobson, Roman 1959. "On Linguistic Aspects of Translation" in Lawrence Venuti (ed.) 2000. *The Translation Studies Reader*. London and NewYork: Routledge. 113-118.

Jeffrey A. Kottler. 2006. *Divine Madness: Ten Stories of Creative Struggle*. San Francisco: JOSSEY-BASS.

Kiraly, Donald C. 2000. *A Social Constructivist Approach to Translator Education; Empowerment from Theory to Practice*. St. Jerome Publishing, Manchester, UIK & Northampton MA.

Kirk, S. H. 2001. *Translation and Textuality: A Case Study of English-Korean Translation*. Seoul: Hankook Publishing Co.

Klaudy, K. 1996. "Concretization and generalization of meaning in translation" in M. Thelen, B. Lewandoska-Tomaszczyk (eds.) *Translation and Meaning Part* 3. Proceedings of the Maastricht Session of the 2nd International Maastricht-Lodz Duo Colloquium on "Translation and Meaning", Held in Maastricht, The Netherlands, 19-22 April 1995. Maastricht The Netherlands: Hogeschool Maastricht. 141-163.

Klaudy, K. 1998. "Explication" in M. Baker (ed.) *Routledge Encyclopedia of Translation Studies*. London and New York: Routledge.

Laviosa, S. 1998a. "Core patterns of lexical use in a comparable corpus of English narrative prose" in S. Laviosa (ed.) 557-570.

Laviosa, S. 1998b. "The English Comparable Corpus: A sesource and methodology" in L. Bowker, M. Cronin, D. Kenny and J. Pearson (eds.). *Unity in Diversity? Current Trends in Translation Studies*. Manchester: St. Jerome. 101-112

Laviosa-Braithwaite, S. 1996. *The English Comparble Corpus (ECC): A Resource and a Methodology for the Empirical Study of Translation*. PhD Thesis. Manchester: Centre for Translation and Intercultural Studies UMIST.

Lederer, Marianne 1981. *Les fondements Théoriques de latraduction simultanée*. Paris. Lettres Modernes; Karla Dejean, Fortunato Israël (ed.) 2004 version.

Leech, G. N. 1974/1981. *Semantics*. Harmondsworth: Penguin.

Neubert, A. 2000. "Competence in Language, in Languages, and in Translation" in Schäffner and B. Adab (ed.). *Developing Translation Competence, C.* Amsterdam: John Benjamins. 3-18.

Newmark, Peter 1998. *A Text of Translation*. London: Prentice Hall.

Nida, Eugene A. & Taber, Chales R. 1974. *The Theory and Practice of Translation*. Leiden: E.J. Brill.

Nida, Eugene A. 1982. *The Theory and Practice of Translation*. Netherlands: United Bible Society.

Nida, Eugene A. 1996. *The Sociolinguistics of Interlingual Communications*. Editions du Hazard.

Nord, C. 1991. *Text Analysis in Translation*. Amsterdam: Rodolpi.

Nystrand, M. Green, S. Wiemelt, J. 1993. "Where did composition studies come from" in *Written Communication* 10-3. 276-333.

Olohan, M. and Baker, M. 2000. "Reporting 'that' in translated English:

evidence of or subliminal processes of explicitation?" in *Across Languages and Cultures* 1(2): 141-158.

Øverås, L. 1998. "In search of the third code: An investigation of norms in literary translation" in S. Laviosa (ed.) 571-588.

Reiss, K. 1976. *Testtyp und Übersetzungsmethode: Der operative Text*. Kronberg: Scriptor Verlag.

Reiss, K. 1977/89. "Text types, translation types and translation assessment" translated by A. Chesterman, in A. Chesterman (ed.) 1989. 105-115.

Reiss, Katharina and Vermeer, Hans J. 1984. *Grundlegung einer allgemeinen Translationstheorie.* Tübingen: Niemeyer.

Snell-Hornby 1988/1995. *Translation studies: An integrated approach.* Amsterdam and Philadelphia, PA: John Benjamins.

Vanderauwera, R. 1985. *Dutch Novels Translated into English: The Translations of a "Minority" Literature*. Amsterdam: Rodopi.

Vermeer, Hans J. 1989. Skopos and Commission in Translational Action (trans. Andrew Chesterman). Andrew Chesterman (ed.) *Readings in Translation Theory*. Finland: Oy Finn Lectura Ab.

Vermeer, Hans J. 1996. *A Skopos Theory of Translation(Some Arguments for and against)*. Heidelberg: TEXTconTEXT-Verlag.

Wills, W 1981. "Der Bergriff der Kreativität in Ubersetzungsprozess" in H. Geckeler/B. Chieben Lange/J. Traant/H. Weydt.

분석 대상 텍스트

Erich Fromm, 정성호 역 1999. 『사랑의 기술(4판)』. 서울: 범우사.(Erich Fromm. 1956. The Art of Loving. HarperCollins P.)
Erich Fromm, 황문수 역 1993. 『사랑의 기술(개판)』. 서울: 문예출판사.(Erich Fromm. 1956. *The Art of Loving*. HarperCollins P.)
Erich Fromm, 황문수 역 2006. 『사랑의 기술(4판)』. 서울: 문예출판사.(Erich Fromm. 1956. *The Art of Loving*. HarperCollins P.)
Joseph Jacobs, 서미석 역 2005. 『영국 옛이야기』. 고양: 현대지성사.(Joseph Jacobs. 1890. *English fairy tales*. UK: Everyman's Library.)
Lauren Weisberger, 서남희 역 2006. 『악마는 프라다를 입는다』 1,2. 파주: 문학동네.(Lauren Weisberger. 2003. *The Devil Wewars Prada*. The Curtis Brown UK.)

Giambattista, 물리학교재편찬위원회 역 2005. 『물리학의 기초』. 서울: 북스힐.
J. K. Rowling, 김혜원 외 역 2000. 『해리포터와 불의 잔(2)』. 파주: 문학수첩.
John W. Hill, 강종민 역 2007. 『화학의 세계』. 서울: 라이프사이언스.
Nick Arnold, 이충호 역 1999. 『화학이 화끈화끈』. 서울: 김영사.
Zumdahl, 일반화학교재연구회 역 2008. 『일반화학(제7판)』. 파주: 자유아카데미.

<표 1> 100만 어절 번역 텍스트 형태 분석 균형 코퍼스 목록

텍스트 유형	파일명	역자	출판 연도	출판사	어절 수
문학	엘시E.비그니_희망의아이들.txt	전덕애	1991	영문	11,743
문학	칼릴지브란_떠도는자에게길은아름답다.txt	이수민	1991	서연	5,542
문학	O.헨리_꼭두각시인형.txt	서계인	1992	지문사	5,375
문학	그레이엄그린_키호테신부.txt	박정근	1992	하늘땅	5,349

문학	로자문드필처_조개줍는아이들1.txt	구자명	1992	김영사	10,519
문학	루디야드키플링_히말라야의새.txt	류시화	1992	불일	10,120
문학	마이클쉘던_조지오웰-감춰진얼굴.txt	김기애	1992	성운	5,370
문학	비버리클리어리_오렌지향은바람을타고.txt	양준희	1992	미래향 문화	5,373
문학	안드레이벨르이_은빛비둘기1.txt	박혜경·윤효진	1992	제3문학사	9,993
문학	이바슈키에비치_수녀요안나.txt	박영	1992	춘원문화사	7,591
문학	이반투르게네프외_쓰고달콤한사랑이야기.txt	김종갑	1992	들녘	10,238
문학	헨리크셍키에비치_크미치스1.txt	김귀화	1992	대성	11,838
문학	d.h.로렌스_채털리부인의사랑(3판).txt	김동선	1993	포에버북스	25,464
문학	나탈리배비트_트리갭의샘물.txt	최순희	1993	대교	5,345
문학	다니엘디포_로빈슨크루소.하.txt	최인자	1993	문학세계사	11,790
문학	단프랑크_이별.txt	김웅권	1993	해냄	8,997
문학	마르그라트뒤라스_연인의약속.txt	명희진	1993	청맥	8,329
문학	세르잔느골롱_앙젤리크의왕(상).txt	김소영	1993	여울	9,897
문학	스베바카사티모디니아니_줄리아.txt	송경은	1993	생각하는 백성	9,746
문학	앤타일러_종이시계.txt	장영희	1993	동문사	5,401
문학	코넬리아덴붐_비밀의방.txt	고광자	1993	바울서신사	12,079
문학	움베르토에코_장미의이름상(개역판21쇄).txt	이윤기	1994	열린책들	24,438
문학	조나단스위프트_걸리버여행기.txt	신현철	1995	문학수첩	27,189
문학	펄벅_대지.txt	이강빈	1995	홍신문화사	29,212
문학	폴오스터_미스터버티고.txt	황보석	1995	열린책들	24,738
문학	합계				301,676
아동	요헤베드세갈_우화탈무드.txt	최현	1991	하서	6,216
아동	핸포드_이솝전집.txt	유종호	1991	민음사	4,770
아동	뻬레쥐_물나라여행기.txt	나라사랑 편집부	1992	나라사랑	5,339
아동	생텍쥐페리_어머니에게사랑을.txt	김진욱	1992	서연	5,505
아동	헤르만헤세_의자와의대화.txt	신현철	1992	책나무	5,376
아동	벤자민호프_아기곰이깨달은작은이야기.txt	이혜경	1993	청아	5,602
아동	파브르_곤충기1(신기한쇠똥구리).txt	이종은	1993	고려원	5,356
아동	파브르_곤충기2(용감한사냥벌).txt	이종은	1993	고려원	5,373
아동	파브르_곤충기3(매미노래의비밀).txt	이종은	1993	고려원	5,382
아동	파브르_곤충기4(전갈의결투).txt	이종은	1993	고려원	5,402
아동	파브르_곤충기5(거위벌레의요람).txt	이종은	1993	고려원	5,412

아동	파브르_곤충기6(남가뢰의비밀).txt	이종은	1993	고려원	5,357
아동	파브르_곤충기7(개미와파리).txt	이종은	1993	고려원	5,347
아동	파브르_곤충기8(곤충시인의생애).txt	이종은	1993	고려원	3,483
아동	리자테츠너_365일동화.txt	서선역	1994	디자인하우스	4,844
아동	하퍼리_앵무새죽이기(23판).txt	박경민	1994	한겨레	21,703
아동	합계				100,467
일반교양	M.엘리아데_종교의의미-물음과답변.txt	박규태	1991	서광사	9,605
일반교양	노만V.필_삶의꿈이렇게실현하라.txt	김진욱	1991	문학사상사	5,359
일반교양	메리원_TV를끄자.txt	서영숙·최윤라	1992	서원	10,797
일반교양	볼프강쇼이블레_나는어떻게통일을홍정했나.txt	한우창	1992	동아일보사	10,601
일반교양	슈발트저_일등과꼴찌는공부방법차이Ⅱ.txt	김기중	1992	키	7,917
일반교양	콘라트로렌츠_솔로몬왕의반지.txt	김천혜	1992	문장	10,615
일반교양	크리슈나무르티_삶과지성에대하여.txt	이윤기	1992	학원사	10,412
일반교양	B.러셀_일반인을위한철학.txt	최광열	1993	집문당	11,557
일반교양	L.A.크뤼로프_러시아파라독스세상읽기.txt	방인원	1993	생각하는 백성	6,726
일반교양	도널드월튼_당신은의사전달을어떻게하고계십니까.txt	유경열	1993	평민사	5,062
일반교양	앤밴크로프트_20세기의신비사상가들.txt	양억관	1993	정신세계사	8,793
일반교양	에드가모랭.안느브리지트캐롤_지구는우리의조국.txt	이재형	1993	문예	9,812
일반교양	윌리엄페즐러_이미지콘트롤.txt	정한택	1993	하서	11,624
일반교양	이바스피터슨_진리의섬.txt	윤만식	1993	웅진	8,386
일반교양	존스킬리_성공신화(상).txt	천회상	1993	청년사	12,045
일반교양	진카퍼_약이되는먹거리.txt	안덕균	1993	까치	11,104
일반교양	파울프리샤우어_세계풍속사.상.txt	이윤기	1993	까치	10,628
일반교양	프랭크기브니_일어서는나라주저앉는나라.txt	권순택 외	1993	동아일보사	11,716
일반교양	프리츠반델_학교가환자를만드는가.txt	권이종	1993	교보문고	13,049
일반교양	휴W.샐츠버그_화학의발자취-원시에서과학자로.txt	고문주	1993	범양사	8,543
일반교양	A.셧클리프_(재미있는)이야기과학사.txt	황국산	1994	예문당	5,113
일반교양	그라시안라로슈푸코_세상을비추는거	을지	1994	을지	4,988

	울.txt	출판사 편집부			
일반교양	도널드R._동물은무엇을생각하는가.txt	안신숙	1994	정신세계사	5,108
일반교양	도널에이부리스_상식속의상식.txt	박명숙	1994	장락	31,859
일반교양	랜드럼B.셰틀즈_아들.딸가려낳는비결.txt	한성희	1994	국일문화사	8,721
일반교양	마르크페로_새로운세계사.txt	박광순	1994	범우사	5,066
일반교양	모리스클라인_지식의추구와수학.txt	김경화	1994	이화여대출판부	5,129
일반교양	스콧.터로우_세계최상급대학생들의슬기로운대학생활.txt		1994	자유지성사	5,068
일반교양	스티픈M.펠만_디즈니와놀이문화의혁명.txt	박석희	1994	일신사	5,058
일반교양	아널드J.토인비_세계명저100선내일의전망.txt	김기덕	1994	민성사	5,130
일반교양	앨런바닉.칼슨웨이드_물과건강.txt	송철복	1994	장락	5,120
일반교양	엘리자베스마샬토마스_개들의숨겨진삶.txt	박주연	1994	홍익	5,144
일반교양	조제프나이_21세기미국파워.txt	박노웅	1994	한국경제신문사	11,320
일반교양	캐롤라인.버어드_이상적인대학인상후회없는대학생활.txt	김종윤	1994	자유지성사	5,088
일반교양	합계				302,263
전문_자연과학	뻬렐만_생활속의물리학II.txt	이용태	1990	이성과현실	5,407
전문_자연과학	A.셧클리프_에피소드과학사(화학이야기).txt	조경철	1991	우신사	5,356
전문_자연과학	A.아인슈타인,L.인펠트_물리이야기.txt	지동섭	1991	한울	11,027
전문_자연과학	V.M.딜만_생체시계	김정기	1991	밝은세상	5,393
전문_자연과학	해롤드로슨_유리의물성과응용.txt	김철영	1991	대광문화사	9,273
전문_자연과학	A.아인슈타인_상대성이론.txt	김종오	1992	미래사	7,944
전문_자연과학	L.파인만_물리법칙의특성.txt	나성호	1992	미래사	10,073
전문_자연과학	아이작아시모프_아시모프의생물학2.txt	김영수	1992	웅진문화	10,170

전문_자연과학	아이작아시모프_아시모프의천문학.txt		1992	웅진문화	9,695
전문_자연과학	제임스러브록_가이아의시대-살아있는우리지구의전기.txt	홍욱희	1992	범양사	13,362
전문_자연과학	크리스토퍼윌스_유전자의지혜.txt	권오옥	1992	범양사	11,616
전문_자연과학	A.셧클리프외_에피소드과학사(물리이야기).txt		1993	우신사	5,438
전문_자연과학	A.셧클리프외_에피소드과학사(생물의학이야기).txt	조경철	1993	우신사	5,373
전문_자연과학	S.C.조단_요약심장학.txt	고려의학 편집부	1993	고려의학	6,884
전문_자연과학	Y.네이먼.Y.커시_소립자를찾아서.txt	신현준	1993	미래사	10,739
전문_자연과학	스티븐호킹_시간의역사.txt	현정준	1993	삼성	9,120
전문_자연과학	스티븐와인버그_아원자입자의발견.txt	박배식	1994	민음사	5,039
전문_자연과학	윌리엄H.쇼어_생명과우주의신비.txt	과학세대	1994	예음	5,118
전문_자연과학	조지스무트,기데이비슨_우주의역사.txt	과학세대	1994	까치글방	5,226
전문_자연과학	합계				152,253
전문_인문사회	니콜라이하르트만_헤겔철학개념과정신현상학.txt	박만준	1990	천지	10,043
전문_인문사회	앙리파욜_산업및일반경영관리론.txt	김홍길	1990	지문사	8,360
전문_인문사회	J.O.엄슨_분석철학.txt	이한구	1992	종로서적	13,302
전문_인문사회	로버트화이트헤드_아동문학교육론.txt	신헌재	1992	범우사	8,578
전문_인문사회	로트만_러시아기호학의이해.txt	김희숙 외	1993	민음사	9,109
전문_인문사회	맥타가르트_헤겔변증법의쟁점들.txt	이종철	1993	고려원	12,835
전문_인문사회	설리M.호드외_교육과정혁신.txt	김경자	1993	교육과학사	9,089
전문_	아르투리리히_경제윤리Ⅰ.txt	강원돈	1993	한국신학	12,474

				연구소	
인문사회					
전문_ 인문사회	페이스R.엘리엇_가족사회학.txt	안병철 외	1993	을유문화사	12,439
전문_ 인문사회	E.H.카_역사란무엇인가.txt	권오석	1994	홍신문화사	20,090
전문_ 인문사회	앨빈토플러_제3의물결.tx	원창엽	1994	홍신문화사	32,846
전문_ 인문사회	프레드M.프로혹_공공정책론.txt	조선일	1996	범론사	5,155
전문_ 인문사회	합계				154,320
전체 합계					1,010,979

<표 2> 100만 어절 비번역 텍스트 형태 분석 균형 코퍼스 목록

텍스트 유형	도서명	저자	출판 연도	출판사	어절 수
문학	가깝고 먼 길	김지수	1992	월간문학	6,196
문학	계절풍	김춘복	1991	한길사	3,749
문학	그리운 흔적	이윤기	2000	문학사상사	30,360
문학	나비, 봄을 만나다	차현숙	1997	문학동네	48,543
문학	마이너리그	은희경	2001	창비	45,073
문학	식물들의 사생활	이승우	2000	문학동네	49,169
문학	어떤 서울 사람	구인환	1992	문학사상사	4,987
문학	이사 가던 날	이오덕엮음	1991	창비	22,219
문학	그대의 차가운 손	한강	2002	문학과 지성사	52,698
문학	날마다 축제	강영숙	2004	창비	38,899
문학	합계				301,893
아동	다영이의 이슬람 여행: 세계사에서 숨은그림찾기	정다영	2003	창비	22,265
아동	노마의 발견	어린이 철학교육연 구소	1998	해냄	18,597
아동	먼나라 이웃나라	이원복	1995	고려원	29,355
아동	쉽고 재미있는 수학세계	안재구	1990	일월서각	8,910
아동	하늘에 뜬 돌도끼	손동인	1989	창비	22,790
아동	합계				101,917
일반교양	유재현의 역사 문화기행: 메콩의	유재현	2003	창비	50,799

	슬픈 그림자. 인도차이나				
일반교양	고객과 경쟁하라	박낙원	2002	북21	40,983
일반교양	여성 시대에는 남자도 화장을 한다	최재천	2003	궁리 출판	25,029
일반교양	서른다섯, 행복한 도전자들	김광주	2004	북21	28,073
일반교양	이재규 교수의 재미있는 기업이야기	이재규	1999	21세기북스	42,294
일반교양	삶의 결 살림의 질	김원일	1993	세계사	46,476
일반교양	영화 사랑 영화예술 그리고 우리들의 영화 이야기	안병섭	1993	신영미디어	5,376
일반교양	일본인과 한국인의 의식구조	김용운	1990	한길사	46,444
일반교양	일본경제 - 초일류의 현장	송희영	1993	조선일보사	7,262
일반교양	CD-ROM으로 보는 이규태 코너	이규태	1993	솔빛미디어, 조선일보사	7,587
일반교양	합계				300,323
전문_인문사회	심리학개론	곽기상	1991	재동문화사	21,813
전문_인문사회	언론과 부정부패	정대철·김재범·김동민	1995	집문당	15,313
전문_인문사회	언어와 사상 - 언어와 문화	고려대 국어편찬실	1994	고려대학교 출판부	14,328
전문_인문사회	우리 학문의 길	조동일	1993	지식산업사	61,175
전문_인문사회	인간과 사회-전통윤리와 현대풍조의 갈림길에서	김유혁	1996	신양사	11,499
전문_인문사회	한국 시민사회와 지식인	주성수	2002	아르케	27,000
전문_인문사회	합계				151,128
전문_자연과학	과학혁명-전통적 관점과 새로운 관점4)	김영식	2001	아르케	31,648
전문_자연과학	호스피스·완화의학	최윤선	2000	고려대학교 출판부	21,853
전문_자연과학	임상신경학-총론	이대희	2003	고려대학교 출판부	75,871
전문_자연과학	유전자가 세상을 바꾼다 : 인간배아복제, 유전형질전환에 관한 논쟁	김훈기	2004	궁리출판	28,520
전문_	합계				157,892

자연과학			
	전체 합계		1,013,153

<부록: 형태 분석 코퍼스의 예>

아래에 본고에서 구축한 번역문 형태 분석 코퍼스의 일부를 보인다.

그가	그/NP + 가/JKS
말한	말/NNG + 하/XSV + ㄴ/ETM
것이	것/NNB + 이/JKS
사실이라면	사실/NNG + 이/VCP + 라면/EC
더	더/MAG
이상의	이상/NNG + 의/JKG
저항은	저항/NNG + 은/JX
미친	미치/VV + ㄴ/ETM
짓이었다.	짓/NNG + 이/VCP + 었/EP + 다/EF + ./SF
귀족들은	귀족/NNG + 들/XSN + 은/JX
손을	손/NNG + 을/JKO
들어	들/VV + 어/EC
자신들의	자신/NNG + 들/XSN + 의/JKG
눈을	눈/NNG + 을/JKO
가렸으며	가리/VV + 었/EP + 으며/EC
수도승들은	수도승/NNG + 들/XSN + 은/JX
입고	입/VV + 고/EC
있는	있/VX + 는/ETM
옷을	옷/NNG + 을/JKO
머리위에까지	머리/NNG + 위/NNG + 에/JKB + 까지/JX
끌어당겨	끌어당기/VV + 어/EC
덮었다.	덮/VV + 었/EP + 다/EF + ./SF
무덤속	무덤/NNG + 속/NNG

---

4) 김영식의 『과학혁명』은 두 종류가 있다. 21세기 세종계획의 결과보고서 및 해당 형태 분석 말뭉치의 헤더에는 『과학혁명-근대과학의 출현과 그 배경』(1984. 민음사)으로 표기되어 있으나, 본문의 내용을 확인한 결과 『과학혁명-전통적 관점과 새로운 관점』(2001. 아르케)이어서 수정하였다.

같은	같/VA + 은/ETM
침묵이	침묵/NNG + 이/JKS
계속	계속/MAG
흘렀다.	흐르/VV + 었/EP + 다/EF + ./SF
그러나	그러나/MAJ
코르데츠키	코르데츠키/NNP
수도원장이	수도원장/NNG + 이/JKS
그의	그/NP + 의/JKG
깊고	깊/VA + 고/EC
그윽하며	그윽/XR + 하/XSA + 며/EC
예리한	예리/XR + 하/XSA + ㄴ/ETM
맑은	맑/VA + 은/ETM
두	두/MM
눈을	눈/NNG + 을/JKO
그	그/MM
사자에게	사자/NNG + 에게/JKB
고정시킨	고정/NNG + 시키/XSV + ㄴ/ETM
채	채/NNB
핏기없는	핏기/NNG + 없/VA + 는/ETM
입술로	입술/NNG + 로/JKB
간절한	간절/XR + 하/XSA + ㄴ/ETM
기도를	기도/NNG + 를/JKO
속삭이듯	속삭이/VV + 듯/EC
읊기	읊/VV + 기/ETN
시작했다.	시작/NNG + 하/XSV + 았/EP + 다/EF + ./SF

찾아보기

가능 ················ 78, 184, 373
가독성 ····· 250, 263, 264, 269, 269, 319, 320
가산 명사 ······················ 292
가정 ······························ 149
가정법 ···························· 150
간결성 ····· 125, 266, 272, 286, 290, 367
간결화 ···························· 360
간결화 전략 ···················· 272
간섭 ··········· 15, 21, 47, 182, 227, 380
간접 인용 ························ 262
감수 ····· 211, 317, 334, 335, 344, 344, 355, 358
감수 기준 ························ 319
감수자 ···················· 344, 358
감탄사 ······························ 53
강의 계획서 ···················· 350
개념구조 층위 ················ 161
개별적 특성 ······················ 51
개별적 특징 ··········· 47, 51, 52, 182
개요 ······························ 195
개인적인 수준 ················ 348
개작 ······························ 249

객관화 ···························· 171
객어 명사 ················ 177, 179
객체 대우 ········ 176, 177, 179, 305, 309
객체 대우 표현 ················ 177
객체 대우법 ············ 175, 176
거시 응용국어학 ················ 22
격 ····························· 116, 164
격식 ······························ 181
격식체 ················ 178, 302, 305
격조사 ····· 53, 101, 102, 185, 263, 372, 374
격중출 ···························· 161
결과 ············ 132, 134, 288, 313
결과 중심 ·························· 37
결과 지향적 ······················ 33
결과절 ···················· 135, 288, 313
결속 이론 ························ 236
결속 조건 ························ 238
결합 관계 ························ 245
겸사말 ···························· 229
겸양법 ···························· 309
겸양어 ···························· 176
겸양형 동사 ············ 176, 177
경제・무역 번역 글쓰기 ············ 343

415

경제성 ·················· 200, 320
경험 ············ 280, 281, 282
계기 한정 ························ 132
계속 동사 ······················· 182
계층 ······························· 301
계획 ·········· 194, 195, 197, 198
계획 단계 ··················· 43, 195
계획하기 ········ 195, 197, 198, 200, 202, 355, 377
고빈도 ···················· 56, 183, 246
고빈도 단어 ······················· 55
고빈도 형태 ················ 183, 371
고어 ································ 48
고유명사 ···· 52, 166, 238, 239, 306, 309, 321, 321
고유어 ····························· 245
고쳐쓰기 ··················· 195, 199
공통 교양 과목 ··················· 341
과거 ······························· 144
과거 시간 표현 ··················· 150
과거 시제 ··············· 150, 279, 280
과거 시제 선어말어미 ······· 148, 153, 278, 279, 280, 282
과거 진행상 ······················ 278
과거완료 ·························· 182
과거형 ····························· 145
과정 중심 ··················· 32, 323
과정 중심 글쓰기 교육 ············· 353

과정 중심 쓰기 이론 ············· 323
과정 중심의 글쓰기 교육 ········· 379
과정 중심의 글쓰기 이론 ········· 200
과정 중심의 기술론적 번역학 ····· 31, 32, 33, 191
과정 중심의 쓰기 교육 ············ 32
과정 중심의 쓰기 이론 ·· 25, 29, 33, 194, 196, 348
과학·기술 번역 글쓰기 ············ 343
관계언 ············ 53, 54, 101, 185, 371, 374
관용구 ······················ 222, 223
관용어 ····························· 238
관용어구 ··························· 21
관용적 표현 ······················· 21
관형격 ···························· 103
관형격 조사 ······ 104, 185, 260, 260, 262, 263, 264, 265, 266, 268, 269, 374
관형격조사 ························· 53
관형사 ·· 53, 84, 84, 185, 372, 373
관형사형 어미 ··· 139, 146, 187, 375
관형사형 전성어미 ················ 139
관형절 ··············· 138, 139, 265
관형형 ···························· 264
관형형전성어미 ···················· 53
교과 과정 ··················· 46, 330
교과 운영 방안 ············· 323, 338

교과과정 ································· 334
교수-학습 ························· 351, 352
교수-학습 과정안 ······ 323, 346, 353,
　　　362, 379
교수-학습 내용 ·· 342, 351, 353, 358
교수-학습 목표 ·························· 351
교수-학습 방안 ······················ 13, 15
교수요목 ··································· 350
교수자 ····· 346, 347, 347, 349, 349
교수-학습 과정안 ······················· 350
교양 선택 과목 ·········· 340, 341, 342
교양국어 ··································· 335
교육 프로그램 ··························· 340
교정 ····· 194, 195, 200, 211, 317,
　　　322, 344, 355, 367
교정 단계 ································· 196
구 접속 ······························· 97, 248
구문 ··· 20, 21, 47, 51, 186, 187,
　　　188, 371, 374, 375
구문 형식 ································· 182
구문론 ······································· 24
구문상의 획일화 ········ 189, 191, 200
구문의 단순화 ····························· 54
구문의 획일화 ··········· 188, 190, 376
구문적 특성 ······························ 119
구문적 특징 ······················ 51, 371
구성 ··· 195
구성력 ····························· 249, 332
구성적 아이디어 ························ 195
구성주의 ···································· 30
구성주의 쓰기 이론 ······················ 30
구어 ······· 64, 157, 166, 270, 305
구어체 ············ 158, 250, 269, 270,
　　　306, 360
구접속 ······················ 122, 123, 124
구정보 ············ 161, 165, 165, 166,
　　　290, 292, 292
구조격 ······························ 116, 164
구조주의 언어학 ·························· 31
구체개념화 ································ 240
국내 번역 교육의 현황 ··············· 323
국어 문법 ·················· 341, 342, 356
국어 문체론 ································ 22
국어 번역 ··································· 12
국어 번역 글쓰기 ···· 12, 13, 14, 18,
　　　40, 339
국어 번역 글쓰기 교과 ··············· 339
국어 번역 글쓰기 교과의 운영 방안
　　　······································· 378
국어 번역 글쓰기 교육 ·· 13, 14, 28,
　　　323, 378
국어 번역 글쓰기의 교수-학습 방안
　　　································· 28, 378
국어 번역문 ······················ 14, 20, 27
국어 번역문의 특성 ············ 47, 182,
　　　187, 375

국어 번역문의 특징 ·················· 371	글쓰기 능력 ················ 330, 333
국어 번역사 ······························ 22	글쓰기 단계 ·················· 25, 193
국어 작문 ································ 330	글쓰기 방법 ··························· 198
국어 텍스트학 ··························· 22	글쓰기 이론 ··························· 191
국어과 과목 ··························· 335	글쓰기 전략 ··························· 200
국어국문학 ······························· 45	글쓰기의 과정 ······················ 197
국어국문학과 ·········· 339, 344, 360	긍정지정사 ····························· 53
국어학 ·························· 20, 22, 26	기계번역 ······························· 38
국어화용론 ······························ 22	기능 요소 ················ 54, 188, 376
굴절 요소 ································· 21	기능 지향적 ··························· 34
굴절 형식 ······························· 182	기능어 ············ 54, 183, 188, 272,
권유 ······································· 303	284, 371, 376
규범 ······································· 376	기능적 등가 ··························· 38
규범적 ····································· 50	기능적 불변성 ························ 38
규범화 ··· 47, 50, 51, 51, 188, 188,	기능적 적합성 ······················ 319
189, 227, 376	기능주의 ······························· 34
규범화 전략 ·················· 188, 376	기능주의 번역 이론 ······ 34, 35, 207,
균형 코퍼스 ··········· 15, 16, 17, 371	370
글감 ······························ 195, 213	기록적 번역 ················ 204, 240
글말 ······························ 296, 316	기법을 ································· 355
글쓰기 ······ 12, 190, 200, 330, 335,	기본 과정 ···························· 342
337, 339, 341, 369	기본 단계 ···················· 378, 379
글쓰기 과정 ········· 29, 36, 191, 194,	기술 번역 ···················· 242, 363
196, 369	기저 ···································· 252
글쓰기 교과 ············· 330, 345, 351	기호 간의 번역 ······················ 37
글쓰기 교육 ········· 14, 32, 335, 336,	기호학 ································· 24
336, 381	기획 ··································· 344
글쓰기 기술 ··························· 334	기획자 ································ 344

긴밀성 ·································· 196
까닭 ······························ 132, 288
까닭 접속사 ···························· 288
까닭절 ······················ 287, 288, 289

낮춤 ······································ 296
낮춤 표현 ································ 178
낮춤말 ····························· 173, 179
내면적 대화 ···························· 224
내용 전달 ································ 252
내용어 ······························· 49, 51
내용의 동일성 ························· 331
내용적 불변성 ··························· 38
내적 대화 ································· 41
내포 ······················· 138, 142, 371
내포문 ············ 121, 138, 187, 295, 295, 375
논리적 ···································· 208
논술 교육 ································ 336
높임 ······················ 296, 298, 308
높임 선어말 어미 ···················· 177
높임 선어말 어미 ···················· 181
높임 표현 ································ 178
높임말 ············· 173, 179, 299, 303
높임의 의도 ···················· 299, 300
능동문 ············· 253, 254, 255, 256, 257, 258
능동사 ···································· 153

능동형 ············· 253, 254, 255, 258
능력 부정 ······················ 159, 160
능력 부정문 ···················· 187, 375

다면적 피드백 원리 ·········· 346, 349
다체계 이론 ······························ 39
단계별 글쓰기 전략 ············· 28, 33
단계별 번역 글쓰기 ················· 379
단계별 번역 글쓰기 전략의 체계 200
단계별 번역 전략 ················ 36, 370
단계별 실습 ··············· 341, 342, 345
단계별 전략 ··· 13, 14, 19, 190, 342, 353, 355, 379, 379
단계별 전략 학습 ···················· 354
단순화 ······· 15, 47, 48, 50, 51, 52, 59, 60, 65, 67, 71, 80, 83, 86, 90, 92, 94, 96, 100, 119, 120, 126, 183, 187, 187, 371, 375, 376, 377
단순화 가설 ······························ 54
단어 ······························ 222, 340
단어 접속 ······························ 97, 248
단어의 의미 ···························· 223
단언성 ···································· 284
단의어 ···································· 223
단일 화계 ······················ 301, 305
단형 부정 ··· 83, 157, 158, 160, 270
단형 부정문 ···························· 187

419

단형 피동 ·················· 256, 257
담화 ········ 24, 47, 51, 160, 164, 219, 222, 321, 367, 371
담화 공동체 ······ 12, 15, 26, 27, 30, 30, 32, 33, 33, 35, 39, 41, 201, 212, 220, 221, 222, 224, 225, 227, 240, 243, 245, 346, 346, 369, 370, 378
담화 공동체 구성원 ················ 41
담화 공동체 중복 참여의 원리 ··· 40, 371
담화 공동체 참여 ···················· 41
담화 공동체 참여의 원리 ··· 42, 221, 225, 227, 250, 290, 346, 346
담화 관습 ······ 27, 32, 41, 171, 187, 201, 204, 220, 221, 222, 224, 225, 226, 227, 228, 237, 238, 239, 240, 241, 243, 243, 245, 250, 272, 290, 300, 306, 308, 309, 343, 344, 345, 346, 359, 361, 375, 378
담화 기능 ······················ 254, 258
담화 맥락 ································ 243
담화 문맥 ································ 230
담화 상황 ······ 169, 179, 179, 180, 181, 220, 224, 242, 245, 290, 296, 297, 301, 305, 305, 307, 309, 360

담화 의도 ······················ 161, 164
담화 직시 ································ 174
담화 참여자 ················· 179, 220
담화 층위 ································ 290
담화·화용론 ··························· 23
담화·화용론적 ······················ 178
담화·화용적 특성 ··············· 160
담화·화용적 특징 ········ 187, 375
담화·화용적 ·························· 51
담화·화용적 특징 ··············· 371
담화의 의미 ······ 212, 221, 221, 222
담화적 기능 ·························· 165
대구 ·· 294
대등 접속 ······· 121, 131, 186, 285, 289, 374
대등 접속문 ·························· 121
대등 접속사 ········ 99, 100, 185, 373
대등 접속소 ········· 121, 124, 126, 186, 374
대립 ·· 315
대명사 ······ 52, 59, 228, 236, 246, 307, 309, 367, 372
대명사의 분류 ······················ 229
대상 ·· 261
대상역 ················ 253, 257, 257, 258
대우 ················· 175, 296, 297, 300, 306, 308
대우 관계 ······················ 173, 296

대우 등급 ·············· 178, 229, 302
대우 표현 ·············· 160, 175, 181,
　　187, 300, 367, 371, 375
대우 표현 형태소 ·················· 179
대우법 ············ 175, 177, 179, 242,
　　296, 308
대우의 등급 ························· 308
대우의 정도 ························· 178
대응어 ························ 210, 240
대조 ············ 121, 164, 165, 166,
　　293, 293, 311
대조 강세 ···························· 166
대조 문법 ·· 341, 344, 356, 358, 360
대조 언어학 ························· 335
대조 연결어미 ······················ 129
대조 접속 ········ 128, 131, 186, 248,
　　287, 374
대조 접속 부사 · 129, 131, 186, 374
대조 접속사 ············ 99, 100, 310,
　　310, 311
대조 접속소 ············ 128, 248, 311
대조 표시 ···························· 293
대조언어학 ··························· 22
대조적 초점 ························ 166
대체 ···························· 240, 242
대표형 ································· 18
대학 교양 과목 ···················· 340
대화　··· 32, 39, 41, 42, 180, 270,
　　297, 307, 370
대화 참가자 ··················· 298, 309
대화 참여 ··························· 296
대화 참여자 ······· 177, 180, 220, 305
대화문 ···· 158, 172, 180, 220, 232,
　　250, 269, 271, 296, 305, 321,
　　360
대화적 ······························· 208
대화주의 ······························ 30
대화체 ············ 282, 296, 298, 316,
　　316, 321
도구격 ······························· 258
도구적 번역 ··················· 204, 240
도량형 ························ 238, 239
도입 단계 ···························· 378
도착 ·································· 337
도착어 ······· 11, 30, 34, 36, 39, 45,
　　188, 190, 193, 226, 228, 237,
　　241, 290, 329, 330, 331, 333,
　　335, 337, 370, 376
도착어 담화 공동체 ············· 206
도착어 문화권 ················ 38, 39
도착어 텍스트 ············ 27, 30, 35,
　　191, 196
도착어 표현 ········ 13, 18, 189, 190,
　　319, 337, 342, 358, 367, 377
도착어 표현 능력 ·················· 331
도착어 표현력 ··· 337, 378, 379, 381

421

도착어 표현의 적절성 ·· 317, 319, 320
도착어로의 재표현 ················ 40
도치 ································ 164
독립언 ······························· 53
독백체 ···························· 282
독자 ············ 15, 30, 42, 172, 189,
         190, 198, 230, 232, 269, 296,
         309, 331, 346, 370, 377
독자 요인 ·························· 32
독자 중심 ······················· 199
독자와의 대화 ···················· 33
독자의 반응 ····················· 193
독자의 입장 ················ 224, 225
독해 ······························ 331
독해와 표현 단계 ········ 201, 377
동명사 ······················ 143, 267
동명사구 ········ 107, 186, 187, 260,
         264, 374
동사 ··············· 52, 73, 145, 184,
         246, 373
동사 파생 접미사 ········· 153, 155
동사파생접미사 ················ 53
동시 통역사 ····················· 323
동시성 ···························· 196
동음이의어 ················ 61, 176
동음이의어 ······················ 178
동일 주어 ······················· 233
동일 주어의 반복 ·············· 233

동일 지시 ······················· 236
동일 지시 선행사 ·············· 236
동일 지시적 ·············· 237, 238
동일 지표 표시 ················ 235
동일시 전략 ····················· 208
동일한 효과 ······················· 38
동작상 ··························· 274
동지표 ···························· 237
동질성 ····················· 188, 376
동질적 번역 파라디그마 ·········· 318
두루 낮춤 ······· 178, 179, 181, 297
두루 높임 ··· 64, 172, 178, 179, 181
등가 ························· 37, 38
등가 관계 ························· 38
등가성 ············ 39, 201, 320, 378
등가어 ···························· 39
등급 ······················ 296, 299, 301
등장인물 ··· 180, 220, 242, 269, 296
디지털 서사 담론 ················ 23
띄어쓰기 ···················· 321, 333

레마 ································ 23
로마자 표기법 ·················· 321

말모둠 ····························· 16
말뭉치 ····························· 16
말체 ······························ 296
말투 ····························· 321

말하기	330, 335	모범문	31
맞춤법	321, 333	목적	132, 135, 142, 187, 375
맥락	23	목적격	103
메시지	205	목적격 중출문	161
명령	303	목적격조사	53
명령형	178	목표 언어권	206
명사	52, 143, 267	목표 지향적	33
명사구	104, 161, 186, 187, 260, 264, 266, 269, 374	목표 텍스트	12
		무생물 주어	247
명사구 보문	139, 140, 187, 375	무정체 명사	155, 182
명사적 용법	143, 267	무표적	164
명사절	138, 141, 268	무표적 주제	164, 165
명사파생접미사	53	문단 번역 연습	359
명사형	143, 187, 269, 375	문두성	164
명사형 어미	135, 141, 142, 187, 260, 267, 375	문맥	23, 223, 227, 290, 309, 311
명사형 전성어미	53, 141	문맥의 의미	248
명사화	182, 250, 260, 267	문미 초점	166
명시성	49	문법	237, 320, 331, 340
명시적	148, 153	문법 범주	144, 187, 371, 375
명시화	47, 49, 51, 54, 188, 208, 224, 376	문법 요소	237, 284
		문법 조율 단계	320
명시화 가설	49	문법 형태소	145, 148
명시화 전략	269, 272, 360	문법성	321
명제	284	문법어	49, 51
명확성	266	문법적	144
모국어	190, 328, 329, 340	문법적 관계	263
모국어 구사력	328	문법적 기능	54

423

문법적 오류 ······················ 331
문법적 요소 ············ 31, 223, 305
문법적 주어 ················ 164, 165
문어 ········ 64, 157, 166, 270, 271
문어체 ····································· 157
문예창작학과 ············ 339, 344, 360
문자화 ····································· 222
문장 ······································· 222
문장 길이 ··········· 49, 51, 119, 120, 184, 188, 372, 376
문장 내용 ································ 177
문장 단위 ·································· 18
문장 부사 ································ 121
문장 성분 ································ 296
문장 성분 간의 호응 ················ 242
문장 전환 ·························· 340, 363
문장 전환 연습 ········ 341, 342, 342, 343, 345, 352, 356, 358, 359, 361, 379
문장 접속 ································ 248
문장 층위 ································ 249
문장길이 ···································· 48
문장력 ············ 249, 252, 332, 333, 368, 379
문장의 구조 ···························· 223
문장의 길이 ············· 183, 371, 375
문장의 요소 ···························· 371
문장의 의미 ············ 221, 222, 250

문장의 층위 ···························· 161
문접속 ····································· 122
문제 해결 과정 ·········· 31, 43, 381
문제 해결 방안 ··························· 25
문제 해결 전략 ····· 31, 33, 194, 198
문체 ············ 20, 21, 22, 189, 219, 220, 269, 282, 290, 296, 313, 315, 316, 317, 320, 328, 340, 360, 377
문체 조율 단계 ························ 320
문체론 ······························ 334, 335
문체적 단순화 ···························· 49
문학 텍스트 ············ 16, 360, 380
문학 텍스트 유형 ····················· 183
문학·예술 번역 글쓰기 ············ 343
문학적 효과 ···················· 205, 219
문화 ······························· 224, 376
문화 간 불일치 ·················· 48, 376
문화 관련 어휘 ························ 238
문화 능력 ································ 330
문화 요소 ·································· 34
문화 특정적 ······························· 48
문화 특정적 작용 ······················· 48
문화소 ·················· 226, 238, 241
문화소의 변환 ·········· 238, 239, 360
문화학 ······································ 45
문화학적 번역학 ························ 34
미디어·영상 번역 글쓰기 ········ 343

미래 ································· 144
미래 시간 표현 ········ 150, 274, 282
미래 시제 ···························· 150
미래 시제 선어말 어미 ····· 147, 282
미정법 ························· 282, 284
미정적 표현 ························· 284
미학적 ································ 208
미학적-시적 번역 ················· 205
민족지학적 번역 ··················· 205

ㅂ말 ································· 180
반복 ································· 133
반복 순환 ····························· 43
반복적 ································· 48
반성 작용 ······················ 43, 318
발상 ··························· 195, 249
발신자 ································ 208
발주자 ······················ 33, 203, 204
발췌 ································· 218
발췌식으로 대충 읽기 ········ 217, 218
발표 능력 ··························· 328
발화 ······················ 166, 174, 297
발화시 ································ 144
방법 ································· 143
방송 번역 ····························· 23
배경 지식 ··············· 203, 213, 214
배타 ································· 293
번안 ························· 205, 249

번역 ············ 29, 30, 36, 39, 190,
197, 327, 369
번역 가능성 ·························· 23
번역 과정 ·········· 20, 25, 27, 30, 32,
35, 36, 43, 48, 191, 192, 193,
197, 317, 370, 376
번역 과정의 단계 ······················· 33
번역 교육 ··········· 13, 20, 22, 26, 36,
46, 189, 334, 337
번역 글쓰기 ······ 11, 14, 20, 30, 35,
36, 40, 42, 189, 190, 200, 237,
266, 339, 340, 341, 345, 351,
351, 369, 379, 381
번역 글쓰기 과정 ············· 191, 200,
347, 377
번역 글쓰기 교과 ······ 340, 345, 362
번역 글쓰기 교과의 운영 원리 ·· 346
번역 글쓰기 교육 ················ 13, 330,
344, 362, 379
번역 글쓰기 교육 방안 ······ 323, 382
번역 글쓰기 교육 프로그램 ······· 339,
341, 344
번역 글쓰기 교육의 교수-학습 과정안
······································ 381
번역 글쓰기 교육의 현황 ·········· 323
번역 글쓰기 단계 ················· 25, 193
번역 글쓰기 실습 ············· 343, 355
번역 글쓰기 전략 ················· 28, 202

번역 글쓰기의 개념 ············ 36, 369
번역 글쓰기의 과정 ······ 28, 43, 192,
　　　　197, 341, 343, 355, 369, 379
번역 글쓰기의 교수-학습 과정안
　　　　·························· 353, 379
번역 글쓰기의 교수-학습 ······ 323
번역 글쓰기의 교육 방안 ·········· 40,
　　　　369, 379
번역 글쓰기의 교육 프로그램 ···· 378
번역 글쓰기의 단계별 전략 ······ 323,
　　　　371, 377, 379, 381
번역 글쓰기의 원리 ······· 28, 36, 40,
　　　　191, 198, 200, 213, 225, 227,
　　　　250, 318, 346, 369, 371, 377
번역 글쓰기의 전략 ············ 18, 40,
　　　　189, 190, 191, 377
번역 글쓰기의 특성 ····················· 27
번역 기법 ········· 49, 191, 200, 201,
　　　　202, 225, 377, 377
번역 기술 ························· 330, 332
번역 능력 ························· 319, 330
번역 대상 ································ 203
번역 대상 텍스트 선정 ····· 201, 202,
　　　　203
번역 모델 ································ 330
번역 목적 ·································· 33
번역 방법 ·········· 20, 22, 189, 191,
　　　　211, 225, 343, 355, 377

번역 방법론 ······························· 23
번역 보편소 ············ 15, 47, 51, 52,
　　　　54, 57, 183, 188, 189, 246,
　　　　371, 376
번역 술어 ········· 220, 242, 321, 360
번역 실습 ································ 340
번역 에이전시 ························· 338
번역 오류 ································ 332
번역 이론 ······················ 12, 24, 29
번역 작용 ·································· 48
번역 전 ·································· 197
번역 전 단계 ··························· 197
번역 전(前) 읽기 ············· 217, 218
번역 전략 ··········· 36, 189, 190, 191,
　　　　200, 210, 377, 377
번역 전략 수립 ························ 201
번역 출판 현황 ·························· 16
번역 텍스트 ············ 12, 14, 16, 18,
　　　　27, 37, 371
번역 특정적 ······························ 48
번역 특정적 작용 ······················ 48
번역 파라다그마 ····················· 318
번역 행위 이론 ············· 33, 34, 370
번역 환경 ································ 204
번역 환경 분석 ········· 201, 202, 204
번역 후 ·································· 197
번역 후 단계 ··························· 197
번역가 ······························ 13, 338

번역능력인정시험 ················· 338
번역문 ····· 11, 29, 30, 35, 224, 369
번역문 사용자 ·························· 34
번역문 생산자 ·························· 33
번역문 수신자 ·························· 34
번역문 원시 균형 코퍼스 ············ 17
번역문 코퍼스 ········· 16, 28, 51, 52
번역문 텍스트 ·························· 16
번역문 형태 분석 균형 코퍼스 ···· 52
번역문 ···································· 12
번역문의 기능 ····· 34, 204, 206, 370
번역문의 기능 분석 ·········· 192, 197
번역문의 기능 분석 단계 ·········· 192
번역문의 쓰기 ························ 193
번역문의 특성 ·························· 47
번역문의 특징 ························ 190
번역문의 특징 ························ 189
번역물 감수 ···························· 318
번역물 감수의 기준 ················· 319
번역사 ················· 13, 20, 334, 338
번역사 인증시험 ······················ 238
번역서 ···························· 19, 344
번역어 ·························· 223, 241
번역어투 ·································· 21
번역의 3요소 ··························· 45
번역의 개념 ······ 28, 29, 37, 39, 370
번역의 결과물 ·························· 35
번역의 과정 ···························· 342

번역의 단계별 전략 ················· 340
번역의 목적 ······ 193, 201, 204, 204,
    205, 206, 240, 317, 319, 377
번역의 방법 ········ 204, 205, 206, 210
번역의 범주 ······························ 37
번역의 보편소 ·························· 28
번역의 요소 ······························ 11
번역의 원리 ······························ 29
번역의 원칙 ···························· 210
번역의 의도 ···························· 206
번역의 정의 ······························ 37
번역의 특수성 ························ 274
번역인증시험 ·················· 331, 333
번역자 ············· 13, 27, 31, 34, 36,
    36, 331, 338, 346, 370
번역자격시험 ························· 339
번역전문자격시험 ··················· 331
번역중재능력 ························· 238
번역체 ························· 21, 47, 288
번역투 ············· 12, 21, 21, 27, 64,
    78, 137, 153, 182, 184, 187,
    188, 190, 191, 200, 356, 363,
    367, 373, 375, 377, 379
번역투 문장 ············· 341, 342, 345,
    352, 358, 361
번역학 ················· 20, 26, 191, 370
번역학과 ············ 327, 339, 343, 360
변환 ···· 196, 222, 230, 239, 240,

427

　　　　　253, 254, 255, 258, 356
병렬 ··· 121
병렬 접속 ········ 122, 131, 182, 186,
　　　　　286, 374
병렬 접속 부사 ······················· 123
병렬 접속사 ························ 97, 100
병렬 접속소 ········ 122, 125, 186,
　　　　　248, 286, 374
병렬 코퍼스 ················ 25, 50, 51
보격 ··· 103
보격 조사 ················ 110, 112, 186
보격조사 ·· 53
보문 ··· 140
보완 ··· 317
보조 동사 ····································· 145
보조 용언 ···· 54, 79, 145, 148, 153,
　　　　　184, 187, 246, 373, 375
보조 형용사 ································· 145
보조국어학 ······································ 22
보조사 ······ 53, 101, 112, 161, 162,
　　　　　165, 185, 185, 187, 291, 292,
　　　　　293, 294, 374, 375
보조용언 ·· 53
보충어 ································ 111, 186
보편성 ·· 37
보편소 ················ 15, 47, 182, 371
복원가능성 ··································· 272
복합 형식 ······· 250, 272, 274, 278,

　　　　　281, 373
복합문 ························ 121, 149, 233
본용언 ·· 54
부사 ············· 53, 84, 185, 372, 373
부사격 ··· 103
부사격 조사 ······ 108, 185, 186, 374
부사격조사 ······································ 53
부사절 ····························· 121, 138
부정 ··································· 156, 371
부정 관사 ····································· 291
부정 부사 ······· 92, 94, 156, 159,
　　　　　160, 185, 373
부정 용언 ····································· 156
부정 표현 ··························· 156, 270
부정관사 ······································· 291
부정법 ································ 159, 270
부정사 ··· 267
부정지정사 ······································ 53
부정칭 대명사 ···························· 229
분리 구문 ····································· 166
분산값 ··· 50
분석 전략 ····································· 221
분포 환경 ····································· 144
불구 ····································· 137, 138
불일치 ································ 149, 188
비격식체 ·················· 158, 178, 301
비교 ··· 133
비교 코퍼스 ······ 12, 13, 25, 48, 183

비교문체론 ················· 334, 335
비대등 복합문 ···················· 131
비문 ································ 144
비번역 텍스트 ········ 14, 16, 18, 371
비번역문 ···························· 11
비번역문 코퍼스 · 16, 17, 28, 51, 52
비번역문 형태 분석 균형 코퍼스 · 52
비사실적 텍스트 유형 ············ 57
비인칭 대명사 ···················· 182
비한정 명사구 ············· 165, 166
비한정적 표현 ···················· 166
빈도 ···························· 13, 18
빈도수 ····························· 49

사건시 ···················· 144, 152
사고 구술 ··························· 31
사고 구술법 ····················· 25, 32
사고 단위 ·························· 250
사동 ······· 78, 155, 184, 371, 373
사동 접미사 ······················· 155
사동 표현 ············· 156, 250, 258
사동문 ························ 246, 367
사동사 ····························· 155
사동형 ····························· 259
사물 ································ 169
사실적 텍스트 ··············· 16, 372
사실적 텍스트 유형 ········ 57, 202
사역 동사 ·························· 259

사역 표현 ·························· 182
사이버 텍스트 ······················ 23
사전 읽기 ··························· 44
사전 정보 ·························· 214
사전 조사 ··················· 214, 216
사전 준비 단계 ········ 200, 202, 377
사전 지식 ··················· 220, 348
사태 ································ 145
사회 구성주의 ··········· 26, 30, 33,
    41, 369
사회 구성주의 교수법 ············ 353
사회 구성주의 쓰기 이론 ····· 30, 32,
    33, 41, 369
사회 문화적 맥락 ··· 30, 33, 39, 370
사회 심리학 ························ 32
사회 인지주의 ················ 33, 369
사회 인지주의 쓰기 이론 ····· 12, 13,
    25, 27, 29, 30, 32, 33, 35, 36,
    39, 41, 191, 193, 194, 198, 369
사회언어학 ························ 178
사회적 환경 ··············· 32, 33, 41
사회적인 수준 ···················· 348
산문체 ····························· 208
상 ········· 83, 145, 145, 148, 153
상대 높임 등급 ···················· 317
상대 대우 ········· 179, 296, 296, 298,
    299, 305
상대 대우법 ············ 175, 177, 178,

429

181, 309
상대 빈도 ·············· 17, 18, 56, 372
상대시 ································ 152
상위 전략 ····························· 224
상위문 ············· 138, 142, 295, 295
상위어 ············ 48, 187, 240, 240, 241, 375
상태 ······················ 82, 185, 373
상투적 ············· 131, 135, 136, 138, 160, 187, 188, 234, 257, 260, 288, 289, 311
상투적 구문 ·························· 377
상투적 번역 ············ 135, 187, 188, 190, 226, 250, 289, 375, 376
상투적 번역 구문 ·················· 250
상투적 번역 표현 ·· 54, 188, 246, 376
상투적 번역체 ······················· 143
상투적인 번역 표현 ·········· 186, 374
상하 관계 ····························· 315
상호 작용 ············· 33, 36, 41, 369
상호 첨삭 ················ 349, 357, 358
상호 피드백 ·························· 349
상황 ····················· 132, 134, 151
상황 제시 ····························· 135
상황성 ·································· 24
생략 ····································· 48
서법 ··························· 145, 148
서술문 ································ 305

서술성 명사 ···················· 153, 155
서술어 ································ 116
서술절 ································ 138
서술체 ············ 64, 172, 232, 269, 270, 296, 360
서술학 ································ 334
서지 정보 ······························ 16
선수 학습 ···························· 347
선어말어미 ········· 53, 145, 146, 282
선택 ··································· 121
선택 과목 ···························· 335
선택 관계 ···························· 144
선택 접속 ·· 126, 131, 186, 286, 374
선택 접속소 ···················· 126, 286
선행사 ······················ 235, 238, 272
선행절 ························ 151, 233
선후 관계 ···················· 134, 135
성서 번역 ······························ 20
성찰 ···································· 43
소구적 ································ 208
소유 ·································· 246
소유 구문 ······················· 78, 182
소유대명사 ·························· 106
소통적 기능 ························· 204
수단 ···························· 143, 254
수동 표현 ···························· 261
수동문 ································ 258
수동태 ···················· 253, 254, 257

수동태 구문 ·················· 83, 155
수량사 ························· 267
수렴화 ······ 47, 50, 51, 52, 57, 59,
　　　64, 69, 72, 73, 78, 79, 83, 85,
　　　89, 90, 94, 95, 100, 100, 113,
　　　116, 117, 118, 120, 128, 183,
　　　184, 188, 371, 372, 376
수렴화 가설 ·················· 56
수사 ···························· 52
수사론 ························ 334
수사학적 표현법 ············· 31
수식 구조 ···················· 260
수식어 ·················· 188, 376
수식언 ·· 53, 54, 84, 185, 371, 373
수신(受身) 표현 ············ 182
수신자 ··········· 34, 35, 208, 370
수업 계획서 ················· 350
수정 ····················· 196, 317
수정본 ························ 357
수정하기 ········ 197, 201, 211, 211,
　　　224, 317, 355, 357, 377
수직 배열 ······················ 17
수평 배열 ······················ 18
숙독 ··························· 218
순간 동사 ···················· 182
순수국어학 ·················· 22
순접 ··························· 122
순차번역 ··············· 250, 252

순차적 ················· 197, 347
순화 ····················· 189, 377
순화어 ················· 243, 245
순환 ···························· 43
순환성 ··················· 43, 319
순환성 원리 ········ 40, 43, 197, 211,
　　　217, 225, 318, 346, 347, 371
순환적 ··············· 43, 197, 347
스위칭 ················· 301, 305
스코포스 이론 ········ 34, 39, 204
시간 ··························· 132
시간 표현 ········· 82, 145, 146, 148,
　　　153, 187, 274, 375
시도 ··························· 282
시원(始原)격 ················ 109
시원격 조사 ············ 112, 186
시제 ··············· 144, 274, 371
시제 구분 ···················· 145
시제 선어말어미 ······ 148, 274, 278,
　　　279, 281
시제 호응 ···················· 149
시청각 미디어 텍스트 ········ 208
신정보 ····· 161, 165, 166, 290, 291
실무 번역 ···················· 189
실습 ··············· 347, 348, 354
실용적 번역 ·················· 205
심리 철학 이론 ················ 45
심층 구조 ·········· 222, 249, 250

심층 의미 ·················· 150
심층구조 ············ 250, 252, 253
심층적 의미 ···················· 222
심화 과정 ······················ 343
심화 단계 ················ 378, 379
쓰기   ······ 30, 36, 39, 44, 195,
    196, 196, 197, 370
쓰기 과정 ······················· 31
쓰기 교육 ················· 30, 323
쓰기 이론 ············ 25, 323, 369
쓰기 전 ··················· 196, 197
쓰기 후 ··················· 196, 197
쓰기의 3변인 ···················· 31

아동 텍스트 ············ 16, 372, 380
아동 텍스트 유형 ················ 183
아이디어 ······················· 199
아주 낮춤 ······· 178, 179, 229, 229
아주 높임 ········ 178, 179, 229, 229,
    301, 307, 308
양보   ············ 132, 136, 233
양보 구문 ······················ 137
양보 접속 ·············· 182, 187, 375
양보 접속사 ···················· 138
양보절 ························· 289
양태   ······· 78, 82, 147, 148, 184,
    187, 373, 375
어간   ·············· 145, 153, 155

어근   ············· 53, 153, 155
어문 규범 ············ 201, 317, 321,
    341, 342, 356, 358
어문 규정 ······················ 321
어미   ·················· 53, 54
어법   ······················ 327
어순   ········ 116, 134, 258, 267,
    269, 295
어순 재배치 ············ 117, 164, 166
어순의 변화 ··············· 164, 166
어절 단위 ······················· 17
어휘   ··· 20, 21, 22, 47, 224, 226,
    227, 314, 317, 320, 331, 371
어휘 교체 ······················ 331
어휘 목록 ················ 102, 183
어휘 밀도 ··············· 50, 51, 54
어휘 범위 ························ 48
어휘 사용 범주 ·················· 246
어휘 요소 ······················ 305
어휘 의미 ······················ 375
어휘 의미론 ······················ 24
어휘 조율 단계 ·················· 320
어휘 층위 ······················ 226
어휘 항목 ··················· 48, 49
어휘군 ························· 241
어휘력 ························· 333
어휘의 다양성 ·········· 188, 375, 376
어휘의 단순화 ········ 189, 191, 200,

226, 227
어휘적 능력 부정 ·················· 375
어휘적 능력 부정 표현 ····· 160, 187
어휘적 다양성 ········ 51, 52, 54, 55,
　　59, 60, 65, 67, 71, 80, 83, 86,
　　89, 92, 94, 100, 183, 183, 188,
　　245, 371, 376
어휘적 단순화 ····· 71, 97, 109, 188,
　　246, 290
어휘적 방법 ························· 156
어휘적 부정 ························· 159
어휘적 특성 ···················· 51, 52
어휘적 특징 ························· 371
어휘적 피동 ············· 256, 257, 258
어휘적 피동법 ······················ 253
언어 ······················ 335, 337, 376
언어 간 문법 범주의 불일치 ······ 153
언어 간 문법 형태소의 불일치 ·· 148
언어 간 불일치 ····················· 131
언어 간 불일치 현상 ·················· 22
언어 간 접촉 ················ 189, 377
언어 간의 번역 ························ 37
언어 간의 불일치 ············ 187, 375
언어 관습 ····················· 240, 299
언어 구조적 불일치 ················· 116
언어 규범 ····················· 250, 290
언어 능력 ···························· 330
언어 매개 과정 ······················· 49

언어 문화권 ·························· 41
언어 사용 양상 ······················ 15
언어 예절 ··························· 328
언어 특정적 ·························· 48
언어 특정적(language-specific) 작용 48
언어간 전환 ························· 194
언어공동체 ·························· 331
언어구사 능력 ······················ 334
언어구사력 ·························· 328
언어규범 ····························· 319
언어별 담화 관습 ·················· 360
언어숙달 ····························· 334
언어적 관습 ·························· 42
언어적 동질성 ······ 50, 51, 188, 376
언어적 번역 ························· 205
언어적 지식 ························· 348
언어적 차이 ············ 164, 337, 340
언어적 특성 ··· 13, 18, 47, 189, 331,
　　352, 358, 369, 375, 379
언어학 ·························· 26, 334
언어학 기반 번역 이론 ············· 34
언어학적 분석 ······················· 15
언어학적 특성 ············ 14, 15, 18
언해류 ································ 20
여격 조사 ················ 176, 177, 257
역동적 ··························· 38, 189
역동적 등가 ··························· 38
역접 ····························· 128, 311

역접 관계 ················· 310
역주   ················· 210
연결 어미 ········ 122, 123, 133, 284
연결어   ················· 312
연결어미 ···· 53, 121, 125, 126, 135,
    248, 248, 286, 286, 287, 287,
    311, 316
연속성   ················· 319
연속적 읽기 ················· 217
영한 번역 ················· 24
영한 번역문 ················· 22
영한 병렬 코퍼스 ············· 24
예사 낮춤 ······ 178, 179, 229, 298
예사 높임 ······ 178, 179, 229, 229,
    298, 308, 309
예사말   ················· 229
예상 독자 ········ 12, 27, 30, 30, 32,
    34, 35, 35, 36, 39, 41, 42, 193,
    201, 201, 202, 204, 206, 206,
    224, 225, 240, 319, 320, 347,
    370, 370, 377, 378
오역   ············ 12, 215, 320
완료   ················· 279
완료 용법 ················· 279
완료상   ········ 148, 274, 279, 279
완료형   ············ 148, 246
완성도   ················· 211
외국어   ······ 226, 242, 242, 243,
    321, 340
외국어 능력 ················· 330
외국어문학 ················· 45
외국어문학과 ········ 339, 343, 360
외국어의 간섭 ········ 337, 380
외래어   ······ 226, 242, 243, 322
외래어 표기법 ········ 321, 360
외연화   ················· 49
요구도   ················· 340
용어   ············ 313, 315, 321
용언   ·· 52, 54, 72, 184, 371, 373
용인성   ············ 24, 41
원문   ········ 11, 30, 34, 35, 42,
    346, 370
원문 생산자 ················· 33
원문 이해력 ················· 332
원문 지향적 ················· 34
원문(원천 텍스트) ················· 12
원문에 대한 충실성 ········ 30, 35
원문의 기능 ············ 212, 221
원문의 독자 ················· 35
원문의 의미 ········ 219, 221, 319
원문의 이해 ················· 193
원문의 형식 ················· 252
원문의 효과 ················· 193
원시 코퍼스 ················· 16
원인   ············ 134, 312, 316
원인·이유절 ········ 134, 135, 313

원저자 ············ 12, 34, 35, 36, 39,
    42, 201, 212, 213, 216, 346,
    370, 377
원저자의 의도 ················ 219, 221
원전 ···························· 11, 16
원천 언어권 ···························· 206
원천 텍스트 ···························· 11
유능한 필자 ···················· 31, 381
유사 코퍼스 ···························· 12
유사개념화 ···························· 240
유사성 ············· 50, 56, 184, 372
유표적 주제 ···················· 164, 165
유표적 주제어 ···························· 165
유형별 학습 ······ 341, 358, 361, 379
음차 ······························ 214
응결성 ···························· 24, 290
응용력 ···························· 332
응집성 ······························ 24
응집성 표지 ···························· 49
의고적 표현 ···························· 305
의도 ······························ 132
의도성 ······························ 24
의도의 충족성 ···························· 38
의뢰인 ···························· 33, 204
의문 대명사 ···························· 229
의문형 ···························· 178
의미 ···················· 22, 187, 375
의미 관계 ···························· 311

의미 구성 과정 ············ 35, 36, 39,
    346, 369
의미 구조 ···························· 252
의미 기능 ···························· 296
의미 도출 ···························· 331
의미 분류 ···························· 305
의미 분석 ···················· 173, 176, 378
의미 전달 ···················· 224, 237
의미 중립적 ···························· 71
의미 환경 ···························· 311
의미어 ········ 54, 183, 188, 371, 376
의미의 중립화 ···················· 188, 376
의미장 ···························· 240, 241
의미장의 차이 ···························· 241
의미적 관계 ···················· 117, 164
의미총화 ···························· 222
의미해석 ···························· 331
의사 결정 과정 ···························· 224
의사 전달 ···························· 191
의사 전달 행위 ···························· 191
의사소통 ···························· 23
의사소통 과정 ········ 34, 35, 39, 370
의성어 ···························· 144
의역 ······························ 23
의인화 ···························· 234
의존 명사 ····· 52, 65, 139, 140, 184,
    187, 246, 272, 372
의존 형태 ···························· 53, 54

435

의지 ······················· 147
의지 부정 ············· 157, 159
이국화 전략 ················ 272
이론 ························ 348
이론과 실습의 균형성 원리 ·· 346, 348
이유 ············ 134, 142, 312, 375
이유절 ······················ 187
이접 ························ 126
이중 화계 ··················· 301
이중주어문 ·················· 138
이해 ················ 196, 330, 331
이해력 ······················ 332
이해와 표현 단계 ············· 43
이해하기 ···· 43, 196, 197, 201, 211, 212, 212, 355, 377
이형태 ······················ 18
인과 ···················· 132, 133
인과 관계 ········· 99, 133, 134, 135, 186, 249, 311, 316, 374
인과 접속 ··············· 135, 249
인과 접속소 ············· 133, 134
인문사회 텍스트 ·············· 16
인물 대명사 ········· 64, 166, 169, 172, 234, 272, 308, 308
인식론 ······················ 30
인용격 ······················ 103
인용격조사 ··················· 53
인용절 ······················ 138

인접국어학 ··················· 22
인지 과정 ···················· 32
인지 구성주의 ················ 30
인지 구성주의 쓰기 이론 ········ 30
인지 심리학 ·············· 26, 31
인지적 과정 ·················· 31
인지주의 ············· 25, 30, 369
인지주의 쓰기 이론 ········ 30, 31, 33, 369
인칭 대명사 ········ 61, 169, 233, 235, 238, 270, 270, 305, 308
인칭대명사 ········ 166, 182, 307, 309
일관성 ···· 194, 200, 201, 220, 290, 313, 317, 319, 320, 321, 322
일대일 대응 ············ 144, 268, 269
일물일어설 ·················· 226
일반 교양 텍스트 ·········· 372, 380
일반 교양 텍스트 유형 ········· 184
일반 글쓰기 ··········· 35, 200, 369
일반 명사 ········ 184, 230, 233, 372
일반 부사 ············ 90, 185, 373
일반 작문 ··················· 334
일반개념화 ·················· 240
일반교양 텍스트 ·············· 16
일반명사 ················ 52, 57
일반부사 ···················· 53
일본어투 ················ 21, 149
일상 대화 ··················· 305

읽기 ·················· 36, 44, 192, 197
읽기 과정 ························· 36
읽기 단계 ······················· 192
읽기 학습 ················ 343, 347
읽기-쓰기 균형성의 원리 ·········· 347
읽기-쓰기 통합의 원리 ········ 40, 44, 196, 346, 347, 371
입문 과정 ························ 341
잉여성 ··················· 136, 289
잉여적 ············ 48, 135, 136, 187, 287, 290
잉여적 표현 ··········· 125, 284, 286
잉여적인 어휘 ······················ 289
잉여적인 표현 ········· 250, 272, 374

자가 수정 · 201, 317, 317, 318, 319
자기 감수 ···················· 318, 358
자동 태거 ·························· 56
자동 형태 분석 프로그램 ············ 17
자료 보완 ························ 217
자료 보충 ························ 217
자료 수집 ························ 203
자료 조사 ········· 43, 197, 212, 213, 216, 217, 249, 357
자료 조사 단계 ···················· 220
자료 조사 방법 ···················· 330
자료 조사 보충 ···················· 357
자료 조사의 보충 ·················· 220

자료수집 ························ 355
자연과학 텍스트 ···················· 16
작가 ····························· 334
작문 ······················ 335, 337
작문 능력 ························ 328
작문학 ···························· 25
작업 읽기 ········ 197, 201, 211, 212, 212, 217, 218, 221, 223, 250, 356, 357, 378
작용역 ·························· 241
작용적 ····················· 208, 209
작용적 텍스트 ······················ 209
작용적(operative) 텍스트 ············ 208
잠재독자 ························ 193
잠재적 번역자 ··············· 346, 362
잠재적 외래어 ······················ 321
장르 ··············· 341, 343, 345, 359
장르별 번역 글쓰기 ········· 341, 345, 359, 361, 379
장르별 텍스트의 특성 ········ 359, 361
장형 부정 ······ 83, 92, 157, 158, 270
장형 부정문 ······················ 375
장형 사동 ························ 259
장형 피동 ························ 256
재귀 관찰 ························ 318
재귀 대명사 ········ 61, 166, 229, 230, 230, 233, 234, 237, 238
재귀사 ·························· 236

437

재귀적 의미 ……………… 236, 237	전문 작문 ……………………… 334
재생산 …………………… 39, 370	전문 지식 …………………… 203
재언어화 ……………………… 331	전문 텍스트 ………… 16, 340, 342, 343, 360, 372, 380
재창조 …………………… 39, 370	
재표현 ………… 222, 330, 331, 371	전문 텍스트 유형 …………… 183
재학습 ………………………… 347	전문 학술가 ………………… 214
재현 …………………………… 44	전문 학술인 ………………… 19
적법 …………………………… 144	전이 ………………………… 182
적응성 ………………………… 208	전체 교양 과목 ……………… 340
적절한 어휘 …………………… 331	전체 교양 교과 ……………… 340
전공 교과 ……………… 343, 344	전치사구 ……………………… 21
전공 선택 과목 ……………… 343	전통적 번역학 …………… 26, 45
전달 ………………………… 319	전환 …… 130, 133, 206, 311, 311
전달 능력 …………………… 330	전환 관계 ·· 130, 131, 186, 310, 374
전달구조 층위 ………………… 161	전환 접속 부사 ……………… 131
전략 ………… 189, 202, 369, 381	전환 접속사 ………………… 100
전략 수립 ……………… 202, 210	점증 ………………………… 133
전략 체계 …………………… 200	점진적 책임 이양 …………… 349
전문 기술 번역 ……… 346, 362	점진적 책임 이양 원리 ……… 346
전문 번역 …………………… 242	점진적 책임 이양의 원리 ……… 348
전문 번역 글쓰기 ……… 343, 359	접두사 ………………………… 156
전문 번역 텍스트 …………… 363	접미사 ………………………… 183
전문 번역가 ………………… 19	접사 …………………… 53, 54
전문 번역사 ………… 25, 203, 204, 323, 330, 343	접속 ………………… 121, 309, 371
	접속 구조 …………………… 284
전문 영역 …………………… 346	접속 부사 …… 53, 95, 121, 122, 123, 126, 132, 134, 185, 186, 246, 248, 284, 373
전문 용어 ……… 203, 214, 220, 314, 321, 360	

접속 조사 ·········· 53, 101, 117, 122, 123, 124, 125, 186, 248, 284, 286, 287, 374
접속사 ···· 121, 122, 124, 132, 188, 284, 286, 286, 287, 287, 309, 367, 376
접속소 ·········· 122, 284, 287, 289, 290, 309
접속소의 중첩 ················· 125, 284
정관사 ································ 291
정도 부사 ············ 92, 94, 185, 373
정독 ····· 197, 201, 212, 218, 378
정보 수집 ········· 201, 212, 213, 377
정보 전달 ········· 204, 208, 213, 252
정보량 ······················ 48, 49, 54
정보성 ········ 24, 51, 52, 183, 188, 371, 375, 376
정보의 등가성 ··············· 317, 320
정보의 등가성 ······················ 319
정보적 ·························· 208, 209
정보적 텍스트 ·········· 208, 209, 252
정보처리 이론 ················· 26, 45
정서적 의미 ·················· 305, 309
정치·외교 번역 글쓰기 ············ 343
정칭 대명사 ························· 229
조건 ·························· 132, 135
조건 부사 ········· 135, 136, 187, 289
조건 부사 ······························ 375

조건 연결어미 ··········· 135, 136, 289
조건 접속 ····················· 186, 374
조건 접속문 ·························· 136
조건절 ············ 135, 149, 288, 288
조사 ····· 54, 101, 116, 164, 185, 296, 374
조사를 ································ 216
존대 ································· 305
존대어 ································ 176
존칭 ····· 63, 172, 173, 184, 187, 187, 372, 375, 375
존칭 대명사 ···························· 65
종결 서법 ···························· 178
종결 표현 ···························· 178
종결어미 ············ 53, 178, 270, 316
종결체 ································ 317
종결형 ································ 296
종속 접속 ········· 131, 132, 186, 287, 289, 374
종속 접속 구문 ······················· 151
종속 접속문 ·························· 121
종속 접속사 ···················· 134, 288
종속절 ··························· 150, 233
주격 ································· 103
주격 조사 ·········· 53, 161, 162, 177, 185, 187, 291, 292, 293, 294, 374, 375
주격 중출문 ·························· 161

주격표지 ·················· 161
주석 ················ 13, 15
주어 ············ 161, 165
주어 명사 ········ 177, 179
주어의 생략 ············ 230
주어짐성 ·········· 164, 165
주절 ········ 149, 150, 233
주제 ···· 116, 160, 164, 187, 195, 203, 219, 254, 258, 290, 290, 293, 295, 295, 371, 375
주제 능력 ················ 330
주제 요소 ················ 164
주제 지식 ·· 45, 201, 212, 213, 213, 214, 216, 330, 348, 377
주제 표시 ········ 161, 162, 165, 254, 290, 294
주제어 ···················· 165
주제어의 특성 ··········· 165
주제첨사 ·················· 161
주제화 ········ 161, 164, 165, 258
주체 ················ 175, 261
주체 높임 ················ 176
주체 높임 선어말어미 ········· 177
주체 대우 ·· 175, 177, 179, 305, 309
주체 대우 격조사 ········ 177
주체 대우 표현 ··········· 181
주체 대우법 ············· 175
중간 점검 ·· 201, 224, 225, 317, 318

중간 점검 ················ 378
중간결과물 ··············· 318
중간과정물 ··············· 318
중립적 ···················· 109
중립화 ·············· 187, 375
중역 ······················ 380
중의성 ···················· 263
중의적 ·············· 237, 262
중재 ········ 15, 47, 49, 188, 376
중첩 ···· 126, 186, 284, 286, 287, 289
중화 ······················ 296
지문 ······················ 271
지속 관계 ················ 151
지시 ················ 166, 314
지시 관형사 ·············· 166
지시 대명사 ······ 166, 169, 172
지시 대상 ········ 174, 230, 232, 238
지시 부사 ················ 166
지시 표현 ········ 89, 160, 166, 175, 179, 187, 234, 238, 309, 367, 371, 375
지시 표현 명사구 ········ 236
지시적 의미 ············· 315
지시체 ·············· 314, 315
지식 ······················ 249
지정사 ···················· 53
직시 ······················ 169
직업 번역사 ············· 214

직역 ······ 12, 23, 105, 155, 160, 186, 189, 190, 233, 332, 374, 377
직함 ··················· 238, 306, 309
진행 ····· 82, 153, 185, 277, 278, 278, 373
진행 용법 ························· 275
진행상 ······ 146, 274, 276, 277, 278, 278
진행형 ····························· 148
집필 ·························· 194, 195
집필 단계 ························· 196

차

차용 ························· 21, 242
착용 동사 ·························· 241
참여자 ······························· 34
창작 ································ 200
창조적 작문 ······················ 208
처격 조사 ························· 257
처소 ································ 169
처소 대명사 ······················ 175
처소 부사 ·························· 175
처소격 ···························· 258
첨가 ·························· 133, 286
첨삭 ·························· 350, 357
첨삭 지도 ························· 358
첨의 ································ 132
청유형 ···························· 303

청자 ···· 169, 172, 173, 178, 180, 230, 232, 269, 296, 296, 297, 298, 307, 309, 316
청자 대우 ························· 177
체언 ············ 52, 54, 56, 116, 371
체언 부정 ························· 156
체언접두사 ·························· 53
초고 ············ 224, 317, 318, 357
초고 쓰기 ························· 317
초벌 번역 ························· 225
초벌 읽기 ···· 43, 44, 197, 201, 211, 212, 212, 216, 217, 217, 218, 219, 355, 356, 357, 377
초벌 읽기 단계 ·················· 218
초보 번역자 ················ 379, 381
초점 ···· 160, 164, 165, 166, 166, 187, 254, 258, 290, 290, 291, 371, 375
초점 정보 ························· 166
초점 표시 ········ 161, 164, 165, 290
초점화 ···························· 258
초점화 부가어 ···················· 166
총칭적 ···························· 291
추리 ································ 331
추정 ································ 147
추측 ·························· 149, 150
축소 ································· 48
축소 번역 ···················· 196, 249

441

축역 ·················· 224
출발 언어 ················ 20
출발어 ····· 11, 36, 39, 42, 45, 190, 192, 224, 337, 340, 370, 375, 376
출발어 문화권 ············ 39, 42
출발어 텍스트 ············· 196
출발어의 간섭 ······ 15, 28, 47, 144, 155, 188, 190, 246, 268, 272, 337, 376
출현 횟수 ················ 18
칙릿 ··················· 272
친밀도 ············ 180, 297, 299
친족 관계 ··············· 242
친족 관계어 ······ 240, 242, 306, 308
친족어 ············· 238, 309

ㅋ뮤니케이션 이론 ······ 26, 33, 45
컴퓨터 활용 ·············· 330
코퍼스 ······ 12, 15, 18, 25, 27, 47, 183, 379
코퍼스 언어학 ············· 25
코퍼스 자료 ············ 19, 358
코퍼스 통계 ·············· 162
콘텐츠 ············ 45, 202, 203
콘텐츠 이해 능력 ·········· 203

ㅌ입 ············ 49, 116, 119

탈언어화 ················ 221
테마 ·············· 23, 195, 203
텍스트 ····· 22, 24, 30, 36, 39, 222, 320, 320, 370
텍스트 능력 ·············· 330
텍스트 분석 ············ 12, 27
텍스트 상호성 ············· 24
텍스트 언어학 ···· 22, 24, 26, 29, 37
텍스트 요인 ··············· 31
텍스트 유형 · 17, 23, 183, 208, 209, 210, 355, 372, 380
텍스트 유형별 분포 ········· 380
텍스트 유형별 비율 ··········· 18
텍스트 유형별 특성 ········· 355
텍스트 이론 ············ 29, 37
텍스트 장르 ··············· 17
텍스트 층위 ··········· 290, 309
텍스트 타입 ··············· 45
텍스트 특성 ··········· 201, 377
텍스트성 ·············· 22, 24
텍스트의 분석 ············ 328
텍스트의 유형 ········· 205, 297
텍스트의 유형적 특성 ······ 343, 359
텍스트의 의미 ············ 237
텍스트의 이해 ············ 328
텍스트의 특성 ··· 204, 207, 345, 357
토씨 ··················· 163
토큰 ···················· 49

토큰 대 타입 비율 ········ 48, 50, 55, 183, 371
통계 ································ 13, 18
통독 ······· 44, 197, 201, 212, 377
통번역 ································· 324
통번역 교육 ························· 323
통번역 교육 기관 ················ 324
통번역 전공 ························· 329
통번역 전문대학원 ··············· 323
통번역학 ····························· 324
통번역학과 ·························· 329
통번역학부 ·························· 329
통사 ··························· 22, 224
통사 구조 ······················ 21, 235
통사구조 층위 ······················ 161
통사론 ································ 24
통사적 ······························· 185
통사적 구조 ························· 237
통사적 기능 ························· 235
통사적 명사화 ························ 50
통사적 방법 ························· 156
통사적 사동 ············ 78, 155, 156
통사적 피동 ········· 78, 83, 153, 154, 256, 373
통시적 ······························· 157
통역 ·································· 327
통역번역대학원 ···················· 324
통역번역학 ··························· 22

통역학과 ····························· 327
통일성 ···· 210, 290, 313, 315, 320, 320, 360
통합적 접근법 ······················· 45
퇴고 ·································· 197
퇴고 단계 ············· 43, 201, 378

파생 피동사 ······················ 257
파생적 방법 ························· 156
파생적 사동 ·················· 155, 156
파생적 사동문 ······················ 155
파생적 피동 ············ 153, 154, 256
파생적 피동문 ······················ 153
편중 현상 ··············· 123, 185, 373
편집 ···· 200, 201, 317, 317, 317, 321, 344, 344, 355
편집의 일관성 ······················ 322
편집자 ························· 322, 344
편차 ·································· 128
평가 ························ 132, 353, 358
평균 문장 길이 ················ 50, 120
평균값 ································· 50
평서형 ······························· 178
평언 ·································· 160
평칭 ············· 63, 172, 173, 187, 372, 375
평칭 대명사 ·················· 65, 184
포스트모던 ··························· 32

443

표기법 ····································· 333
표면 구조 ········ 150, 222, 249, 250,
    252, 253
표제어 ······································ 49
표준어 규정 ···························· 321
표지 ··· 13
표층구조 ································ 251
표현 ······································ 225
표현 능력 ······················ 330, 335
표현 전 단계 ························· 194
표현 전략 ········ 191, 200, 225, 249,
    357, 358
표현 후 단계 ························· 194
표현력 ····· 327, 331, 332, 332, 333
표현적 ··························· 208, 209
표현적 텍스트 ··········· 208, 209, 252
표현적 특성 ··························· 219
표현하기 ·· 197, 201, 211, 212, 224,
    249, 317, 355, 356, 357, 377
품사 ························· 13, 371, 372
품사 표지 ······························· 17
품사별 빈도 ····················· 52, 371
품사별 통계 ··························· 182
품질 관리 ······························ 318
품질 보증 ······························ 318
품질 평가 ······························ 318
프로토콜 ································ 31
피동 ······· 78, 153, 155, 184, 185,
    256, 257, 371, 373
피동 접미사 ····················· 153, 256
피동 표현 ········ 154, 155, 182, 187,
    249, 253, 367, 375
피동문 ········· 78, 153, 154, 187,
    246, 253, 254, 255, 258, 375
피동법 ······························ 256, 257
피동사 ······························ 153, 253
피동주 ······················ 257, 258, 258
피동형 ························ 83, 182, 256
피드백 ································ 349, 357
피사동 ································ 78, 246
필수 과목 ································ 335
필수성 ······································ 196
필자 ··· 30, 31, 32, 42, 170, 171,
    172, 230, 232, 269, 296, 309,
    316, 346
필자 요인 ································· 31
필자 중심 ······························ 199

ㅎ 계체 ············ 178, 297, 304, 305
하대 ······································ 180
하라체 ···································· 296
하십시오체 ········ 178, 296, 301, 301,
    303, 303
하십시오체 ···························· 297
하오체 ············ 178, 298, 301, 301,
    301, 303

하위문 ·············· 138	해석주의 ················ 32
하위어 ········· 240, 242	해석학적 번역 이론 ····· 39, 189, 221
학교 문법 ············ 178	해요체 ···· 178, 181, 296, 299, 301,
학문 협업의 원리 ······ 40, 45, 213, 346, 348, 371	301, 303, 303, 305
학술 번역 ············ 242	해체 ···· 178, 181, 297, 298, 298, 299, 303, 303, 305
학습 ················ 348	행동주 ···· 154, 155, 187, 253, 257, 258, 375
학습자 ····· 342, 347, 347, 349, 350	
학습자 실습 ······· 353, 379	행위 이론 ·············· 33
학습자의 수요 ········ 342	행위적 반응 ··········· 208
한국 번역사 ············ 20	행위주 ················ 78
한국번역가협회 ········ 338	현대 국어 번역문 ······ 20, 22
한국어 ············ 328, 329	현대 국어학 ············ 20
한국어 구사력 ········ 328	현대 번역 ·············· 20
한국어 숙달 ·········· 327	현대 번역문 ············ 20
한국어 표현력 ······ 329, 330	현대 번역사 ············ 45
한글 맞춤법 ·········· 321	현대 번역학 ············ 29
한정 ············ 161, 267	현대어 ················ 48
한정 관계 ············ 131	현장성 ··············· 270
한정 명사구 ······ 161, 165, 166, 175, 230, 233, 234, 238	현재 ················ 144
	현재 시간 표현 ········ 274
한정 어구 ············ 292	현재 시제 ·· 150, 275, 276, 277, 283
한정성 ············ 164, 165	현재 시제 선어말어미 ·· 146, 277, 278
한정적 표현 ·········· 166	현재 완료 ········ 275, 279, 279, 280
합치 ·················· 47	현재형 ··············· 145
해라체 ·········· 178, 300, 302	협동 교과 ············· 46
해석 이론 ·········· 190, 221, 331	협상 ················· 41
해석적 접근 ·········· 191	형식적 대응 ············ 38

445

형식적 요소 ··· 31
형식적 특성 ··· 219
형식주의 ··· 30, 369
형식주의 문예학 ···································· 31
형식주의 쓰기 이론 ······················ 30, 31
형용사 ··· 52, 145
형용사파생접미사 ···································· 53
형태 ··············· 13, 18, 187, 375, 375
형태 분석 ········ 13, 15, 17, 51, 173,
   183, 371
형태 분석 균형 코퍼스 ············· 18, 371
형태 분석 비교 코퍼스 ····················· 379
형태 분석 오류 ····································· 18
형태 분석 코퍼스 ··· 13, 16, 17, 182
형태별 빈도18, 51, 52, 183, 371, 379
형태별 통계 ··· 182
형태별 편중 현상 ································· 100
형태의 단순화 ······························ 188, 376
형태의 등가 ··· 331
호격 ·· 103
호격조사 ·· 53
호응 ··· 151, 153
호칭 ······ 187, 290, 296, 305, 306,
   309, 360, 375
호칭어 ·· 242, 307
화계 ······ 177, 179, 180, 181, 187,
   187, 290, 296, 296, 296, 298,
   298, 299, 301, 303, 305, 305,
   309, 309, 360, 375
화계 변동 ··· 302
화계의 변화 ··· 303
화법 ·· 328
화용 ··· 320, 371
화용 조율 단계 ································· 320
화용론 ·· 24
화용론적 요소 ····································· 309
화용적 ··· 47
화용적 의미 ··· 222
화용적 정보 ··· 164
화자 ······ 169, 172, 173, 178, 180,
   230, 271, 296, 297, 298, 307,
   309
화자의 의도 ··· 298
화제 ··· 305, 311
회귀 ·· 43
회상 ·· 151
회상 선어말어미 ································· 151
획일성 ·· 51
획일화 ······ 187, 226, 290, 375, 377
효과의 등가 ··· 208
효용성 ·· 266
후처리 ··· 17, 56

1단계 번역 글쓰기 ···························· 362
1단계 번역 글쓰기 교육 방안 ···· 362
1단계 읽기 ·· 44

1단계 입문 과정 ·················· 351
1인칭 대명사 ········ 61, 63, 169, 184,
　　　　　　230, 309, 372
1인칭 대명사 주어 ···················· 230
1인칭 주어 ································ 232
1차 자료 조사 ··························· 216
1차 조사 ···································· 216

21세기 세종계획 ························ 16
2단계 번역 글쓰기 교과 ···· 350, 352
2인칭 대명사 ········ 61, 63, 169, 184,
　　　　　　232, 307, 308, 309, 372

2인칭 대명사 주어 ···················· 230
2차 자료 조사 ··························· 216

3단계 전문 번역 글쓰기 교과 ··· 359
3인칭 대명사 ········ 60, 64, 169, 184,
　　　　　　187, 229, 233, 270, 309, 372,
　　　　　　375

7차 교육과정 ···························· 335

Koma 태거 ································ 17